경희 고대사 · 고고학 연구총서 4

고구려-수 전쟁

변경 요서에서 시작된
동아시아 大戰

이정빈 지음

경희 고대사·고고학 연구총서 4

고구려-수 전쟁

저　자 | 이정빈

펴낸이 | 최병식

펴낸날 | 2018년 10월 1일

펴낸곳 | 주류성출판사　www.juluesung.co.kr
　　　　서울특별시 서초구 강남대로 435 주류성빌딩 15층
　　　　TEL | 02-3481-1024(대표전화)·FAX | 02-3482-0656
　　　　e-mail | juluesung@daum.net

값 20,000원

잘못된 책은 교환해 드립니다.

ISBN　978-89-6246-359-0　94910
ISBN　978-89-6246-283-8　94910(세트)

• 이 저서는 2013년도 정부(교육부)의 재원으로 한국학중앙연구원(한국학진흥사업단)의 지원을 받아 수행된 연구임
(AKS-2013-ORS-1120003).

경희 고대사 · 고고학 연구총서 4

고구려-수 전쟁

변경 요서에서 시작된
동아시아 大戰

이정빈 지음

주류성

제4부 전쟁과 요서의 재편, 새로운 국제질서를 향해

머리말 .

　7세기 고구려사의 여러 전쟁은 백제와 신라, 수와 당, 돌궐과 토욕혼, 그리고 왜 등 동아시아의 주요 세력이 직·간접적으로 연관되어 있었다. 연이은 전쟁의 결과 고구려는 멸망하였고 동아시아 국제질서는 재편되었다.[1] 재편된 동아시아 국제질서는 9세기까지 이어졌는데, 이는 전통시대 동아시아 국제질서의 원형을 형성하였다. 그러므로 7세기 고구려 전쟁사는 비단 한국사만 아니라 동아시아의 역사를 체계적으로 이해하기 위해 빼놓을 수 없는 주제이다. 7세기 전쟁사의 서막은 고구려–수 전쟁이었다.

　고구려–수 전쟁은 세계사적으로 보아도 유례를 찾아보기 어려울 만큼의 대규모 전쟁이었다.[2] 양국 모두 이 전쟁에 막대한 인력과 물자를 투입하였고, 이를 위한 기반 마련에 상당한 노력을 기울였다. 이와 같은 전쟁의 양상은 양국의 정치·사

---

[1] 임기환, 2008 「국제관계」 한국사연구회 편 『새로운 한국사 길잡이(上)』, 지식산업사, 163~165쪽.
[2] 밑줄 친 『수서』 찬자의 평가가 이를 단적으로 보여준다. 『수서』 권4, 제기4 양제下 대업 8년(612) 춘정월 癸未(3일). "第一軍發 終四十日 引師乃盡 旌旗亘千里 近古出師之盛 未之有也"

회적 역량을 바탕으로 하였다. 이 점에서 고구려-수 전쟁은 양국으로 대표되는 동아시아 여러 나라의 정치·사회적 변화를 반영하고 있으며, 또한 그러한 변화를 추동하였다고 이해된다.[3]

이처럼 고구려-수 전쟁은 한국사와 동아시아 역사의 외형만 아니라 내적 변화를 반영하는 역사적 大戰이었다. 따라서 그와 같은 역사적 의미를 깊이 있게 이해하기 위해서는 전쟁의 배경과 전개과정 그리고 결과를 다양한 각도에서 조명할 필요가 있다.

일찍부터 고구려-수 전쟁에 대한 관심은 상당하였다. 한국사 주요 개설서에서 빠질 수 없는 주제였음은 물론이고, 전문적인 연구 또한 꾸준히 축적되었다.[4] 중국사의 수·당사 연구에서도 대외정책과 府兵制, 隋唐交替의 배경 등 다양한 방면에서 이 전쟁이 다루어졌다.

지금까지의 연구는 크게 세 가지 방면에서 진행되었다.[5] 첫째 동아시아의 국제정치를 중시한 연구가 있었고, 둘째 고구려와 수의 국내정치를 주목한 연구가 있었으며, 셋째 군사사의 관점에서 전쟁을 주목한 연구가 있었다. 이러한 연구를 바탕

---

3) 김영하, 2007 『新羅中代社會研究』, 일지사, 144~156쪽.

4) 리성준, 1962 『수나라침략을 반대한 고구려인민들의 투쟁』, 조선로동당출판사 ; 李丙燾, 1976 「高句麗對隋唐抗戰」『韓國古代史研究』博英社 ; 金福順, 1986 「고구려의 대수·당 항쟁전략 고찰」 『軍史』 12 ; 徐仁漢, 1991 『高句麗 對隋·唐戰爭史』, 國防部 戰史編纂委員會 ; 李昊榮, 2001 「高句麗의 對隋·唐戰爭」『新訂 新羅三國統合과 麗·濟敗亡原因研究』, 서경문화사 ; 于賡哲, 2003 「隋唐 兩代 高句麗 征伐 比較연구」, 王小甫 主編, 김호 역, 『성당시대와 동북아정국』, 동북아역사재단 내부자료(번역 34) ; 姜性文, 2005 「麗隋·麗唐戰爭 原因考」『韓國 軍事史의 再照明』, 황금알 ; 손영종, 2008 「수나라의 침략을 반대한 고구려 인민들의 투쟁」『조선단대사』 4, 과학백과사전출판사 ; 楊秀祖, 2010 「隋唐時期高句麗在同中原王朝的戰爭中走向衰亡」『高句麗軍隊與戰爭研究』, 吉林大學出版社 ; 임기환, 2012 「고구려와 수당의 전쟁」, 육군군사연구소 기획·주간, 『한국군사사 -고대Ⅱ-』, 육군본부, 32~44쪽 ; 김택민, 2014 「麗·隋 力學關係와 戰爭의 樣相」『東洋史學研究』 127 ; 정동민, 2017 「高句麗와 隋 전쟁 연구」, 한국외국어대학교 박사학위논문. 전통시대의 인식은 허태용, 2009 『조선후기 중화론과 역사인식』, 아카넷, 102~107쪽 참조.

5) 구체적인 연구사는 박경철, 2006 「7세기 동아시아의 국제전쟁」 김정배 편저, 『한국고대사입문』 2, 신서원, 256~260쪽 ; 정동민, 2017 「고구려 전쟁사」, 김현숙 외, 『동북공정 이후 중국의 고구려사 연구 동향 -분석과 비판 2007~2015-』, 역사공간 참조.

으로 고구려-수 전쟁은 동아시아 국제질서의 변동으로부터 城 단위의 전투에 이르기까지 다양한 층위에서 논의할 수 있었다. 그리고 이 전쟁이 遼西地域에서 비롯되었다는 데 다수의 연구자가 공감대를 형성하였다.[6] 고구려-수 전쟁은 요서에서 시작된 동아시아 大戰이었다는 것이다.

그런데 아직까지 요서를 둘러싼 고구려-수 관계, 전쟁의 前後史를 종합적으로 검토한 연구서는 제시되지 못하였다. 세부적인 논증에도 미진한 점이 있었다. 본서는 종합적·실증적 연구를 통해 선행 연구를 보완하고자 마련되었다. 그리고 다음의 두 가지 사항에 유의하여 특색을 갖추고자 한다. 첫째 요서의 역사성이고, 둘째 내륙아시아 유목세력의 동향이다.

요서는 東北平原[Manchurian Plain]과 華北平原, 그리고 몽골고원과 이어져 있는데,[7] 요서와 연결된 세 지역은 생태적·문화적 측면에서 나누어질 뿐만 아니라 각 지역에서는 동아시아의 주요 세력이 발흥하였다. 5~7세기의 경우 동북평원과 한반도에 고구려가 자리하였다면, 화북평원에서는 五胡十六國 및 北朝의 諸國이, 몽골고원과 그 너머 내륙아시아 초원에서는 柔然·突厥 등 유목세력이 전성하였다. 이에 따라 일찍부터 요서는 동아시아 주요 세력의 結節地帶로서 주목되었다.[8]

이처럼 요서는 동아시아의 요지로, 5세기 이후 고구려의 입장에서는 요동의 安

---

6) 다음의 연구가 대표적이다. 金善昱, 1984「高句麗의 隋唐關係研究 -靺鞨을 中心으로-」『百濟研究』26 ; 日野開三郎, 1991『日野開三郎 東洋史學論集15 -東北アジア民族史(中)』, 三一書房 ; 菊池英夫, 1992「隋朝の對高句麗戰爭の發端について」『中央大學アジア史研究』16 ; 韓昇, 1995「隋と高句麗の國際政治關係をめぐって」『堀敏一先生古稀紀念中國古代の國家と民衆』, 汲古書院 ; 이성제, 2005『高句麗의 西方政策 研究 -北朝와의 對立과 共存의 관계를 중심으로-』, 국학자료원.

7) 지형 및 생태환경과 관련하여서는 토마스 바필드 지음, 윤영인 옮김, 2009『위태로운 변경 -기원전 221년에서 기원후 1757년까지의 유목제국과 중원』, 동북아역사재단, 54~61쪽 ; 김주용, 2013「만주의 자연환경」, 동북아역사재단 편, 『만주이야기』, 동북아역사재단, 347~350쪽 ; 스기야마 마사아키 지음, 이경덕 옮김, 2013『유목민의 눈으로 본 세계사』, 가디언, 61~64쪽 참조.

8) 末松保和, 1939「熱河·北京の史的管見」『東京帝國大學大陸文化研究會報告』5 ; 1996『高句麗と朝鮮古代史』, 吉川弘文館, 271~272쪽.

全瓢과 같았다고 할 수 있다.[9] 종래 이러한 요서를 地政學의 관점에서 주목하기도 하였다. 그러나 요서를 지정학적 요지로 규정할 수 있다고 해서, 그를 둘러싼 역사에서 인간을 제외할 수는 없다.[10]

최근의 비판지정학 내지 정치지리학에서도 이른바 지정학적 요지는 자연지리적 조건에 의해 결정된다기보다 이를 둘러싼 인간의 활동을 통해 만들어진다고 본다.[11] 실제 요서가 동아시아의 요지 중 하나로 부상한 것은 6세기 중·후반이었다.[12] 지정학적 요지란 요서의 속성은 동아시아의 역사 속에서 탄생하였던 것이다. 이와 같이 볼 때 고구려-수 전쟁은 요서의 속성이 부여된 역사적 배경으로 주목된다. 본서에서 유의할 첫 번째 사항이다.

요서는 화북평원만 아니라 몽골고원과 통하였다. 그러므로 요서를 둘러싼 고구려-수 관계를 파악하는 데는 몽골고원과 그 너머 내륙아시아 초원의 유목세력의 동향도 간과할 수 없다. 더욱이 3세기 이후 요서 서부는 전통적으로 유목·수렵사회 내지 그로부터 유래한 제종족의 활동 무대였다.[13] 물론 고구려와 유목세력의 관계를 직접 전해주는 자료는 매우 드문 형편이다. 그럼에도 고구려와 수의 관계를 염두에 두고, 수와 유목세력의 관계를 살펴보면, 고구려와 유목세력의 관계 역시

---

9) 이성제, 2005 앞의 책, 23쪽 ; 李基東, 2005 「高句麗의 勢力圈 遼東에 對한 地政學的 考察」『高句麗研究』21, 292~298쪽

10) 李基白, 1961 「植民主義的 韓國史觀 批判」『國史新論』 ; 1978 『民族과 歷史』, 一潮閣, 4쪽 ; 1987 「半島的 性格論 批判」『韓國史 市民講座』1, 一潮閣 ; 1991 『韓國史像의 再構成』, 一潮閣.

11) Colin Flint·Paul Diehl·Juergen Scheffran·John Vasquez·Sang-hyun Chi, 2009 "Conceptualizing ConflictSpace : Toward a Geography of Relational Power and Embeddedness in the Analysis of Interstate Conflict", *Annals of the Association of American Geographers*, Vol. 99 No. 5, 827~835쪽 ; 지상현·콜린 플린트, 2009 「지정학의 재발견과 비판적 재구성 비판지정학」『공간과 사회』31 ; 다카키 아키히코(高木彰彦)·미주우치 도시오(水内俊雄) 편, 심정보 역, 2010 「지정학과 언설」『공간의 정치지리』, 푸른길 참조.

12) 日野開三郎, 1991 앞의 책, 216~217쪽 ; 노태돈, 1999 『고구려사 연구』, 사계절, 427쪽 ; 김창석, 2013 『한국 고대 대외교역의 형성과 전개』, 서울대학교 출판부, 156~158쪽. 특히, 권오중, 2011 「요동 공손씨왕국의 교통로 문제」, 윤재운 외 지음, 『한중관계사상의 교통로와 거점』, 동북아역사재단, 55~56쪽에서 고구려-수·고구려-당 전쟁을 계기로 한 교통로의 개발을 지적해 주목된다.

13) 권오중, 2011 앞의 논문, 52~53쪽.

대략적이나마 추론은 가능하다. 본서에서 유의할 두 번째 사항이다.

본서에서는 이상의 두 가지 사항 이외에 다음의 두 가지 주제 또한 추가하여 논의를 보충하고자 한다.

첫째 戰後의 요서이다. 전쟁의 배경이 요서와 밀접했다고 보면, 결과 역시 요서와 무관치 않았을 것으로 예상된다. 그러나 아직까지 전후의 요서를 주목한 연구는 찾아보기 어렵다. 전후 요서의 정세는 전쟁의 여파를 담고 있으며, 그로 인하여 변화한 동아시아 국제정세를 반영할 것이다. 따라서 고구려−수 전쟁과 이후 여러 전쟁의 연속성을 파악하는 데 유용한 시사점을 제공할 것으로 기대한다.

둘째 전쟁과 고구려 군사체제이다. 주지하다시피 고구려−수 전쟁의 과정은 요서가 아닌 요동과 그 동쪽에서 전개되었다. 따라서 요서와 직결된다고 보기는 어렵다. 또한 전쟁은 전략·전술, 산성과 방어체계, 무기와 보급체계 등 검토하여야 할 주제와 자료가 상당한데, 그에 관한 논의는 본서의 논의와 궤를 달리한다. 이는 전문적인 후속 연구를 기약하는 편이 바람직하다고 판단된다. 다만 본서에서는 개별 전투를 고증하면서 고구려의 군사운용 생각해 봄으로써 선행 연구를 보완하고 체재상의 구색이나 갖추고자 한다.[14]

이처럼 본서는 요서를 중심으로 고구려와 수의 양국관계와 동아시아 국제정세를 분석하고, 그로부터 비롯된 전쟁의 과정과 결과를 살펴보는 데 주안점을 두고 있다. 본서를 통해 고구려−수 전쟁에 대한 다각도의 논의를 진행하는 데 일조할 수 있기를 기대한다.

본격적인 논의에 앞서 본서에서 말하는 요서의 지역적 범위를 정리해 두고자 한다. 비록 요서의 의미와 범위는 시기마다 차이가 있지만, 대체로 현재의 遼寧省 서부와 내몽골자치구 남부의 일부를 가리킨다. 주요 자연지형을 중심으로 설명하자

---

14) 그리고 보론에서 6∼7세기 쇠뇌 운용을 통해 군사적 변화를 살피는 것으로 논의를 보완하고자 한다.

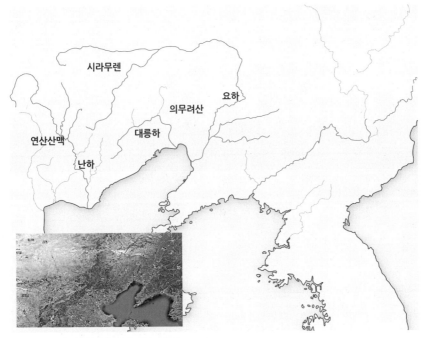

그림 1. 요서의 자연환경과 주요 지명

면 동쪽으로 遼河, 북·서쪽으로 시라무렌(Sira-muren), 남·서쪽으로 灤河 및 燕
山山脈으로 둘러싸인 지역에 해당한다.

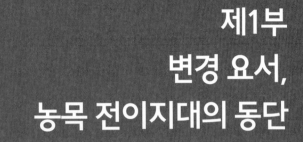

제1부
변경 요서,
농목 전이지대의 동단

제 1 장

요서, 고구려와 동아시아의 변경

고구려는 4세기 후반 이후 요동을 차지하고,[1] 7세기까지 요서를 무대로 활동하였다.[2] 예컨대 『구당서』와 『신당서』를 보면 고구려는 서북방으로 요하 너머 營州에 이르렀다고 하였다.[3] 영주는 북조에서부터 당 전기까지 요서를 중심으로 한 광역 통치단위로 그 치소는 지금의 요령성 朝陽이었다. 이에 5세기 이후 고구려가 조양을 포함한 요서를 영유하였다고 본 견해가 있었다.[4]

하지만 『주서』와 『북사』에서 고구려의 서방 경계는 요하 너머로만 나온다.[5] 더욱

---

1) 孔錫龜, 1998 『高句麗 領域擴張史 研究』, 서경문화사 ; 임기환, 2013 「고구려의 요동진출과 영역」 『高句麗渤海研究』 45.

2) 李龍範, 1959 「高句麗의 遼西 進出 企圖와 突厥」 『史學研究』 4 ; 1975 『古代의 滿洲關係』, 한국일보사, 87~94쪽 ; 孔錫龜, 2013 「廣開土王의 遼西地方 進出에 대한 고찰」 『한국고대사연구』 67 참조 ; 井上直樹, 2003 「『韓耆墓誌』를通してみた高句麗の對北魏外交の一側面—六世紀前半を中心に—」 『朝鮮學報』 178 ; 尹秉模, 2011 『高句麗의 遼西進出 研究』, 景仁文化社.

3) 『구당서』 권199上, 열전149상 동이 고려. "東渡海至於新羅 西北渡水至于營州 南渡海至于百濟 北至靺鞨 東西三千一百里 南北二千里" ; 『신당서』 권220, 열전145 동이 고려. "地東跨海距百濟 南亦跨海距百濟 西北度遼水與營州接 北靺鞨"

4) 손영종, 1993 「5~7세기 고구려의 서방과 북방 령역에 대하여(1)·(2)」 『력사과학』, 2~4쪽.

이 북조의 諸國은 조양을 포함한 요서의 서부에 세력을 미쳤고, 이는 수·당 전기까지 마찬가지였다. 이로 보아 『구당서』와 『신당서』에서 고구려가 서북방으로 영주에 이르렀다고 한 것은 영주의 치소가 아니라 관할구역의 경계를 의미한다고 생각된다.

현재 대부분의 연구에서는 5세기 이후 고구려의 서방 경계를 요하로 파악하고 있는데,[6] 이러한 이해가 대체로 타당하다고 생각한다. 다만 5세기 이후 고구려는 요서의 제종족과 마주하였고 그의 일부를 세력범위에 두었다.[7] 따라서 고구려의 서방 경계가 요하를 중심으로 하였다고 하지만, 요하를 넘어서부터 곧 타국의 영역이 시작되었다고 볼 수 없다. 요하를 근대의 국경선처럼 여길 수는 없는 것이다.

이와 관련하여 최근 영역(영토)과 세력범위(세력권)를 구분하고, 양자를 직접 지배와 간접 지배의 공간으로 설명한 연구가 주목된다.[8] 이때 간접 지배란 군사적인 우위를 바탕으로 정치적인 영향력을 발휘하거나 경제적으로 수취하는 것으로, 1~3세기 고구려-동옥저 관계나 5세기 전·중반 고구려-신라 관계가 그에 해당한다고 하였다. 1~3세기 동옥저 지역이나 5세기 전·중반 신라 지역은 고구려의 영역은 아니지만, 세력범위에는 속하였다는 것이다. 간접 지배란 설명은 적부를 검토할 여지가 있지만, 세력범위 개념은 5세기 이후 고구려와 요서의 관계를 파악하는 데 유용하다고 생각한다.

---

5) 『주서』, 권49, 열전41 이역上 고려. "其地 東至新羅 西渡遼水 二千里 南接百濟 北隣靺鞨 千餘里" ; 『북사』, 권94, 열전82 고구려.

6) 孔錫龜, 1998 앞의 책, 53쪽 ; 田中俊明, 서길수 옮김, 1996 「高句麗의 北方進出과 「廣開土王碑文」 -北方境域形成史에 있어서 廣開土王 時代-」 『高句麗研究』 2, 507~513쪽 ; 김현숙, 2005 『고구려의 영역지배방식 연구』, 모시는 사람들, 180~181쪽 ; 宋基豪, 2008 「5세기 후반 高句麗의 북방 경계선」, 김태식 외 『한국 고대 사국의 국경선』, 서경문화사, 210~225쪽.

7) 李龍範, 1959 앞의 논문 ; 노태돈, 1999 『고구려사 연구』, 사계절 ; 이성제, 2005 『高句麗의 西方政策 研究 -北朝와의 對立과 共存의 관계를 중심으로-』, 국학자료원 ; 2016 「高句麗와 北朝의 경계 -고구려의 遼西 동부지역 확보와 그 시기-」 『高句麗渤海研究』 54 ; 尹秉模, 2011 앞의 책.

8) 장창은, 2014 『고구려 남방 진출사』, 景仁文化社, 26~30쪽.

1. 邏를 통해 본 변경 요서

고구려와 요서의 관계를 파악하는 데 우선 다음의 사료가 주목된다.

A-1. 대업 7년(612)에 황제[煬帝, 재위: 604~618]가 장차 元[嬰陽王, 재위: 590~618]의 罪를 토벌하고자 하였다. 車駕가 遼水를 건넜다. 上은 遼東城에 군영을 꾸렸다. 길을 나누어 出師하였는데, 각기 그 城 아래에 주둔하였다. (중략) 이로부터 식량이 떨어지고 군사는 쇠약해졌으며 군수수송은 이어지지 못하였고 諸軍은 敗績이 많았다. 이에 班師하였다. 이번 [수 문제의] 행차에서는 단지 요수 서쪽에서 賊[고구려]의 武厲邏를 빼앗고 遼東郡과 通定鎮을 설치하고 귀환하였을 뿐이다.[9] (『수서』 권81, 열전46 동이 고려)

A-2. 대업 8년(612) 7월 초. 이번 [수 문제의] 행차에서 단지 요수 서쪽에서 고구려의 무려라를 빼앗고<고구려는 요수의 서쪽에 邏를 두고 요수를 건너는 자를 경계하고 감찰하였다>, 요동군과 통정진을 설치하였을 뿐이다.[10] (『자치통감』 권181, 수기5)

사료 A는 612년 고구려−수 전쟁의 종결과 그에 대한 史書 찬자의 총평을 담고 있다. 위 사료에서 武厲邏가 주목된다. 사료에 기술된 것처럼 무려라는 요하의 서쪽에 위치하였다고 한다. 수는 무려라를 빼앗고 遼東郡과 通定鎮을 설치하였다고

---

9) "大業七年 帝將討元之罪 車駕渡遼水 上營於遼東城 分道出師 各頓兵於其城下 (中略) 由是食盡師老 轉輸不繼 諸軍多敗績 於是班師 是行也 唯於遼水西拔賊武厲邏 置遼東郡及通定鎮而還"

10) "是行也 唯於遼水西拔高麗武厲邏〈高麗置邏於遼水之西 以警察度遼者〉置遼東郡及通定鎮而已"

하였다. 이로 보아 무려라는 요동군과 통정진이 설치된 지점에 위치하였을 것으로 생각된다. 이 중에서 통정진이 주목된다.

B-1. [貞觀 19년(645) 3월] 李世勣의 군사가 柳城을 출발하였는데, 형세를 과장하여 마치 懷遠鎭에서 나올 것처럼 하였지만, 몰래 군사를 움직여 북쪽 甬道로 달려가서 고구려가 생각하지 못한 데서 나왔다. 여름 4월 戊戌朔(1일)에 이세적이 通定에서 遼水를 건너서 玄菟에 이르렀다. 고구려는 크게 놀라서 城邑은 모두 문을 닫고 스스로 지켰다.[11] (『자치통감』권197, 당기13)

B-2. [정관 19년(645)] 4월 무술삭(1일)에 이세적의 군사가 통정에서 요수를 건너 현도에 이르렀다. 경유한 곳의 烽·戍를 모두 함락시켰다. 고구려는 크게 놀라서 성읍은 각기 문을 닫고 감히 나오지 못하였다.[12] (『책부원귀』권117, 제왕부117 親征2)

위 사료는 645년 고구려-당 전쟁에서 李世勣(594~669) 부대의 침공 경로를 전하고 있다. 이세적은 통정진에서 요하를 건너서 현도성까지 진군하였다고 했다. 현재 현도성은 지금의 요령성 瀋陽 上柏官屯古城 또는 요령성 撫順 勞動公園古城으로 비정되고 있는데,[13] 어느 쪽으로 보아도 이세적은 요하의 중류의 교통로를 경유

---

11) "李世勣軍發柳城 多張形勢 若出懷遠鎭者 而潛師北趣甬道 出高麗不意 夏四月 戊戌朔 世勣自通定濟遼水 至玄菟 高麗大駭 城邑皆閉門自守"
12) "李勣師自通定濟遼水 至玄菟 所經烽·戍皆下之 高麗大駭 城邑各閉門不敢出"
13) 玄菟城은 현재의 上柏官古城遺址(沈陽市 東陵區) 혹은 永東公園故城(撫順市)로 비정되고 있다. 문헌 자료로 보아서는 전자가 우세하며 고고 자료로 보아서는 후자의 가능성이 높다고 한다 (여러 학설과 주요 내용에 관해서는 余昊奎, 1999 『高句麗 城』 2, 國防軍史研究所, 177~179쪽 및 178쪽의 표 〈3-2-1〉참조).

지도 1. 구글어스에서 본 新民-瀋陽-無順

하였다고 볼 수 있다. 그러므로 일찍부터 통정진은 그 서쪽의 新民 일대였다고 파악되었다.[14] 본서에서도 그와 같이 보는 편이 순조롭다고 생각한다.

구체적인 위치에 관해서는 이견이 분분한데,[15] 대부분 통정진을 통해 무려라의 위치를 찾고자 하였다.[16] 후술하겠지만 통정진은 무려라를 개수한 것으로, 무려라

---

14) 松井等, 1913「隋唐二朝の高句麗遠征の地理」, 南滿洲鐵道株式會社,『滿洲歷史地理』第1권, 丸善株式會社, 387~388쪽.

15) 諸說은 趙曉剛·沈丹林, 2000「遼東郡及通定鎭考略」『東北地區三至十世紀古代文化學術討論會論文』; 馮永謙, 2012「武厲邏新考(上)」『東北史地』1期, 遼寧省文物考古研究所, 10~12쪽 ; 李成制, 2013「高句麗의 西方 國境線과 武厲邏」『大丘史學』113, 4~5쪽 참조.

16) 그와 달리 무려라를 醫巫閭山 일대로 본 견해도 있었다. 전준현, 1988『조선인민의 반침략투쟁사(고조선-발해편)』, 과학백과사전출판사, 194쪽 ; 이성제, 2005「高句麗와 契丹의 關係 −對隋·對唐戰爭期 契丹의 同鄕과 그 意味−」『북방사논총』5, 150~153쪽. 최근 李成制, 2013「高句麗의 西部 國境線과 武厲邏」『大丘史學』113, 10~12쪽에서는 武厲邏와 武厲城·武列城을 구분하고 전자를 요령성 新民 일대로 후자를 현재의 遼寧省 北鎭市 寥屯鄕 大亮甲村 古城地에 비정

사진 1. 의무려산(ⓒ강인욱)

와 통정진은 동처였을 가능성이 높다. 다만 본서에서는 구체적인 위치 비정보다 사
료 A-2에 보이는 胡三省(1230~1302)의 注에 주의하고자 한다.[17] 즉 "요수의 서쪽
에 邏를 두고 요수를 건너오는 자를 경계하고 감찰하였다" 한 대목이다. 이는 무려
라에 관한 설명이다. 武厲는 漢代의 遼東郡 無慮縣, 唐代의 營州 巫閭守捉과 같이
醫巫閭山에서 유래된 지명이었다.[18] 그렇다고 한다면 邏는 현이나 수착과 같이 통
치단위의 하나였다고 생각할 수 있다. 즉 무려가 지명으로 고유명사였다면, 라는
통치단위로 일반명사였다는 것이다.[19]

하였다.

17) 胡三省의 音注와 그 사학사적 의의에 관해서는 신승하, 1996 『중국사학사』, 고려대학교출판부,
220~222쪽 ; 李宗侗 저, 조성을 역, 2009 『중국사학사』, 혜안, 206~207쪽 참조.

18) 李成制, 2013 앞의 논문, 17~20쪽.

19) 김현숙, 2005 앞의 책, 348~350쪽.

이와 관련하여 6~7세기 신라에서 "烽·戍·邏는 모두 屯營과 部伍가 있었다."고 한 사실이 상기된다.[20] 라가 군사조직을 갖춘 軍事基地로 나오는 것이다.[21] 여기서 『수서』·『북사』李景 열전에 보이는 武厲城·武列城이 주의된다.[22] 일반적으로 무려라와 무려성·무열성은 같은 곳으로 이해된다.[23] 邏가 城으로도 표현되었던 것이다. 이와 같이 볼 때 라는 성곽시설을 갖춘 군사기지였다고 짐작된다. 군사조직도 갖추어져 있었을 것이다. 라의 기능은 무엇이었을까.

사료 A-2에서 호삼성은 고구려의 라가 요하의 도하를 경계·감찰하였다고 하였다. 이세적이 통정진을 경유하여 요하 중류를 도하하였듯 고구려의 무려라는 요하 중류의 교통로상에 위치하여 도하를 관할했다고 이해된다. 무려라 이외의 여러 라 또한 요하 서안에서 도하를 관할하였다고 이해된다.

이와 관련하여 한강 유역의 고구려 보루가 참고된다.[24] 그리고 임진강·한탄강 유역의 고구려 성이 참고된다.[25] 특히 임진강·한탄강 유역 고구려 성의 입지를 보면 대부분 도하가 용이한 여울에 위치하고 있는데, 이를 보면 요하 서쪽의 라도 도

---

20) 『수서』 권81, 열전46 신라. "烽·戍·邏 俱有屯管部伍" 여기서 管은 『북사』 권94, 열전82 신라를 통해 보건대 營의 誤記로 판단된다. 이와 관련하여 다음의 사료도 참고된다. 『삼국사기』 권5, 신라본기5 진덕왕 2년(648). "春秋還至海上 遇高句麗邏兵 春秋從者溫君解 高冠大衣坐於船上 邏兵見以爲春秋 捉殺之" ; 『삼국유사』 권4, 의해5 義湘傳敎. "遂與元曉 道出遼東 邊戍邏之爲諜者 囚閉者累旬 僅免而還" 이를 보면 邏兵 내지 戍邏의 군사가 상정되는데, 邏는 그와 같은 군사조직을 운용하기 위한 시설이었다고 생각된다(김현숙, 2005 앞의 책, 351쪽 주108).

21) 신라의 邏와 관련 사료 해석은 이정빈, 2015 「신라 중고기의 赴防과 군역」 『역사와 현실』 97, 105~107쪽 참조.

22) 『수서』 권65, 열전30 李景. "明年[611] 攻高麗武厲城 破之 賜爵苑丘侯 物一千段" ; 『북사』 권76, 열전4 이경. "明年[611] 攻高麗武列城 破之 賜爵苑丘侯"

23) 최근 李成制, 2013 앞의 논문, 10~12쪽에서는 邏와 城이 구분된다고 보았다. 고구려의 邏는 수의 鎭·戍나 당의 守捉에 비견된다고 생각하는데, 鎭·戍·守捉 역시 성곽시설을 갖춘 군사기지로 城이라고도 하였다. 이와 같은 생각에서 양자를 구분하는 견해를 수용하지 않는다.

24) 김현숙, 2005 앞의 책, 350~351쪽.

25) 백종오, 2006 『고구려 남진정책 연구 ─임진강에서 금강까지─』, 서경, 63~131쪽 및 305~317쪽 ; 양시은, 2016 『고구려 성 연구』, 진인진, 94~105쪽 및 209~212쪽 ; 정원철, 2017 『고구려 산성 연구』, 동북아역사재단, 85~91쪽 참조.

하 지점을 중심으로 분포하였다고 추측된다. 즉 요하의 도하를 관할하는 것이 라의 기본적인 기능이었다고 생각한다. 그러나 라의 기능이 도하를 관할하는 데 한정되진 않았을 것이다.

요하의 서방은 평원지대로, 특히 의무려산~대릉하 하류까지는 자연적 장애물이 거의 없다. 그렇기 때문에 비록 遼澤이 자리하고 있었다고 하지만, 서방으로부터의 예상치 못한 공격에 취약할 수 있었다. 하지만 한편으로 서방의 평원지대를

그림 2. 요하서안의 邏

조망·감시할 수 있다는 점에서는 이점도 있었을 것이다. 이 점에서 요하서안의 라는 단순히 요하의 도하만 관할했을 뿐만 아니라 요서의 일부를 조망·감시하기도 하였다고 생각된다. 일찍부터 몇몇 연구자가 지적한 것처럼 무려라를 비롯한 여러 라는 요서정책의 전진기지였을 가능성이 높다.[26]

사료 A에 보이는 요동군이 주목된다. 그리고 613년 고구려-수 전쟁에서 양제가 수리하여 군량을 비축하도록 하였다는 遼東古城이 주의된다.[27] 호삼성은 요동고성

---

26) 노태돈, 1999 앞의 책, 411쪽 ; 이성제, 2005 앞의 논문, 149~153쪽.

27) 『자치통감』 권182, 수기6. "[大業 九年(613) 正月 丁丑(2일)] 詔徵天下兵集涿郡 始募民爲驍果 脩遼東古城以貯軍糧〈漢·晉以來 遼東郡皆治襄平 慕容氏始鎭平郭 前伐高麗 圍遼東 言卽漢襄平城 今言復脩古城 蓋城郭有遷徙也〉"

지도 2. 구글어스에서 본 의무려산과 그 주변

이 漢代의 襄平城이었고 고구려의 요동성이었다고 하였다. 지금의 요령성 遼陽으로 설명한 것이다. 그러나 612년 고구려-수 전쟁에서 고구려는 요동성을 잃지 않았다. 이 전쟁에서 수가 확보한 지점은 요하 서쪽의 무려라에 불과하였다고 했다. 그러므로 613년의 요동고성은 요하 서쪽에 위치하였을 것이다. 요동군의 치소가 바로 그곳에 두어지지 않았을까 한다.

물론 전시에 설치된 요동군이 여타의 군현과 동일한 체제를 구비하고 운용되었다고 보기는 어렵다. 요동고성은 古城이란 표현처럼 오래 전에 수축되었고, 수리가 필요할 만큼 장기간 방치되어 있었다고 짐작된다. 이전에 고구려도 운용하지 않았거나 운용한 지 오래되었다고 여겨진다. 이 점에서 통정진이 무려라를 改修하여 운용이 시도된 반면, 요동군은 서류상의 군현이었을 뿐이라고 생각한다. 그럼에도 명목상이나마 관할구역이 설정되어 있었을 것이다.

612년 수는 요서군을 설치하고 돌지계를 태수로 삼아 영주의 동쪽 200리를 다스리도록 하였다.[28] 사료 C에서 살펴보겠지만, 요동군은 그와 동시에 설치되었을 가능성이 높다. 이때 두 郡은 秦·漢代의 失地를 회복한다는 의미를 담고 있었다고 해석된다. 그런 만큼 설치 당시에 관할구역과 기능을 안배하였을 것으로 짐작된다.

요서군의 관할구역은 영주 즉 유성의 동쪽 200리였다고 했는데, 치소는 汝羅故城으로 확인된다.[29] 여라고성은 唐 전기의 汝羅守捉으로, 賈耽의 『道里記』에서 여라수착은 연군성 동쪽에 있었고, 연군성은 영주(유성)의 동쪽 180리 지점에 위치했다고 하였다.[30] 이에 일반적으로 연군성은 요령성 義縣 일대로, 여라고성은 그 동쪽 王民屯 일대로 비정한다.[31] 의무려산·대릉하 하류에 요서군의 치소가 두어졌던 것이다.

이와 같이 볼 때 요서군은 요하 서안에서부터 의무려산·대릉하 하류까지, 즉 요서 동부를 관할구역으로 하였을 가능성이 높다. 그리고 보면, 요서 동부는 612년 고구려—수 전쟁 이전까지 고구려의 세력범위로, 라의 관할구역은 그 범위 안에서 설정되어 있었다고 판단된다. 요서 동부에는 무려라를 비롯한 라만이 설치되어 있었을까. 다음의 사료가 주의된다.

28) 『태평환우기』 권69, 河北道 幽州 幽都縣. "煬帝 8年(612) 爲置遼西郡 以突地稽爲太守 治營州東二百里"

29) 『신당서』 권39, 지29 지리3 幽州. "幽都〈望 本薊縣地 隋於營州之境汝羅故城置遼西郡 以處粟末靺鞨降人"

30) 『신당서』 권43하, 지33下 지리7下 기미주. "其後貞元宰相賈耽考方域道里之數最詳 (中略) 州縣有名而所不錄者 或夷狄所自名云 (中略) 營州東百八十里至燕郡城 又經汝羅守捉 渡遼水至安東都護府五百里 府 故漢襄平城也"; 『무경총요』 전집 권16下 변방 北番地 宜州. "宜州 按皇華四達記 營州東北八十里 凡九遞至燕郡城 自燕郡東經汝羅守捉 渡遼州十七驛 至安東都護府約五百里 今以契丹地圖校 至東京五百二十里"

31) 王錦厚, 1986 「唐 "營州至安東" 陸路交通地理考實」 『遼海文物學刊』 1986-1, 76～78쪽 ; 王錦厚·李健才, 1990 『東北古代交通』, 沈陽出版社, 96～97쪽 ; 日野開三郎, 1991 『東洋史學論集 15-東北アジア民族史(中)』, 三一書局, 339쪽 ; 松井等, 심호섭 외 번역, 2013 앞의 논문, 310～311쪽.

C. [수양제 대업] 8년(612) 4월 丙申에 다음과 같은 조서를 내렸다. " (중략) 대업 8년(612) 4월 16일 새벽 이전에 사형죄 이하는 이미 발각된 죄인과 아직 발각되지 않은 죄인, 이미 결정된 죄인과 아직 결정되지 않은 죄인, 옥사에 갇힌 죄인, 죄의 경중을 막론하고 모두 사면한다. 이전에 용서했 지만 면할 수 없는 자는 반역을 모의한 대역죄인, 妖言으로 대중을 현혹 한 죄인, 말이 국가에 미친 죄인으로 모두 사면의 전례에 두지 않는다. 諸 郡에 軍事를 공급한 자는 모두 1년 동안 부세를 면제한다. 役丁·夫匠으 로 涿郡에 이른 자는 2년 동안 부세를 면제한다. 臨楡關 서쪽까지 이른 자는 3년 동안 부세를 면제한다. 柳城 서쪽까지 이른 자는 5년 동안 부세 를 면제한다. **通定鎭 서쪽까지 이른 자는 7년 동안 부세를 면제한다. 渡 遼鎭까지 이른 자는 10년 동안 부세를 면제한다.** 유배를 갔지만 아직 도 착하지 않은 자 또한 마땅히 방면한다. 제명되어 해직된 관료 모두 임용 을 허락한다. 홀로 생존할 수 없는 鰥·寡·孤·獨은 헤아려 賑贍을 더해 준다. 고령자는 束帛[布帛]을 하사하고 모두 天下의 大酺를 5일 동안 내 려준다. 女子百戶[女戶]는 소고기와 술을 하사한다. 孝悌·力田·義夫· 節婦는 모두 旌異를 더해주어서 그 마을 어귀에 표시한다. 遼左의 民은 새롭게 황제의 德化를 입었으므로, 마땅히 刑部尙書 正議大夫 衛文昇와 守尙書左丞 劉士龍 등을 보내어 巡撫하고 存問한다. 또한 10년 동안 부 세를 면제한다. 이제 郡縣을 설치하여 도맡아 다스리도록 하는데, 만약 특별한 재주가 있어 남다른 자가 있으면 재주에 따라서 임용하며, 그를 [수의] 齊民과 같이 대우하여 夷夏의 차별이 없도록 하라."[32] (『책부원귀』

---

32) "八年 四月 丙申 詔曰 (中略) 自大業八年四月十六日昧爽已前 大辟罪已下 已發覺未發覺 已結 正未結正 繫囚見徒 罪無輕重 皆赦除之 其嘗赦所不免 謀反大逆 妖言惑衆 語及國家 並不在赦 例 其諸郡供軍事者 並給復一年 其所役丁夫匠 至涿郡者 復二年 至臨楡關已西者 復三年 至柳 城已西者 復五年 至通定鎭已西者 復七年 至渡遼鎭者 復十年 流配未達前所 亦宜放免 除名解 官 併聽收叙 其鰥·寡·孤·獨不能自存者 量加賑贍 高年之老 賜以束帛 幷賜天下大酺五日 女

권83, 제왕부83 赦宥2)

위 사료는 612년 4월 수 양제가 반포한 '대사면 조서'의 일부이다.[33] 양제는 612년 고구려–수 전쟁에서 요동성을 포위한 후 이 조서를 반포했는데,[34] 대대적인 사면과 함께 부세를 면제했고 새로 차지한 지역에 郡縣을 설치하도록 하였다. 앞서 살펴본 요서군과 요동군은 이 조서에 입각하여 설치되었을 것이다. 부세 면제의 조치 중 보이는 渡遼鎭이 주목된다.

부세 면제의 대상자는 전쟁에 동원된 役丁·夫匠이었다. 그들은 諸郡(1년) → 涿郡(2년) → 臨楡關(3년) → 유성(5년) → 통정진(7년) → 도요진(10년) 순으로, 즉 동원된 거리에 따라 부세를 차등적으로 면제받았다. 이로 보아 통정진과 도요진은 일정한 거리를 두고 있었다고 생각할 수 있다. 명칭에서 짐작할 수 있듯이 요하 동안에 위치하였을 것으로 추측된다. 그 명칭은 통정진처럼 수에서 새로이 붙인 이름이었을 것이다.[35] 다만 통정진이 고구려의 무려라를 개수한 것이었듯, 도요진 역시 본래 고구려의 군사기지였다고 짐작된다.

이와 같이 보면 고구려는 요하의 兩岸에 군사기지를 두었다고 이해할 수 있다. 그리고 수·당의 군사가 통정진·도요진에서 현도성·요동성으로 향하였듯 요하 양안의 고구려 군사기지는 요동의 주요 城과 교통로상으로 이어졌다고 생각할 수 있다.

子百戶牛酒 孝悌·力田·義夫·節婦 幷加旌表其門閭 遼左之民 新霑皇化 宜遣刑部尚書正議大夫衛文昇·守尚書左丞劉士龍等 巡撫存問 仍給復十年 卽置郡縣 以相統攝 若有奇能異等 隨才任用 同之齊民 無隔夷夏

33) 이 조서의 반포 시점은 대업 8년(612) 4월 병진일로 나오는데, 이는 4월의 일간지에서 찾아볼 수 없다. 『海東繹史』에서 병오일이라고 하였는데(권55, 藝文志14), 이 또한 마찬가지이다.

34) 『자치통감』 권181, 수기5 [대업 8년(612) 3월 계사(14일)]. "諸軍乘勝進圍遼東城 卽漢之襄平城也 車駕渡遼 引曷薩那可汗及高昌王伯雅觀戰處以懾懼之 因下詔赦天下 命刑部尚書衛文昇·尚書右丞劉士龍撫遼左之民 給復十年 建置郡縣 以相統攝"

35) 도요진은 요하를 건너는 鎭으로 해석할 여지가 없지 않다. 그런데 탁군부터 통정진까지 모두 지명이란 점에서 도요진 또한 지명으로 보는 편이 순조롭다고 생각한다.

이와 관련하여 최근 그와 같은 교통로를 요서횡단로까지 확장해 본 연구가 제시되어 주목된다.[36) 즉 요서 동부의 요서횡단로에는 驛路가 이어져 있었고, 역로는 요하 서안의 라를 거쳐서 요동의 주요 城으로 통하였다는 것이다.[37) 그와 같은 관점에서 사료 B-2에 보이는 烽·戍도 주의 깊게 검토하였는데, 요하 동안에서부터 현도성까지의 교통로상에 烽·戍가 이어져 있었음이 확인된다고 하였다.[38)

봉·수·라 이외에도 도요진, 그리고 赤烽鎭과 같은 변경의 鎭도 주목해 볼 수 있는데,[39) 이를 보면 요서 동부에서부터 요동의 주요 大城까지는 규모와 기능을 달리하는 군사기지가 여럿 설치되어 있었다고 생각된다.

여기서 고구려유민 「李他仁墓誌」가 참고된다. 이를 보면 7세기 중반 李他仁은 柵城都督兼總兵馬의 관직을 맡아 고구려의 12州와 함께 靺鞨의 37部를 총괄하였다고 하는데,[40) 이는 책성이 지방행정의 중심지이자 말갈 諸部를 관할했음을 말해준다. 6~7세기 고구려의 지방제도는 諸城을 중심으로 하였는데, 諸城은 규모와 기능에 따라 大城·城·小城 등으로 구분되었고, 그마다 각급의 지방관이 파견되었으며 상하 통속관계에 있었다.[41)

책성은 이 중에서 大城에 해당하였다.[42) 이와 비교해 요하 서안의 라는 小城 또

36) 李成制, 2017 「高句麗와 遼西橫斷路 -遼河 沿岸 交通路와 관리 기구-」 『韓國史研究』 178.

37) 李成制, 2017 앞의 논문, 49~54쪽.

38) 李成制, 2017 앞의 논문, 54~55쪽.

39) 『신당서』 권3, 본기3 고종 顯慶 3년(658) 6월 壬子(1일), "程名振及高麗戰于赤烽鎭 敗之"; 『자치통감』 권200, 당기16 [顯慶 3년(658) 6월]. "營州都督兼東夷都護程名振·右領軍中郎將薛仁貴將兵攻高麗之赤烽鎭 拔之 斬首四百餘級 捕虜百餘人" 고구려의 鎭에 관해서는 김현숙, 2005 앞의 책, 348~349쪽 및 주 98 참조.

40) 「李他仁墓誌銘」 "于時授公柵城都督兼總兵馬 管一十二州高麗 統三十七部靺鞨" (고구려연구재단 편, 2005 앞의 책, 288~290쪽) 이 기사의 시점에 대한 검토로는 김종복, 2005 「高句麗 멸망 전후의 靺鞨 동향」 『북방사논총』 5, 177~178쪽 참조.

41) 『구당서』 권199上, 열전149上 동이 고려. "外置州縣六十餘城 大城置僑薩一 比都督 諸城置道使 比刺史 其下各有僚佐 分掌曹事"; 『신당서』 권220, 열전145 동이 고려. "其州縣六十 大城置僑薩一 比都督 餘城置處閭近支 亦號道使 比刺史 有參佐 分幹"; 『한원』 권30, 번이부 고려. "高麗記日 (中略) 又其諸大城置僑薩 比都督 諸城置處閭區刺史 亦謂之道使 道使治所 名之日備 諸小城置可邏達 比長史 又城置婁肖 比縣令"

는 그 예하의 城이었다고 파악된다.[43] 진·봉·수 역시 그와 유사한 규모 혹은 보다 소규모의 군사기지였다고 짐작된다. 그렇다고 한다면 진·봉·수·라 등은 大城과 상하 통속관계에 있으며 대성의 통제를 받았다고 생각된다.

이처럼 고구려는 서방 변경에 진·봉·수·라 등의 다양한 형태의 군사기지를 운용하였는데, 이는 요서의 동부에서부터 요동의 大城까지 이어져 있었고, 그와 요동의 諸城은 大城과 상하 통속관계를 맺고 유기적으로 운영되었다. 그렇다고 한다면 요서 동부는 라를 비롯한 각종 군사기지가 軍政機構로서 기능하였고, 이를 大城이 총괄하였다고 이해할 수 있다.

요서 동부에 고구려의 군사기지가 처음 설치 시점은 요동을 차지한 4세기 후반부터 5세기 전반까지 올려볼 수 있다.[44] 그리고 6세기 전반 북위의 쇠퇴를 계기로 한층 정비되었을 것으로 생각된다.[45] 다만 현재로서 관할범위의 변화와 정비의 구체적인 면모를 알기는 어려우므로, 대략 5~6세기에 운영되었다고 파악해 두고자 한다. 고구려와 요서 제종족의 관계를 살펴봄으로써 논의를 이어가고자 한다.

2. 고구려와 요서 제종족

5~6세기 요서 제종족 중에서 가장 활발히 활동한 것은 거란이었다. 우선 고구려-거란 관계를 살펴봄으로써 고구려의 세력범위부터 가늠해 보자.

---

42) 예컨대 「高玆墓誌銘」 "祖量 本蕃任三品柵城都督位頭大兄"(韓國古代社會研究所 編, 1992 『譯註 韓國古代金石文』 1, 駕洛國史蹟開發研究院, 510~511쪽)이라고 한 것처럼 柵城은 都督이 관할하였는데, 도독은 大城의 褥薩을 가리킨다.

43) 특히 小城의 可邏達과 城의 婁肖의 성격 및 관계를 둘러싸고 많은 논의가 진행되었다. 자세한 사료 검토와 여러 논의에 대해서는 김현숙, 2005 앞의 책, 348~352쪽 참조.

44) 이성제, 2005 앞의 논문, 149쪽.

45) 이성제, 2016 앞의 논문, 49~53쪽.

D-1. ㉠ 太和 3年(479)에 고구려가 몰래 蠕蠕과 모의하여 地豆于를 취하여
    이를 분할하고자 하였다. 契丹은 그 침범을 두려워하여 그 莫弗賀(莫
    賀弗) 勿于는 그의 부락·수레 3천 승·무리 만여 口를 이끌고 雜畜을
    몰고 들어와 內附를 요구하니, 白狼水의 동쪽에서 머물도록 하였다.
    ㉡ 이 해(479)부터 매년 조공하였다. 후에 기근이 들었다고 告하자 高
    祖(재위: 471~499)가 이를 불쌍히 여겨 그들이 入關하여 市糴하는 것
    을 허락하였다.[46] (『위서』 권100, 열전88 거란)

D-2. ㉠ 後魏[北魏: 386~534]시대에 고구려에 의해 침략을 받아 [거란의] 부
    락 만여 구가 內附를 요구하니, 白貔河에서 머물도록 하였다. ㉡ 그 후
    에 돌궐의 핍박을 받아 다시 [거란의] 萬家가 고구려에 寄居하였다.[47]
    (『수서』 권84, 열전49 북적 거란)

D-3. 태화 3년(479)에 고구려가 몰래 蠕蠕과 모의하여 지두우를 취하여 이
    를 분할하고자 하였다. 거란은 그 침범을 오랜 원한으로 여겼는데 그
    막하불 물우는 그의 부락·수레 3천 승·무리 만여 구를 이끌고 잡축을
    몰고 이주해 와 내부를 요구하니, 백랑수의 동쪽에서 머물도록 하였
    다.[48] (『북사』 권94, 열전82 북적 거란)

위 사료는 5세기 후반~6세기 중반 고구려와 거란의 관계를 전하고 있다. 우선

---

46) "太和三年 高句麗竊與蠕蠕謀 欲取地豆于以分之 契丹懼其侵軼 其莫弗賀勿于率其部落·車
三千乘·衆萬餘口 驅徙雜畜 求入內附 止於白狼水東 自此歲常朝貢 後告饑 高祖矜之 聽其入關
市糴"

47) "當後魏時 爲高麗所侵 部落萬餘口求內附 止于白貔河 其後爲突厥所逼 又以萬家寄於高麗"

48) "太和三年 高句麗竊與蠕蠕謀 欲取地豆于以分之 契丹舊怨其侵軼 其莫賀弗勿于率其部落·車
三千乘·衆萬餘口 驅徙雜畜 求內附 止於白狼水東"

사료 D-1-㉠에서 거란 勿于集團의 동향이 주목된다. 479년 물우집단은 고구려가 蠕蠕(柔然)과 모의하여 地豆于를 분할하고자 하자 그 침범을 두려워하였고, 이에 白狼水(지금의 大凌河 하류)의 동쪽 방면으로 이주하였다고 한다. 이때 고구려와 유연의 지두우 분할은 謀議였다고 하였다. 이러한 모의가 실행되었는지의 여부는 알기 어렵다.[49]

다만 이와 동일한 내용이 사료 D-2-㉠과 사료 D-3에 보이는데, 이를 보면 물우집단은 고구려의 공격을 받았던 것으로 파악된다. 특히 사료 D-3에서는 그 침범을 오랜 원한으로 여겼다고 하는데, 이는 479년 이전부터 물우집단에 대한 고구려의 군사활동이 꾸준히 전개되었음을 말해준다.[50] 따라서 만약 지두우 분할이 모의에 그친 것이라고 해도, 5세기 후반 물우집단이 이주를 결정한 것은 고구려의 군사활동 때문이었다고 이해된다.[51]

거란은 주로 요하 상류·시라무렌 유역에 거주하였다. 물우집단 역시 그러하였을 것이다. 그러므로 5세기 후반 물우집단에 대한 군사활동은 고구려가 요하 상

49) 현재 地豆于 분할은 실행되었다고 보는 견해(李龍範, 1959 앞의 논문, 55쪽 ; 朴京哲, 1989 「高句麗 軍事戰略 考察을 위한 一試論 -平壤遷都 以後 高句麗 軍事戰略의 指向點을 中心으로-」 『史學研究』 40, 45~53쪽 ; 2005 「高句麗의 東蒙古經略」 『白山學報』 71, 138~139쪽 ; 李在成, 1996 『古代東蒙古史研究』, 法仁文化社, 173~175쪽 ; 盧泰敦, 1999 앞의 책, 314쪽)와 모의에 그쳤다고 보는 견해(千寬宇, 1980 「廣開土王의 征服活動에 對하여」 『軍史』 창간호, 國防部戰史編纂委員會, 49쪽 ; 이성제, 2005 앞의 책, 134~135쪽)로 대별된다.

50) 이와 관련하여 다음의 사료를 주목할 수 있다. 『위서』 권100, 열전88 庫莫奚. "太和四年[480] 輒入塞内 辭以畏地豆干鈔掠 詔書切責之" 480년 고막해는 지두우의 위협으로 북위의 塞内로 들어온 경우가 많았다고 하는데, 이는 고구려와 柔然이 地豆于 방면으로 세력확장을 시도한 결과였다고 볼 수 있다. 즉 지두우 분할 시도가 고막해-북위까지 연쇄적인 영향을 주었다고 생각된다.

51) 이와 같은 고구려 군사활동의 목적은 크게 두 가지로 설명되고 있다. 첫째 北魏의 위협과 勿吉의 성장에 따라 양자의 연결을 차단하고(李在成, 1996 앞의 책, 169~173쪽 ; 김락기, 2013 『高句麗의 東北方 境域과 勿吉 靺鞨』, 景仁文化社, 82~83쪽), 나아가 防衛地帶의 확보와 안정적인 말 공급기반의 확대를 위한 것이었다고 보는 견해(朴京哲, 1989 앞의 논문, 47~50쪽 ; 2005 앞의 논문, 138~139쪽)가 있었으며, 둘째 對北魏外交의 일환으로 북위와의 관계개선을 위한 압박적인 수단이었다고 보는 견해(노태돈, 1999 앞의 책, 310쪽 ; 李成制, 2005 앞의 책, 134~135쪽)가 있었다.

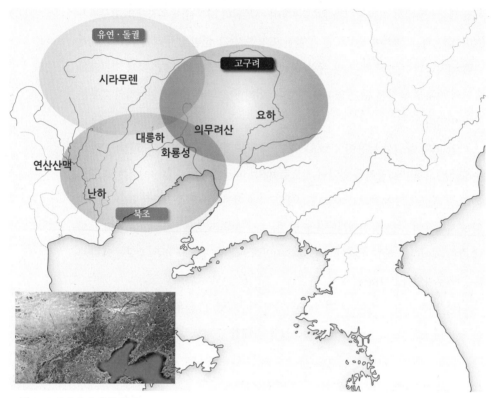

그림 3. 5~6세기 요서의 정세

류·시라무렌 유역에서 세력확장을 시도하였음을 의미한다. 이러한 고구려의 세력
확장은 물우집단의 이주로 보아 어느 정도의 성과를 이루었다고 파악된다.

　　7세기 전반까지 거란은 다수의 部로 구성되었고,[52] 諸部의 이해관계는 서로 일
치하지 않았다.[53] 따라서 물우집단이 이주하였다고 하지만 여타의 부는 여전히 요

---

52) 예컨대 『위서』 권100, 열전88 거란을 보면 萬丹部·何大何部·伏弗郁部·羽陵部·日連部·匹絜
部·黎部·吐六于部 등의 명칭이 확인된다. 이를 『요사』에서는 이른바 '古八部'로 기록하였지만
(권32, 營衛志中 部族上), 구체적인 部의 수에 대해서는 이견이 분분하다고 한다(李在成, 1996
앞의 책, 161쪽 주126 참조).

53) 거란은 7세기 전반 이후 君長을 중심으로 諸部가 연맹함으로써 구심력과 결합력을 갖추어 가기

하 상류·시라무렌 유역에 거주하였다고 생각된다.[54] 그러므로 물우집단의 이주 이후 고구려는 거란의 일부를 세력범위에 두었다고 이해할 수 있다.

이와 관련하여 사료 A-2-ⓒ가 주목된다. 이를 보면 돌궐의 핍박을 받아 거란의 萬家가 고구려에 寄居하였다고 한다. 돌궐은 6세기 중반 내륙아시아를 제패하고 몽골초원에서부터 요하 상류·시라무렌 유역으로 남하하였다.[55] 이로 보아 사료 D-2-ⓒ은 6세기 중반의 사건으로, 거란의 萬家는 요하 상류·시라무렌 유역에 거주하고 있었다고 파악된다. 그들은 본래 유연의 세력범위에 속하였다고 짐작된다. 그러나 6세기 중반 유연이 쇠퇴하고 돌궐이 남하하자 고구려에 정치적·군사적 보호를 요청한 것이 아닐까 한다.[56]

이처럼 물우집단과 거란 萬家의 동향은 5세기~6세기 중반 고구려와 유연이 요하 상류·시라무렌 유역 즉 요서의 북부를 분할하고 세력범위를 형성한 사실을 반영한다. 그러면 요서의 남부에서는 어떠하였을까. 다음의 사료가 주목된다.

> E. [封軌는] 太和(477~499) 연간에 著作佐郎에 임명되었고, 곧이어 尙書儀
>   曹郎中 兼員外散騎常侍로 관직을 옮겼다. 命을 받고 고구려에 사신으로
>   갔다. (중략) 이보다 먼저 거란이 邊民 60여 口를 사로잡아 약탈해 갔는

시작했다(李在成, 1996 앞의 책, 220~228쪽).

54) 盧泰敦, 1999 앞의 책, 410~411쪽.

55) 李龍範, 1959 앞의 논문, 69쪽.

56) 契丹 萬家의 寄居는 고구려 境域 내로 이주했다고 본 견해(李在成, 1996 앞의 책, 207~208쪽 ; 2000 「5~6世紀 '勿于集團'의 成立·發展과 解體」『中國學報』42, 323~324쪽)와 본래의 거주지에서 고구려와 신속관계를 수립한 것으로 보는 견해(노태돈, 1999 앞의 책, 410~411쪽)로 나누어져 있다. 원문의 寄는 李在成의 지적대로 寄居로 새겨진다. 예컨대『수서』권84, 열전49 北狄 突厥. "請將部落度漠南 寄居白道川內 有詔許之"라고 한 것처럼 突厥의 沙鉢略可汗이 수의 세력범위 내로 이주해 와 寄居하였다는 용례가 있다. 다만 이때 沙鉢略可汗이 이주한 白道川은 수의 변경지대로 境域 안이었다고 보기는 어렵다. 그러므로 契丹의 萬家도 突厥의 위협을 피해 어느 정도 이주하였을 수 있지만 고구려의 境域 내로 이주해 왔다고 생각되지 않는다. 다만 고구려의 세력범위 안으로 이주해 와서 정치적·군사적 보호를 요청하였다고 이해된다.

데, 다시 고구려가 [변민 60여 구를] 약탈해 동쪽으로 돌아갔다. 봉궤가
그 상황을 갖추어 [황제에게] 보고하고, [고구려에] 편지를 보내 그들을
요구하였다. [고구려왕] 雲[文咨明王, 재위: 492~519]이 [변민 60여 구] 전
부에게 물자를 주어 돌려보냈다.[57] (『위서』 권32, 열전20 봉궤)

위 사료는 태화 연간(477~499) 북위의 관료 封軌의 외교활동을 전하고 있다. 이
때 고구려에는 文咨明王이 재위(492~519)하고 있었다고 한다. 그러므로 위 사료의
시점은 492~499년 무렵으로 볼 수 있다.[58] 이 사료에서 거란이 북위의 邊民 60여 口
를 사로잡아 약탈하였는데, 이를 고구려가 다시 약탈해 동쪽으로 돌아갔다고 한다.

북위의 직접적인 통치력은 和龍城(黃龍城·柳城, 지금의 조양)을 중심으로 醫巫
閭山~大凌河 하류까지 미쳤다.[59] 그리고 479년 이후 대릉하 하류에는 거란의 물우
집단이 이주해 왔다. 이로 미루어 보아 북위의 변민을 약탈한 거란은 물우집단 내
지 그 일파로 추정된다. 그러므로 거란에 대한 고구려의 약탈은, 고구려의 세력이
의무려산~대릉하 하류, 즉 요서의 동남부에 미치고 있었음을 말해준다.

이처럼 5~6세기 중반 고구려가 요서의 북부에서 유연과 함께 동서로 세력범위
를 형성하였다면, 요서의 남부에서는 북위와 함께 동서로 세력범위를 형성하였다.
그러다가 6세기 전반 북위가 쇠퇴하면서 요서 동부에 보다 강한 영향력을 미쳤다
고 이해된다.[60]

주지하다시피 요서에는 거란만 아니라 말갈 등의 제종족도 거주하였다. 따라서
주로 거란을 통해 논의하였지만, 요서 동부 고구려의 세력범위 안에는 거란만 아니

---

57) "太和中[477~499] 拜著作佐郎 稍遷尚書儀曹郎中兼員外散騎常侍 銜命高麗 (中略) 先是 契丹
   虜掠邊民六十餘口 又爲高麗擁掠東歸 軌具聞其狀 移書徵之 雲悉資給遣還"
58) 李在成, 1996 앞의 책, 179쪽. 封軌는 尚書 儀曹郎中으로 외교문서의 작성을 책임지고 있으면서
   이 문제를 다루었다고 생각된다.
59) 송기호, 2008 앞의 논문, 211~214쪽.
60) 이성제, 2016 앞의 논문, 49~53쪽.

라 말갈을 비롯한 제종족이 포함되어 있었다고 할 수 있다. 그러면 이제 그와 고구려의 관계를 생각해 보자.

다시 사료 D-2-ⓛ이 주목된다. 寄居의 의미가 궁금하다. 이는 사료 D-1~3에서 물우집단이 수에 內附했다고 한 데서 시사점을 얻을 수 있다. 그와 아울러 다음의 사료를 참고할 수 있다.

> F. 그 나라는 모두 수십 개의 部로 되어 있는데, 각기 酋帥가 있다. 혹은 고구려에 附屬되었고 혹은 돌궐에 臣屬되었다.[61] (『구당서』 권199下, 열전 149下 북적 말갈)

위 사료는 7세기 말갈 諸部와 고구려·돌궐의 관계를 전하고 있다. 말갈의 諸部는 각각 고구려에 附하고 돌궐에 臣하였다고 하였는데, 이때 附와 臣은 內附·附庸·附屬·臣屬의 뜻으로 모두 상통한다. 이렇듯 附와 內附가 동일한 의미를 담고 있다고 보면, 말갈 제부와 고구려·돌궐의 관계는 거란 諸部·북위의 관계와 유사하다고 생각된다. 5~6세기 고구려와 요서 제종족의 관계 역시 큰 차이는 없었다고 본다. 즉 요서 제종족은 고구려의 부용집단 내지 신속집단으로, 고구려와 정치적 主從關係를 맺었다고 판단된다.

정치적 주종관계 속에서 고구려는 요서 제종족에 대하여 일정한 통제력을 발휘하였을 것이다. 가령 물우집단은 북위 관내로 진입하는 데 허가를 받아야 했다. 고구려도 마찬가지로, 영역 안팎의 이동을 제약했을 것이다. 약탈과 같은 군사행동 역시 통제하였다고 짐작된다. 고구려-수 전쟁과 고구려-당 전쟁에서 살펴볼 수 있듯이 군사력을 제공하기도 하였고, 일정한 물자를 공납으로 요구했다고 예상된다. 그러나 요서 제종족이 의무만 지고 아무런 혜택도 받지 못했다고 볼 수는 없다.

---

61) "其國凡爲數十部 各有酋帥 或附於高麗 或臣於突厥"

일정한 반대급부를 얻었다고 보인다.

우선 외부 세력으로부터의 위협에 군사적인 보호를 받았을 것이다. 거란 萬家의 경우 돌궐의 압박으로부터 고구려의 군사적인 보호를 기대했다고 하였다. 경제적인 지원을 요구하기도 했을 것이다.

예컨대 사료 D-1-ⓛ에서 물우집단은 기근이 발생하자 북위에 告하였는데, 이에 북위는 入關하여 市糴할 것을 허락하였다. 互市에서 교역할 수 있도록 하거나, 관곡을 지급해 주었던 것이다.[62] 물론 시적은 예외적인 조치였다. 입관이란 표현이 주의된다. 이로 보아 물우집단은 평소 關外에 거주하였고, 조공을 통한 정기적인 교역만 허락받았다고 짐작된다. 그와 같이 볼 때 물우집단은 기본적으로 독립성이 강한 관외의 정치집단이었고, 정치적 주종관계의 수립에 따른 경제적인 반대급부는 주로 정기적인 교역이었다고 생각된다.

거란을 비롯한 요서의 제종족은 대부분 유목·수렵사회였는데, 유목·수렵사회는 자급자족이 어려웠다. 농경사회와 어떠한 형태로든 지속적인 관계를 수립하고 정기적으로 물자를 획득해야 했는데,[63] 물우집단의 경우 그러한 물자를 북위가 제공했던 것이다. 고구려와 요서 제종족의 관계도 그와 유사하였다고 보인다.

이처럼 고구려는 요서 제종족을 통해 서방의 정치적·군사적 안정을 추구하였고, 제종족은 군사적인 보호와 아울러 교역과 같은 경제적 지원을 기대하였다고 생각된다.

이와 같이 이해하고 보면 고구려와 요서 제종족의 관계를 설명하는 데 간접 지배란 용어는 한계가 있다. 특히 지배의 함의가 제한적이다. 비록 주종의 상하관계가 설정되어 있었지만, 일방적인 지배-피지배 관계가 아닌 쌍무적인 계약관계에

---

62) 市糴의 의미와 용례는 『증보문헌비고』 권163~170 市糴考 참조.
63) 金浩東, 1989 「古代遊牧國家의 構造」 서울大學校 東洋史研究室 編 『講座 中國史 II -門閥社會와 胡漢의 世界-』, 知識産業社, 261~263쪽 ; 하자노프 著, 김호동 譯, 1990 『遊牧社會의 構造』, 지식산업사, 36쪽, 118~120쪽, 275~305쪽.

가까웠기 때문이다. 그러므로 요서는 고구려 세력범위에 속한다고 하지만, 여타의 세력범위와 그 성격에 차이가 있었다고 생각한다.

더욱이 5~6세기 중반 요서에는 고구려와 북조의 諸國, 그리고 유연·돌궐과 같은 주요 강국의 세력이 교차했다. 요서를 둘러싸고 동북평원·화북평원·몽골고원의 세 지역으로부터 동아시아의 주요 세력이 삼각관계를 형성하였던 것이다. 이로써 세력균형이 유지되었지만, 한편으로 삼각관계는 가변적이고 유동적이었다. 요서 제종족의 동향 역시 당시의 국제질서만큼이나 가변적이었고 유동적이었을 것이다.

요서 제종족은 고구려의 군사적인 보호 내지 경제적 지원 등 고구려가 자신들의 기대에 미치지 못할 경우, 거란 萬家가 북위에서 고구려로 넘어왔듯이, 고구려에서 북위 내지 유연으로 이탈할 수 있었다. 이러한 제종족의 이탈은 곧 세력범위의 축소를 의미했을 것이다. 그리고 국제정세의 불안정 요인으로 작용했을 것이다.

요서의 제종족은 유목·수렵생활을 영위한 만큼 그들은 많은 수의 牛馬를 보유하고 있었고, 부락민은 곧 기병으로 활동할 수 있었다. 고구려-수 전쟁과 고구려-당 전쟁에서 살펴볼 수 있듯이 요서의 제종족은 저마다의 이해관계에 따라 고구려의 우군이 될 수 있었고 반대로 적군이 될 수 있었다. 만약 요서 제종족이 이탈한다면 이는 서방 변경만 아니라 국제정세의 불안정 요인으로까지 작용할 수 있었다.[64] 그러므로 고구려는 세력범위에 속한 제종족과 교역하였고, 때로 각종 물자를 제공함으로써 그를 포섭하고자 하였다고 이해된다. 국제정세에 따라 출혈교역마저 감수할 처지에 놓인 적도 적지 않았다고 추정된다.

이처럼 요서 제종족은 고구려와의 쌍무적 계약관계 속에서 국제정세에 따라 가변적이고 유동적인 태도를 취했다. 따라서 고구려의 세력범위는 고정적일 수 없었다. 동아시아 국제정세의 변화에 따라 신축을 거듭하였다고 생각된다. 이와 같은

---

64) 이성제, 2005 앞의 논문, 156~164쪽.

관점에서 요서는 고구려의 변경이자 동아시아의 변경이었다고 이해된다.

여기서 변경이란 근대의 국경과 대비되는 개념으로, 두 개 이상의 국가 내지 정치세력 사이의 경계가 모호한 공간이자, 서로의 세력이 교차하는 중간지대 내지 완충지대를 가리킨다.[65]

---

65) 변경 내지 변경지대의 의미와 개념에 대해서는 임지현 편, 2004 『근대의 국경 역사의 변경』, 휴머니스트 ; 박성현, 2011 「한국 고대의 국경과 변경」 『역사와 현실』 82 ; 김선민, 2013 「한중관계사에서 변경사로: 여진–만주족과 조선의 관계」 『만주연구』 15 참조.

제 2 장

농목교역을 통해 본 고구려의 요서정책

요서가 동아시아의 요지 중 하나로 부상한 것은 6세기 중·후반이었다. 그러고 보면 요서가 부상한 데에는 어떠한 역사적 변화가 있었는지, 그에 대한 고구려 내부의 관심은 어떠하였는지가 궁금하다. 이를 살펴보기 위해 이 장에서는 교역에 주목하고자 한다.[1]

5~6세기 요서는 동아시아의 제세력이 교차했다. 그런 만큼 이곳에서는 다양한 형태의 교류와 교역이 이루어졌다고 예상되는데, 고대의 교역은 단순히 재화의 경제적 이동만을 의미하진 않았다. 단위집단 간의 상호관계를 반영할 뿐만 아니라 단위집단 내부의 정치·사회적 변화를 추동하였다.[2] 그러므로 교역은 고구려의 요서

---

1) 한국 고대의 교역과 관련한 전반적인 연구 성과의 정리는 윤용구, 2007 「삼한·삼국의 교역」, 한국고대사학회 편, 『한국고대사 연구의 새동향』, 서경문화사, 537~550쪽 ; 박준형, 2013 「고조선~삼국시기 교역사 연구의 검토」 『한국고대사연구』 73 참조.

2) 콜린 렌프류·폴 반 지음, 이희준 옮김, 2006 「옛 사람들은 어떠한 접촉을 하였는가?: 교역과 교환의 고고학」 『현대 고고학의 이해』, 사회평론 ; 콜린 렌프류, 2011 「遠距離 行爲로서의 交易: 통합과 정보 전달의 문제들」, 제레미 사블로프·램버그 칼롭스키 편저, 오영찬 조대연 옮김, 『古代 文

정책과 요서의 역사적 변화를 설명하는 데 효과적인 주제가 될 것이다.

1. 농목교역과 중개교역

고구려와 주변지역의 제종족의 교역과 관련하여 먼저 다음의 사료가 주목된다.

> A-1. 그 나라[南室韋]에는 鐵이 없어 고구려로부터 취득한다. 담비가 많다.[3]
> (『수서』 권84, 열전49 북적 남실위)

> A-2. 담비가 句麗國[고구려]에서 산출된다. 항상 한 존재[一物]가 [담비와] 함께 穴에 사는데 혹 그를 보면 생김새가 사람과 비슷하고 키는 3척이며 담비를 잘 다루고 刀子를 좋아한다. 그[고구려] 습속에 사람이 담비가죽[貂皮]을 얻고자 하면 刀子를 穴口에 던져 놓는다. [그러면] 이 존재가 밤에 구덩이를 나와 담비가죽을 刀子 옆에 놓아두며 사람이 [담비]가죽을 가지고 떠나기를 기다렸다가, [사람이 떠나면] 이에 감히 刀子를 취한다.[4] (『異苑』 권3)

사료 A-1은 남실위의 교역 및 생산과 관련한 내용을 담고 있다. 실위는 거란 계통의 종족으로,[5] 남실위는 거란의 북방지역에 자리하였다고 하는데,[6] 대체로 지금

明과 交易』, 도서출판 考古.
3) "其國無鐵 取給於高麗 多貂"
4) "貂出句麗國 常有一物共居穴 或見之 形貌類人 長三尺 能制貂 愛樂刀子 其俗 人欲得貂皮 以刀投穴口 此物夜出穴 置皮刀邊 須人持皮去 乃敢取刀"
5) 『수서』 권84, 열전49 북적 실위. "室韋 契丹之類也"
6) 『수서』 권84, 열전49 북적 남실위. "南室韋在契丹北三千里 土地卑濕 至夏則移向西北貸勃‧欠對二山"

의 눈강과 흑룡강 주변에 거주하였고 유목·수렵생활을 영위했다.[7] 그러므로 남실위의 사례는 고구려와 주변의 유목·수렵사회의 관계를 이해하는 데 도움을 준다. 사료 A-1을 보면 남실위는 철이 없어 고구려로부터 제공받았다고 하며, 특산물로 담비가 있었다고 한다.

이와 관련하여 사료 A-2가 참고된다. 이는 『異苑』의 수록내용으로,[8] 이 책은 5세기 후반 남조 宋의 劉敬叔이 晉·宋代의 괴이한 이야기를 모아놓은 志怪小說의 일종이다.[9] 그러므로 이 사료의 내용을 그대로 믿을 수는 없다. 그럼에도 불구하고 사료 A-2에서 어떤 존재[一物, 어떤 사람]와 고구려인의 물물교환은 異人에 의한 침묵교역(silent trade)의 일면을 담고 있으며, 침묵교역의 사례가 널리 확인된다는 점에서 어느 정도의 역사적 사실을 반영하고 있다고 이해된다.[10]

침묵교역은 원시시대부터 이어져 온 초기의 교역 형태로, 이질적인 집단 간의 호혜적 교환이었다. 하지만 침묵교역의 전통은 고대만 아니라 20세기까지 일부의 종족집단에 남아 있었다고 하며, 사료 A-2도 그의 한 사례로 파악할 수 있다고 한다.[11] 그런데 사료 A-2에서 어떤 존재와 고구려인의 교역이 호혜적 교환이었다고 단정하기는 어렵다.

교역은 서로에게 다른 의미가 있었을 수 있다. 사료 A-2에서 어떤 존재는 고구려인과 마주하기를 회피하였고, 교역에도 소극적이었다. 반면 고구려인은 어떤 존재의 거주지를 직접 방문하였고, 보다 적극적으로 교역을 추구했다. 이로 보아 어

---

7) 동북아역사재단 편, 2010 『譯註 中國 正史 外國傳8 주서·수서 外國傳 譯註』, 동북아역사재단, 350~351쪽 주440.
8) 이 사료에 주목해 고구려의 교역체계를 본격적으로 검토한 것은 金昌錫, 2004 「高句麗 초·중기의 對中 교섭과 교역」 『新羅文化』 24, 東國大學校 新羅文化研究所, 3쪽 및 22~25쪽 ; 2013 『한국 고대 대외교역의 형성과 전개』, 서울대학교 출판부, 125~126쪽이었다.
9) 馬衍, 2002 「談論劉敬叔的志怪小說集『異苑』」 『徐州教育學院學報』 3, 34~35쪽.
10) 松田壽男, 1962 「東西交涉とシベリアの森林民」 『東西文化の交流』, 至文堂, 151~152쪽 ; 김창석, 2013 앞의 책, 14~18쪽.
11) 김창석, 2013 앞의 책, 14~18쪽.

떤 존재의 입장에서 도자의 획득은 호혜적 교환의 성격이 강하였을 수 있지만, 고구려인은 상업적인 목적을 가지고 담비가죽의 획득을 추구하였을 가능성이 높다.

사진 2. 읍루 가옥 복원(黑龍江省 雙鴨山市 友誼縣 挹婁風景園)

사료 A-2에서 어떤 존재는 생김새가 사람과 비슷하다고 하였다. 온전한 사람이 아닌, 마치 동물처럼 서술한 것이다. 이러한 사료 A-2의 서술은 고구려를 통한 傳聞에 의한 것으로, 어떤 존재에 대한 고구려의 선입견을 반영한다고 생각된다. 이와 관련하여 주목되는 것이 『삼국지』 동이전에 보이는 읍루이다.

읍루는 후대의 말갈로 산림에 거처하며 穴居하였다고 하는데 그의 특산물 중 하나가 挹婁貂였다.[12] 이를 보면 위 사료에서 혈거하였다고 한 어떤 존재는 읍루이며, 담비가죽은 읍루초를 가리킨다고 볼 수 있다.[13] 그렇다고 한다면 사료 A-2를 통해 고구려와 읍루의 교역이 생각된다. 즉 고구려는 읍루에 도자를 공급하고 담비가죽을 제공받았다고 이해된다.

이처럼 고구려와 읍루의 도자-담비가죽 교역을 보면 고구려는 남실위에 철을 제공하고, 대신 담비가죽을 공급받았을 가능성이 높다.[14] 즉 고구려와 남실위의 철

---

12) 『삼국지』 권30, 동이30 읍루. "處山林之間 常穴居 大家深九梯 以多爲好 (中略) 出赤玉·好貂 今所謂挹婁貂是也"

13) 松田壽男, 1962 앞의 논문, 152쪽.

14) 16세기 조선에서도 여진에 우마와 철을 제공하고, 담비가죽을 공급받았다(김순남, 2011 「16세기 조선과 野人 사이의 모피 교역의 전개」 『韓國史研究』 152, 94~97쪽)고 한다.

사진 3. 담비(하바롭스크주립박물관)

기-담비가죽 교역이 생각된다. 그러면 고구려는 남실위로부터 공급받은 담비가죽을 어떻게 활용하였을까. 먼저 지배층 내부에서 사치품으로 소비되었다고 생각할 수 있다. 그리고 다음의 사료가 참고된다.

> B-1. 나라[고구려]에 銀山이 있어 채굴해 재화로 삼는다. 또한 인삼과 貂皮가 있다. 중국의 비단을 귀중히 여겨서 丈夫는 이로써 옷을 해 입는다. 또한 虎皮를 귀중히 여긴다.[15] (『健康實錄』 권16, 동남이 고려)

> B-2. 다음으로 고구려의 [인삼을] 사용하는데, 고구려는 곧 요동으로 [고구려의 인삼은] 형태가 크지만 虛軟하여 백제[의 인삼]보다 못하다. 백제

---

15) "國有銀山 採爲貨 並人參·貂皮 重中國綵纈 丈夫衣之 亦重虎皮"

는 지금 고구려에 臣屬되어 있으므로 고구려가 바치는 공물에 兩種이 함께 있으니, 오직 취사선택할 뿐이다.[16] (『重修政和經史證類備用本草』 권16, 草部 上品之上 人蔘)

위 사료는 5~6세기 고구려의 특산물에 대한 것이다.[17] 먼저 사료 B-1 즉 『健康實錄』은 唐의 許嵩이 편찬한 六朝時期의 사료집으로 『남제서』 고려전의 逸文으로 파악되고 있다. 이를 보면 고구려의 특산물로 인삼과 담비가죽이 나와 주목된다.

다음으로 사료 B-2는 北宋代 唐愼微(1056~1093)의 저술로, 南朝代 陶弘景(452~536)의 『名醫別錄』를 인용한 대목이다. 위 사료에서는 고구려·백제 인삼의 형태와 효능을 소개하고 있는데, 이는 고구려가 남조에 보낸 조공품목에 속하였다. 이로 보아 사료 B-1에서 남조에 알려진 고구려의 특산물, 인삼과 담비가죽은 조공품목의 일부였다고 볼 수 있다.

주지하다시피 남북조시기의 조공은 교역의 한 방식이었다.[18] 그렇다고 한다면 고구려는 읍루·실위 등지로부터 제공받은 담비가죽을 지배층 내부에서 소비하는 한편, 다시 외부와 교역하였다고 생각할 수 있다. 이와 관련하여 다음의 사료가 참고된다.

C. [建武] 25년(49)에 사신을 보내 선비를 소환하여 財利를 보이니 그 大都護 偏何가 사신을 보내 공물을 바치고 귀화하기를 원하였다. 祭肜이 위로하며 받아들이고 賞賜하니 차츰 다시 친근히 귀부하였다. 그 異種 滿

---

16) "次用高麗 高麗卽是遼東 形大而虛軟 不及百濟 百濟今臣屬高麗 高麗所獻兼有兩種 止應擇取之爾"

17) 이 사료와 관련하여 박남수, 2011 「삼국의 경제와 교역활동」 『한국 고대의 동아시아 교역사』, 주류성, 6~7쪽 ; 이현숙, 2013 「고구려의 의약 교류」 『한국고대사연구』 69, 67~68쪽 참조.

18) 前田正明, 1955 「北魏官營貿易に關する考察 −西域貿易の展開そ中心として−」 『東洋史硏究』 13-6, 47쪽.

離와 고구려의 무리도 마침내 끊이지 않고 귀부하며 담비가죽과 好馬를 바쳤으니, 황제가 번번이 그 상사를 배로 하였다. 그 후에 편하 읍락의 諸豪가 모두 귀의하며 정성을 다하기를 원하였다.[19] (『후한서』 권20, 열전 10 祭肜)

　　위 사료는 漢의 요동태수 祭肜 열전의 일부로 그의 對선비정책을 전하고 있다. 여기서 고구려와 한의 교역이 보인다. 한은 선비를 회유하고자 조공교역을 하였는데, 이때 고구려도 선비의 異種인 滿離와 함께 조공교역에 참여하였다고 한다. 이때 고구려와 만리의 조공품목 중 하나가 담비가죽이었다. 위 사료는 고구려가 일찍부터 중원왕조와의 교역에서 담비가죽을 포함하였던 사실을 말해준다.

　　담비가죽은 모피의 대표적인 물품으로, 유목·수렵사회에서 수집되었고, 가공 내지 유통단계를 거쳐서 농경사회의 사치품으로 소비되었다.[20] 고조선에서도 모피는 주요 교역품의 하나였다.[21] 이로 미루어 보아 고구려 또한 유목·수렵사회로부터 담비가죽과 같은 모피를 획득해 주변의 농경사회와 교역하였다고 짐작할 수 있다. 이에 사료 A-1에서는 읍루의 담비가죽을 고구려의 특산물로 소개하였다고 해석된다.[22]

---

19) "二十五年[49] 乃使招呼鮮卑 示以財利 其大都護偏何 遣使奉獻 願得歸化 肜慰納賞賜 稍復親附 其異種滿離·高句驪之屬 遂駱驛款塞 上貂裘好馬 帝輒倍其賞賜 其後偏何邑落諸豪並歸義願自效"

20) 姜仁旭, 2011 「古朝鮮의 毛皮貿易과 明刀錢」『韓國古代史研究』64 참조.

21) 이를 주목해 고조선이 中心地交易(central place trade)으로 국가를 성립·성장시켰다고 본 견해가 대표적이다(崔夢龍, 1985 「古代國家成長과 貿易 —衛滿朝鮮의 例」, 역사학회 편,『韓國古代의 國家와 社會』, 一潮閣, 65~77쪽). 고조선의 교역에 대한 자세한 논의는 李鐘旭, 1993 『古朝鮮研究』, 一潮閣, 132~137쪽 ; 박준형, 2006 「古朝鮮의 海上交易路와 萊夷」『북방사논총』 10 ; 姜仁旭, 2011 앞의 논문 참조.

22) 이에 대해 松田壽男, 1962 앞의 논문, 152쪽에서는 貂皮의 원산지가 명확치 않다고 지적하고, 이는 고구려가 중계품의 상업적 이익을 지키기 위해서 그리하였다고 보았다. 또한 김창석, 2013 앞의 책, 126쪽에서는 南朝 측에서 읍루·말갈에 대한 지식이 부족하였기 때문에 그처럼 기술하였다고 하였다.

이처럼 고구려는 유목·수렵사회의 물품을 중원왕조와 같은 농경사회에 중개하였다. 그러면 그 반대의 경우도 떠올려 볼 수 있을 것이다. 이와 관련하여 사료 B-1에 보이는 비단이 관심을 끈다. 고구려는 중원지역의 비단을 중히 여겼고 丈夫는 이로써 옷을 해 입었다고 한 것이다. 이로 미루어 보아 고구려의 지배층은 남북조와의 교역에서 비단을 공급받았다고 생각할 수 있다.

『삼국지』 동이전에 보이는 것처럼 고구려의 지배층은 적어도 3세기 중반부터 公會에서 비단으로 제작한 의복을 착용하였다.[23] 이후에도 비단은 관복의 주요 소재였다.[24] 이로 보아 고구려에서 비단은 지배층의 권위를 나타내주는 물품으로 기능하였다고 생각된다. 그러므로 고구려는 비단을 스스로 생산하기도 하였지만,[25] 상위의 지배층은 권위를 과시하기 위해 고급스러운 비단을 얻고자 하였고, 그 결과 중원지역의 비단이 중시되었다고 풀이된다.[26]

그런데 비단을 중시한 것이 고구려만은 아니었다. 유목·수렵사회의 제종족 지배층 역시 일찍부터 비단을 중시했고,[27] 또한 이를 가지고 서역과 교역하였다.[28] 비단에 대한 수요가 높았던 것이다. 그렇다고 한다면 고구려는 남북조를 통해 제공받은 비단을 지배층 내부에서 소비되는 한편, 유목·수렵사회와의 교역에 활용하였을 가능성이 높다.

---

23) 『삼국지』 권30, 위서30 동이30 고구려. "其公會 衣服皆錦繡金銀以自飾"
24) 『삼국사기』 권33, 잡지3 색복 고구려.
25) 다음의 사료를 통해 고구려의 자체적인 비단 생산을 확인할 수 있다. 『한원』 권30, 번이부 고려. "高驪記云 其人亦造錦 紫地纈文者爲上 次有五色錦 次有雲布錦 又造白疊布 靑布而尤佳";『삼국사기』 권19, 고구려본기7 평원왕 25년(583) 2월. "下令減不急之事 發使郡邑勸農桑"
26) 7세기 중반의 사실이지만 다음의 사료에서 볼 수 있는 것처럼 중국의 비단은 고구려인에게 유의미한 선물로 증여되었고[『자치통감』 권196, 당기12 정관 15년(641) 8월 기해(10일). "自高麗還 大德初入其境 欲知山川風俗 所至城邑 以綾綺遺其守者"], 당 전쟁에서도 회유·포섭하기 위한 물품으로 활용되었다. 고구려 사회에서 중국의 비단은 그만큼 가치가 높은 물품으로 여겨졌던 것이다.
27) 예컨대 다음의 사료가 참고된다. 『사기』 권100, 흉노열전. "初匈奴好漢繒·絮·食物"
28) 정수일, 2001 『씰크로드학』, 창작과 비평사, 250쪽.

그림 4. 고구려의 농목교역

　주지하다시피 고구려의 기본적인 산업은 농업이었다. 그런데 이상을 통해 살펴본 것처럼 고구려는 농업생산에 그치지 않고 주변의 유목·수렵사회와 교역하였다. 또한 유목·수렵사회와 농경사회의 교역을 중개하였다. 본서에서는 농경사회와 유목·수렵사회의 상호교역을 農牧交易이라고 부르고자 한다. 고구려는 농목교역을 수행함으로써 농경사회와 유목·수렵사회를 중개하였던 것이다.

　이상의 논의에서 고구려 농목교역의 대표적인 물품으로 담비가죽과 비단을 제시하였는데, 교역의 물품이 그에 한정되지는 않았을 것이다. 예컨대 5세기 중반 고구려는 남조 송에 肅愼의 楛矢와 石砮를 공물로 보냈다.[29] 또한 5세기 후반 北魏에 대한 상시적인 조공품목에 부여의 황금과 涉羅의 珂를 포함시키고 있었다.[30] 이를 보면 고구려는 영역 내의 물품만 아니라 주변 제종족의 특산물도 교역하였다고 파악된다.

　뿐만 아니라 고구려의 말, 특히 軍馬 중 적지 않은 수는 유목·수렵사회의 戎馬에 의존하였는데, 그 또한 중요한 교역품목의 하나였다고 파악된다. 사료 C에서 고구려가 한과의 교역품목에 好馬를 포함하였다고 한 사실도 이러한 맥락에서 주목된다.[31] 그러면 고구려의 농목교역은 어디서 이루어졌을까. 교역의 공간이 궁금하다.

---

29) 『송서』 권97, 이만열전57 고구려. "世祖 孝建二年[455] 璉遣長史董騰奉表慰國哀再周 并獻方物 大明三年[459] 又獻肅愼氏楛矢石砮"

30) 『위서』 권100, 열전88 고구려. "至高祖時 璉貢獻倍前 其報賜亦稍加焉 (中略) 正始中 世宗於東堂引見其使芮悉弗 悉弗進曰 高麗係誠天極 累葉純誠 地産土毛 無愆王貢 但黃金出自夫餘 珂則涉羅所産 今夫餘爲勿吉所逐 涉羅爲百濟所并 國王臣雲惟繼絶之義 悉遷于境內 二品所以不登王府 實兩賊是爲"

2. 요서와 농목교역의 성장

고구려의 세력범위는 서방과 북방, 그리고 동방의 수렵사회를 포함했다. 그러므로 사료 A-2처럼 수렵사회를 직접 방문해 교역하기도 하였다. 그런데 고구려의 세력범위 중에서 유목사회가 분포한 곳은 서방의 요서가 유일하다시피하다.

물론 요서가 전적으로 유목지대는 아니었다. 유목과 농업이 모두 가능한 農業轉移地帶(또는 복합지대)였다. 다만 요서 제종족의 상당수는 유목·수렵생활을 하였고, 고구려와 일정한 관계를 맺고 있었다. 그러므로 고구려의 농목교역을 상정한다면, 그 중요한 기반 중 하나로 요서를 주목할 수 있다.[32] 해로·수로를 제외하고 고구려와 중원왕조·내륙아시아의 유목세력이 교역할 수 있는 통로로 보아도 역시 요서가 유력하다.

일찍부터 요서는 동북아시아 청동기문화의 중심지로 夏家店下層·十二臺營子 유적에서 볼 수 있는 것처럼 다양한 종류의 문화가 공존했다.[33] 그리고 기원전 3세기 후·중반 燕이 東胡와 고조선을 공격하고 요서에 군현을 설치함으로써, 이 지역은 동북아시아 諸國에 중원지역의 문물을 공급하는 통로로 기능했다. 하지만 후한 ~삼국시기 즉 3세기 중반까지 중원지역으로부터 요서까지의 육상교통로는 이른

---

31) 이와 관련하여 다음의 사료도 참고할 수 있다. 『송서』 권97, 이만열전57 고구려. "璉每歲遣使 [元嘉] 十六年(439) 太祖欲北討 詔璉送馬 璉獻馬八百匹" 宋이 전쟁을 목적으로 하였으므로 고구려가 보낸 800匹의 말은 軍馬였다고 생각되는데, 그 주된 공급원은 유목·수렵사회였다고 짐작된다.

32) 이와 관련하여 최근 평양천도 이후의 고구려는 지리적으로 보아 농경지대와 유목지대의 중간지대를 차지하고 있었고, 따라서 농목 복합국가로 볼 수 있다는 지적이 참고된다(李成市, 2009 「동아시아에서 고구려의 문명사적 위상」 『사림』 34, 361쪽). 다만 고구려 초기에도 주요 산업은 농업이었고, 일부 수렵이 병행되었다(金瑛河, 2002 앞의 책, 18~20쪽). 고구려의 지리적 위치를 바로 유목지대와 연결시키는 데에는 어려운 점이 있는 것이다. 그러므로 고구려를 농목 복합국가로 규정하기 위해서는 보다 면밀한 검토가 요구된다고 생각한다.

33) 이에 대한 여러 논의는 송호정, 2011 「고고학으로 본 고조선」 『한국사 시민강좌』 49, 일조각, 7~9쪽 ; 이청규, 2011 「고조선과 요하문명」 『한국사 시민강좌』 49, 일조각, 85~88쪽 ; 박준형, 2014 『고구려사의 전개』, 서경문화사, 47~57쪽 참조.

바 遼西走廊이 유일하다시피 했다. 그래서 중원왕조의 입장에서 요서는 격리·고립된 공간으로 인식되었다.[34] 중원왕조의 세력이 약화되면 요서는 곧 絕域 내지 海外로 파악되었던 것이다.

이처럼 3세기 중반까지 요서는 동북아시아와 중원지역을 연결하는 주요 통로의 하나였지만, 이를 통한 교류에는 한계가 있었다. 하지만 7세기에 이르면 漢代 長安에 머물렀던 실크로드·오아시스로가 한반도 방면으로 연장된다고 한다.[35] 이러한 사실을 고려하면 4세기 이후 실크로드·오아시스로의 확대와 요서의 성장이 예상된다. 이와 관련하여 다음의 사료가 주목된다.

> D. 대업 원년(605) 8월 乙巳(18일)에 거란이 營州를 침략하였다. 通事謁者 韋雲起를 불러서 突厥兵을 이끌고 그들을 토벌하도록 하였다. (중략) 위 운기가 이미 그 국경에 들어왔는데, 돌궐로 하여금 거짓으로 유성으로 향하여 고구려와 교역한다고 말하도록 하였고, 감히 [군영에 수의 사신이 있음을][36] 누설하는 자는 참수하였으니, 거란은 대비하지 못하고 있었다.[37] (『수서』 권4, 고조上)

위 사료는 605년 수의 韋雲起가 동돌궐 啓民可汗의 병력을 이끌고 거란을 공격한 사실을 전한다. 이때 돌궐병은 2만의 규모였는데 柳城으로 향하면서 거란을 속이기 위해 고구려와 교역한다고 말하였고, 거란은 이러한 돌궐병의 발언을 의심하지 않았다고 한다. 이러한 사실은 평소 유성 내지 그 주변지역에서 고구려와 돌궐

---

34) 권오중, 2012 『요동왕국과 동아시아』, 영남대학교 출판부, 12∼40쪽.
35) 정수일, 2001 앞의 책, 51∼52쪽.
36) 괄호[ ]안의 번역은 다음을 참조하여 보완하였다. 『구당서』 권75, 열전25 韋雲起. "勿言營中有隋使 敢漏泄者斬之"
37) "契丹寇營州 詔通事謁者韋雲起護突厥兵討之 (中略) 雲起旣入其境 使突厥云 向柳城與高麗交易 敢漏泄事實者斬 契丹不爲備"

이 대규모의 교역을 하였음을 알려

준다.[38] 여기서 돌궐병의 이동경로

가 주목된다.

603년 수의 長孫晟(552~609)은

계민가한의 세력을 磧口鎭(지금의

내몽골자치구 蘇尼特右旗)에 안치

하였다.[39] 그러므로 위운기가 이끈

돌궐병은 적구진에서 유성으로 향

하였다고 파악된다. 그런데 위운기

의 돌궐병은 고구려와의 교역을 위

그림 5. 韋雲起가 이끈 돌궐병의 거란 공격로

장하였다고 하므로, 돌궐병의 공격로는 본래 교역로였을 가능성이 높다. 즉 적구

진–유성 교역로가 생각된다.

사료 D처럼 고구려와 내륙아시아 유목세력의 교역이 언제부터 시작되었는지는

분명치 않다. 다만 479년 고구려가 유연과 함께 지두우 분할을 모의하였다[40]고 할

만큼 그와 밀접하였고 보면, 고구려는 이미 유연과 교역하였을 가능성이 높다. 5세

기 이후 유연은 몽골초원을 통일하고, 동쪽으로 고구려부터 서쪽으로 카자흐스탄

의 이르티쉬강에 이르는 영역을 차지하였다.[41] 그리고 土谷渾과 우호관계를 맺고

서역의 諸國과 교류하였다.[42] 그러므로 고구려가 유연과 교역하였다고 한다면, 교

역품은 서역까지 이어졌을 가능성이 높다. 이 점은 돌궐도 마찬가지였을 것이다. 5

38) 노태돈, 1999 『고구려사 연구』, 사계절, 539~540쪽.

39) 『수서』 권51, 열전16 長孫晟. "[仁壽] 3年[603] 有鐵勒·思結·伏利具·渾·斛薩·阿拔·僕骨等十
    餘部 盡背達頭 請來降附 達頭衆大潰 西奔吐谷渾 晟送染干安置于磧口"; 『자치통감』 권179, 수
    기3 인수 3년(603).

40) 『위서』 권100, 열전88 거란. "太和三年[479] 高句麗竊與蠕蠕謀 欲取地豆于以分之

41) 柔然의 성장과 활동은 르네 그루쎄 지음, 김호동·유원수·정재훈 옮김, 1998 『유라시아 유목제
    국사』, 사계절출판사, 113~121쪽 참조.

42) 고마츠 하사오 외 씀, 이평래 옮김, 2005 『중앙유라시아의 역사』, 소나무, 71~72쪽.

세기 이후 고구려는 내륙아시아의 유목세력만 아니라 서역과의 연속적인 교역이 가능했던 것이다.

이와 같이 볼 때 이제 3세기 중반 장안에서 그쳤던 실크로드·오아시스로가 7세기 한반도 방면으로 연장된 배경의 하나로 고구려와 내륙아시아 유목세력·서역의 교역이 생각된다. 고분벽화를 통해 확인할 수 있듯이 고구려는 이미 4~5세기부터 서역의 문화를 다수 수용하였다.[43] 고구려는 西域樂도 수용하였다.[44] 이와 같은 고구려의 서역문화 수용은 교역을 동반했을 가능성이 높다.

여기서 사료 D를 통해 살펴본 것처럼 고구려와 돌궐의 교역이 유성 내지 그 주변지역에서 이루어졌다는 점이 주목된다. 유성은 북위대의 화룡성 혹은 黃龍城으로, 지금의 요령성 朝陽 즉 요서의 서부에 위치하였다. 5세기 이후 요서는 북위와 동북아시아의 제세력만 아니라 고구려 및 내륙아시아 유목세력의 交易場으로 기능하고 있었던 것이다.[45]

여기서 보다 시야를 넓혀 유라시아대륙의 농목 전이지대를 염두에 둘 필요가 있다. 유라시아대륙에는 북위 30~40도에 걸쳐서 농경과 유목이 공존한 농목 전이지대가 거대한 벨트를 이루고 있다고 한다.[46] 구체적으로 실크로드로부터 중앙아시아[47]의 천산산맥과 파미르고원을 거쳐 내몽골의 오르도스사막과 음산산맥으로 이

---

43) 전호태, 2012 「고분벽화로 본 고구려와 중앙아시아의 교류」 『한국고대사연구』 68.

44) 李惠求, 1955 「高句麗樂과 西域樂」 『서울대학교 논문집』 2, 22~24쪽 ; 전통예술원 편, 2001 『한국고대음악의 전개 양상』, 민속원, 348~351쪽.

45) 交易場에 대한 이론적 검토에 대해서는 김창석, 2013 앞의 책, 75~80쪽 참조.

46) 그 존재의 중요성은 일찍이 Lattimore Owen, 1940 *Inner Asian Frontiers of China*, New York: American Geographical Society에서 강조되었다. 이에 대한 자세한 논의는 토마스 바필드 지음, 윤영인 옮김, 2009 『위태로운 변경-기원전 221년에서 기원후 1757년까지의 유목제국과 중원』, 동북아역사재단, 54~61쪽 ; 김호동, 2010 「실크로드와 유목제국」 『몽골제국과 세계사의 탄생』, 돌베개, 31~34쪽 참조.

47) 넓은 의미에서 중앙아시아는 江이 外洋으로 통하지 않는 내륙아시아와 거의 일치하는데, 좁은 의미에서는 지금의 투르키스탄(Turkistan)에서부터 新疆維吾爾自治區까지를 가리킨다. 본문에서 중앙아시아는 좁은 의미의 것으로 사용하며, 넓은 의미의 중앙아시아를 가리킬 때에는 내륙아시아라고 표현하고자 한다.

어지는데, 그 동단이 요서였다.[48]

농목 전이지대는 농경사회와 유목사회가 만나는 곳인 만큼 농목교역이 활발했다. 그래서 유라시아대륙의 주요 도시는 대부분 농목 전이지대에 위치하였다고 한다.[49] 유럽의 로마·콘스탄티노플, 서남아시아의 바그다드, 중앙아시아의 사마르칸트, 동아시아의 장안이 대표적으로, 이를 잇는 교역로가 이른바 실크로드·오아시스로라고 한다.[50]

이와 같이 보면 요서의 경우 화룡성(유성)이 그와 같은 도시로 성장할 가능성이 높았다고 할 수 있다. 반드시 요서는 아니지만 고구려 요동의 여러 大城 역시 그러한 교역로의 배후지로서 그 성장을 예상해 볼 수 있다.

이처럼 요서는 유라시아대륙의 농목 전이지대의 동단으로, 5세기 이후 고구려와 중원지역의 여러 왕조, 그리고 내륙아시아의 유목세력의 교역장이었고, 그 교역로는 서역까지 이어졌다. 그런 만큼 요서를 통한 고구려의 농목교역은 점차 성장하고 있었다고 이해된다. 그러면 농목교역은 요서정책, 나아가 대외정책에서 어떠한 의미가 있었을까.

5~6세기 중반 동아시아에서 최고의 강국은 북위였다. 하지만 북위가 주변의 여러 세력을 압도하지는 못하였다. 고구려와 남조의 諸國, 내륙아시아의 유연과 토욕혼은 역학관계의 연동성에 의해 세력균형을 유지하고 있었기 때문이다.[51] 이와 같은 국제정세 속에서 고구려는 유연 혹은 남조와의 정치적 교섭을 통해 북위를 압박하였고, 또한 이를 통해 북위와 교섭하고자 했다.[52]

---

48) 토마스 바필드, 윤영인 옮김, 2009 앞의 책, 58~60쪽 ; 김호동, 2010 앞의 책, 34쪽.
49) 세오 다쓰히코 지음, 최재영 옮김, 2006 『장안은 어떻게 세계의 수도가 되었나』, 황금가지, 38~41쪽.
50) 세오 다쓰히코 지음, 최재영 옮김, 2006 앞의 책, 60~62쪽 ; 김호동, 2010 앞의 책, 22~26쪽 및 31~34쪽.
51) 노태돈, 1999 앞의 책, 342~345쪽.
52) 이성제, 2005 앞의 책, 96~100쪽.

이러한 관점에서 볼 때 고구려는 내륙아시아의 유목세력과 중원왕조의 중간에서 양측이 필요로 한 교역물품을 모두 제공할 수 있었다는 사실이 주목된다. 이로써 고구려는 중개교역의 이득을 챙길 수 있었을 뿐만 아니라 양측의 이해관계를 조정하면서 나름의 국제적 위상을 확보할 수 있었기 때문이다. 예컨대 북위와 유연의 대립구도 속에서 고구려는 유연이 필요로 한 농경사회의 물품을 제공할 수 있었는데, 이는 북위와의 교섭에서 고구려의 입지를 확보하는 데 기여할 수 있었다.

이처럼 농목교역과 이를 바탕으로 한 요서정책은 동아시아의 국제질서 속에서 대외정책의 한 수단으로, 고구려가 동북아시아에서 나름의 세력권을 구축·유지하는 데 중요한 의미를 지녔다.

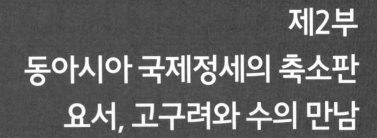

제2부
동아시아 국제정세의 축소판
요서, 고구려와 수의 만남

제 1 장

고구려와 高寶寧 세력,
동아시아 국제관계의 재구성

6세기 후반 요서의 정세는 고구려 대외관계·대외정책 수립의 중요한 변수 중 하나였다.[1] 대체로 수의 중원지역 통일과 그에 따른 요서의 정세변화가 주목되었다. 그런데 수의 중원지역 통일은 北周(557~581)의 국가체제 정비와 대외정책에서부터 그 기반이 마련되었고,[2] 이미 570년대 후반~580년대 전반부터 동아시아 국

---

1) 金善昱, 1984 「高句麗의 隋唐關係研究 −靺鞨을 中心으로−」『百濟研究』 26 ; 日野開三郎, 1991 『東洋史學論集 15 −東北アジア民族史(中)』, 三一書局 ; 菊池英夫, 1992 「隋朝의 對高句麗戰爭의 發端について」『中央大學アジア史研究』 16 ; 韓昇, 1995 「隋と高句麗の國際政治關係をめぐって」, 編集委員會 編 『堀敏一先生古稀紀念中國古代の國家と民衆』, 汲古書院 ; 노태돈, 1999 『고구려사 연구』, 사계절 ; 王小甫, 2003 「隨初와 高句麗 및 東北諸族關係 試探 −高寶寧이 점령한 營州를 중심으로−」, 王小甫 主編, 김호 역, 『성당시대와 동북아정국』, 동북아역사재단 내부자료 (번역 34) ; 이성제, 2005 『高句麗의 西方政策 研究 −北朝와의 對立과 共存의 관계를 중심으로−』, 국학자료원 ; 이재성, 2005 「6세기 후반 突厥의 南進과 高句麗와의 衝突」『북방사논총』 5 ; 김진한, 2010 『高句麗 後期 對外關係史 研究』, 韓國學中央研究院 博士學位論文.
2) 辛聖坤, 1998 「北周 武帝의 集權的 體制改革과 그 性格」『中國學報』 39 ; 丁載勳, 1999 「西魏·北周時期(534~581)의 對外政策」『中國學報』 42 ; 菅沼愛語, 2013 「西魏·北周の對外政策と中國再統一へのプロセス」『史窓』 70.

제정세는 급변하고 있었다. 요서의 정세 또한 마찬가지였다.

이와 관련하여 高寶寧(高保寧) 세력의 동향이 주목된다.[3] 고보령 세력은 570년대 후반~580년대 전반 요서에서 활동하였는데, 돌궐과 연합하였고 북주·수와 대립하였다. 따라서 고보령 세력은 동아시아 국제정세 속에서 고구려의 대외관계를 이해하는 데 중요한 단서를 제공한다. 하지만 아직까지 고구려와 고보령 세력의 관계는 충분히 주목받지 못하였다.

또한 그동안의 많은 연구에서는 이 무렵 고구려와 북주·수가 대립관계였다고 파악했다. 반면 고구려와 돌궐이 우호관계였다고 파악하였다. 그러나 고구려와 고보령 세력의 관계와 함께 관련 사료를 면밀히 살펴보면 기존과 다른 이해도 가능하다고 생각한다. 570년대 후반~580년대 전반 고구려의 대외관계 및 동아시아 국제관계의 재구성이 요청된다.

1. 고구려와 高寶寧 세력의 대립

고구려와 북주가 대립하였다고 본 중요한 근거 중 하나는 『삼국사기』 온달전에 보이는 肄山戰鬪였다.[4] 이를 보면 고구려의 平原王(재위: 559년~590)은 '後周 武帝의 遼東 정벌'에 맞서 肄山의 들판에서 전투하였다고 나온다. 흔히 여기서의 후주는 북주로 보고,[5] 고구려와 북주가 충돌했다고 판단한 것이다.

그런데 북주의 武帝(재위: 560~578)가 고구려를 공격한 사실은 온달전에서만 찾아볼 수 있는데, 고구려와 북주는 영역을 마주한 적이 없었다. 무제의 재위기 요

---

3) 韓昇, 1995 앞의 논문, 354~358쪽 ; 王小甫, 김호 역, 2003 앞의 논문, 41~53쪽 ; 趙娟, 2011 「從 高寶寧事件看隋初與高句麗的關係」 『陝西社會科學論叢』 5.

4) 『삼국사기』 권45, 열전5 온달. "時後周武帝出師伐遼東 王領軍逆戰於肄山之野 溫達爲先鋒 疾鬪 斬數十餘級 諸軍乘勝奮擊大克" 正德本을 비롯한 현존 『三國史記』 판본의 대부분에는 拜山으로 되어 있지만, 誠庵本에는 肄山으로 나온다. 古本인 誠庵本을 존중해 肄山으로 표기한다.

5) 李基白, 1996 『韓國古代政治社會史硏究』, 一潮閣, 107쪽.

서에는 고보령 세력이 웅거하고 있었다. 그러므로 고구려의 평원왕과 북주 무제가 고보령 세력을 배제한 채, 직접 전투하였다고 생각할 수는 없다. 이 때문에 다수의 연구에서는 이산전투를 북주와 고보령 세력·고구려 연합군의 충돌로 설명하였다.[6] 고구려와 고보령 세력이 反북주 동맹관계였다고 본 것이다. 이와 관련하여 다음의 사실이 중시되었다.

A-1. 盧昌期가 范陽城에 웅거하고 군사를 일으키자, 高保寧은 高紹義를 引導하고 夷夏兵 수만 기병을 모아 와서 그를 구원하고자 하였다. 고보령이 潞河에 이르자 北周의 將帥 宇文神擧가 이미 범양성을 함락시킨 것을 알고 黃龍城으로 돌아와 웅거하며 끝내 북주에 신속하지 않았다.[7] (『북제서』 권41, 열전33 高保寧)

A-2. [太建 10年(578) 윤6월 신사(16일)] 고보령은 夷夏의 기병 수만 명을 거느리고 범양성을 구원하고자 하였는데, 潞水에 이르러 노창기가 죽었다는 소식을 듣고, 和龍城으로 돌아와 웅거하였다.[8] (『자치통감』 권173, 진기7)

위 사료는 북제의 멸망 이후 고보령 세력의 동향을 전하고 있다. 고보령 세력은 북제의 營州刺史로 黃龍城(和龍城, 지금의 요성 朝陽)을 중심으로 한 요서에 있었

6) 韓昇, 1995 앞의 논문, 355~356쪽 ; 王小甫, 김호 역, 2003 앞의 논문, 46~47쪽 ; 金鎭漢, 2010 앞의 논문, 122~124쪽 ; 趙娟, 2011 앞의 논문 ; 鄭媛朱, 2013 『高句麗 滅亡 硏究』, 韓國學中央硏究院 博士學位論文, 124~126쪽 ; 김택민, 2014 「麗·隋 力學關係와 戰爭의 樣相」 『東洋史學硏究』 127, 244쪽. 한편 박경철은 北周가 陳을 견제하기 위해 그와 통교한 고구려를 공격했다고 보았다(2005 「高句麗의 東蒙古經略」 『白山學報』 71, 154~155쪽).
7) "及盧昌期據范陽城起兵 保寧引紹義 集夷夏兵數萬騎來救之 至潞河 知周將宇文神擧已屠范陽 還據黃龍 竟不臣周"
8) "高寶寧帥夷夏數萬騎救范陽 至潞水 聞昌期死 還據和龍"

는데, 북제가 멸망한 다음에도 북주에 편입되기를 거부하고 요서에 웅거하였다.[9]
위 사료는 578년 6월에 盧昌期가 북주 무제의 사망을 틈타서 范陽城(河北省 涿州)
을 점거하고 북제의 부흥을 도모하였을 때의 일을 전하고 있다.[10] 고보령이 군대를
이끌고 가서 노창기의 起兵에 호응하고자 했다는 것이다.

고보령은 夷夏의 기병 수만 명을 이끌었다고 하였다. 夷夏란 夷狄과 華夏 즉 夷
人과 漢人을 의미하는데, 사료 A에 앞서 고보령은 북제의 鄴城이 북주로부터 공격
받자 정예병 및 거란·말갈의 기병 만여 명을 이끌고 가서 구원하고자 했다.[11] 이로
보아 夏兵은 정예병으로 영주 소속의 漢人 군사였고 夷兵은 거란병·말갈병으로
요서 제종족의 군사를 가리킨다고 파악할 수 있다.[12] 기왕의 연구에서는 이와 같은
거란병·말갈병이 고구려의 세력범위에 속한 거란·말갈로부터 동원되었다고 보
고, 사료 A를 통해 이산전투를 설명하였다.[13]

그러나 사료 A에 나타난 고보령의 군사 행동은 무제의 사후 발생한 일이었다.
또한 북주의 공격["出師伐遼東"]이 아닌 고보령 세력의 남진 시도였다. 뿐만 아니
라 전투는 발생하지 않았다. 사료 A-2에 서술된 것처럼 고보령은 노창기의 봉기가
실패하였다는 소식을 듣고 회군했다. 그러므로 이산전투를 북주와 고보령 세력·
고구려 연합군의 전투였다고 보기는 어렵다. 그러면 고구려와 고보령 세력은 과연
동맹관계였을까.

고구려와 고보령 세력의 관계를 이해하는 데 먼저 사료가 참고된다.

---

9) 『자치통감』 권173, 진기7 선제 태건 9년(577) 2월. "凡齊人在北者 悉以隸之 於是齊之行臺·州·鎭
   唯東雍州行臺傅伏·營州刺史高寶寧不下 其餘皆入於周" 이 중에서 傅伏는 곧 북주에 투항하였
   다(『자치통감』 권173, 진기7 선제 태건 9년[577] 3월 임오[9일]).
10) 『자치통감』 권173, 진기7 태건 10년(578) 윤6월 신사(16일). "齊范陽王紹義聞周高祖殂 以爲得天
    助 幽州人盧昌期 起兵據范陽"
11) 『북제서』 권41, 열전33 高寶寧. "周師將至鄴 幽州行臺潘子晃徵黃龍兵 保寧率驍銳并契丹·靺羯
    萬餘騎將赴求 至北平 知子晃已發薊 又聞鄴都不守 便歸營"
12) 韓昇, 1995 앞의 논문, 355쪽 ; 王小甫, 김호 역, 2003 앞의 책, 43쪽.
13) 韓昇, 1995 앞의 논문, 355~356쪽 ; 王小甫, 김호 역, 2003 앞의 책, 47쪽 ; 金鎭漢, 2010 앞의
    논문, 122~124쪽 ; 趙娟 2011, 앞의 논문 ; 鄭媛朱, 2013 앞의 논문, 126쪽.

B-1. 고보령은 代人이다. 그 내력을 알지 못한다. 武平(570~576) 말엽에 영
　　　주자사가 되어 황룡성을 鎭戍했다. 夷夏가 그의 위엄과 신망을 귀중히
　　　생각했다.[14] (『북제서』 권41, 열전33 고보령)

B-2. 이때 고보령은 齊氏[北齊 王室]의 먼 친척이었는데, 사람됨이 사납고
　　　교활하며 속셈이 있어서 북제(550~577)에 있으며 황룡성을 오래도록
　　　진수하고 있었다. 북제가 멸망하자 북주(557~581)의 무제가 영주자사
　　　에 임명하였는데, 華夷의 마음을 깊이 얻었다.[15] (『수서』 권39, 열전4
　　　陰壽)

　　위 사료는 고보령의 영주자사 취임과 활동을 전하고 있다. 여기서 夷夏가 고보
령의 '위엄과 신망을 귀중히 생각했다'고 한 사실(B-1)이나, 고보령이 '華夷의 마음
을 깊이 얻었다'고 한 사실(B-2)이 주목된다. 고보령은 요서의 거란병·말갈병을
이끌었다고 하였다. 그는 영주자사로 취임한 이후 북제인만 아니라 요서 제종족의
지지를 얻었고, 그렇기에 그 군사력을 동원할 수 있었다고 생각된다.
　　이는 고보령의 출신과 무관치 않다고 여겨진다. 고보령은 代人(B-1) 혹은 북제
왕실의 먼 친척(B-2)이었다고 했다. 북제 왕실은 이른바 渤海 高氏로 代北 懷朔鎭
(지금의 內蒙古自治區 包頭市 북쪽)에서 가문을 발전시켰고, 북제의 주요 귀족은
회삭진을 비롯한 六鎭 출신의 鮮卑系로 선비화정책을 추진하였다.[16] 그러고 보면
고보령이 북제 왕실과 얼마나 밀접하였는지는 알기 어렵지만, 적어도 代人으로 선
비계 귀족이었을 가능성은 충분하다고 생각된다.[17] 그렇기 때문에 夷人 사회에 비

---

14) "高保寧 代人也 不知其所從來 武平末爲營州刺史 鎭黃龍 夷夏重其威信"
15) "時有高寶寧者 齊氏之疏屬也 爲人桀黠 有籌算 在齊久鎭黃龍 及齊滅 周武帝拜爲營州刺史 甚
　　得華夷之心"
16) 朴漢濟, 1998 「東魏·北齊時代의 胡漢體制의 展開 −胡漢葛藤과 二重構造」, 서울大學校 東洋史
　　硏究室 편, 『分裂과 統合 −中國中世의 諸相−』, 知識産業社, 130〜145쪽.

돌궐

시라무렌

거란　말갈

의무려산

대릉하

고구려

연산산맥

고보령　화룡성

북주

그림 6. 570년대 후반~580년대 전반 요서의 동향

교적 친숙하여 요서 제종족을 포섭하는 데 성과를 거두었다고 이해된다.

　그런데 5세기 이후 고구려도 요서 제종족의 일부를 세력범위에 두고 있었다. 이에 고보령의 세력형성이 고구려의 지원 내지 원조로 가능했다고 본 견해가 있었나.[18] 반대로 고구려의 세력범위가 거란·말갈을 포괄하지 못하였다고 보고 이를

---

17) 朴漢濟, 1998 앞의 논문, 130~145쪽.
18) 韓昇, 1995 앞의 논문, 356쪽 ; 王小甫, 김호 역, 2003 앞의 책, 45쪽.

부정한 견해도 있었다.[19] 그런데 이러한 두 가지 상반된 견해는 모두 5~6세기 요서의 제종족의 동향을 단순화시켜 이해하였다는 점에서 동의하기 어렵다.

5~6세기 중반 요서에서는 고구려와 북조의 諸國, 그리고 유연·돌궐의 세력이 교차했다. 요서의 제종족은 諸部마다 정치·군사적 입장에 차이가 있었고, 諸部의 동향은 국제정세의 변화에 따라 유동적이었다. 그러므로 고보령 휘하의 거란·말갈이 반드시 고구려의 신속집단이었다고 단언할 수 없다. 더욱이 고보령이 요서 제종족의 지지를 얻은 것은 고구려 서방 변경의 정세와 직결되는 사안이었다.

고보령이 요서 제종족을 포섭했고, 만여 명 이상의 병사를 동원할 만큼 그의 지지를 얻었다고 한다면, 이는 고구려의 세력범위를 잠식할 수 있었다. 그러므로 고구려는 고보령 세력을 경계하였다고 짐작된다. 고보령의 입장에서도 세력확장을 도모하기 위해서는 고구려와의 갈등을 감수해야 했을 것이다. 즉 고구려와 고보령 세력은 요서 제종족을 둘러싸고 경쟁·갈등하였다고 생각된다.

이상과 같은 점을 고려하였을 때『삼국사기』온달전의 '후주 무제'는 고보령 세력을 의미하지 않을까 한다.[20] 실제 577년 10월까지 고보령은 북주와 정면으로 대립하지 않고 있었다. 오히려 그의 대외적인 직함은 북주의 영주자사였다. 그러므로 고구려의 입장에서 고보령 세력은 북주로 인식될 가능성이 충분하다. 이와 같은 관점에서 본서에서는『삼국사기』온달전에 보이는 이산전투를 고구려와 고보령 세력의 대립으로 반영하는 사건으로 해석한다.

570년대 후반 고소의를 중심으로 한 북제운동운동은 실패하였다. 그럼에도 불구하고 고보령 세력은 요서에 계속 웅거하였다. 581년 고보령은 돌궐의 사발략가한과 연합하였으며, 그와 함께 지속적으로 남진을 시도했다.[21] 이와 같은 상황 속

---

19) 呂淨植, 2002「北齊書·高保寧傳另釋」『古籍整理研究學刊』2012-6期, 89~90쪽.

20) 여호규, 2002 앞의 논문, 23쪽.

21)『수서』권39, 열전4 陰壽. "高祖爲丞相 遂連結契丹·靺鞨擧兵反 高祖以中原多故 未遑進討 以書喩之而不得";『수서』권51, 열전15 長孫晟. "至開皇元年[581] 攝圖曰 我周家親也 今隋公自立而不能制 復何面目見可賀敦乎 因與高寶寧攻陷臨渝鎭 約諸面部落共南侵 高祖新立 由是大

에서 고구려의 움직임은 어떠하였을까.

이제까지 대부분의 연구에서는 570년대 후반 이후 고구려와 북주·수를 대립관계로 파악하고, 이 무렵부터 고구려와 돌궐이 비우호적 관계에서 우호적 관계로 전환되었다고 추정하였다.[22] 고구려가 북주·수의 성장과 동북아시아 방면으로의 진출을 경계하였다고 본 것이다. 그런데 570년대 후반 고구려는 고보령 세력과 대립하였고, 고보령 세력은 북주와 대립하는 한편 돌궐과 동맹관계였다. 이로 보아 고구려와 북주 그리고 돌궐의 관계는 재고의 여지가 있다. 570년대 후반~580년대 전반 고구려의 대외관계를 다시 살펴보자.

2. 고구려 대외관계의 재구성

577년 고구려는 북주에 조공하고 책봉을 받았다고 한다.[23] 이때 고구려는 백제와 함께 자국의 伎樂을 바쳤다고 전한다.[24] 고대 동아시아에서 樂은 禮的 질서를 상징하였고, 국제관계에서 기악의 進獻은 복속의례의 일종이었다.[25] 물론 고구려와 북주의 조공책봉관계나 기악의 진헌이 현실적인 주종관계를 반영하였다고 볼 수는 없다. 그럼에도 이와 같은 사실은 고구려가 북주와 우호적인 관계를 수립하기

懼 修築長城 發兵屯北境 命陰壽鎭幽州 虞慶則鎭幷州 屯兵數萬人以爲之備";『자치통감』권 175, 진기9 태건 14년(582) 5월 기미(16일). "高寶寧引突厥寇隋平州 突厥悉發五可汗控弦之士 四十萬 入長城"

22) 韓昇, 1995 앞의 논문, 354~358쪽 ; 王小甫, 김호 역, 2003 앞의 책, 45~47쪽 ; 金鎭漢, 2010 앞의 논문, 125쪽.

23)『주서』권49, 열전40 이역上 고려. "建德六年[577] 湯又遣使來貢 高祖拜湯爲上開府儀同·大將軍·遼東郡開國公·遼東王"

24)『구당서』권29, 지9 음악2. "宋世有高麗·百濟伎樂 魏平馮跋 亦得之而未具 周師滅齊 二國獻其樂"

25) 한흥섭, 2000『악기로 본 삼국시대 음악 문화』, 책세상, 74~81쪽 ; 주운화, 2005「樂을 통해 본 신라인의 복속·통합 관념 −가야금과 현금의 정치적 상징−」『韓國古代史硏究』38, 174~178쪽 참조.

위해 노력한 일면을 보여준다. 이와 관련하여 사료가 참고된다.

C. 천자가 진노해 조서를 내려 다음과 같이 말하였다. "(중략) ㉠ 또한 그의 渠帥는 그 수가 무릇 다섯인데, 형제가 우위를 다투었고, 父叔이 서로 시기하고 의심하였다. 밖에서 보기에 는 彌縫된 것처럼 보이지만, 안으로는 心腹이 어그러졌다. ㉡ [돌궐은] 대대로 포학하였고 家法은 잔인하였으니, 東夷의 諸國이 모두 사적인 원수로 여겼고, 西戎의 羣長이 모두 원망을 품었으며, 돌궐의 북쪽 거란의 무리는 이를 갈며 늘 그 기회를 엿봤다. ㉢ 達頭可汗이 이전에 酒泉을 공격하였는데, 그 후에 于闐·波斯·挹怛의 삼국이 일시에 곧 이반하였다. 沙鉢畧可汗이 周槃城 부근에 도달하였는데, 그 部内의 薄孤束紇羅가 갑자기 또한 이반하였다. 往年에 利稽察이 고구려와 靺鞨에 의해 크게 격파되었다. 娑毗設이 또한 紇支可汗에게 죽임을 당했다. [이처럼 돌궐의 주변은] 그와 이웃하기보다 모두 죽어 없어지길 바랐다. (중략) ㉣ 저 땅[突厥]에 재앙이 발생한 것이 햇수로 장차 一紀였다. (중략)[26) (『수서』권84, 열전49 북적 돌궐)

위 사료는 583년 4월 돌궐에 대한 공격을 명한 수 文帝(재위: 581~604)의 조서 중 일부이다.[27) 먼저 사료 C-㉢에서 밑줄 친 문장, 즉 고구려와 말갈이 돌궐의 利稽察을 대파하였다고 한 사실이 주목된다.

이계찰은 고대 투르크어 '이길 샤드(Igil shad)'의 음사로 추정되는데, 샤드는 제

---

26) "天子震怒下詔曰 (中略) 且彼渠帥 其數凡五 昆季争長 父叔相猜 外示彌縫 内乖心腹 世行暴虐 家法殘忍 東夷諸國 盡挾私讎 西戎羣長 皆有宿怨 突厥之北 契丹之徒 切齒磨牙 常伺其便 達頭前攻酒泉 其後于闐·波斯·挹怛三國一時即叛 沙鉢畧近趣周槃 其部内薄孤束紇羅尋亦翻動 往年利稽察大爲高麗·靺鞨所破 娑毗設又爲紇支可汗所殺 與其爲鄰 皆願誅剿 (中略) 彼地咎徵祅作 年將一紀 (中略)"

27) 동일한 내용을 축약한 詔書가 『자치통감』 권175, 진기9 至德 원년(583) 4월 임신(5일)에 전한다.

2관등의 군사령관(典兵官: 設·殺·煞·察)으로 그 직위는 가한의 家系(阿史那氏)에 한해 수여받을 수 있었다.[28] 이로 미루어 보아 이계찰이 이끈 군사의 규모는 상당했다고 짐작된다. 고구려·말갈과 이계찰의 충돌은 파급력이 큰 전투였다고 여겨지는 것이다. 따라서 위 사료는 고구려와 돌궐의 대립구도를 반영하고 있다고 생각된다. 그렇다고 할 때 위 사료에서 往年의 시점이 궁금하다. 550년대 중반 돌궐의 요서 진출 무렵으로 본 견해가 있었고,[29] 581~582년 무렵으로 본 견해가 있었다.[30] 조서의 전후를 살펴보자.

위 사료에서 고구려·말갈과 이계찰의 충돌은 사료 C-ⓒ에 보이는데, 이는 사료 C-ⓛ 즉 돌궐이 東夷·西戎·北契丹의 제세력과 갈등하였음을 비판하기 위해 제시한 사례의 하나로, 수가 돌궐을 공격하기에 앞서 그 정당성을 내세우기 위한 것이었다. 그러므로 수 측의 과장이 있을 수 있다. 그럼에도 불구하고 이 무렵 돌궐과 주변 세력의 정세를 보면 사료 C-ⓒ은 어느 정도의 사실성을 인정할 수 있다. 돌궐과 주변 세력의 갈등은 언제 발생하였을까.

우선 사료 C-ⓡ이 주목된다. 이를 보면 돌궐지역에서 재앙이 발생한지 12년(一紀)이 되었다고 하였다. 실제 『수서』 돌궐전을 비롯한 중국 측의 사서를 보면, 중원의 왕조가 돌궐로부터 압박을 받은 것은 572년 他鉢可汗(재위: 572~581)의 즉위 이후였다고 설명한다.[31] 이로 보아 583년 수 문제가 말한 '돌궐의 재앙'은 타발가한의 즉위로부터 시작되었다고 생각할 수 있다.

다음으로 사료 C-ⓞ이 주목된다. 이를 보면 돌궐과 주변 세력의 갈등은 5명의

---

28) 護雅夫, 1967 『古代トルコ民族史硏究』 1, 東京山川出版社, 39쪽 ; 盧泰敦, 1999 앞의 책, 429쪽 ; 이재성, 2005 앞의 논문, 130~13쪽 ; 동북아역사재단 편, 2010 『譯註 中國 正史 外國傳8 주서·수서 外國傳 譯註』, 동북아역사재단, 286쪽 주138.

29) 日野開三郎, 1991, 앞의 책, 150쪽 ; 임기환, 2006 앞의 논문, 59쪽. 한편 노태돈, 1999 앞의 책, 429쪽에서는 비교적 폭넓게 6세기 중반 이후로 보았고, 金鎭漢, 2010 앞의 논문, 120쪽에서는 563년~577년 사이로 파악하였다.

30) 이재성, 2005 앞의 논문, 129쪽.

31) 『수서』 권84, 열전49 북적 돌궐 ; 『자치통감』 권171, 진기5 태건 4년(572) 12월.

渠帥 즉 可汗 간의 분쟁에서 비롯된 것처럼 서술하고 있다. 여기서 5가한은 583년 沙鉢略可汗 재위대(581~587)의 주요 가한으로,[32] 이들은 타발가한 재위시 대가한 계승 후보자였다. 그런데 타발가한은 형제상속을 통해 대가한에 즉위했고, 이로 인해 후계문제를 두고 내분의 소지가 있었다.[33]

유목국가의 군주권은 물자의 분배권을 통해 확보되었고, 따라서 군주권의 확보를 위해서는 교역이나 약탈과 같은 대외적인 성과가 요구되었다고 한다.[34] 이를 고려해 보면 타발가한 재위 무렵 5가한 내지 그의 지지세력은 대외적인 성과를 과시해 차기 군주로서의 적격자임을 내세우고자 하였는데,[35] 이러한 경쟁이 주변 세력과의 갈등으로 표출되었다고 해석된다.

사료 C-ⓔ에 보이는 여러 갈등의 구체적인 시점과 관련하여 우선 達頭可汗의 酒泉(지금의 감숙성 酒泉) 공격이 주목된다. 달두가한은 576년에 가한의 직위를 계승하였다.[36] 그러므로 달두가한이 주천을 공격한 것은 570년대 후반 이후였다고 할 수 있다. 또한 사발략가한으로부터 薄孤束紇羅가 이반한 사실이 관심을 끈다. 이는 周槃(지금의 감숙성 慶陽)의 부근에서 사발략가한과 수의 達奚長儒와 전투할 무렵 발생하였다고 하는데, 이는 582년 12월의 일로 확인된다.[37]

이처럼 달두가한과 사발략가한의 사례를 통해 보건대 C-ⓔ에 보이는 돌궐과 주변 세력의 갈등은 타발가한의 재위 후반에서 그의 사후 얼마간의 일로 파악된다.

---

32) 沙鉢略可汗, 第二可汗, 達頭可汗, 阿波可汗, 貪汗可汗을 가리킨다(동북아역사재단 편, 2010 앞의 책, 285쪽 주129).

33) 토마스 바필드 지음, 윤영인 옮김, 2009 『위태로운 변경 −기원전 221년에서 기원후 1757년까지의 유목제국과 중원』, 동북아역사재단, 282~288쪽.

34) 金浩東, 1989 「古代遊牧國家의 構造」, 서울大學校 東洋史研究室 編 『講座 中國史 Ⅱ −門閥社會와 胡漢의 世界−』, 知識産業社, 277~278쪽.

35) 유목국가의 군주권 계승에 관해서는 朴漢濟, 1988 『中國中世胡漢體制研究』, 一潮閣, 140~141쪽 및 주 1·2 참조.

36) 토마스 바필드 지음, 윤영인 옮김, 2009 앞의 책, 282~238쪽 ; 동북아역사재단 편, 2010 앞의 책, 285쪽 주133.

37) 『자치통감』 권175, 진기9 태건 14년(582) 12월 을유(16일).

고구려·말갈과 이계찰은 대략 570년대 후반~580년대 전반에 충돌하였다고 생각되는 것이다. 그렇다고 한다면 570년대 후반~580년대 전반 고구려는 돌궐과 대립관계였다고 할 수 있다.

이상과 같이 570년대 후반~580년대 전반 고구려와 돌궐이 대립관계였다면, 이 무렵 고구려가 북주를 적대시할 까닭은 없었을 것이다. 오히려 고구려는 북주와 우호관계를 맺고자 노력하였을 것이다. 즉 북주와 돌궐의 대립관계 속에서 고구려는 북주를 통해 돌궐을 견제하고자 하였다고 생각된다. 북주 역시 돌궐과의 대립구도 속에서 고구려와의 우호관계가 필요하였을 것이다.

고구려와 북주의 우호관계는 수 왕조의 수립 이후에도 지속되었다고 보인다. 양국의 사신왕래를 통해 보건대 고구려는 적어도 580년대 중반까지 수와 우호관계를 유지하였다고 이해된다.[38] 이와 같이 볼 때 580년대 전반 수—돌궐 전쟁에서 고구려는 수를 지지하였을 것으로 추정된다. 그리고 580년대 전반까지 고구려와 고보령 세력의 대립은 지속되었을 것으로 생각된다. 수—돌궐 전쟁에서 고구려가 고보령 세력을 견제하였을 가능성도 떠오른다.

요컨대 570년대 후반~580년대 전반 고구려—북주·수 對 돌궐—고보령 세력의 대립구도가 그려진다.

---

38) 金善昱, 1984 앞의 논문, 4~5쪽 ; 여호규, 2006 앞의 논문, 5쪽.

제 2 장

요서를 둘러싼
고구려와 수의 경쟁

583년 수─돌궐 전쟁에서 돌궐은 대패했다.[1] 돌궐과 연합하였던 요서의 고보령 세력도 몰락하였다.[2] 요서에서 고보령과 그 배후의 연합세력이었던 돌궐의 세력이 퇴조한 것이다. 고보령 세력을 대신하여 요서의 서부를 차지한 것은 수였다.

5~6세기 중반 요서에서는 동북평원·화북평원·몽골고원을 차지한 동아시아의 주요 세력이 삼각관계를 형성하고 세력균형을 유지하였다고 하였다. 그런데 수의 등장은 몽골고원 방면의 내륙아시아 유목세력인 돌궐의 퇴조로부터 비롯된 것으로, 이제 요서의 삼각관계는 해체되었다. 수의 등장은 세력균형의 동요를 의미했다. 이와 같은 동아시아 국제정세의 변화 속에서 고구려와 수가 요서에서 마주한

---

1) 『수서』 권84, 열전49 북적 돌궐.
2) 『북제서』 권41, 열전33 고보령 ; 『수서』 권39, 열전4 陰壽. "開皇初 又引突厥攻圍北平 至是 令壽 率步騎數萬 出盧龍塞以討之 寶寧求救於突厥 時衛王爽等諸將數道北征 突厥不能援 寶寧棄城 奔于磧北 黃龍諸縣悉平 壽班師 留開府成道昂鎭之 寶寧遣其子僧伽率輕騎掠城下而去 尋引契 丹·靺鞨之衆來攻 道昂苦戰連日乃退 壽患之 於是重購寶寧 又遣人陰間其所親任者趙世模·王 威等 月餘 世模率其衆降 寶寧復走契丹 爲其麾下趙修羅所殺 北邊遂安"

것이다. 그렇기에 고구려는 요서의 정세를 주시하며 다양한 방식의 대응책을 모색했다고 예상된다.

이제까지 그에 대한 연구는 적지 않았다. 다수의 연구에서는 거란·말갈의 동향과 이를 둘러싼 고구려와 수의 각축 양상을 주목하였다.[3] 그리고 보다 구체적으로 수의 영주총관부 설치·운용과 그에 대한 고구려 요서정책의 변화를 탐색한 연구가 제출되었다.[4]

그런데 선행 연구의 대부분은 590년대 이후 고구려의 요서정책에 초점을 맞추었다. 589년 수가 중원지역을 통일한 이후 동아시아 국제질서가 재편된 사실을 중시하였기 때문이다. 돌궐 세력이 퇴조한 이후 고구려의 동향이나 수의 요서 진출 과정 및 그에 대한 고구려의 대응은 충분히 검토하지 못했다. 580년대 중반 요서의 정세를 살펴봄으로써 선행 연구를 보완해 보고자 한다.

1. 고구려의 요서 동북부 공략과 거란

580년대 중반 요서의 정세와 관련하여 우선 다음의 사료가 주목된다.

A-1. 수의 『北蕃風俗記』에 다음과 같이 전한다. "처음 개황 연간(581~600) 중에 粟末靺鞨이 고구려와 싸워 이기지 못하였다. [이때 속말말갈] 厥 稽部의 渠長 突地稽란 자가 있어 忽賜來部 · 窟突始部 · 悅稽蒙部 · 越

---

3) 金善昱, 1984 「高句麗의 隋唐關係研究 −靺鞨을 中心으로−」『百濟研究』 26 ; 日野開三郎, 1991 『東洋史學論集 15 −東北アジア民族史(中)』, 三一書局 ; 菊池英夫, 1992 「隋朝の對高句麗戰爭の 發端について」『中央大學アジア史研究』 16 ; 韓昇, 1995 「隋と高句麗の國際政治關係をめぐっ て」『堀敏一先生古稀紀念中國古代の國家と民衆』, 汲古書院 ; 노태돈, 1999 『고구려사 연구』, 사계절 ; 김진한, 2010 「高句麗 後期 對外關係史 研究」, 韓國學中央研究院 博士學位論文.
4) 李成制, 2005 「高句麗의 西方政策 研究 −北朝와의 對立과 共存의 관계를 중심으로−」, 국학자료원.

羽部·步護賴部·破奚部·步步括利部을 비롯한 무릇 8部·勝兵 수천 명을 거느렸는데, 扶餘城 서북으로부터 부락을 정비하고 關으로 향하여 내부하였으니, 그를 유성에 두었다."[5] (『태평환우기』권71, 하북도 연주)

A-2. 양제(재위: 604~618) 초에 고구려와 더불어 싸워 빈번히 그 무리가 패하니, 渠帥 度地稽[突地稽]가 그 부를 거느리고 내항하였다. [돌지계에게] 벼슬을 내려 右光祿大夫로 삼고, 유성에 거주하도록 하고, 邊人과 더불어 왕래하도록 하였다.[6] (『수서』권81, 열전46 동이 말갈)

위 사료는 속말말갈 突地稽集團의 동향을 전하고 있다. 사료 A-1을 보면 속말말갈은 고구려와 싸워 이기지 못하였다고 하는데, 이에 돌지계가 8部·勝兵 數千人을 거느리고 수로 內附하였다고 한다. 먼저 고구려와 속말말갈이 충돌한 지점이 주목된다.

대체로 속말말갈은 松花江 北流 일대에 거주하였다고 이해된다.[7] 그런데 사료 A-1에 보이는 것처럼 돌지계집단은 扶餘城 西北에서부터 수의 유성 방면으로 남하하였다. 부여성 서북쪽이 돌지계집단의 原거주지였을 것이다. 부여성은 지금의 吉林省 農安 서남쪽에 비정된다.[8] 그러므로 돌지계집단을 비롯한 속말말갈의 일부는 길림성 농안의 서쪽에 거주하고 있었다고 파악된다.[9] 이를 논의의 편의상 송화

---

5) "隋北蕃風俗記云 初開皇中 栗來[末]靺鞨與高麗戰不勝 有厥稽部渠長突地稽者 卒[率]忽賜來部·窟突始部·悅稽蒙部·越羽部·步護賴部·破奚部·步步括利部 凡八部勝兵數千人 自扶餘城西北 齊部落向關內附 處之柳城" 괄호[ ]는 誤字로 여겨지는 것으로, 다른 여러 史書를 참조해 校訂한 것이다. 번역문은 校訂에 따랐다.

6) "煬帝初與高麗戰 頻敗其衆 渠帥度地稽率其部來降 拜爲右光祿大夫 居之柳城 與邊人來往"

7) 諸說은 김현숙, 2005 『고구려의 영역지배방식 연구』, 모시는 사람들, 448~449쪽 표 1-1·2 ; 김락기, 2013 『고구려의 東北方 境域과 勿吉 靺鞨』, 景仁文化社, 153쪽의 표 12 참조.

8) 盧泰敦, 1999 앞의 책, 497~500쪽.

강 북류의 속말말갈과 구분해 서부 속말말갈이라고 부르고자 한다.[10]

현재 서부 속말말갈의 분포지역은 자세히 알 수 없다. 다만 비교적 넓은 영역에 걸쳐 있었다고 짐작된다. 수로 귀부한 돌지계집단의 규모만 8부·勝兵 數千人이었으므로, 서부 속말말갈은 그 이상의 규모였고, 따라서 거주지 역시 광대하였다고 여겨지는 것이다. 대체로 요서 동북부에 흩어져 살지 않았을까 한다.

이와 같이 볼 때 사료 A-1에 보이는 고구려와 서부 속말말갈의 충돌이 돌발적인 변경의 국지전은 아니었다고 생각된다. 고구려 서방정책의 일환으로, 요서정책과 밀접하였다고 예상된다. 고구려와 서부 속말말갈 충돌의 배경이 궁금하다. 충돌의 시점부터 검토해 보자.

우선 사료 A-2가 주의된다. 사료 A-1에서는 고구려와 서부 속말말갈의 충돌이 개황 연간(581~600)에 발생했다고 하였다. 그러나 사료 A-2를 보면 煬帝(재위: 604~618) 初였다고 나온다. 비단 사료 A-2만 아니라 『구당서』와 『신당서』를 비롯한 여러 사서에서도 돌지계집단이 隋末에 내부하였다고 기술하였다.[11] 이 역시 고구려와 서부 속말말갈의 충돌을 양제대로 파악한 셈이다.

그런데 사료 A-1에서 인용한 『北蕃風俗記』는 隋代에 저술된 『諸蕃風俗記』를 가리킨다.[12] 그런 만큼 사료 A-1는 사료 A-2를 비롯한 후대의 사료보다 그 가치가 높다고 평가된다. 그러므로 사료 A-1을 중시하고 사료 A-2를 비판적으로 해석하는 것이 순조롭다. 이와 관련하여 590년 수 문제가 고구려의 평원왕에게 보낸 璽書 (사료 F) 중 고구려가 '말갈을 驅逼하였다'고 한 대목이 주목된다. 590년에 다수의

---

9) 日野開三郎, 1991 앞의 책, 28~34쪽 ; 노태돈, 1999 앞의 책, 417~419쪽 ; 김락기, 2013 앞의 책, 154~156쪽.

10) 김락기, 2013 앞의 책, 156쪽.

11) 『구당서』 권199하 열전149하 북적 말갈. "有酋帥突地稽者 隋末率其部千餘家内屬 處之於營州 煬帝授突地稽金紫光祿大夫·遼西太守" ; 『신당서』 권110, 열전35 제이번장 李謹行. "李謹行 靺鞨人 父突地稽 部酋長也 隋末 率其屬千餘内附 居營州 授金紫光祿大夫·遼西太守"

12) 『수서』 경적지(권30, 지28)를 보면 『諸蕃風俗記』 2권이 있었다고 전하는데, 양제대의 저술로 추정된다.

말갈이 고구려에 役屬되어 있었다고 한 것이다. 이는 돌지계집단을 제외한 서부 속말말갈까지 고구려가 포섭한 이후의 사정으로, 수 문제를 새서를 통해 보아도 고구려와 서부 속말말갈의 충돌은 개황 연간, 보다 구체적으로 580년대 중·후반의 일이었다고 파악된다.

다수의 연구자가 지적한 것처럼 충돌의 배경으로는 580년대 중반 돌궐의 쇠퇴가 주의된다.[13] 570년대 후반~580년대 전반 요서의 말갈 중 일부는 고보령 세력을 지원하였다고 했는데, 고보령 세력은 돌궐과 연합하였다. 이로 보아 말갈의 일부는 親돌궐의 성향을 보였다고 이해된다. 돌지계집단도 그의 한 세력이 아니었을까 한다. 그런데 580년대 중반 고보령 세력이 몰락하고 돌궐이 쇠퇴하자 돌지계집단 등 親돌궐의 서부 속말말갈은 고립되었을 것이다.

이때 고구려는 자국에 우호적인 말갈의 諸部를 지원하는 한편, 돌지계집단처럼 親돌궐의 성향을 지닌 서부 속말말갈의 諸部를 공략하였다고 생각된다. 돌궐의 쇠퇴를 계기로 고구려의 요서 동북부 공략이 추진된 것이다. 이와 관련하여 다음의 사료도 참고된다.

B-1. 돌궐의 沙鉢略可汗이 吐屯 潘垤을 보내 그들[거란]을 통솔하도록 하였는데, 거란이 토둔을 죽이고 달아났다.[14] (『북사』 권94, 열전82 북적 거란)

B-2. 이때 沙鉢略可汗은 이미 達頭可汗에 의해 위태로워졌는데, 다시 동쪽의 거란을 두려워하였다. 사신을 보내 [수에] 위급함을 알리고, 請將部

---

13) 李龍範, 1959 「高句麗의 遼西進出企圖와 突厥」 『史學硏究』 4, 69~70쪽 ; 日野開三郎, 1991 앞의 책, 293쪽 ; 노태돈, 1999 앞의 책, 425~429쪽 ; 임기환, 2006 「7세기 동북아시아 국제질서의 변동과 전쟁」, 역사학회 편, 『전쟁과 동북아의 국제질서』, 일조각, 61쪽.
14) "突厥沙鉢略可汗遣吐屯潘垤統之 契丹殺吐屯而遁"

落을 이끌고 사막의 남쪽을 건너와 白道川(지금의 내몽골자치구 呼和浩特 북쪽) 내에 寄居하기를 청하였다. 조서를 내려 이를 허락하였다. [또한] 조서를 내려 晉王 楊廣으로 하여금 군사를 데리고 가서 그[돌궐]를 구원하고 의복·식량을 지급하도록 하였으며, 그[사발략가한]에게 수레·의복·북과 나팔을 하사하였다."[15] (『수서』권84, 열전49 북적 돌궐)

위 사료는 580년대 중반 돌궐과 거란의 관계를 보여준다. 먼저 사료 B-1을 보면 돌궐의 沙鉢略可汗(재위: 581~587)은 吐屯 潘垤을 파견하여 거란을 통솔하도록 하였다고 한다.[16] 사발략가한은 他鉢可汗(재위: 572~581)이 즉위한 572년부터 爾伏可汗으로서 돌궐의 東面을 통솔하였다.[17] 이로 보아 거란에 토둔이 파견된 것은 사발략가한이 돌궐의 동면을 통솔한 572년 이후였다고 생각된다.[18]

6세기 후반 거란은 諸部로 구성되었는데, 주요 거주지는 요하 상류·시라무렌 유역이었다. 그리고 토둔은 돌궐의 관명으로, 신속집단에 파견되어 징세와 감찰을 맡았다고 한다.[19] 그러므로 토둔 반질의 파견은 570년대 돌궐이 요하 상류·시라무렌 유역에서 세력을 확대해 간 사실을 말해준다.

그런데 거란은 돌궐의 토둔 반질을 죽이고 달아났다고 하였다. 거란은 돌궐의 세력범위로부터 이탈하고자 하였던 것이다. 그 시점은 언제였을까. 일단 고보령 세력이 몰락한 이후로 추정된다. 이는 사료 B-2를 통해 보다 구체적으로 살필 수 있다.

---

15) "時沙鉢略既爲達頭所困 又畏東契丹 遣使告急 請將部落度漠南 寄居白道川內 有詔許之 詔晉王廣以兵援之 給以衣食 賜之車服鼓吹"
16) 동일한 내용이 『수서』권84, 열전49 북적 거란에도 보이지만, 여기서는 "契丹殺吐屯而遁"이 빠져 있다.
17) 『수서』권84, 열전49 북적 거란. "佗鉢以攝圖爲爾伏可汗 統其東面"
18) 李在成, 1996 『古代東蒙古史研究』, 法仁文化社, 204~206쪽.
19) 李在成, 1996 앞의 책, 206쪽 ; 동북아역사재단 편, 2010 『譯註 中國 正史 外國傳9 北史 外國傳 譯註 上』, 동북아역사재단, 46쪽 주93.

사료 B-2에 따르면 돌궐의 사발략가한은 서돌궐 達頭可汗과의 경쟁에서 밀려난 데 이어 동쪽의 거란으로부터 위협을 받았다고 한다. 그래서 사막의 남쪽 白道川, 즉 지금의 고비사막 남쪽 내몽골지역까지 이주해 왔으며, 수에 정치·군사적 보호를 요청했던 것이다. 『자치통감』에서 이 사료는 585년의 일로 찾아진다.[20] 이렇듯 580년대 중반 돌궐은 거란의 이탈을 막지 못했을 뿐만 아니라 오히려 그로부터 위협받을 만큼 쇠퇴하였다. 거란이 토둔 반질을 죽이고 돌궐로부터 이탈한 시점도 이 무렵으로 판단된다.

이처럼 580년대 중반 돌궐의 쇠퇴에 따라 요서의 북부 지역에는 힘의 공백이 발생하였다. 거란은 돌궐에 도전할 만큼 독립적인 세력으로의 흥기를 도모하였다. 그런데 앞서 580년대 중반 고구려가 요서 동북부를 공략하고 있었다고 보면, 거란의 동향은 고구려와 무관할 수 없었다고 생각된다. 거란이 이탈한 배후에는 고구려가 있지 않았을까 한다. 그런데 이 무렵 요서에는 수가 등장하였다. 그러므로 거란의 이탈을 이해하기 위해서는 수의 동향까지 감안해 보아야 한다.

2. 수의 요서 서부 진출과 고구려

583년 수는 고보령 세력의 중심지인 유성(황룡성)을 점거함으로써 요서의 서남부에 등장했다. 이 무렵 수의 세력범위가 궁금하다. 이와 관련하여 580년대 중반 내부해 온 돌지계집단의 거주지가 참고된다.

사료 A-1과 2에서 수는 돌지계집단을 유성에 거주하도록 하였다. 그런데 8부·승병 수천 명을 이끌고 온 돌지계집단이 모두 유성 내에서 거주하였다고 보이지는 않는다. 『태평환우기』를 보면 '영주의 경계'에 두었다고 하였다.[21] 그리고 612년 돌

---

20) 『자치통감』 권176, 지덕 3년(585) 7월.

21) 『태평환우기』 권69, 河北道 幽州 幽都縣. "栗末靺鞨首領突地稽 當隋開皇中 領部落歸化 處之於營州界 煬帝八年 爲置遼西郡 以突地稽爲太守 治營州東二百里汝羅城"

지계를 요서태수로 삼고 영주의 동쪽 200리 지점에 위치한 *汝羅故城*을 다스리도록 했다고 한다. 『신당서』 지리지를 보면 여라고성이 영주의 경계로 속말말갈의 降人을 거주한 것으로 나온다.[22] 여라고성 일대가 돌지계 집단의 거주지이자 영주의 경계였다고 이해된다. 이로 보아 여라고성 일대가 돌지계 집단의 거주지로 파악되는데, 여라고성은 영주의 경계였다. 여라고성은 요령성 의현 義縣 王民屯 일대로 비정한다고 하였다.[23] 이로 보아 6세기 후반 수의 세력범위는 그 일대 즉 의무려산~대릉하 하류까지를 東界로 하였다고 생각된다. 5~6세기 중반 북조 諸國의 세력범위와 유사하였던 것이다.

그러면 요서의 서북부 즉 요하 상류·시라무렌 방면에서 수의 세력은 어떠하였을까. 다음의 사료가 주목된다.

C-1. ㉠ 개황 4년(584) 摠管 陽洛公은 東北 한 모퉁이의 九夷八狄은 綏懷하고 慰撫하여도 그 사람을 다스릴 수 없으니, 만약 雄略과 英謀가 없다면 바로 성과를 거두기 어렵다고 생각하였다. 마침내 表를 올려서 특별히 아뢰기를 한기와 北平摠管府 參軍事 劉季略를

사진 4. 韓暨墓誌(ⓒ井上直樹)

---

22) 『신당서』 권39, 지29 지리3 河北道 幽州 范陽郡. "隋於營州之境汝羅故城 置遼西郡 以處栗末靺鞨降人"

23) 본서 제1부 1장 참조.

거란국으로 가도록 하여 諸部를 권면해 이끌고자 한다고 하였다. ⓒ 머지않아 [문제가 한기를] 都督으로 勅授하고, 황제의 교화를 선양하여 夷狄의 마음을 얻고 복속하도록 하였으니, [거란은] 모두 朝賀를 희망하였다. ⓒ 7년(587)에 [한기가] 大將軍 契丹國 大莫弗을 데리고 입조하니 [문제는] 醴川宮에 있으며 맞이해 奉見하도록 하였다. [문제가] 東夷北狄에 대한 按撫의 형편과 그 利害를 물어보니, 대답이 매우 흡족하였다. 문제가 탄복해 칭찬하고 손을 어루만지며 감탄하였으며, 또한 都督에 제수하고 비단 200단을 주었다.[24] (「한기묘지」 ; 고구려연구재단 편, 2005 『중국 소재 고구려 관련 금석문 자료집』, 고구려연구재단, 56쪽)

C-2. ⓐ [개황 4년(584)에 契丹主 莫賀弗 多彌가] 여러 莫賀弗을 이끌고 와서 謁見하였다. 5年(585) 그 무리가 모두 塞內로 귀순하니, 고조가 이를 받아들이고 그 故地에서 거주하도록 허락하였다. ⓑ 6년(586) 그 諸部가 서로 공격하기를 오래도록 그치지 않았고, 또한 돌궐과 서로 침략하니, 고조가 사신을 보내 그들을 꾸짖었다. 그 나라에서 사신을 보내어 궁궐로 나아가 머리를 조아리며 사죄하였다.[25] (『수서』 권84, 열전 49 북적 거란)

위 사료는 580년대 중반 수의 거란정책을 전하고 있다. 사료 C-1는 「韓暨墓誌

---

24) "摠管陽洛公 以東北一隅九夷八狄 綏懷撫慰 不易其人 自非雄略英謀 罕當斯冀 遂上表特奏 君與北平摠管府參軍事劉季略 往契丹國 獎導諸部 未幾 勅授都督 宣揚皇化 夷狄傾心 屈膝稽顙 咸希朝賀 七年(587) 領大將軍 契丹國大莫弗入朝 在醴川宮 引客奉見 詔問東夷北狄按撫之宜 招懷利害 對答天旨 文皇歡尚 撫手咨嗟 又除帥都督 賜繪二百段"
25) "開皇四年 率諸莫賀弗來謁 五年 悉其衆款塞 高祖納之 聽居其故地 六年 其諸部相攻擊 久不止 又與突厥相侵 高祖使使責讓之 其國遣使詣闕 頓顙謝罪"

銘」의 일부로, 먼저 ㉠에서 摠管 陽洛公이 주목된다. 양락공은 584년 수 동북방의 九夷八狄 특히 거란에 대한 정책을 수립했다고 한다.

현전 사료만으로 양락공이 누구인지 분명히 알기는 어렵다. 다만 양락공의 휘하 劉季略의 관직이 北平摠管府 參軍事로 나온다는 사실이 참고된다. 비록 수대의 총관부 중에서 북평총관부란 명칭은 찾아볼 수 없지만,[26] 북평은 지금의 北京으로 유주총관부의 관할구역에 속했다. 그러므로 북평총관부란 幽州總管府의 별칭으로 짐작된다. 그렇다면 양락공의 관직은 유주총관으로 파악할 수 있을 것이다.[27]

583년 수가 처음 유성을 장악하였을 때에도 이곳은 유주총관 陰壽가 총괄하였다.[28] 그런데 유주총관 음수는 583년 5월에 사망했다.[29] 같은 해 李崇이 유주총관에 임명되었다고 하지만,[30] 7월에 周搖가 유주총관으로 임명되었고, 그가 591년까지 유주총관을 역임했다.[31] 그러므로 사료 C-1의 양락공은 주요로 추정된다.

사료 C-1을 보면 유주총관은 거란의 諸部를 수의 세력권으로 포섭하고자 하였고, 이를 위해 韓曁와 劉季略을 거란에 파견하였다고 한다. 이에 따른 성과는 사료 C-1-㉡과 ㉢에 나온다. 한기와 유계략의 활동으로 거란은 수에 복속하고자 하였고(사료 C-1-㉡), 587년에는 대막불이 수에 입조하였다고 한다(사료 C-1-㉢). 이러한 거란 諸部의 동향은 사료 C-2를 통해서도 살펴볼 수 있다.

사료 C-2-㉠에 보이듯 거란은 584년부터 수에 조알하였다고 한다. 이는 『수서』제기에 보다 구체적으로 나온다. 584년 12월에 契丹主 莫賀弗이 사신을 보내 항복을 청하자 大將軍에 임명하였다고 했다.[32] 거란주 막하불은 585년 4월 수에 사신을

---

26) 隋代 總管府의 설치 지역과 취임자는 山崎宏, 1958 「隋代總管考」『史潮』 64·65, 4~6쪽 및 喬鳳岐, 2013 『隋唐地方行政與軍防制度研究』, 人民出版社, 212~234쪽의 표 참조.

27) 摠과 總은 통용되었다. 그러므로 사료 C-1의 摠管은 總管으로 파악한다.

28) 『수서』 권39, 열전4 陰壽.

29) 『수서』 권1, 제기1 고조上 개황 3년(583) 5월 무신(11일). "幽州總管陰壽卒"

30) 『수서』 권37, 열전2 李崇. "開皇三年[583] 除幽州總管"

31) 『수서』 권1, 제기1 고조上 개황 3년(583) 7월 신축(5일). "以豫州刺史周搖爲幽州總管"; 『수서』 권1, 제기1 고조上 개황 11년(591) 3월 계미(1일). "以幽州總管周搖爲壽州總管"

보내 방물을 바친 契丹主 多彌와 동일인으로,[33] 거란주 막하불 다미는 契丹諸部聯盟의 대표자였다고 이해된다.[34]

이와 같이 볼 때 사료 C-2-㉠에서 585년 거란이 모두 수로 귀부하였고, 故地에 거주하는 것을 허락받았다고 한 사실이 흥미롭다. 이를 그대로 믿는다면, 수는 요서에 진출한 직후인 580년대 중반 거란 諸部를 포섭하는 데 성공하였고, 요서의 서북부를 장악하였다고 여길 수 있다.

하지만 사료 C-2-㉡에 보이는 거란 諸部의 상쟁을 간과할 수 없다. 586년 거란은 諸部가 상쟁했을 뿐만 아니라 돌궐과 공격하기를 그치지 않았다고 하는데, 이 중에서 거란과 돌궐의 갈등은 사료 B-2를 통해 살펴보았다. 580년대 중반 거란은 돌궐로부터 이탈해 독립적인 세력으로의 흥기를 도모했다고 하였다. 이를 염두에 두면 諸部의 상쟁은 諸部聯盟의 주도권을 둘러싼 각축으로 해석할 수 있다. 그리고 막하불 다미는 수의 지원을 받아 주도권을 장악하고자 하였다고 짐작해 볼 수 있다.

거란 諸部의 상쟁에 대해 수는 사신을 파견해 질책했고 거란은 사신을 보내 사죄하였다고 한다. 그러나 諸部의 상쟁은 수가 거란 諸部의 이해관계를 조정하기 어려웠음을 시사한다. 거란과 돌궐의 갈등국면에서도 수는 사발략가한을 구출하는 데 그쳤을 뿐이었다. 거란에 직접적인 통제력을 가하지 못하였던 것이다. 이와 같이 볼 때 580년대 중반 귀부한 거란은 다미를 비롯한 일부의 諸部였고, 그마저 통제력이 강하지는 못하였다고 생각된다. 즉 요서 서북부에서 수의 세력은 제한적이었다고 이해된다.

이와 관련하여 다미와 상쟁한 諸部가 흥미롭다. 다미를 비롯한 일부의 諸部가 수의 지원을 받았다고 하면, 그와 상쟁한 諸部는 수의 반대세력으로 간주할 수 있

---

32) 『수서』 권1, 제기1 고조上 개황 4년(584) 5월 계유(12일). "契丹主莫賀弗遣使請降 拜大將軍"
33) 『수서』 권1, 제기1 고조上 개황 5년(585) 하4월 갑오(8일). "契丹主多彌遣使貢方物"
34) 李在成, 1996 앞의 책, 221~222쪽.

다. 580년대 중반 고구려는 요서의 동북부를 공략했는데, 이 무렵 거란이 돌궐로부터 이탈한 배후에 있을 수 있다고 하였다. 그리고 보면 거란 諸部의 상쟁한 배후에도 고구려가 있지 않았을까 싶다. 거란을 둘러싼 고구려와 수의 경쟁이 상정되는 것이다.

이처럼 580년대 중반 거란 諸部를 둘러싸고 고구려와 수가 경쟁했다고 보면, 양국의 우호관계는 유지되기 어려웠다고 예상된다. 예컨대 고구려는 수 왕조가 세워진 581년부터 584년까지 8차례나 遣隋使를 파견했다.[35] 특히 수가 고보령 세력을 제압한 583년 4월을 전후해서 2차례의 견수사를 보냈다.[36] 그런데 584년부터 590년까지 고구려와 수의 공식적인 교섭 기록은 보이지 않는다. 이러한 가운데 다음의 사료가 찾아진다.

> D. 施文慶 등이 이로 인해 함께 傅縡가 고구려 사신의 金을 받았다고 讒訴하였다. 後主[張成公]가 傅縡를 잡아 下獄하였다.[37] (『진서』 권30, 열전24 傅縡)

위 사료는 陳의 傅縡가 고구려 사신으로부터 金을 受賂하였다고 참소되어 下獄되었다는 내용을 담고 있다. 부재는 진의 황제 즉 장성공의 총신으로 태자 시절부터의 측근이었다. 그럼에도 불구하고 진의 황제가 참소를 수용한 사실로 보면, 참소에는 일정한 근거가 있었다고 짐작된다. 만약 무고였다고 해도, 이 무렵 고구려의 사신이 진을 방문했고, 고위층에 뇌물을 뿌릴 만한 정황이 널리 인지되었다고 생각할 수 있다.

---

35) 金善昱, 1984 「高句麗의 隋唐關係 硏究 ―朝貢記事의 檢討를 中心으로―」 『論文集』 11-2, 忠南大 人文科學硏究所, 251~252쪽 ; 여호규, 2002 앞의 논문, 5~7쪽 참조.

36) 『수서』 권1, 제기1 고조上 개황 3년(583) 4월 신미(4일), "高麗遣使來朝" ; 『수서』 권1, 제기1 고조上 개황 3년(583) 5월 갑신(7일), "高麗遣使來朝"

37) "文慶等因共譖縡受高驪使金 後主收縡下獄"

이 사건은 585년 10월의 일이었다.[38] 그러므로 위 사료를 통해 보건대 580년대 중반 고구려는 진과 우호관계를 추구하였다고 생각된다. 그리고 진과 수의 대립관계를 감안해 보면, 고구려는 진을 통해 수를 견제하고자 하였다고 이해된다. 580년대 중반 고구려와 수의 우호관계가 중단되며,[39] 고구려는 새로운 우호세력을 찾고 있었던 것이다.

이러한 고구려 대외관계의 변화는 수의 요서 진출과 무관치 않았을 것이다. 수가 요서로 진출해 오면서 양국 간에는 공동의 이익이 추구되기 어려워진 반면, 요서를 두고 경쟁할 수밖에 없었기 때문이다. 양국의 경쟁은 수의 세력확장에 따라 더욱 치열해졌다고 보인다.

3. 수의 영주총관부 설치와 고구려의 대응

580년대 후반 수의 요서정책과 관련하여 먼저 다음의 사료가 주목된다.

E. 고조가 제위를 물려받고 [위예는] 魏興郡公에 進封되었다. 1년 남짓 지나 齊州刺史에 임명되었는데 정치를 행함에 청렴하고 검소하여 士庶가 은혜로운 마음을 품었다. 수년 동안 재직하다가 營州總管으로 자리를 옮겼다. 위예는 용모가 크고 수려하였는데 매번 夷狄이 參謁할 때면 반드시 儀衛를 정돈하고 盛服을 입고서 그들을 보았으며 홀로 一榻을 차지하고 앉았으니 番人이 두려워하여 감히 올려다 쳐다보지 못하였다.[40] (『수서』 권47, 열전12 韋藝)

---

38) 『자치통감』 권176, 진기10 지덕 3년(585) 10월 임진(9일).

39) 여호규, 2002 앞의 논문, 5쪽.

40) "高祖受禪 進封魏興郡公 歲餘 拜齊州刺史 爲政淸簡 士庶懷惠 在職數年 遷營州總管 藝容貌瓌偉 每夷狄參謁 必整儀衛 盛服而見之 獨坐滿一榻 番人畏懼 莫敢仰視"

위 사료는 韋藝 열전 중 일부이다. 위예는 영주총관에 재직하다가 595년에 사망하였는데,[41] 초대 영주총관이었다. 그러므로 위예의 관력을 보면 영주총관부의 설치 시점을 헤아려볼 수 있다.

위예는 수 왕조가 세워진 581년에 魏興郡公을 봉작을 받았고 그로부터 1년 남짓지나 제주자사에 임명되었다.[42] 그리고 587년에 제주자사로 활동한 사실이 확인된다.[43] 이로 보아 위예가 영주총관이 된 것은 587년 이후였다고 할 수 있다. 다만 위예의 제주자사 재직기간이 그리 길지는 않았다. 그는 수년 동안 제주자사로 재직하다 영주총관에 임명되었다고 한다.[44] 이로 보아 위예가 영주총관이 된 것은 587년에서 머지않은 시점, 대략 580년대 후반으로 추정된다. 그러므로 영주총관부는 580년대 후반에 설치되었다고 생각된다.[45]

처음 요서는 유주총관부에서 관할하였다고 하였다. 그런데 이제 유주총관부로부터 요서를 분리해서 영주총관부를 설치한 것이다. 이는 580년대 후반 수의 요서정책이 한층 적극적으로 추진되었음을 시사한다. 다음의 사료가 주목된다.

> F. 그 후 거란의 別部 出伏 등이 고구려를 배반하고 무리를 이끌고 內附하니, 고조가 이를 받아들여 渴奚那頡의 북쪽에 안치하였다.[46] (『수서』권 84, 열전49 북적 거란)

위 사료는 거란 別部의 出伏集團이 고구려로부터 이탈해 수로 내부한 사실을 전

---

41) 『수서』 권2 제기2 高祖下 開皇 15年(595) 3月 丁亥(29日). "營州總管韋藝卒"

42) 『수서』 권47, 열선12 韋藝. "高祖受禪 進封魏興郡公 歲餘拜齊州刺史 爲政淸簡 士庶懷惠"

43) 『수서』 권66 열전31 房彦謙. "高祖受禪之後 遂優遊鄕曲 誓無仕心 開皇七年[587] 刺史韋藝固薦之 不得已而應命"

44) 『수서』 권47, 열전12 韋藝. "在職數年遷營州總管"

45) 이성제, 2005 앞의 책, 188쪽 주27에서도 590년 무렵으로 추정하였다.

46) "其後契丹別部出伏等背高麗 率衆內附 高祖納之 安置於渴奚那頡之北"

하고 있다. 『수서』 거란전에서 사료 F는 사료 C-2의 다음 구절이다. 그리고 개황
말엽의 사실을 전하는 기사의 앞 구절이다. 이로 보아 사료 F는 580년대 후반~590
년대 전반의 사실로 짐작된다. 그렇다고 한다면 출복집단의 이탈과 내부는 영주총
관부 설치 이후에 벌어진 일이었을 가능성이 높다.

　현재로서 출복집단이 본래 어디에 거주하였지는 알기 어렵다. 다만 거란 諸部의
주요 거주지가 요하 상류·시라무렌이었다고 보면, 출복집단의 거주지 역시 그 일
대였다고 짐작된다. 요서의 서북부에서 고구려의 세력범위에 근접해 있었다고 추
측된다. 수로 내부한 이후 거주하였다는 渴奚那頡의 북쪽 역시 분명치 않다.[47] 그
럼에도 약간의 추론은 가능하다. 돌지계집단이 영주의 東界에 안치되었다고 보면,
출복집단은 北界에 안치되었을 가능성이 높다.[48] 이로 보아 출복집단의 이탈과 내
부는 580년대 중반 요서의 서북부에서 수의 세력범위가 확대된 결과였다고 짐작할
수 있다. 그리고 이는 영주총관부의 성과였다고 생각할 수 있다. 영주총관부의 요
서정책과 관련하여 다음의 사료가 참고된다.

　　G. 또한 [위예는] 産業을 크게 성행하도록 하였고, 北夷와 더불어 交易하였
　　　　는데, [이로써] 家資를 대단히 많이 축적하여 자못 조정의 淸論에 의해
　　　　비판된 바 있었다.[49] (『수서』 권47, 열전12 韋藝)

　위 사료는 영주총관 위예의 경제정책과 치부에 대한 내용을 전하고 있다. 위예

---

47) 渴奚那頡은 渴奚郝頡으로도 나온다. 『책부원귀』 권977, 외신부22 降附. "是年[586] 契丹別部出
　　伏等 背高麗 率衆內附 納之 安置於渴奚郝頡之北" 그러나 渴奚那頡이나 渴奚郝頡은 다른 자
　　료에 보이지 않는 지명이다. 그러므로 구체적인 논의는 어려운 실정이다.

48) 李在成, 1996 앞의 책, 218쪽에서는 渴·奚·郝頡로 읽고, 이를 柳城의 북쪽에서 머지않은 지점
　　으로 추정하였다. 지명을 끊어서 읽는 데 쉽게 동의하기 어렵지만, 유성의 북쪽으로 추정한 데에
　　는 의견을 함께 한다.

49) "大治産業 與北夷交易 家資鉅萬 頗爲淸論所譏"

는 産業을 성행하도록 하였고, 北夷와 교역하였다고 한다. 북이는 북방 이민족에 대한 범칭으로, 요서의 거란과 말갈은 물론이고, 그 북방의 제종족을 포함한다고 생각된다.

위 사료에서 위예는 家資 즉 사유재산을 증식하였다고 하는데, 이는 북이와 교역한 결과였을 것이다. 그런데 이때의 교역이 위예의 개인적인 상업활동만은 아니었다고 생각된다. 요서와 그 북방의 제종족은 유목·수렵사회였다. 유목·수렵사회는 자급자족이 어려웠으므로 농경사회와 어떠한 형태로든 지속적인 관계를 수립해야만 했다.[50] 이에 영주총관부에서는 요서의 제종족을 포섭하기 위해 조공을 통한 교역은 물론이고, 互市를 개설해 華夷交易을 허용하였다고 이해된다.[51] 그러므로 위 사료에 보이는 위예와 북이의 교역은 화이교역을 의미하며, 위예의 치부는 그에 따른 부대교역 내지 그 부산물이었다고 짐작된다.[52]

영주총관부의 화이교역은 유목·수렵사회의 경제적 욕구를 충족시켜 줄 수 있었을 것이다.[53] 그러므로 영주총관부의 요서정책은 요서 제종족의 입장에서 환영받았고, 이를 통해 수는 요서에서 세력확장의 기반을 마련할 수 있었다고 생각된다. 하지만 그렇다고 해서 영주총관부의 설치가 곧 요서에 대한 수의 직접적인 지배를 의미하지는 않는다.

583년 수는 漢代 이후 지방관제의 전형이었던 州-郡-縣의 三級制를 州(郡)-縣

---

50) 金浩東, 1989 「古代遊牧國家의 構造」 서울大學校 東洋史研究室 編, 『講座 中國史 II -門閥社會와 胡漢의 世界-』, 知識産業社, 261~263쪽 ; 하자노프 著, 김호동 譯, 1990 『遊牧社會의 構造』, 지식산업사, 36쪽, 118~120쪽, 275~305쪽 ; 스기야마 마사아키 지음, 이경덕 옮김, 2013 『유목민의 눈으로 본 세계사』, 가디언, 41~42쪽.

51) 日野開三郎, 1991 앞의 책, 216~217쪽 ; 이성제, 2005 앞의 책, 189~190쪽.

52) 이와 관련하여 돌지계의 아들로, 唐의 營州都督을 역임한 李謹行의 사례가 참고된다. 『신당서』 권101, 열전35 제이번장 李謹行. "謹行偉容貌 勇蓋軍中 累遷營州都督 家童至數千 以財自雄 夷人畏之"

53) 중원의 왕조가 주변 제종족 특히 내륙아시아 유목세력을 회유하기 위해 물자를 제공한 사례는 상당히 많다. 唐 前期에도 그러하였다고 하는데, 이에 대한 구체적인 내용은 김택민, 2009 「唐代 前期의 盛世와 비단[絹帛](Pax Serica)」 『中國學報』 60, 244~253쪽 참조.

의 二級制로 전환하였다.[54] 하지만 변경지대의 경우 주·현의 상급 통치단위로 총관부를 두었다. 총관부의 기원은 曹魏의 都督諸州軍事에서 찾을 수 있는데, 수대의 총관부는 북주의 제도를 계승한 것으로, 唐代 羈縻州에 설치된 도호부·도독부의 前身 격이었다.[55] 총관부는 일반 주·현의 행정적 통치기구가 아니라 이른바 邊州의 군사적 통치기구였는데, 변주에는 漢人과 夷人이 혼재되어 있었다.[56] 영주도 마찬가지였다.

이와 관련하여 사료 G에서 위예가 이적의 조알을 받을 때 반드시 儀衛를 정돈하고 盛服을 입었으며 홀로 一榻을 차지하고 앉았다고 한 사실이 주목된다. 이러한 위예의 모습은 영주총관의 권위를 과시하고자 하였던 것으로 해석된다. 이로써 그는 番人 즉 夷狄으로부터 畏懼의 대상이 되었다고 보이는데, 이는 영주총관부의 주요 임무가 漢人에 대한 행정적 통치만 아니라 夷人 즉 요서의 제종족을 관할하는 데 두어졌음을 시사한다. 영주총관부는 제종족을 어떻게 관할하였을까.

사료 A-2에서 수가 돌지계로 하여금 邊人과 왕래하도록 하였다고 한 사실이 상기된다. 변인은 변경 방어의 임무를 맡은 관원과 군사를 뜻하기도 하고, 단순히 변경지대에 거주하는 邊民을 의미하기도 한다.[57] 그런데 이때 돌지계는 수의 요서태수였다. 그러므로 이 사료에서 변인은 변민으로 파악되며, 주로 夷人을 가리킨다고 생각된다. 수는 돌지계로 하여금 요서의 제종족과 왕래하도록 한 것이다. 그런데 이는 돌지계를 태수로 삼은 이후만 아니라 내부를 허용하였을 때부터 마찬가지였

---

54) 州와 郡은 서로 자주 改稱되어 사실상 혼용되었다고 한다(濱口重國, 1966 「隋の天下一統と君權の强化」『秦漢隋唐史の研究』下, 東京大學出版會, 762쪽).

55) 『당육전』 권30, 三府都護州縣官吏 大都督府 ; 『통전』 권32, 직관14 都督 ; 山崎宏, 1958 앞의 논문, 1~3쪽 ; 小尾孟夫, 2001 『六朝都督制研究』, 溪水社, 29~32쪽 ; 김택민 주편, 2008 『역주 당육전(하)』, 신서원, 412~414쪽 및 주85 ; 喬鳳岐, 2013 『隋唐地方行政與軍防制度研究』, 人民出版社, 103~107쪽 ; 쉬웨이웨이(許偉偉), 정병준·조재우 옮김, 2013 「당 전기의 변주 문제」, 연민수 외 지음, 『전통시대 동아시아의 외교와 변경기구』, 동북아역사재단, 166~170쪽.

56) 鄭勉, 2009 「6세기 中國 王朝의 雲南지역 지배와 '西爨'-爨瓚·爨雲 부자의 '竊據'와 남북조시기 '邊州'의 성격-」『歷史學報』 202, 179쪽의 주3 및 201~202쪽 참조.

57) 羅竹風 主編, 1994 『漢語大詞典』 10, 漢語大詞典出版社, 1284쪽.

그림 7. 580년대 후반 營州總管府의 설치와 세력범위

다고 생각된다. 출복집단도 그러하였을 것이다.

　이처럼 수는 내부한 거란과 말갈을 매개로 요서 제종족을 관할하였다. 그러한 까닭에 제종족에 대한 수의 통제력은 그만큼 제한적이었던 것이다. 내부한 거란·말갈 諸部도 직접 통치하지는 못하였다고 보인다. 이와 관련하여 비록 당 전기의 사례이지만, 변경지역의 번족정책이 참고된다.[58] 당은 귀부한 번족을 軍鎭 주변에

---

58) 李錦繡, 1998 「"城傍"與大唐帝國」『唐代制度史略論考』, 中國政法大學校出版社, 256~257쪽 및

안치하고 부락조직을 보존하도록 한다. 번족은 형식적으로만 당의 지방통치체제에 편입되어 있었던 것이다. 이들은 당의 호적에 편입되지 않았고 조세의 의무도 없었다고 한다.[59] 단지 전시에 蕃兵으로 동원하였다고 한다.[60] 영주총관부의 요서정책 역시 이와 유사하였다고 이해된다.[61]

이상과 같이 580년대 후반 수는 유성에 영주총관부를 설치하고, 보다 적극적으로 요서정책을 추진하였다. 하지만 여전히 수의 영향력은 제한적이었다. 이 점은 고구려도 마찬가지였다고 생각된다. 5세기 이후 고구려는 요서 동부의 주요 지점에 거점을 마련하고, 제종족을 세력범위에 두었다.[62] 다만 제종족에 대해 직접적인 통제력을 행사하기보다 정치·군사적 신속관계를 맺고, 간접적인 방식으로 영향력을 행사하였다. 오히려 국제정세의 변화에 따라서는 제종족을 포섭하기 위해 노력하였고, 교역이나 물자제공에 적극적인 면모를 보이기도 했다.[63]

이와 같이 볼 때 580년대 후반 고구려와 수는 요서의 제종족을 둘러싸고 경쟁하였을 것으로 예상된다. 이는 영주총관부의 설치 이후 더욱 치열해졌을 것이다. 다음의 사료가 주목된다.

H. 개황 초에 자주 사신을 보내 入朝하였는데, 陳을 평정(589)한 후에 이르러 湯[平原王, 재위: 559~590]이 크게 두려워하며 병기를 수리하고 곡식을 쌓아서 守拒의 대책을 삼았다. [開皇] 17년(597-필자: 590) 上[高祖]이

280~281쪽 ; 王永興, 2003 『唐代前期軍事史略論考』, 崑崙出版社, 102~103쪽 ; 鄭炳俊, 2005 「'營州城傍高麗人' 王思禮」 『高句麗研究』 19, 256쪽 ; 李永哲, 2010 「唐 前期 榮州城傍 契丹羈縻州의 技能」 『大邱史學』 100, 19~27쪽.

59) 鄭尼娜, 2002 「論唐代中央政權對契丹奚人地區的羈縻統治」 『吉林大學社會科學學報』, 2002-6, 78쪽 ; 李永哲, 2011 「唐代 邊境地域의 藩鎭과 對外關係」 『中國史硏究』 74, 86쪽.

60) 唐代 營州總管府의 藩兵 동원과 관련하여서는 서영교, 2006 「羅唐戰爭期 唐邊方軍의 來襲과 李謹行」 『東國史學』 42, 31~40쪽 참조.

61) 李錦繡, 1998 앞의 책, 258쪽.

62) 본서 제1부 1장 참조.

63) 본서 제1부 2장 참조.

湯에게 璽書를 내려 말하였다. "짐은 天命을 받아 率土를 愛育하며, 왕에게는 海隅를 위임하고, 조정의 교화를 선양하여 백성으로 하여금 각기 그 마음을 이루도록 하였소. [그런데] 왕은 매번 사신을 보내 해마다 조공하고 비록 藩附를 칭하지만, 誠節을 다하지는 못하였소. ㉠ 왕은 人臣이니 모름지기 짐의 德과 같이 하여야 하거늘 도리어 말갈을 驅逼하고 거란을 固禁하였소. 諸藩이 頓顙하며 나의 臣妾이 되고자 하는데, [왕은 이와 같은] 善人의 慕義에 忿怒하니, 어찌 해독이 크고 깊다고 하지 않겠소? ㉡ 太府의 工人은 그 수가 적지 않으니 王이 그를 필요로 한다면, 스스로 聞奏하면 될 것인데, 몇 해 전[昔年]에는 潛行하여 財貨로 小人을 이익으로써 움직여 사사로이 弩手를 데리고 그대의 나라로 달아났소. 兵器를 修理하는 의도가 착하지 못하므로 바깥소문을 두려워하여 도둑질한 것이 아니겠소? ㉢ 이때 [짐은] 使者에게 명하여 王의 藩을 撫慰하도록 하였는데, 이것은 본래 그 人情을 살펴보고 그 政術을 가르치고자 해서였소. [하지만] 王은 [使者를] 空館에 앉혀두고, 엄히 막아 지키면서 그 눈과 귀를 닫고 막도록 하여 끝내 보고 들을 수 없도록 하였소. 어떠한 陰惡이 있어서 다른 이가 알지 못하도록 하고, 官司를 禁制하며 그 訪察을 두려워하였소? ㉣ 또한 [왕은] 자주 馬騎를 보내 邊人을 살해하고, 여러 번 姦謀를 펼쳐 邪說을 만들었으니, [왕의] 마음에 복종하지 않음이 있는 것이오.'[64] (『수서』 권81, 동이46 고려)

---

64) "開皇初 頻有使入朝 及平陳之後 湯大懼 治兵積穀 爲守拒之策 十七年 上賜湯璽書曰 朕受天命 愛育率土 委王海隅 宣揚朝化 欲使圓首方足 各逐其心 王每遣使人 歲常朝貢 雖稱藩附 誠節未盡 王旣人臣 須同朕德 而乃驅逼靺鞨 固禁契丹 諸藩頓顙 爲我臣妾 忿善人之慕義 何毒害之情深乎 太府工人 其數不少 王必須之 自可聞奏 昔年潛行財貨 利動小人 私將弩手逃竄下國 豈非修理兵器 意欲不減 恐有外聞 故爲盜竊 時命使者 撫慰王藩 本欲問彼人情 敎彼政術 王乃坐之空館 嚴加防守 使其閉目塞耳 永無聞見 有何陰惡 弗欲人知 禁制官司 畏其訪察 又數遣馬騎 殺害邊人 屢騁姦謀 動作邪說 心在不賓"

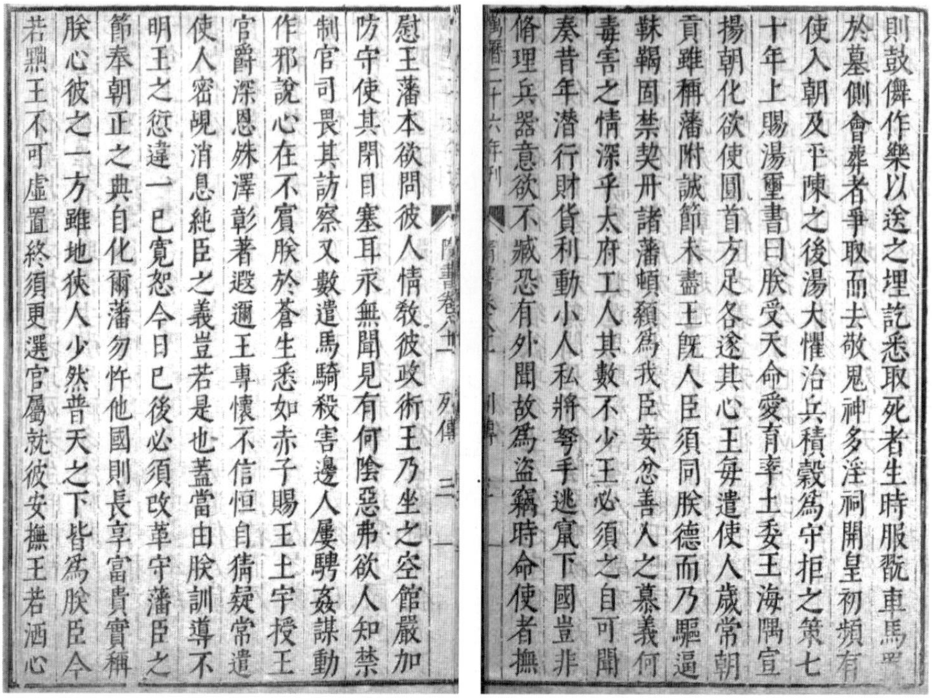

사진 5. 『수서』 고려전(남감본)

위 사료는 수 문제가 고구려의 평원왕(재위: 559~590)에게 전한 璽書의 일부이다. 그 내용은 크게 ㉠~㉣로 구분해 볼 수 있다. 이미 많은 논의가 있었지만 새서의 작성 시점은 590년으로 파악된다.[65] 그리고 사료 H-㉡에 보이는 '昔年'이 '여러 해 전'을 의미하므로 ㉠~㉣의 시점은 대체로 580년대 중·후반으로 볼 수 있다. 고

---

65) 이와 관련한 여러 논의와 사료 검토는 여호규, 2002 앞의 논문, 5~6쪽 참조. 근래에는 590년설이 통설이지만, 최근 김택민은 『수서』·『북사』의 年紀에 오류가 있었을 가능성은 적다고 보고 597년설을 재차 주장하였다(2014 「麗·隋 力學關係와 戰爭의 樣相」 『東洋史學硏究』 127, 236~238쪽). 그는 平原王과 嬰陽王의 재위기간 및 교섭 기술에 오류가 있었고, 이 오류가 의도적이었다고 하였다. 그러나 그와 같은 사례가 일반적이었는지 의문이다. 고려전 서술의 맥락이나 새서의 내용으로 보아, 새서의 작성 시점은 陳이 멸망(589)한 직후였다고 보는 것이 순조롭다고 생각한다. 본서에서는 통설에 따른다.

江高麗之人多少陳國朕若不存育責王前愆命一
將軍何待多力慇懃曉示許王自新耳宜得朕懷自求
多福湯得書惶恐將奉表陳謝會病卒子元嗣立高祖
使使持元爲上開府儀同三司襲爵遼東郡公賜衣一
襲之高祖閒而大悅命...率靺鞨之衆萬餘騎宼遼
明年元率靺鞨之衆萬餘騎宼遼
襲元奉表謝恩并賀祥瑞因請封王高祖優冊元爲王
走之高祖閒而大悅命工...西營州總管韋沖擊
詔黜其爵位時餽運不繼六軍之食師出臨渝關復遇
疾疫王帥不振及次遼水亦悖懼遣使謝罪上表稱
遼東糞土臣元云云上於是罷兵待之如初元亦歲遣

隋書卷六十一
列傳 四

易行幸由憲章即是朕之良臣何勞別遣才彥也昔帝
王作法仁信爲先有善必賞有惡必罰四海之內具聞
朕若王無罪朕忽加兵自餘藩國謂朕何也王必虛
心納朕此意愼勿疑惑更懷異圖往者陳叔寶代在江
陰殘害人庶驚動我烽候抄掠我邊境朕前後誠勑經
歷十年彼則恃長江之外聚一隅之衆惛狂驕傲不從
朕言故命將出師除彼凶逆往來不盈旬月兵不血刃
數千歷代逋寇一朝清蕩逖邇又安人神昏忲聞王歎
恨獨致悲傷黯陶幽明有司是職罪王不爲陳滅賞王
不爲陳存樂禍好亂何爲爾也王謂遼水之廣何如長

구려와 수의 우호관계가 종식된 이후의 일이었던 것이다.

새서의 전반적인 내용은 수의 입장에서 고구려의 적대적 행위를 지적한 것이다. 수 문제는 새서를 통해 고구려를 위협함으로써 자국 중심의 국제질서를 강제하고자 하였다고 생각된다.[66] 그러므로 새서에서 지적한 고구려의 적대적 행위에는 과장이 있을 수 있다. 그럼에도 불구하고 580년대 중반 양국의 우호관계가 종식되었고, 위 사료에 보이듯 진의 멸망(589) 이후 고구려가 '守拒之策'을 세웠다고 한 사실을 고려해 보면,[67] 사료 H-㉠~㉣은 어느 정도의 사실을 반영하고 있다고 생각된

---

66) 여호규, 2002 앞의 논문, 13~14쪽 ; 2006 「책봉호 수수를 통해 본 수·당의 동방정책과 삼국의 대응」 『역사와 현실』 61, 41~42쪽.
67) 『자치통감』 권178, 수기2 개황 17년(597) 12월 임자에서는 '拒守之策'으로 표현하였다.

다.

먼저 사료 H-㉠에서 고구려가 "말갈을 驅逼하고 거란을 固禁하였다"고 한 사실이 주목된다. 이 중에서 말갈은 돌지계집단으로 볼 수 있다고 하였다. 그러고 보면 固禁의 대상은 출복집단처럼 수로 이탈할 가능성이 높은 거란 諸部를 가리킨다고 볼 수 있다.[68] 구체적으로 固禁은 화이교역과 관련된다고 여겨지는데,[69] 화이교역을 허용할 경우 수로 이탈할 가능성이 높아졌던 만큼 이를 가로막았다고 생각된다. 이에 수 문제는 580년대 후반 요서의 제종족을 두고 고구려와 수가 경쟁하였던 사실을 문제 삼았던 것으로 해석된다.

여기서 수 문제가 외부집단의 수용 여부를 결정하는 데 그와 이해관계에 있는 세력을 고려했다는 사실이 참고된다. 예컨대 583년 진의 鄂州(湖北省 武漢市)城主 張子譏가 수에 항복해 왔지만 진과 우호관계를 유지하고자 그를 수용하지 않았다.[70] 또한 590년대 중·후반 거란의 別部 4천여 家가 돌궐을 배반하고 수에 항복해 왔지만 돌궐과 우호관계를 맺고자 그를 수용하지 않았다.[71]

반면 수는 돌지계집단과 출복집단의 내부를 허용했다. 이에 대해 수가 돌지계집단과 출복집단을 수용한 이면에는 고구려의 양보가 있었다고 본 견해가 있었다.[72] 하지만 固禁의 의미를 염두에 둘 때 고구려가 양보의 자세를 취했다고 보기는 어렵다. 수가 내부를 허용한 것은 기본적으로 고구려를 고려하지 않은 행위였다. 수의 입장에서 고구려와의 우호관계가 요구되지 않았기 때문은 아닐까. 수의 관점에서 생각해 보자면, 580년대 중반 북방의 돌궐이 쇠퇴하면서 고구려의 외교적 가치가

---

68) 李龍範, 1959 앞의 논문 ; 日野開三郎, 1991 앞의 책 ; 노태돈, 1999 앞의 책, 413~414쪽 및 417~418쪽 ; 임기환, 2006 앞의 논문, 61~62쪽.

69) 이성제, 2005 앞의 책, 183쪽 및 주17.

70) 『수서』 권1 제기1 고조上 개황 3년(583) 4월 기축(22일). "陳鄂州城主張子譏遣使請降 上以和好不納"

71) 『수서』 권84, 열전49 북적 거란. "開皇末 其別部四千餘家背突厥來降 上方與突厥和好 重失遠人之心 悉令給糧還本 勅突厥撫納之"

72) 이성제, 2005 앞의 책, 182~183쪽. 주17에서는 수에 대한 고구려의 양보로 해석하였다.

하락했을 수 있다. 그렇다고 할 때 고구려가 수와 협상할 여지는 적었을 것이다.

사료 H-ⓒ을 보면 고구려는 수의 사신을 空館에 두고 그의 활동을 통제하였고 하는데, 이는 고구려가 수의 외교정책에 의구심을 품고 있었음을 말해준다. 그러므로 사료 H-ⓒ처럼 고구려는 수로 첩자를 파견해 쇠뇌 기술자를 誘致하였고, 이를 통해 수와의 전쟁을 염두에 두고 군사체제를 정비하고자 했다.[73] 이러한 관점에서 사료 K-ⓒ이 주목된다.

이를 보면 고구려는 여러 차례 기병을 파견해 수의 邊人을 살해하였다고 하였다. 이때의 변인도 거란·말갈을 비롯한 요서의 제종족을 가리킨다고 파악된다. 구체적으로 수의 세력범위에 속한 요서의 제종족이었다고 생각된다. 이미 이탈했거나, 이탈의 가능성이 높은 제종족을 타격함으로써 수의 세력이 더 이상 확장되는 것을 차단하고자 하였던 것이다.

그러나 수가 진까지 병합하고 동아시아 최고의 강국으로 부상한 589년 이후 고구려의 요서정책이 팽창 위주의 것이었다고 보이진 않는다. 고구려의 평원왕은 수 문제의 새서를 받고 외교문서를 보내 사죄하고자 하였고, 곧이어 즉위한 嬰陽王(재위: 590~618)은 수의 책봉을 수용했다고 한다.[74]

이러한 고구려의 행동은 수의 우위를 인정한 것으로 보인다. 수의 고압적인 태도에 정면으로 맞서기보다 양국관계의 안정을 도모함으로써 기존의 세력권을 보장받고자 하였던 것이다.[75] 한층 수세적인 입장에서 기존의 세력범위를 유지하는 데 초점을 맞추었다고 생각된다. 적어도 590년 수 문제의 새서를 받은 이후, 한동안은 수와의 관계개선에 노력하였다고 판단된다.

---

73) 본서 보론 참조.
74) 『수서』 권80, 열전46 동이 고려. "湯得書惶恐 將奉表陳謝 會病卒 子元嗣立 高祖使使拜元爲上開府·儀同三司 襲爵遼東郡公 賜衣一襲 元奉表謝恩 幷賀祥瑞 因請封王 高祖優冊元爲王"
75) 여호규, 2002 앞의 논문, 26~27쪽 ; 李成制, 2005 앞의 책, 178~179쪽.

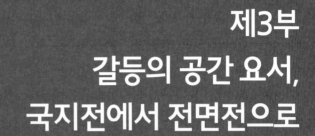

제3부
갈등의 공간 요서,
국지전에서 전면전으로

제 1 장

598년 고구려의 요서 공격과 수의 반격 시도

고구려와 수의 우호관계는 580년대 중·후반 종식되었다. 583년 수의 요서 진출 이후 양국 간에 갈등의 소지가 생겨난 것이다. 590년 수 文帝(재위: 581~604)는 고구려의 平原王(재위: 559~590)에게 璽書를 보내 수의 세력확장에 대한 고구려의 견제를 적대행위로 간주하고 전쟁이 일어날 수 있다고 경고하였다. 이에 고구려는 한층 수세적인 입장에서 기존의 세력범위를 유지하는 데 초점을 맞추고 수와의 관계를 개선하고자 하였다.[1]

그런데 598년 고구려는 수의 遼西를 공격하였고, 수는 대규모 군사를 동원해 반격을 시도하였다. 양국은 전면전(General War)의 위기에 직면하였던 것이다. 이와 같은 598년 양국관계의 파국은 590년대의 변화와 갈등을 짐작케 한다. 그러므로 이제까지의 여러 연구에서도 598년 고구려의 요서 공격을 주목하고, 그 배경과 목적을 파악하고자 하였다.[2] 최근 수의 반격 시도, 특히 전시의 군사편제와 공격로를

---

1) 『수서』 권80, 열전46 동이 고려.

세밀히 검토하기도 하였다.[3]

다만 몇 가지 점에서 여전히 미진한 점이 남아 있다고 생각한다. 본 장에서는 고구려의 요서 공격을 주도한 정치세력, 수의 반격을 주도한 정치세력에 주목해 보고자 한다. 어떠한 정치세력이 양국을 전쟁 국면으로 이끌고 나갔는지 살펴보면 그 배경도 헤아려 볼 수 있을 것이다. 그리고 전후의 사정을 감안해 보면 고구려 요서 공격의 배경과 성과 또한 짚어볼 수 있으리라 기대한다.

1. 고구려의 요서 공격과 주도세력

598년 고구려의 요서 공격은 다음의 사료를 통해 살필 수 있다.

> A. 다음해(598)에 元(嬰陽王, 재위: 590~618)이 말갈의 무리 만여 騎를 거느리고 요서를 노략질하였다. 營州總管 韋沖이 그[고구려]를 공격해 달아나도록 했다.[4] (『수서』 권81, 열전46 동이 고려)

위 사료에 보이듯 고구려의 요서 공격은 영양왕이 親率하였다고 하는데, 영양왕은 말갈의 기병을 동원하였다. 말갈병 동원은 어떠한 의미를 가질까. 우선 다음의 사료가 참고된다.

> B. 그 나라[말갈]는 서북으로 거란과 相接하여 자주 서로 위협하고 약탈하였다. 후에 이를 이유로 그 나라의 사신이 오자 고조[문제]가 그를 훈계

---

2) 관련 연구사는 이성제, 2005 『高句麗의 西方政策 研究 -北朝와의 對立과 共存의 관계를 중심으로-』, 국학자료원, 171~173쪽 참조.

3) 정동민, 2017 『高句麗와 隋 전쟁 연구』, 한국외국어대학교 박사학위논문, 21~37쪽.

4) "明年[598] 元率靺鞨之衆萬餘騎寇遼西 營州總管韋沖擊走之"

하여 말하였다. "내가 거란을 어여삐 여기는 것은 너와 더불어 다를 것이 없다. 마땅히 각자 土境을 지킨다면 어찌 安樂하지 않겠는가? 어찌 빈번이 서로 공격해 심히 나의 뜻에 어긋나는가!" [말갈의] 사신이 사죄하였다. 고조가 이에 그를 두터이 위로하고 어전에서 宴飮하도록 하였다. [말갈의] 사자가 그 무리와 함께 모두 일어나 춤추었는데, 그 曲折에 전투의 모양이 많았다. 황제가 侍臣을 돌아보며 말하였다. "천지 간에 이러한 존재가 있어서 항상 전쟁을 일으킬 생각을 하는 것이 어찌 그리도 심할까!" 그러나 그 나라와 수는 멀리 떨어져 있었고, 다만 粟末部와 白山部만 가까이 있었다.[5] (『수서』 권81, 열전46 동이 말갈)

위 사료는 문제의 재위 연간에 이루어진 수와 말갈의 교섭을 전하고 있다. 위 사료에 나오듯 말갈과 거란은 "자주 서로 위협하고 약탈하였다"고 하는데, 말갈은 이를 이유로 수와 교섭했다고 한다. 수 측에 지원을 요청한 것으로 생각된다.

6세기 후반~7세기 전반 말갈은 크게 7部로 나뉘어져 있었는데, 諸部는 동북아시아 각지에 폭넓게 거주하였다.[6] 이와 비교해 거란 諸部는 시라무렌·요하 상류 즉 요서 북부를 중심으로 거주하였다. 이로 미루어 보아 거란과 상쟁한 말갈은 요서 북부와 인접한 部였다고 짐작된다. 위 사료에서 단지 속말부와 백산부가 수와 인접하였다고 한 사실이 주목된다. 이를 보면 거란과 상쟁한 部란 주로 속말부와

---

5) "其國西北與契丹相接 每相劫掠 後因其使來 高祖誠之曰 我憐念契丹與爾無異 宜各守土境 豈不安樂 何爲輒相攻擊 甚乖我意 使者謝罪 高祖因厚勞之 令宴飮於前 使者與其徒皆起舞 其曲折多戰鬥之容 上顧謂侍臣曰 天地間乃有此物 常作用兵意 何其甚也 然其國與隋懸隔 唯粟末·白山爲近"

6) 『수서』 권81, 열전46 말갈. "凡有七種 其一號粟末部 與高麗相接 勝兵數千 多驍武 每寇高麗中 其二曰伯咄部 在粟末之北 勝兵七千 其三曰安車骨部 在伯咄東北 其四曰拂涅部 在伯咄東 其五曰號室部 在拂涅東 其六曰黑水部 在安車骨西北 其七曰白山部 在粟末東南 勝兵並不過三千 而黑水部尤爲勁健" 말갈 諸部의 위치비정과 관련한 諸說은 김현숙, 2005 『고구려 영역지배방식 연구』, 모시는 사람들, 448~449쪽의 표 참조.

그림 8. 요령지역 주요 하천

백산부였고, 그들의 일부가 요서와 밀접하였다고 짐작된다. 요서 공격에 동원된 말갈 가운데는 그들이 다수 포함되어 있었을 것이다. 특히 『구당서』에서 백산부는 본래 고구려와 정치적 주종관계를 맺었다고 했는데,[7] 이를 중시해 보면 백산부가 주축의 하나였다고 생각할 수 있다.

그런데 요서 공격에 동원된 말갈이 만여 명의 기병이었다는 점을 감안해 보면, 두 부만 동원되었다고 보기 어렵다. 밀길의 각 부의 精兵은 최대 7천 명이었고, 속말부와 백산부를 비롯한 대부분의 정병은 수천 명 정도였기 때문이다.[8] 이로 보아

---

7) 『구당서』 권199下, 열전149下 북적 말갈. "其白山部 素附於高麗 因收平壤之後 部衆多入中國"

백산부가 주축을 구성하였다고 하지만 여타의 諸部도 함께 참전하였다고 생각된다. 그들은 왜 고구려의 군사 동원에 응하였을까.

7세기 전·중반 말갈 諸部는 각기 고구려·돌궐과 정치적 주종관계를 형성하고 있었다고 한다.[9] 이러한 사정은 6세기 후반~7세기 전반에도 마찬가지였을 것이다. 또한 위 사료에 보이듯 일부는 수와 교섭했고 수와 정치적 주종관계를 맺었다고 파악된다. 요서 서남부로 이주한 서부 속말말갈의 돌지계 집단이 대표적이다. 말갈은 각 부의 사정과 정세에 따라서 고구려·돌궐·수의 세력범위에 속하였던 것이다.

그와 비교해 580년대 중반 이후 거란 諸部는 수의 세력범위에 포섭되었고, 수는 거란 諸部를 포섭하고자 노력하였다. 그렇기 때문에 수에서는 말갈의 편을 들기보다 양자의 화평을 촉구하였다고 생각된다. 그런 한편 말갈 諸部 중 일부는 고구려와 돌궐 측에도 지원을 요청했다고 짐작된다. 그리고 보면 거란과 말갈의 상쟁은 그 배후에 고구려와 돌궐, 그리고 수가 있었다고 이해된다. 고구려가 동원한 말갈 諸部는 이렇듯 거란과의 상쟁을 배경으로, 고구려에 지원을 요청했고 대신 고구려에 군사력을 제공한 것이 아니었을까 한다.

고구려의 요서 공격이 2월 즉 봄 초에 이루어졌다는 사실도 주의된다.[10] 말갈은 만주지역의 제종족의 하나로 그의 생활방식은 지역마다 어느 정도의 차이가 있었지만,[11] 대부분은 수렵을 병행하였다.[12] 半農半獵 내지 半牧半獵의 생활을 영위하였던 것이다. 그러므로 말갈의 諸部의 대부분은 경제적 자립성이 미약하였다고 보

---

8) 『수서』 권81, 열전46 동이 말갈.

9) 『구당서』 권199下, 열전149下 북적 말갈. "其國凡爲數十部 各有酋帥 或附於高麗 或臣於突厥"

10) 『자치통감』 권178, 수기2 개황 18년(598) 2월 갑진(3일). "高麗王元帥靺鞨之衆萬餘 寇遼西 營州 總管韋沖擊走之 上聞而大怒"

11) 자세한 논의는 김현숙, 2002 「6~7세기 高句麗史에서의 靺鞨」『강좌 한국고대사』 10, 가락국사 적개발연구원, 150~176쪽 참조.

12) 『수서』 권81, 열전46 말갈. "人皆射獵爲業 角弓長三尺 箭長尺有二寸"

사진 6. 내몽골 老哈河(ⓒ강인욱)

인다.

이렇듯 경제적 자립성이 미약한 유목·수렵사회는 특히 동계에 물자가 부족하였고, 이에 약탈에 나서는 경우가 많았다.[13] 약탈을 통해 동계의 부족한 물자를 보충하고자 하였던 것이다.[14] 동계가 끝난 봄 초 역시 물자가 충분하지 못한 시점이었다. 이와 같이 볼 때 598년 요서 공격은 말갈 諸部의 입장에서 부족한 물자를 보충할 약탈의 기회일 수 있을 것이다.

이처럼 598년 고구려의 요서 공격은 말갈의 이해관계와 부합하였다. 백산부와

---

13) 하자노프 著, 김호동 譯, 1990 『遊牧社會의 構造』, 知識産業社, 118쪽.

14) 半農半獵의 경제적 조건을 가졌던 고구려 초기에도 冬季의 공격전쟁 빈도가 높게 나타난다고 분석된다(金瑛河, 2002 『韓國古代社會의 軍事와 政治』, 高麗大學校 民族文化研究院, 74~76쪽). 농업생산의 부족을 약탈을 통해 보완하고자 했던 것이다(金洸鎭, 1937 「高句麗社會の生産様式 −國家の形成過程を中心として−」 『普專學會論集』 3, 745~746쪽).

속말부의 경우 요서에서 그들의 경쟁 상대였던 거란을 제압하고 세력확장을 시도할 수 있었고, 여타의 諸部는 부족한 물자를 확보할 수 있었다. 그러한 까닭에 고구려는 일정한 세력범위 및 전리품의 분배를 약속함으로써 말갈의 군사력을 동원할 수 있었다고 생각된다. 군사력 동원에 따른 부담이 크지 않았다고 여겨지는 것이다.

6세기 중반 이후 고구려의 정치운영이 주요 귀족의 합의를 통해 이루어졌다는 사실도 주의해 볼 필요가 있다.[15] 『한원』에 인용된 『고려기』를 보면 군사의 징발 또한 주요 귀족의 합의가 요구되었다고 한다.[16] 따라서 만약 요서 공격에 고구려의 군사를 동원하고자 하였다면, 주요 귀족의 합의가 필요했을 것이다.

그런데 588년 수는 진을 병합하고 동아시아 최고의 강국으로 부상하였고, 이에 따라 고구려는 수에 노골적인 적대행위를 감행하지 못하고 있었다. 이 점에서 고구려의 주요 귀족 중의 일부는 수와의 대립에 반대하였을 수 있다. 영양왕 역시 수와의 전면전을 바라진 않았을 것이다. 고구려의 영양왕은 말갈병을 통해 전면전이 아닌 局地戰(local war)을 구상하였다고 이해된다.[17]

이러한 이유에서 영양왕은 요서 공격에 고구려 군사가 아닌 말갈병을 동원하지 않았을까 한다. 말갈병은 수와의 대립을 반대한 일부 귀족세력의 정치적 압력에서 조금은 자유로울 수 있었을 뿐만 아니라 만약 수에서 요서 공격을 외교적 문제로 삼는다면, 이를 말갈과 거란의 상쟁으로 문제의 소재를 돌림으로써 수와의 전면전을 회피할 구실을 삼고자 하였다고 추측되는 것이다.

이처럼 요서 공격에 말갈병을 동원한 데에는 영양왕의 정치적 판단이 개입되었다고 보인다.[18] 이와 관련하여 다음의 사료가 참고된다.

---

15) 노태돈, 1999 『고구려사 연구』, 사계절, 436~448쪽 ; 임기환, 2004 『고구려 정치사 연구』, 한나래, 282~286쪽 참조.
16) 『한원』 권30, 번이부 고려. "高麗記曰 其國建官有九等 (中略) 以前五官 掌機密謀改[政]事 徵發兵 選授官爵"
17) 이성제, 2005 앞의 책, 199~200쪽.

C. 陽崗王[영양왕]이 즉위하자 온달이 아뢰었다. "생각건대 신라가 우리 漢
　　北의 땅을 빼앗아 郡縣으로 삼았으니, 백성이 심히 한탄하여 일찍이 父
　　母의 나라를 잊은 적이 없습니다. 원컨대 대왕께서는 저를 不肖다 여
　　기지 마시고, 군사를 주신다면 한번 가서 반드시 우리 땅을 도로 찾아오
　　겠습니다." 왕이 허락하였다.[19] (『삼국사기』 권45, 열전5 온달)

　　위 사료는 온달전의 일부이다. 위 사료에서 온달은 영양왕에게 한강 유역의 수
복을 위해 신라를 공격할 것을 제의하였고 영양왕은 이를 허락하였다고 한다.
　　고구려는 6세기 중반 대내외적 정세의 변화로 한강 유역을 상실하였고 이를 전
후해 왕위계승분쟁을 비롯해 정치적 불안정이 지속되고 있었다. 그럼에도 불구하
고 6세기 후반 평원왕대부터 귀족연립정권이 성립되며 어느 정도의 정치적 안정이
유지되었다.[20] 이러한 정치적 안정을 바탕으로 평원왕대(559~590)·영양왕대에는
6세기 중반 이전의 세력범위를 회복하고자 하였는데, 온달의 출정은 이러한 노력
의 일환이었다고 생각된다.[21]
　　일찍이 지적된 것처럼 온달은 유력한 귀족가문 출신이 아니었다.[22] 그는 군사적
능력을 바탕으로 관직에 진출하였고 전공을 통해 승진하였다. 이로 보아 온달은 대
외전쟁의 전공을 바탕으로 성장한 신진 귀족세력의 하나였다고 생각된다.[23] 온달

---

18) 이와 관련하여 金鎭漢, 2010 『高句麗 後期 對外關係史 硏究』, 韓國學中央硏究院 博士學位論
　　文, 143쪽 및 尹秉模, 2011 『高句麗의 遼西進出 硏究』, 景仁文化社, 136쪽에서 嬰陽王이 왕권강
　　화를 목적으로 요서 공격을 주도하였다고 본 견해가 참고된다.
19) "及嬰崗王卽位 溫達奏曰 惟新羅 割我漢北之地 爲郡縣 百姓痛恨 未嘗忘父母之國 願大王不以
　　愚不肖 授之以兵 一往必還吾地 王許焉"
20) 임기환, 2004 앞의 책, 282~286쪽.
21) 임기환, 1994 「고구려와 수·당의 전쟁」, 강만길 외, 『한국사』 4 -고대사회에서 중세사회로 2-,
　　한길사, 155쪽 ; 2006 「7세기 동북아시아 국제질서의 변동과 전쟁」, 역사학회 편, 『전쟁과 동북아
　　의 국제질서』, 일조각, 63쪽 주30 ; 정호섭, 2016 「삼국사기 온달전을 통해 본 온달의 역사적 위
　　상과 아단성」 『고구려사와 역사인식』, 새문사, 164~167쪽.
22) 李基白, 1996 『韓國古代政治社會史硏究』, 一潮閣.

은 평원왕의 사위이자 영양왕의 妹弟였다.

이처럼 온달과 같은 신진 귀족이 왕실의 인척이 된 사실은 평원왕·영양왕의 정치적 지향을 짐작케 한다. 즉 평원왕·영양왕은 6세기 중반 이전의 세력범위를 확보하고자 적극적인 대외정책과 전쟁을 추진하였고, 이를 추진하기 위해 신진 귀족 세력과 결합하였다고 여겨지는 것이다. 그러므로 598년 고구려의 요서 공격이 영양왕의 정치적 판단에 따른 것이었다고 한다면, 그 주도세력은 국왕과 신진 귀족세력이었다고 생각된다.

2. 수의 반격시도와 주도세력

고구려의 요서 공격에 수는 즉각적인 반격에 나섰다. 그 내용은 다음의 사료를 통해 살펴볼 수 있다.

> D. ㉠ 漢王 楊諒을 [行軍]元帥로 삼고 육군과 수군을 총괄해 그[고구려]를 토벌하도록 하였다. ㉡ 조서를 내려 그[영양왕]의 작위를 박탈하였다. ㉢ 이때 군량수송이 이어지지 않아 六軍이 식량에 굶주렸는데, 臨渝關으로 군대가 나가고 다시 疾疫을 만나 王師가 떨치지 못했다. ㉣ 遼水에 이르렀을 때 元[영양왕]이 또한 두려워하며 사신을 보내 사죄하고 表를 올려 말하길 '遼東糞土의 臣 元'이라고 운운하였다. 황제가 이에 군대를 파하고 그를 대우하길 처음과 같이 하였다. 元 또한 해마다 朝貢을 보냈다.[24]
> (『수서』 권81, 열전46 동이 고려)

---

23) 임기환, 2004 앞의 책, 276~277쪽 ; 정호섭, 2016 앞의 책, 161~164쪽.

24) "命漢王諒爲元帥 總水陸討之 下詔黜其爵位 時餽運不繼 六軍乏食 師出臨渝關 復遇疾疫 王師不振 及次遼水 元亦惶懼 遣使謝罪 上表稱 遼東糞土臣元 云云 上於是罷兵 待之如初 元亦歲遣朝貢"

위 사료는 고구려에 대한 수의 반격시도와 그 결과를 담고 있다. 먼저 사료 D-
㉠을 보면 수 문제는 漢王 楊諒을 行軍元帥로 임명하여 水·陸 30만으로 고구려를
공격하도록 하였다고 한다.[25] 물론 양량이 30만을 전부 지휘한 것은 아니었다. 王
世積 역시 행군원수로서 육군을 지휘하였고, 周羅睺는 水軍總管으로 水軍을 지휘
하였다.[26] 高熲 또한 출전해 양량의 長史로서 그를 보좌하였는데, 실질적인 지휘권
은 그가 행사했다고 한다.[27]

이와 같은 전투부대의 편성과 지휘관 임명만으로 바로 고구려 공격이 진행된 것
은 아니었다. 수의 전투부대의 편성과 지휘관 임명은 2월에 이루어졌다. 하지만 사
료 D-㉡을 보면 수는 영양왕의 관작을 박탈하였다고 하였는데, 이는 6월이었다.[28]
이와 같은 조치는 관계의 단절로, 본격적인 전쟁의 시작을 말해준다고 생각한다.
따라서 수의 고구려 공격은 6월부터 추진되었다고 이해된다.

사료 D-㉢에 나오는 것처럼 수의 고구려 공격은 실패하였다. 실패의 이유는
『자치통감』에 보다 자세히 나오는데, 임유관으로부터 군대가 나간 다음에 장마가
있었고, 이로 인해 군량이 이어지지 않았으며, 또한 전염병이 돌았다고 하였다. 그
리고 이에 더해 수의 水軍이 태풍을 만나 표몰되었다고 전하고 있다.[29] 장마와 태

---

25) 行軍은 전시의 군사 출정이자 그 편제였는데, 北周에서 시작하여 隋代로 계승되었다고 한다. 출
    정군의 지휘관은 元帥 혹은 總管이라고 하였다. 孫繼民, 1995 『唐代行軍制度研究』 文津出版社,
    4~7쪽.

26) 『수서』 권2, 제기2 고조下 개황 18년(598) 2월 을사(4일). "以漢王諒爲行軍元帥 水陸三十萬伐高
    麗"；『자치통감』 권178, 수기2 고조 개황 18년(598) 2월 을사(4일). "以漢王諒·王世積並爲行軍
    元帥 將水陸三十萬伐高麗 以尙書左僕射高熲爲漢王長史 周羅睺爲水軍總管"

27) 『수서』 권41, 열전6 고경. "會議伐遼東 熲固諫不可 上不從 以熲爲元帥長史 從漢王征遼東 遇霖
    潦疾疫 不利而還 后言於上曰 熲初不欲行 陛下強遣之 妾固知其無功矣 又上以漢王年少 專委
    軍於熲 熲以任寄隆重 每懷至公 無自疑之意 諒所言多不用 甚銜之 及還 諒泣言於后曰 兒幸免
    高熲所殺 上聞之 彌不平"

28) 『수서』 권2 제기2 고조下 개황 18년(598) 6월 병인(27일). "下詔黜高麗王高元官爵"；『자치통감』
    권178, 수기2 개황 18년(598) 6월 병인(27일).

29) 『자치통감』 권178, 수기2 개황 18년(598) 6월 병인(27일). "漢王諒軍出臨渝關 値水潦 餽運不繼
    軍中乏食 復遇疾疫 周羅睺自東萊泛海 趣平壤城 亦遭風 船多飄沒"

풍이 고구려 공격 실패의 이유였다는 것이다.

사료 D-ⓛ을 보면 수의 육군이 요하까지 도달했는데, 이때 고구려 영양왕의 사죄사 파견으로 철군하였다고 한다. 그런데『수서』王世積의 열전을 보면 그는 유성에서 회군하였다고 한다.[30] 이로 보아 수 육군의 일부는 요하까지 도달하였지만, 다른 일부는 유성에 머물다가 회군하였다고 생각된다.[31] 수의 육군은 고구려와 본격적인 전투를 전개하지도 못한 채 회군하였던 것이다. 이 점은 태풍 때문에 표몰하였다고 한 수의 水軍도 마찬가지였다. 그러면 수의 고구려 공격이 실패한 이유가 장마와 태풍과 같은 자연재해 때문이었을까.

이와 관련하여 신채호의『조선상고사』가 참고된다. 신채호는 중국 측의 사서가 수의 고구려 공격이 실패한 이유를 자연재해에 돌린 것이 春秋筆法에 따라 자국의 패배를 숨기기 위한 것이었다고 보았다.[32] 그리고『西郭雜錄』과『大東韻海』를 인용하여 姜以式이 兵馬元帥를 맡아 이 전쟁을 주도했다고 설명하였다. 강이식이 정병 5만을 이끌고 요서의 임유관을 공격했고, 거짓으로 후퇴했다가 수의 군량수송을 책임진 수의 水軍을 격퇴함으로써 이 전쟁에서 승리하였다고 한 것이다.[33]

현재『서곽잡록』과『대동운해』의 서지사항은 분명치 않다.[34] 그러므로 신채호의 서술을 따르기는 어렵다. 다만 그의 지적처럼 수의 고구려 공격 실패를 단순히 자

---

30)『수서』권40 열전5 王世積. "及起遼東之役 世積與漢王並爲行軍元帥 至柳城 遇疾疫而還"

31) 徐仁漢, 1991『高句麗 對隋·唐戰爭史』, 國防部 戰史編纂委員會, 61쪽에서는 楊諒의 부대는 요하에서 회군하였고, 王世積의 부대는 柳城에서 회군하였다고 설명하였다.

32) 申采浩, 1931「朝鮮史(72): 高句麗의 對唐戰役」『朝鮮日報』3836號, 1931年 9月 2日 ; 2007『朝鮮上古史(丹齋申采浩全集 3)』, 독립기념관 한국독립운동사연구소, 770~773쪽.

33) 李昊榮, 2001『新訂 新羅三國統合과 麗·濟滅亡原因研究』, 서경문화사, 276쪽에서도 申采浩의 견해에 동의하였다.

34) 다만 1589년 간행된『大東韻府群玉』을 보면 고구려의 兵馬元帥 姜以式이 보인다(권6, 七陽 姓氏. "晉州 高句麗時 姜以式爲兵馬元帥 以禦隋師"). 이로 보아 신채호의 서술이 아무런 사료적 근거가 없는 것이었다고 할 수는 없다. 그런데 병마원수는 고려·조선시기의 戰時 무관직이었다. 그리고 강이식은 晉州 姜氏의 始祖로 조선시기부터 본격적으로 확인된다. 이로 미루어 보아 강이식과 관련된 일화는 후대에 진주 강씨의 族譜를 정리하면서 형성된 것으로 생각된다.

연재해 탓으로만 보기도 힘들다. 이와 관련하여 다음의 사료가 주목된다.

> E. [정관] 19년(645)에 장차 [태종이] 요동[고구려]에서 전쟁하려고 할 때 인 재를 뽑아 군량을 운송하도록 하고자 하였는데, 周又가 상주하여 韋挺의 재능이 粗使를 감당할 만하다고 하여 太宗이 이를 따랐다. 위정은 부친 이 수의 營州總管으로 있으며 「經略高麗遺文」을 남겼는데, 이로 인해 이 를 상주하니 태종이 매우 기뻐하며 위정에게 말하였다. "幽州 이북 요수 까지는 2천여 리인데 州縣이 없어 군대를 움직일 때 물자와 군량을 취급 할 곳이 없다. 경이 마땅히 이를 맡을 관리가 되어 단지 군사물자를 얻는 데 부족함이 없도록 한다면 공이 적다고 할 수 없을 것이다."[35] (『구당서』 권77, 열전27 韋挺)

위 사료는 영주총관 위충의 아들 韋挺의 열전 중 일부이다. 위 사료에서 위정이 당 태종에게 「經略高麗遺文」을 상주한 사실이 주목된다.

현재 「경략고려유문」의 내용은 전하지 않는다. 다만 제목으로 미루어 보아 고구 려 공격을 위한 조언을 담고 있다고 추정된다. 그리고 위충이 영주총관에 재직 (595~603)하였다는 사실을 고려해 보면, 598년 수의 고구려 공격이 실패한 이후, 그 문제점과 대안을 제시한 글이었다고 짐작된다. 나아가 이를 본 당 태종이 위정 을 군수보급의 책임자로 등용한 사실을 주목해 보면 「경략고려유문」은 598년 수의 고구려 공격이 실패한 이유를 군수보급의 문제에서 찾고, 그 대안을 제시하고 있었 을 가능성이 높다.

이와 관련하여 당 태종이 위정을 군수보급의 책임자로 임명하며 한 발언이 주목

---

35) "十九年[645] 將有事於遼東 擇人運糧 周又奏挺才堪粗使 太宗從之 挺以父在隋爲營州總管 有 經略高麗遺文 因此奏之 太宗甚悅 謂挺曰 幽州以北 遼水二千餘里 無州縣 軍行資糧無所取給 卿宜爲此使 但得軍用不乏 功不細矣"

된다. 그는 "幽州 이북 遼水까지는 2천여 리인데 州縣이 없어 군대를 움직일 때 물자와 군량을 취급할 곳이 없다"고 하였다. 물론 645년 당의 동북방 세력범위가 유주 이북에 전혀 미치지 못하지는 않았다. 당은 619년 이후부터 요서에 州를 설치했다.[36] 그러나 이때 주는 당의 일반적인 행정구역인 正州가 아닌 羈縻州였다. 형식적으로는 당의 행정체계에 편입되어 지배를 받은 것처럼 나오지만, 그의 주민은 호적에 편입되지 않았을 뿐만 아니라 조세도 납부하지 않았다.[37] 당은 단지 營州에다가 都督府를 두었을 뿐,[38] 요서에 설치된 州는 서류상의 행정단위에 불과하였던 것이다.

이러한 당 태종의 발언은 598년 수의 고구려 공격 당시에도 적용할 수 있다. 당의 도독부는 총관부를 개편한 것으로, 총관부를 통한 요서정책의 실상은 당 전기와 유사하였기 때문이다. 즉 총관부는 일종의 軍政機構였다. 일정수의 병력을 주둔토록 하여 주변 지역을 안정을 도모하는 데는 효과적일 수 있었지만, 이로써 대규모 전쟁을 수행할 만큼의 정밀한 통치체제를 구축하는 못하였던 것이다. 그렇기 때문에 598년 고구려에 대한 수의 반격은 군수보급의 문제가 발생할 수밖에 없었고, 그로 인해 실패하였다고 이해된다.

더욱이 이 무렵 수는 동돌궐의 啓民可汗(재위: ?~609)과 동맹을 맺고, 동돌궐의 도람가한 및 서돌궐의 달두가한과 대립구도를 형성하고 있었다.[39] 그러므로 수는 고구려와 장기전을 수행할 여력이 없었다. 이에 따라 마침내 598년 9월 수의 육군은 長安으로 회군하였고,[40] 고구려에 대한 반격시도를 중단하였다고 보인다.

---

36) 『신당서』 권43下, 지리 河北道 契丹. "遼州 武德二年[619] 以稽部落置 初置燕之城 後僑治營州城中" ; 『당회요』 권96, 말갈. "武德二年[619] 其部酋長突地稽遣使朝貢 以其部置燕州"

37) 程尼娜, 2002 「論唐代中央政府對契丹奚人地區的羈縻統治」 『吉林大學社會科學學報』 2002-6, 78쪽 ; 李泳哲, 2011 「唐代 邊境地域의 藩鎭과 對外關係」 『中國史研究』 74, 85쪽.

38) 특히 唐 前期 營州地域의 羈縻州의 설치와 운영방식과 관련하여 李泳哲, 2011 앞의 논문, 89~90쪽 참조.

39) 본서 제3부 2장 참조.

40) 『수서』 권2, 제기2 고조下 개황 18년(598) 9월 기축(21일). "漢王諒師遇疾疫而旋 死者十八九"

이처럼 고구려에 대한 수의 반격시도는 성공하기 어려운 조건이었다. 이미 高熲과 같은 수의 군사지휘관 중 일부는 이러한 사실을 간파하고 있었다고 여겨진다.[41] 그럼에도 불구하고 수에서 30만이라는 대규모의 군대를 동원해 고구려에 대한 반격에 나섰다. 그 이유는 무엇일까. 이와 관련하여 다음의 사료가 주목된다.

F-1. 開皇 연간(581~600)의 말엽에 國家가 殷盛하였을 때 朝野에서는 모두 요동(고구려)을 [정벌할] 생각을 하였다. 劉炫은 요동(고구려)을 정벌하는 것이 불가하다고 생각하고 「撫夷論」을 지어 諷諫하였는데 당시에는 깨닫는 자가 없었다. 대업 연간(605~617)의 말년에 이르러 [고구려를] 3차례 정벌하였지만 이기지 못하여 유현의 말이 바야흐로 증험되었다.[42] (『수서』 권75, 열전40 劉炫)

F-2. 朝堂에 나아가 표를 올리며 고구려에 사신을 가기를 청하였다. " (중략) 폐하께서는 百代의 끝에서 千載의 시기를 맡으시어 四海를 숙청하고 三邊을 평정하셨습니다. [그러나] 오직 고구려 小竪가 이리처럼 燕의 변경지대를 돌아보고 있습니다. 임금의 법도[王度]는 넓고 두텁게 포용하니 매양 순종하는 자를 품고, 진실로 殺을 미워하고 生을 좋아하는 까닭에 그를 깨우치기를 德으로써 하고자 합니다. 신이 청컨대 하나의 符節을 가지고 皇風을 보인다면, 저들의 君臣으로 하여금 闕下에 面縛하도록 하겠습니다." 書로써 아뢰자 天子가 그를 남다르게 생각하였다."[43] (『수서』 권66, 열전31 陸知命)

---

41) 『수서』 권41, 열전6 高熲. "會議伐遼東 熲固諫不可 上不從 以熲爲元帥長史 從漢王征遼東 遇霖潦疾疫 不利而還 后言於上曰 熲初不欲行 陛下强遣之 妾固知其無功矣"
42) "開皇之末 國家殷盛 朝野皆以遼東爲意 炫以爲遼東不可伐 作撫夷論以諷焉 當時莫有悟者 及大業之季 三征不克 炫言方驗"
43) "詣朝堂上表 請使高麗曰 (中略) 陛下當百代之末 膺千載之期 四海廓清 三邊底定 唯高麗小竪

사료 F-1은 劉炫의 「撫夷論」에 대한 것이다. 開皇 연간(581~600)의 말엽, 대략 590년대 중·후반 수의 朝野에서 고구려 공격을 구상하고 있었다고 한다. 이에 유현은 「무이론」을 지어 불가의 뜻을 諷諫하였다고 한다.

이와 관련하여 사료 F-2에 보이는 陸知命이 참고된다. 육지명은 표를 올려 고구려에 사신으로 가기를 청하였다고 하는데, 이로부터 1년 남짓 지나 普寧鎭將에 임명되었다고 한다.[44] 普寧은 599년 奉化에서 개명된 지명이었다.[45] 이로 미루어 보아 육지명이 표를 올린 시점은 대략 598년으로부터 문제가 재위하였던 604년 이전까지로 파악된다. 이와 같이 보면, 위 사료에서 고구려가 燕의 변경지대 즉 수의 동북방 지역을 위협하였다고 한 발언은 598년의 요서 공격을 가리킨다고 생각된다.[46] 따라서 사료 F-2에 보이는 육지명의 표는 고구려의 요서 공격에 따라 반격준비가 진행되는 상황 속에서 나왔다고 이해된다.

사료 F-2에서 육지명은 덕으로써 고구려를 포용해야 한다고 하였다. 이러한 육지명의 제안은 외교를 통해 고구려 문제를 해결하고자 한 주장이었다고 생각된다. 이로 보아 육지명은 대규모 군사를 동원한 반격계획에 반대의 입장이었다고 짐작된다.

육지명은 陳에서 太學博士를 역임했다.[47] 유현 역시 수대의 대표적인 유림 중 하나였다. 그렇다고 한다면 소양을 갖춘 수의 지배층은 고구려 공격에 회의적이지 않았을까 한다. 이와 관련하여 수대 지배층의 구성이 참고된다.

狼顧燕垂 王度含弘 每懷遵養者 良由惡殺好生 欲諭之以德也 臣請以一節 宣示皇風 使彼君臣 面縛闕下 書奏 天子異之"

44) 『수서』 권66, 열전31 陸知命. "歲餘 授普寧鎭將"

45) 『수서』 권31, 지26 지리下. "普寧 舊曰陰石 梁置陰石郡 平陳 郡廢 改縣爲奉化 開皇十九年(599) 又改名焉"
   普寧은 永平郡 관할의 지명으로 普寧鎭은 普寧縣의 주변으로 생각된다.

46) 金鎭漢, 2010 앞의 논문, 141쪽에서는 이상의 이유로 陸知命이 表를 올린 시점이 598년 무렵일 것으로 짐작하였다.

47) 『수서』 권66, 열전31 陸知命. "釋褐陳始興王行參軍 後歷太學博士·南獄正"

수대의 지배층은 크게 관중·대북귀족(북주계)과 산동귀족(북제계) 그리고 강남귀족(남조계)으로 나누어 볼 수 있다고 하는데,[48] 이 중에서 유교와 보다 관련이 깊은 것이 산동·강남귀족이었다. 이들은 남북조시기부터 經學과 文學을 가업으로 전승하며 漢族 중심의 문벌을 형성하고 있었다고 한다.[49] 이를 염두에 두고 보면 유현은 河間 景城人(지금의 河北省 滄州)이었고,[50] 육지명은 吳郡 富春人(지금의 浙江省 富陽)이었다.[51] 각기 산동귀족과 강남귀족의 범주에 포함되었던 것이다. 이와 같이 보면 고구려에 대한 반격에 반대한 세력은 주로 산동·강남귀족이었다고 할 수 있다.

산동·강남귀족은 수 조정에서 주로 문관 계통으로 활동하였다고 하는데, 위진 남북조시기부터 문관 계통의 사대부는 君臣의 조화를 추구했고 제국의 分權化를 지향했다고 한다. 그렇기 때문에 華夷의 분리를 주장했으며 다원적인 국제질서를 모색했다고 한다.[52] 더욱이 612년 고구려-수 전쟁에서 잘 나타나는 것처럼 수의 대외전쟁은 산동지역과 강남지역의 인력과 물자를 동원해 수행되었다.

이처럼 산동·강남귀족의 정치적 성향과 지역 기반을 고려할 때 598년 고구려에 대한 반격은 그들에게 부담이었다고 생각된다. 그러므로 산동·강남귀족은 유교적 정치사상을 내세워 고구려에 대한 반격을 비판하였다고 이해된다. 그러면 관중·대북귀족은 어떠한 입장이었을까.

관중·대북귀족은 북위의 武川鎭(내몽골자치구 武川) 軍閥에서 기원을 찾을 수 있는데 이른바 關隴集團이라고도 한다.[53] 장기간 호한융합의 지배집단으로 자리하

---

48) 柳元迪, 1989 「唐 前期의 支配層」, 서울大學校 東洋史研究室 編, 『講座 中國史 Ⅱ -門閥社會와 胡·漢의 世界-』, 지식산업사, 230〜231쪽. 괄호 안은 山崎宏, 1965 「隋朝官僚性格」 『東京教育大學教育部紀要』 6의 분류방식으로 괄호 밖의 분류와 서로 대응된다. 이하 관련된 설명은 상기 논문 참조.

49) 이와 관련하여 李公範, 1979 「南朝貴族의 性格」 『東洋史學研究』 14 참조.

50) 『수서』 권75, 열전40 劉炫. "劉炫字光伯 河間景城人也"

51) 『수서』 권66, 열전31 陸知命. "陸知命字仲通 吳郡富春人也"

52) 홍승현, 2002 『사대부와 중국 고대 사회』, 혜안, 226〜231쪽.

사진 7. 山西省 大同 平城 유적

였고, 주로 무관 계통에서 활동하였다. 수의 柱國·大將軍을 비롯한 중앙군의 고위직은 물론이고, 문제대 總管을 역임한 100명만 놓고 보아도 관롱집단에 속한 자만 86명이었다고 한다.[54] 관롱집단은 수의 군사권을 장악한 핵심적인 지배층이었던 것이다. 영주총관을 역임한 위예·위충 형제 역시 京兆 杜陵人으로, 漢人 출신이었

---

53) 陳寅恪, 1966 『唐代政治史術論稿』, 臺灣商務印書館, 11~14쪽 ; 柳元迪, 1989 「唐 前期의 支配層」 앞의 책, 229쪽 ; 宮崎市定 著, 林仲赫·朴善姬 譯, 1996 『中國中世史』, 신서원, 249~250쪽 ; 누노메 조후·구리하라 마쓰오 외 지음, 임대희 옮김, 2001 『중국의 역사 -수당오대-』, 혜안, 20~22쪽 ; 조익 지음, 박한제 옮김, 2009 「周隋唐皆出自武川」 『이십이사차기』 3, 소명출판, 183~184쪽.

54) 山崎宏, 1958 「隋代總管考」 『史潮』 64·65, 18~20쪽 ; 甘懷眞, 1991 「隋文帝時代軍閥與'關隴集團'之關係 -以總管爲例-」 『唐代文化硏究討論文集』, 臺灣: 文史哲出版社, 513~515쪽. 이러한 총관의 인적구성은 隋朝 창업에 대한 논공행상의 의미를 포함했다고 한다(山崎宏, 1958 앞의 논문, 21쪽).

다고 하지만 명망 높은 關右의 귀족이었고 그 집안에서 다수의 武將이 배출되었다.[55]

여기서 사료 F-1에서 고구려 공격을 구상한 조야가 주목된다. 조야는 조정과 在野를 의미한다. 따라서 조야라고 하면 비단 수의 조정에서만 아니라 지배층의 상당수가 고구려 공격을 추구하였다고 생각할 수 있다. 유현이 「무이론」를 저술하였을 때, 당시에는 깨닫는 자가 없었다고 한 점도 수의 지배층이 고구려 공격에 폭넓은 공감대를 형성하고 있었음을 말해준다. 그러므로 수의 핵심적인 지배층이 관롱집단이었다고 보면, 598년 수의 반격은 관롱집단이 주도하였을 가능성이 높다.[56] 그들은 그 이전부터 고구려 공격계획을 가지고 있었을 것이다. 이와 관련하여 다음의 사료가 주목된다.

G. 고조가 陳을 평정하자 [林邑에서는] 곧 사신을 보내 方物을 바쳤는데 그 후에 조공이 드디어 끊어졌다. 이때 천하가 무사하자 群臣 중에서 임읍에 기이한 보물이 많다고 말하는 자가 있었다. 仁壽(601~604) 말엽에 황제가 大將軍 劉方을 보내 驩州道 行軍總管으로 삼고 欽州刺史 寗長眞·驩州刺史 李暈·開府 秦雄을 비롯하여 步騎 만여 명 및 犯罪者 수천인을 거느리고 그 나라[임읍]를 공격하도록 하였다.[57] (『수서』 권82, 열전47 남만 林邑)

---

55) 『수서』 권47, 열전12, 韋世康. "韋世康 京兆杜陵人 世爲關右著姓" 隋代 韋氏의 중심은 韋世康으로, 韋藝와 韋沖의 長兄이다.

56) 미야자키 이치사다 지음, 전혜선 옮김, 2015 『수양제 ─전쟁과 대운하에 미친 중국 최악의 폭군─』, 역사비평사, 143쪽.

57) "高祖旣平陳 乃遣使獻方物 其後朝貢逐絕 時天下無事 群臣言林邑多奇寶者 仁壽末 上遣大將軍劉方爲驩州道行軍總管 率欽州刺史寗長眞·驩州刺史李暈·開府秦雄步騎萬餘及犯罪者數千人擊之"

위 사료는 수의 林邑[58] 공격과정을 담고 있다.[59] 위 사료에서 群臣의 발언이 주목된다. 수의 群臣은 임읍에 기이한 보물이 많다고 말하였다고 한 대목이다.

群臣의 이와 같은 발언은 고조의 말엽,[60] 구체적으로 劉方이 603년에 交州(지금의 베트남 하노이)의 李佛子를 제압하고 이 지역을 확보하였을 때 나왔다고 한다.[61] 이에 605년 유방의 임읍 공격이 실행되었는데,[62] 이로 보아 수의 임읍 공격은 群臣의 발언과 밀접하였다고 생각된다. 즉 수의 임읍 공격은 기이한 보물 즉 경제적 이득의 확보를 위한 것이었다고 이해되는 것이다.[63]

실제 유방은 605년 임읍을 격파하고 도읍에 들어가 황금으로 제작된 묘주의 신위 18개를 약탈했고, 회군한 이후 매년 조공을 받았다고 한다.[64] 『大越史記全書』의 찬자도 605년 수가 재화의 寶貨를 약탈하기 위해 임읍을 공격했다고 하였다.[65]

이처럼 임읍 공격을 주도한 群臣은 관롱집단이었다고 파악되는데, 관롱집단은 胡·漢의 혼혈로 선비족 계통이었다. 그들은 유목·수렵사회의 지배집단[66]처럼 교역과 전쟁에 적극적인 경향이 있었다. 전쟁과 교역을 통해 얻은 경제적 이득을 재

---

58) 林邑과 수의 공격에 대해서는 유인선, 2002 『새로 쓴 베트남의 역사』, 이산, 61~62쪽 및 77~78쪽 ; 2012 『베트남과 그 이웃 중국 －양국관계의 어제와 오늘－』, 창비, 85~89쪽 참조.

59) 위 사료에서는 劉方이 林邑을 공격한 것이 仁壽(601~604) 말엽으로 나오는데, 이는 정확한 기술로 보기 어렵다. 왜냐하면 뒤이어 605년 1월에 驩州道 行軍總管으로 林邑을 공격한 것으로 파악되기 때문이다[『자치통감』, 권170, 수기4 대업 원년(605) 정월 병진(25일)].

60) 『자치통감』, 권170, 수기4 대업 원년(605) 정월 병진(25일). "高祖之末 羣臣有言林邑多奇寶者"

61) 『자치통감』, 권179, 수기3 인수 3년(603).

62) 『자치통감』, 권170, 수기4 대업 원년(605) 정월 병진(25일). "時天下無事 劉方新平交州 乃授方驩州道行軍總管 經略林邑"

63) Victor Cunrui Xiong, 2006, *Emperor Yang of The Sui Dynasty －His Life, Times, and Legacy－*, State University of New york Press, 199쪽.

64) 『수서』 권82, 열전47 南蠻 林邑. "方入其都 獲其廟主十八枚 皆鑄金爲之 蓋其有國十八葉矣 方班師 梵志復其故地 遣使謝罪 於是朝貢不絶"

65) 『大越史記全書』 권5, 屬隋唐紀1. "史臣吳士連曰 (中略) 至是隋人貪其寶貨 興師伐之 踏其國都 汙其室宮 雖曰貪暴之師 而蠻夷猾夏者亦可以懲矣"

66) 金浩東, 1987 「突厥·回鶻史 연구의 제문제」 『東洋史學研究』 25, 176쪽 ; 1993 「北아시아 遊牧國家의 君主權」, 동양사학회 저, 『동아사상의 왕권』, 한울, 137~152쪽 참조.

분배함으로써 정치권력을 유지·보장받고자 하였던 것이다. 그러므로 임읍 공격과 관롱집단의 성향을 고려할 때 고구려 공격계획도 경제적 이득의 확보를 위한 것이었다고 짐작할 수 있다. 이와 관련하여 다음의 사료가 주목된다.

H. 또한 [위예는] 産業을 크게 성행하도록 하였고, 北夷와 더불어 交易하여 家資를 대단히 많이 축적하여 자못 조정의 淸論에 의해 비판된 바 있었다. 개황 15년(595) 재임 중에 卒하였는데 이때 나이 58세였다. 諡號를 懷라고 하였다.[67] (『수서』 권47, 열전12 韋藝)

위 사료는 위예 열전의 마지막 단락에 해당하는데, 영주총관으로서의 성과 중 일부를 전하고 있다. 먼저 위예가 北夷와 더불어 交易하여 家資를 대단히 많이 축적하였다고 한 사실이 주목된다.

앞서 살펴본 것처럼 수는 583년 요서에 진출한 이후 거란을 비롯한 제종족을 회유하고자 하였는데, 이를 위해 조공을 통한 관영교역은 물론이고 互市를 개설하여 민간교역을 허용함으로써 華夷交易을 전개하였다. 위예와 北夷의 교역은 그와 같은 화이교역의 副産物이었다고 짐작된다. 위예는 조공을 통한 관영교역과 아울러 개인적인 상업활동 즉 附帶交易을 하였고, 호시를 통한 민간교역에도 참여하였다고 여겨지는 것이다.

이처럼 위예는 영주총관부의 화이교역에서 치부하였다. 그러므로 위예의 치부는 요서 교역의 규모와 경제적 이득이 상당하였음을 시사한다. 위 사료에 보이듯 위예의 치부는 조정의 淸論에 의해 비판되었다고 하였다. 하지만 이로써 그가 탄핵되진 않았을 뿐만 아니라 그의 후임으로 동생 위충이 임명되었다. 이로 미루어 보면, 위충의 부대교역과 민간교역은 공인 내지 묵인되었을 가능성이 높다.

---

67) "大治産業 與北夷交易 家資鉅萬 頗爲淸論所譏 開皇十五年[595]卒官 時年五十八 諡曰懷"

한편 위예의 치부가 청론에 의해 비판되었다고 한 사실은 영주총관부의 교역과 그 성과가 수의 지배층에 널리 알려져 있었음을 말해준다. 그러므로 590년대 중반 수의 지배층은 요서의 경제적 가치를 인지하고 있었다고 보인다. 일찍이 지적된 것처럼 요서는 동북아시아 교역의 중심지로 성장하고 있었다. 그리고 고구려는 요서의 동부에 세력범위를 형성하고 있었다.

이와 같이 볼 때 수의 관롱집단이 고구려 공격을 구상한 것은 요서의 교역권과 관련된다고 생각된다. 그리고 5세기 이후 고구려가 동북아시아의 패권적 국가로서 주변 諸國의 교역권을 장악하고 있었다고 보면, 관롱집단은 비단 요서만 아니라 동북아시아의 교역권까지 장악하고자 하였다고 여겨진다. 그러므로 598년 고구려의 요서 공격에 수의 관롱집단은 즉각적인 반격을 주장하였고, 대규모 전쟁에 나섰다고 해석된다. 그러면 고구려의 요서 공격은 무엇을 목표로 하였고 어떠한 성과를 거두었을까.

3. 고구려 요서 공격의 배경과 성과

고구려의 요서 공격을 방어한 것은 영주총관 위충이었다. 이를 보면 고구려가 공격한 요서란 영주총관부의 치소인 유성 내지 그로부터 머지않은 지점이었다고 생각된다. 그러므로 고구려 요서 공격은 구체적으로 영주총관부를 대상으로 하였다고 판단된다.[68] 그리고 이미 연구된 것처럼 고구려 요서 공격은 영주총관부의 동향과 밀접하였다고 이해된다.[69] 다만 영주총관부의 동향과 요서정책에 대해서는 조금 더 구체적으로 살펴볼 여지가 있는데, 이를 보면 고구려 요서 공격의 목표와

---

68) 徐仁漢, 1991 앞의 책, 57쪽 ; 이성제, 2005 앞의 책, 200쪽 및 주44 ; 尹秉模, 2011 앞의 책, 135쪽. 한편 鄭媛朱, 2013 『高句麗 滅亡 硏究』, 韓國學中央硏究院 博士學位論文, 137쪽에서는 營州總管府가 아니라 契丹을 목표로 하였다고 보았다.

69) 이성제, 2005 앞의 책, 188~191쪽.

배경을 보다 자세히 알 수 있을 것으로 생각한다.

영주총관부는 580년대 후반에 설치되었다. 그로부터 595년까지 영주총관으로는 위예가 재직했다. 앞서 살펴본 것처럼 초대 영주총관 위예는 요서 제종족을 관할하고, 화이교역을 통해 제종족을 포섭함으로써 요서에서 세력확장의 기반을 마련하였다. 위예의 재직시 영주총관부의 세력범위는 어떠하였을까.

이와 관련하여 580년대 중반 수에 귀부한 돌지계집단을 영주의 경계 즉 의무려산~대릉하 하류에 안치하였던 사실이 상기된다.[70] 그리고 594년 수 문제가 四鎭에 祠를 세우도록 하였다고 한 사실이 참고된다.[71]

사진은 『주례』에 보이는 중국 고대 국가제사의 일종이었다.[72] 九州의 鎭 으로 된 大山 중에서 五嶽을 제외한 4의 진으로, 幽州의 의무려산이 그에 속했다. 594년 수 문제가 세운 四鎭 중에서도 北鎭은 의무려산이었다고 한다. 사진은 각 방위를 대표하는 주요 산에 대한 제사로, 대부분 변경에 위치했다. 『통전』의 주석에서도 북진 의무려산을 두고 "동이의 가운데에 있다. 遙祀이다"라고 하였다.[73] 따라서 의무려산이 북진이었다는 사실을 참고해 보아도 6세기 후반 영주총관부의 경계는 의무려산 일대였다고 이해된다.

위예는 595년 사망하였고,[74] 그 후임으로 동생 위충이 임명되었다.[75] 위충은 영

---

70) 出伏集團이 안치된 渴奚那頡의 북쪽도 관심을 끄는데, 渴奚那頡은 渴奚郝頡으로도 나온다. 『册府元龜』 권977, 外臣部22 降附. "是年(586) 契丹別部出伏等 背高麗 率衆內附 納之 安置於 渴奚那頡之北" 그러나 渴奚那頡이나 渴奚郝頡은 다른 자료에 보이지 않는 지명이다. 그러므로 더 이상의 논의는 어려운 실정이다. 다만 李在成, 1996 앞의 책, 218쪽에서는 渴·奚·郝頡로 읽고, 이를 柳城의 북쪽에서 머지않은 지점으로 추정하였다.

71) 『수서』 권7, 禮儀3 개황 14년(594) 윤10월. "詔東鎭沂山 南鎭會稽山 北鎭醫無閭山 冀州鎭霍山 並就山立祠"

72) 四鎭에 대한 자세한 설명은 채미하, 2008 「신라의 四海와 四瀆」 『역사민속학』 26, 12∼13쪽 참조.

73) 『통전』 권46, 禮6 沿革6 吉禮5 山川. "隋制 祀四鎭 東鎭沂山 西鎭吳山 南鎭會稽山 北鎭醫無閭山〈在東夷中 遙祀〉冀州鎭霍山 並就山立祠"

74) 『수서』 권2 제기2 고조下 개황 15年(595) 3월 정해(29일). "營州總管韋藝卒"

75) 『수서』 권2 제기2 고조下 개황 15年(595) 4월 정미(19일). "以開府儀同三司韋冲爲營州總管"

주총관으로 603년까지 재직했다.[76] 이로 보아 598년 고구려의 요서 공격은 위충의 활동과 밀접하였다고 짐작된다. 다음의 사료가 주목된다.

> I. 위충은 용모가 우아하였고 너그럽고 후덕해 뭇사람의 마음을 얻었다. 말갈·거란을 회유하고 위무하여 모두 그 死力을 다해 따랐고, 奚·霫은 [위충을] 畏懼하여 朝貢이 끊이지 않았다.[77] (『수서』 권47, 열전12 韋沖)

위 사료는 위충의 영주총관 재임 중 성과를 전하고 있다. 위충은 北周代부터 군사와 외교 분야에서 활동하였는데, 수 왕조의 수립 이후 영주총관으로 부임하기 전까지 관력과 주요 활동 및 성과는 다음의 표와 같이 정리할 수 있다.[78]

표 1. 581~595년 韋沖의 官歷과 주요 활동 및 성과

연번	재직기간(추정)	관직	주요 활동 및 성과
1	581~	汾州刺史	綏懷叛者(南汾州胡)
2	580년대 전반	石州刺史	甚得諸胡歡心
3	580년대 중·후반	南寧州總管	爨震·西爨 首領 詣謁, 邊人失望(坐免)
4	590년대 전반	檢校 括州事	東陽賊帥 陶子定·吳州賊帥 羅慧의 난 진압
5	590년대 전반	檢校 泉州事	

위 표에서 볼 수 있는 것처럼 위충은 수 왕조의 수립 이후 주로 변경의 지방관 내지 군사령관으로 활동했다. 위충의 이종족정책은 어떠하였을까.

〈표 1-3〉처럼 위충은 580년대 중·후반 南寧州總管으로 재직하며 邊人의 失望으로 면직되기도 하였는데, 이는 조카와 士卒의 자의적인 수탈이 문제되었기 때문

---

76) 『수서』 권2, 제기2 고조下 인수 3년(603) 9월 갑자(25일). "以營州總管韋沖爲民部尙書"
77) "沖容貌都雅 寬厚得衆心 懷撫靺鞨·契丹 皆能致其死力 奚·霫畏懼 朝貢相續"
78) 『수서』 권47, 열전12 韋沖 참조.

이었다.[79] 그러므로 이보다 〈표 1-1·2〉에서 위충이 汾州刺史와 石州刺史를 역임하며 諸胡를 회유하고 환심을 얻었다고 한 사실이 주목된다. 위충은 長城 축조에 징발된 南汾州胡가 이탈한 사태에 대해 지방관의 信望과 회유책을 강조했다고 한다.[80] 이에 〈표 1-1·2〉처럼 諸胡를 회유하고 환심을 얻을 수 있었다고 생각된다. 이로 미루어 보아 위충의 이종족정책은 회유책을 중심으로 하였다고 파악된다.

이러한 위충의 생각과 경험은 영주총관으로 재직하는 데에도 반영되었을 것이다. 위 사료에서 말갈·거란을 회유하고 위무하여 신임을 얻었다고 한 것이 이를 잘 보여준다. 물론 위충이 회유책만을 사용하지는 않았을 것이다. 〈표 1-4〉처럼 위충은 군대를 이끌고 가 爨震·西爨의 首領을 복속시키고, 東陽賊帥 陶子定·吳州賊帥 羅慧의 난을 진압했다고 한다. 위충은 군사적 능력을 보유하고 있었고, 이를 바탕으로 이종족정책을 추진하기도 했던 것이다. 이와 관련하여 奚·霫이 위충을 畏懼하여 朝貢이 끊이지 않았다고 한 사실이 주목된다.

해·습은 요서의 북방에 위치한 종족이었다.[81] 해는 본래 庫莫奚로 요서의 서북부로부터 시라무렌 주변에 거주하였고, 습은 해의 북방에 거주하였다고 한다.[82] 이 중에서 해는 일찍이 돌궐에 신속되어 있었는데, 580년대 전반 돌궐이 쇠퇴하며 수에 조공하였다고 한다.[83] 하지만 『수서』에서 通·絶이 반복되어 北狄 중에서 가장

---

79) 『수서』 권47, 열전12 韋沖. "其兄子伯仁 隨沖在府 掠人之妻 士卒縱暴 邊人失望 上聞而大怒 (中略) 沖竟坐免" 이에 대한 자세한 내용은 鄭勉, 2009 「6세기 中國 王朝의 雲南지역 지배와 '西爨' -爨瓚·爨雲 부자의 '竊據'와 남북조시기 '邊州'의 성격-」『歷史學報』 202, 197~210쪽 참조.

80) 『수서』 권47, 열전12 韋沖. "歲餘 發南汾州胡千餘人北築長城 在塗皆亡 上呼沖問計沖曰 夷狄之性 易爲反覆 皆由牧宰不稱之所致也 臣請以理綏静 可不勞兵而定 上然之 因命沖綏懷叛者 月餘皆至 並赴長城"

81) 奚·霫에 관해서는 白鳥庫吉, 1912 「東胡民族考 -地土于及霫考-」『史學雜誌』 23-2 ; 1970 『白鳥庫吉全集』 4 -塞外民族史(上)-, 岩波書店, 184~204쪽 ; 島田好, 1936 「奚·霫·白霫民族考」『滿洲學報』 4, 81~96쪽 참조.

82) 『수서』 권84, 북적 해. "奚本曰 庫莫奚 東部胡之種也 爲慕容氏所破 遺落者 竄匿松·漠之間" ; 『신당서』 권219, 북적 해. "其地東北接契丹 西突闕 南白狼河 北霫"

83) 『수서』 권84, 북적 해. "初臣於突闕 後稍強盛 分爲五部 (中略) 自突闕稱藩之後 亦遣使入朝 或

그림 9. 590년대 중·후반 營州總管府의 세력범위

신의가 없었다고 하였듯 그의 동향은 유동적이었다고 보인다. 이 점은 습도 마찬가지였을 것이다. 그러므로 해·습은 요서의 말갈·거란과 비교해 영주총관부의 세력이 침투하기 어려웠다고 생각된다.

그럼에도 불구하고 그들이 畏懼하였다고 한 것은 위충이 강경책을 사용한 일면을 반영한다. 그리고 위충의 영주총관 재직시 조공이 끊이지 않았다고 한 것은 이

通或絶 最爲無信"

무렵 고구려의 세력범위에 포섭된 사실을 말해준다. 그러하다면 위충은 영주총관부의 군사력을 바탕으로 주변 제종족의 복속을 이끌어 냈다고 이해할 수 있을 것이다.

580년대 중·후반 수는 주로 요서의 거란·말갈을 회유·포섭하는 데 집중하고 있었다. 이와 비교해 590년 중·후반 영주총관부의 영향력이 해·습에까지 미쳤다는 사실은 수의 세력범위가 서북방으로 확장되고 있었음을 의미한다.[84] 이와 같은 수의 요서정책은 어떠한 목적을 가지고 있었을까. 다음의 사료가 참고된다.

> J. [수 문제는] 長孫晟에게 車騎將軍을 제수하였다. [장손성은] 黃龍道로 나아가 비단을 가지고 가서 해·습·거란 등에게 주고, [해·습·거란 등을] 보내 嚮道로 삼았으니 [돌궐의] 阿史那處羅侯(莫河可汗)가 있는 곳에 도착할 수 있었다. [장손성은 돌궐에] 心腹을 심어두고 [수에] 내부하도록 꾀었다."[85] (『수서』 권51 열전16 長孫晟)

위 사료는 581년 돌궐의 내분을 조장하기 위한 수 長孫晟(552~609)의 이간책을 보여주고 있다.[86] 위 사료에서 장손성은 돌궐의 阿史那處羅侯와 접촉하고 심복을 심어둠으로써 수에 내부하도록 하였다고 하는데, 아사나처라후는 阿史那攝圖 즉 사발략가한의 동생이었다. 앞서 살펴본 사발략가한 즉위 이후의 내분은 위와 같은 수의 공작에서 비롯되었던 것이다. 위 사료에서 수의 장손성이 돌궐의 아사나처라후와 접촉하기 위해 黃龍道로 나아갔고, 해·습·거란 등을 포섭했다고 한 사실이 주목된다.

황룡도는 후대의 營州道로서 중원지역에서 요서로 향하는 교통로였다고 보인

---

84) 이성제, 2005 앞의 책, 191쪽.
85) "授晟車騎將軍 出黃龍道 齎幣賜奚·霫·契丹等 遣爲嚮道 得至處羅侯所 深布心腹 誘令內附"
86) 동일한 내용이 『자치통감』 권175, 진기9 태건 13年(581) 12월에 보인다.

다. 장손성은 요서로 이동하였고, 그 주변의 해·습·거란 등을 포섭하였던 것이다. 이처럼 요서와 그 주변의 해·습·거란 등 제종족은 돌궐과 통하는 데 중요했다. 이 때 요서는 고보령 세력이 자리하고 있었고, 수는 아직 요서에 진출하기 못한 상황이었다. 다만 위와 같은 장손성의 활동은 영주총관부가 요서와 주변의 제종족을 포섭하고자 한 목적을 짐작케 한다. 즉 요서의 제종족을 통해 돌궐의 동향을 파악하고, 나아가 돌궐을 견제하고자 하였다고 여겨지는 것이다.

이와 관련하여 597년 并州總管府의 권한과 관할지역이 확대된 사실이 주목된다.[87] 이를 고구려 공격을 위한 군사력의 전진배치로 보기도 하는데,[88] 그의 기본적인 목적은 돌궐을 방비하는 데 있었다.[89] 이로 볼 때 590년대 중·후반 영주총관부가 해·습을 포섭함으로써 요서의 서북방으로 세력을 확장한 것 역시 돌궐을 견제하기 위한 것이었다고 생각된다. 그러나 고구려의 입장에서는 그와 같은 수의 움직임이 군사적 긴장감을 조성하였을 것이다.[90]

고구려는 요서를 통해 내륙아시아의 유목세력과 교섭하였는데, 수가 요서를 장악하고 내륙아시아의 제세력을 통제한다면, 고구려는 국제적으로 고립될 처지에 놓이게 될 수 있었다.[91] 더욱이 5세기 이후 요서는 고구려의 安全瓣에 비견되듯이[92] 그의 상실은 고구려의 직접적인 위협으로 다가올 수 있었다. 그러므로 영주총관부의 세력확장은 고구려를 압박하였다고 생각된다.

이상과 같이 590년대 중·후반 영주총관 위충의 활동과 요서의 정세를 살펴보았을 때, 고구려의 요서 공격은 영주총관부의 세력확장을 저지하기 위한 것이었다고

---

87) 『수서』 권45, 열전10 楊諒.
88) 金善昱, 1987 「隋代 '遼東之役'의 廷議에 關한 檢討」 『論文集』 14-1, 忠南大學校 人文科學研究所, 177쪽.
89) 이성제, 2005 앞의 책, 196~197쪽.
90) 이성제, 2005 앞의 책, 196~197쪽.
91) 이성제, 2005 앞의 책, 194쪽.
92) 李基東, 2005 「高句麗의 勢力圈 遼東에 對한 地政學的 考察」 『高句麗研究』 21, 291~298쪽.

생각된다. 즉 요서에서 고구려의 군사력 실력과 세력을 내보임으로써 제종족의 이탈을 방지하고, 고구려와 내륙아시아 유목세력의 통로를 유지하고자 하였다고 이해된다. 그러면 고구려의 요서 공격은 어떠한 성과를 거두었을까.

앞서 살펴본 것처럼 고구려의 요서 공격에 대해 수는 대규모의 군대를 동원해 반격을 시도하였지만, 결국 실패하였다. 이와 관련하여 다음의 사료가 참고된다.

> K. ㉠ 개황 18년(598) [백제왕] 昌(威德王, 재위: 554~598)이 그 나라의 長史 王辯那를 사신으로 보내 와 方物을 바쳤다. ㉡ [수에서는] 마침 遼東의 戰役을 일으키고 있었는데, [백제가] 사신을 보내 表를 올리고 軍導를 청하였다. 帝下가 詔書를 내렸다. "往歲에 고구려가 職貢을 받들지 않고 人臣의 禮가 없었다. 그러므로 命을 내려 그를 토벌하고자 하였는데, 高元 [嬰陽王]의 君臣이 두려워하며 복종하고 죄를 인정하고 용서를 구하므로 짐이 이미 그를 사면하였으니, 정벌할 수 없다." 그 사신을 厚待해 보냈다. 고구려가 자못 그 사실을 알고 군사로써 그 변경을 침략하고 약탈하였다.[93] (『수서』 권81, 열전46 동이 백제)

위 사료는 598년 백제의 대수외교를 전하고 있다. 사료 K-㉠을 보면 백제의 위덕왕은 수에 王辯那를 사신으로 보냈다고 한다. 그리고 사료 K-㉡에서는 백제가 수의 고구려 공격에 軍導를 자청하였다고 한다. 이와 같은 백제의 견수사 파견은 별개의 사실로 기록되어 있다. 이로 보아 백제는 王辯那의 사행을 통해 고구려 공격이 추진된다는 사실을 인지하고, 그에 따라 재차 사신을 파견하였다고 생각된다.

사료 K-㉡에서 백제가 軍導를 자청한 시점이 주목된다. 이 사료를 보면 당시

---

93) "開皇十八年[598] 昌使其長史王辯那來獻方物 屬興遼東之役 遣使奉表 請爲軍導 帝下詔曰 往歲爲高麗不供職貢 無人臣禮 故命將討之 高元君臣恐懼 畏服歸罪 朕已赦之 不可致伐 厚其使 而遣之 高麗頗知其事 以兵侵掠其境"

수에서는 고구려 공격이 추진되고 있었다고 한다. 그런데 수 문제는 조서를 통해 고구려가 사죄하였기 때문에 그를 정벌하지 않는다고 하였다.[94] 고구려에서 수에 사죄사를 파견한 것은 수의 육군이 장안에 도착한 직후였다.[95] 그러므로 백제에서 軍導를 자청한 사신을 보낸 것은 598년 9월 이후였다고 할 수 있다.[96]

이와 같이 볼 때 수에서는 고구려에 대한 반격이 실패함에 따라 백제가 군도를 자청한 것을 수용하지 않았다고 생각된다. 또한 고구려의 사죄사를 수가 수용했다고 하였듯 양국관계는 어느 정도 회복되었다고 보인다. 이로 보아 고구려의 대한 수의 공격계획은 반격의 실패로 전면 중단되었다고 할 수 있다. 고구려가 요서 공격을 통해 기대한 것처럼 양국의 전면전은 일어나지 않은 것이다.

또한 사료 K-ⓛ에서 고구려는 백제가 수에 군도를 자청한 사실을 알고 백제의 변경을 공격하였다고 한다. 이러한 고구려의 군사행동은 서방 변경 즉 요서의 안정 속에서 가능했을 것이다. 그러므로 고구려의 요서 공격은 비록 일시적이나마 영주총관부를 통한 수의 요서정책이 확대되는 데 제동을 걸고, 전후의 교섭에서 어느 정도의 입지를 확보할 수 있었다고 생각된다.[97] 그리하여 요서에서 세력균형을 유지해 나갈 수 있었다고 이해된다.

---

94) 한편 수 文帝의 詔書에서 往歲가 지난해를 의미한다고 보면, 고구려와 수의 군사적 충돌은 598년 이전에도 있었다고 여길 수 있다(임기환, 1994 앞의 논문, 159쪽). 그런데 수의 문제가 詔書를 통해 말한 고구려 공격은 598년의 반격으로 파악된다. 그러므로 往歲의 시점은 '高麗不供職貢無人臣禮'에 한정해 보아야 한다고 생각된다. 다만 '高麗不供職貢 無人臣禮'의 구체적인 사례로서 고구려와 수의 군사적 충돌을 상정할 수 있다고 생각한다.

95) 『수서』 권81, 열전46 동이 고려. "[王師] 及次遼水 元亦惶懼 遣使謝罪 上表稱 遼東糞土臣元 云云 上於是罷兵 待之如初 元亦歲遣朝貢"; 『자치통감』 권178, 수기2 개황 18년(598) 9월 기축(27일).

96) 『삼국사기』 권20, 고구려본기8 영양왕 9년(598)과 『삼국사기』 권27, 백제본기5 위덕왕 41년(598)에서도 이상과 같은 백제의 遣隋使 파견은 추9월로 기술하였다. 이와 같은 『삼국사기』의 기술은 별도의 전거자료가 있었기 때문이라고 보기는 어렵다. 『수서』와 『자치통감』에서 벗어나는 내용을 찾아볼 수 없기 때문이다. 다만 백제의 견수사를 9월조에 기술한 것은 『삼국사기』 찬자의 이해를 반영한 것으로 본문의 논의와 관련하여 참고할 수 있다.

97) 李丙燾, 1976 『韓國古代史研究』, 博英社, 427쪽.

제 2 장

미봉된 화평, 화평의 이면

598년 고구려의 요서 공격과 수의 반격이 실패한 이후 고구려와 수의 관계는 곧 회복된 것처럼 보였다.

『수서』를 비롯한 중국 측의 사서에 따르면 고구려의 영양왕은 수의 공격이 임박하자 謝罪使를 파견하였고, 또한 매년 朝貢을 보냈다고 한다.[1] 이에 수는 백제가 고구려 공격에 軍導를 자청했음에도 불구하고 이를 거절했다고 한다.[2] 이미 고구려를 사면했기 때문이라는 것이다. 그런데 이 무렵 돌궐의 동향을 보면, 양국의 화평은 동아시아 국제정세와 무관치 않다고 예상된다. 특히 수–돌궐 전쟁이 주목되는데, 본 장에서는 우선 이를 통해 고구려–수 화평의 배경을 생각해 보고자 한다.

고구려와 수의 화평기는 607년까지 지속되었다. 그동안 양국 간에는 별다른 문

---

1) 『수서』 권81, 열전46 동이 고려. "及次遼水 元亦惶懼 遣使謝罪 上表稱 遼東糞土臣元 云云 上於是罷兵 待之如初 元亦歲遣朝貢"; 『자치통감』 권178, 수기2 개황 18년(598) 9월 기축(27일).
2) 『수서』 권81, 열전46 동이 백제. "開皇十八年[598] 昌使其長史王辯那來獻方物 屬興遼東之役 遣使奉表 請爲軍導 帝下詔曰 往歲爲高麗不供職貢 無人臣禮 故命將討之 高元君臣恐懼 畏服歸罪 朕已赦之 不可致伐 厚其使而遣之 高麗頗知其事 以兵侵掠其境"

제가 없었던 것처럼 보인다. 그런데 이 무렵 요서의 동향을 보면 화평의 裏面이 생각된다. 이와 관련하여 요서에 설치된 수의 鎭·戍가 주목된다. 瀘河鎭과 懷遠鎭이 대표적으로, 두 진은 612년 고구려—수 전쟁에서 최전방 군사기지로 기능하였다. 본 장에서는 그 설치 시점과 지점에 주목하고자 하는데, 이로써 598~607년 고구려—수 화평의 이면을 엿볼 수 있을 것이다.

1. 고구려—수 화평과 수—돌궐 전쟁

598년 고구려와 수의 화평을 생각해 보기에 앞서 6세기 후반 돌궐의 동향부터 정리해 둘 필요가 있다.[3]

돌궐은 581년 佗鉢可汗(재위: 572~581)의 사후 沙鉢略可汗(재위: 581~587)의 동돌궐과 達頭可汗(재위: 576~603)의 서돌궐로 분열하였는데, 동돌궐은 다시 諸可汗의 상쟁으로 내분이 반복되고 있었다. 588년 사발략가한의 뒤를 이은 都藍可汗(재위: 588~599)이 동돌궐을 장악하였지만, 반대 세력이 상존하였던 것이다.

이러한 가운데 수의 지원을 받은 동돌궐의 啓民可汗(재위: ?~609)이 부상했다. 597년 계민가한은 수와 혼인동맹을 맺고 한층 적극적으로 세력확장을 시도했다. 이에 동돌궐의 도람가한은 서돌궐의 달두가한과 연합했다. 그리고 598년부터 603년까지 서돌궐의 달두가한이 동돌궐의 도람가한과 함께 수와 동돌궐의 계민가한을 공격하였고,[4] 수는 계민가한을 지원하며 반격에 나섰다.

---

3) 이하 突厥의 動向은 『수서』 권84, 열전49 북적 돌궐 및 護雅夫, 1967 『古代トルコ民族史硏究』 1, 東京山川出版社, 168~175쪽 ; 르네 그루쎄 지음, 김호동·유원수·정재훈 옮김, 1998 『유라시아 유목제국사』, 사계절출판사, 150~151쪽 ; 丁載薰, 2001 「隋 文帝(581~604)의 統一指向과 對外政策 —西北民族에 대한 對應을 중심으로—」 『中國史硏究』 13, 100~101쪽 ; 고마츠 하사오 외 씀, 이평래 옮김, 2005 『중앙유라시아의 역사』, 소나무, 81~82쪽 ; 토마스 바필드 지음, 윤영인 옮김, 2009 『위태로운 변경 —기원전 221년에서 기원후 1757년까지의 유목제국과 중원—』, 동북아역사재단, 282~291쪽 ; 정재훈, 2016 『돌궐 유목제국사(552~745)』, 사계절출판사, 228~271쪽 참조.
4) 동돌궐의 都藍可汗은 599년 12월 부하에게 피살되었는데, 이후 이 전쟁은 서돌궐의 達頭可汗이

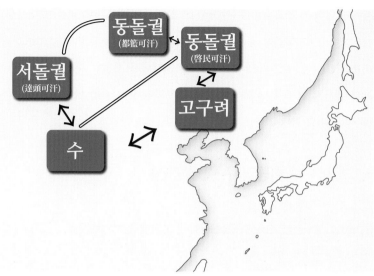

그림 10. 598~603년 동아시아의 국제정세

  이처럼 598년 이후 수는 서돌궐 및 동돌궐의 일부 세력과 대립구도를 형성하고
있었다. 그러므로 수의 입장에서는 598년 고구려에 대한 반격이 실패한 이후 고구
려와 대립관계를 지속하기 어려웠다고 보인다. 자칫 동북 방면의 고구려와 서북 방
면의 돌궐, 두 세력으로부터 협공을 받을 수 있었기 때문이다. 그러므로 수는 사죄
사 파견을 명분으로 삼아 고구려와 화평을 맺고자 했다고 이해된다.[5] 그러면 이에
대한 고구려의 입장은 어떠하였을까.

  이와 관련하여 580년대 후반부터 고구려가 돌궐의 일부 세력과 연대를 도모하
였다고 본 견해가 상기된다.[6] 나아가 고구려와 돌궐이 주변 諸國 즉 백제·토욕혼·
왜와 함께 수에 대한 封鎖同盟을 맺고 있었다고 본 견해(주변국동맹론)가 주의된

주도하였다.

[5] 여호규, 2002 「6세기 말~7세기 초 동아시아 국제질서와 고구려 대외정책의 변화 −대수관계를
    중심으로−」『역사와 현실』 46, 29쪽에서도 598년 이후 고구려와 수의 관계가 회복된 배경을 수
    와 돌궐의 전쟁에서 찾았다.
[6] 노태돈, 1999 『고구려사 연구』, 사계절, 428~429쪽.

다.[7] 그렇다고 보면 598~603년 돌궐과 수의 대립은 고구려의 입장에서 세력 확장의 호기였다고 할 수 있다. 그런데 이 무렵 고구려는 별다른 움직임을 보이지 않고 있다. 관련 사료가 누락되었기 때문일까.

이미 많은 논의가 있었지만, 이른바 주변국동맹론은 인정하기 어렵다.[8] 또한 고구려와 돌궐이 연대하였다면, 그 대상은 서돌궐의 달두가한 내지 동돌궐의 도람가한이었을 가능성이 높지만, 바로 서방의 동돌궐 계민가한 세력을 지나쳐 그들과 연대하였다고 보기는 어렵다. 이로 보아 598~603년 고구려가 수-돌궐 전쟁에 별다른 움직임을 보이지 않은 것은 사료의 누락이라기보다 실제로 그에 개입하지 않았기 때문이었다고 생각된다.

598~603년 수와 돌궐의 대립구도 속에서 어느 쪽이 우위를 점하든 고구려로서는 위협적일 수 있었다. 그러므로 고구려의 입장에서는 어느 한쪽과 연대하기보다 두 세력이 지속적인 대립구도를 유지하는 편이 대외정책 추진에 보다 안정적이었을 것이다. 이에 고구려는 수-돌궐 전쟁을 관망하였고, 수와 화평을 맺었다고 이해된다.

이처럼 598년 이후 고구려-수 화평에는 수-돌궐 전쟁이 배경으로 자리하였다. 수-돌궐 전쟁을 배경으로 고구려와 수의 이해관계가 일치하였고, 갈등은 미봉되었던 것이다. 대체로 이와 같은 양국의 화평은 적어도 607년까지 유지되었다고 이해된다.[9]

예컨대 605년 거란은 수의 세력범위인 柳城(지금의 요령성 朝陽)의 주변에서 고

---

7) 鬼頭淸明, 1976 『日本古代國家の形成と東アジア』, 校倉書房, 70쪽 ; 李基白·李基東, 1982 『韓國史講座』 1 -古代篇-, 一潮閣, 199쪽 ; 菊池英夫, 1992 「隋朝の對高句麗戰爭の發端について」『中央大學アジア史硏究』 16, 9~10쪽.

8) 堀敏一, 1979 「隋代東アジアの國際關係」唐代史硏究會 編 『隋唐帝國と東アジア世界』, 汲古書院 ; 호리 도시카즈(堀敏一) 지음, 정병준·이석석·채지혜 옮김, 2012 『중국과 고대 동아시아 세계 — 중화적 세계와 여러 민족들-』, 동국대학교 출판부, 242쪽.

9) 菊池英夫, 1992 앞의 논문, 12~14쪽 ; 李昊榮, 2001 『新訂 新羅三國統合과 麗·濟敗亡原因硏究』, 서경문화사, 277~278쪽 ; 여호규, 2002 앞의 논문, 7~8쪽.

구려가 동돌궐의 계민가한 세력과 교역하는 것을 이상하게 여기지 않았다고 한다.[10] 이와 같은 거란인의 상황 판단은 평소 고구려와 동돌궐 계민가한의 교역하였고, 따라서 양자의 교역이 비상한 일이 아니었기에 가능했을 것이다. 따라서 605년 무렵 고구려와 동돌궐 계민가한은 우호관계였다고 생각된다. 그리고 동돌궐의 계민가한이 수와 동맹관계였고, 교역이 유성 일대에서 진행되었다는 점을 염두에 두면, 고구려와 수의 관계 역시 대립적이지 않았다고 이해할 수 있다.

그런데 고구려의 견수사 파견은 600년 1월이 마지막으로 나타난다.[11] 이 점에서 비록 양국이 화평을 맺었고 대립적이지 않았다고 하지만, 그렇다고 해서 우호관계가 진전되었다고 보기도 어렵다. 598~607년의 화평에 이면이 생각된다.

2. 수의 東進과 고구려-수 화평의 이면

598~607년 고구려-수 관계와 관련하여 우선 다음의 사료가 주목된다.

> A-1. 楊素는 柳彧이 內臣으로서 諸侯와 交通한다고 陳奏하여 제명하고 民으로 삼았으며, 懷遠鎭에서 配戍하도록 하였다. [유욱이 배수하러] 가서 高陽에 이르렀는데, 돌아오라는 조서가 있었다. [그리하여 유욱은 되돌아가] 晉陽에 이르렀는데, 漢王 楊諒의 亂을 만났다.[12] (『수서』 권62, 열전27 柳彧)

> A-2. 仁壽 2년(602) 겨울 12월 계사(20일). 楊素는 유욱이 내신으로서 제후

---

10) 『수서』 권4, 고조上 대업 원년(605)8월 을사(18일). 이와 관련한 양국관계의 해석은 이성제, 2005 앞의 책, 205~206쪽 참조.
11) 『수서』 권2, 고조下 개황 20년(600) 정월. "突厥·高麗·契丹並遣使貢方物"; 여호규, 2002 앞의 논문, 7~8쪽 및 주15 참조.
12) "楊素奏彧以内臣交通諸侯 除名爲民 配戍懷遠鎭 行達高陽 有詔徵還 至晉陽 值漢王諒作亂"

와 교통한다고 진주하여 제명하고 민으로 삼았으며, 회원진에서 배수하도록 하였다<『신당서』를 보면 營州에 懷遠城이 있다>."[13] (『자치통감』 권179, 수기3)

위 사료는 수대의 문신 柳彧이 楊素의 참소를 받아 廢庶人되고 懷遠鎮에서 配戍하도록 한 사실을 전하고 있다. 위 사료에서 유욱이 배수하기로 하였던 회원진이 주목된다. 요서에 설치된 수의 군사기지, 회원진이 떠오르기 때문이다.

수·당대 회원이라는 지명이 요서에만 있었던 것은 아니었다. 현재의 寧夏回族自治區 銀川에도 회원진이 있었고,[14] 河北省 宣化에는 회원현이 있었다.[15] 위 사료의 회원진은 은천에 위치한 것으로 파악되기도 하였다.[16] 그러나 사료 A-2에 보이듯 胡三省은 이때의 회원진을 두고 영주에 회원성이 있다고 注하였다. 유욱이 배수하기로 한 회원진이 영주 즉 요서에 위치하였다고 본 것이다. 이와 관련하여 유욱의 이동경로가 주목된다.

사료 A-1을 보면, 유욱은 회원진에서 배수하고자 高陽(현재의 河北省 高陽)에 이르렀다고 한다. 그리고 고양에서 돌아오라는 조서를 받고 晉陽(현재의 山西省 太原)에 이르렀다고 하였다. 유욱은 장안-진양-고양의 경로를 따라 이동하였던 것이다. 그리고 보면 고양에서 그가 갈 수 있는 곳은 하북성 선화의 회원현 혹은 요서의 회원진이었다.

진양은 수대 교통의 요지로 전국각지와 연결되었다.[17] 따라서 그가 바로 선화의 회원현으로 이동하고자 하였다면, 진양에서 직행할 수 있었을 것이다. 그러나 유욱

---

13) "素奏或以内臣交通諸侯 除名爲民配戍懷遠鎮〈新唐志 營州有懷遠城〉"
14) 『수서』 권29, 지리上 靈武郡 懷遠 ; 『太平寰宇記』 권36, 關西道12. "懷遠鎮 管蕃部六"
15) 『신당서』 권43, 지리지 기미주 河北道 突厥州2. "順化〈縣一懷遠〉 歸義州 歸德郡"
16) 사마광 지음·권중달 옮김, 2008 『자치통감』 19 -수(隋)시대-, 삼화, 178쪽 역자의 지명 설명.
17) 嚴耕望, 1986 「太原北塞交通諸道」 『唐代交通路考』 第5卷 -河東河北區-, 中央研究院語言研究所 참조.

이 진양에서 고양으로 이동한 점으로 보면, 선화의 회원현이 아닌 요서의 회원진으로 향하였던 것으로 이해된다.[18] 즉 유욱의 이동경로를 통해 보아도 사료 A의 회원진은 요서의 것으로 파악된다.

그림 11. 柳彧의 이동지점 및 懷遠鎭 관련 주요 지명

사료 A-2에서 유욱이 회원진으로 이동하였던 시점은 602년으로 나온다.[19] 그런데 사료 A-1을 보면 유욱이 회원진으로 향하고 있을 무렵 楊諒이 반란을 도모하였다고 하였다. 양량은 604년 양제의 즉위에 불만을 품고 거병하였다.[20] 이로 보아 사료 A-2의 기술은 사건의 시말을 함께 기술해 둔 것으로 여겨지며, 유욱이 회원진으로 이동한 시점은 양량의 반란이 있었던 604년으로 생각된다. 그러므로 늦어도 604년에는 요서에 회원진이 설치되어 있었다고 파악된다.

회원진은 瀘河鎭과 함께 요서에 위치하였는데, 612~614년 수의 고구려 공격에서 대표적인 군수·보급기지로 운용되었다.[21] 낙양에서 탁군으로 집적된 군수물자는 회원진과 노하진으로 보내져 축적되었고, 이로부터 수의 공격·보급로가 구축

---

18) 예컨대 613년 煬帝는 요동성 공격의 와중에 楊玄感의 모반 소식을 접하였는데, 이때 그가 회군한 경로의 하나가 高陽이었다. 『수서』 권24, 식화. "楊玄感乘虛爲亂 時帝在遼東聞之 遽歸于高陽郡"

19) 『자치통감』 권179, 수기3 인수 2년(602) 동12월 계사(20일).

20) 『수서』 권3, 제기3 인수 4년(604) 8월. "并州總管漢王諒擧兵反 詔尚書左僕射楊素討平之"

21) 『자치통감』 권181, 수기5 대업 7년(611) 12월 기미(8일). "帝自去歲謀討高麗 詔山東置府 令養馬以供軍役 又發民夫運米 積於瀘河·懷遠二鎭"; 『자치통감』 권181, 수기5 대업 8년(612) 5월 임오(4일). "述等兵自瀘河·懷遠二鎭 人馬皆給百日糧 又給排甲·槍矟矟 并衣資·戎具·火幕 人別三石已上 重莫能勝致"; 『구당서』 권1, 본기1 대업 9년(613). "遷衛尉少卿 遼東之役 督運於懷遠鎭"

표 2. 隋代 郡太守·縣令과 鎭將·戍主의 품계

	郡	縣	鎭	戍	關
종4품	上郡太守		上鎭將		
정5품	中郡太守		中鎭將		
정6품	下郡太守		下鎭長		
종6품		上縣令			
정7품				上戍主	
종7품		中縣令			
정8품		下縣令		中戍主	
종8품					上關令·中關令
정9품				下戍主	下關令

되었던 것이다.[22]

598년 고구려의 요서 공격에 대한 수의 반격이 실패한 이유는 요서에 군수보급을 위한 군사기지가 부재하였던 데서 찾을 수 있다고 하였다. 이 점에서 598년 요서에는 회원진 노하진과 같은 군사기지가 부재하였다고 생각된다. 598년 고구려의 공격의 실패를 교훈 삼아 요서에 회원진과 같은 군사기지를 설치하고 군수·보급의 문제를 보완하고자 하지 않았을까 한다. 이때 회원진만 아니라 노하진을 비롯한 여러 鎭·戍가 함께 설치되었다고 짐작된다. 다만 598~603년 수와 돌궐의 대립을 고려하면, 요서의 진·수는 주로 603~604년에 설치되었다고 추측된다.[23] 그러면

22) 특히 懷遠鎭의 경우 전시 황제의 임시처소로 많은 문무 관료가 이곳에 머물렀다. 「元□智墓誌銘」"大業 9年(613) 扈從遼碣 □月□日 遘疾云亡 薨於懷遠鎭"(고구려연구재단 편, 2005 『중국 소재 고구려 관련 금석문 자료집』, 고구려연구재단, 43쪽) ; 『자치통감』 권182, 수기6 대업 10년(614) 추7월 계축(17일). "車駕次懷遠鎭 (中略) 8月 己巳[4日] 帝自懷遠鎭班師" ; 『수서』 권50, 열전15 郭榮. "明年[614] 復從帝至柳城 遇疾 帝令存問動靜 中使相望 卒於懷遠鎭 時年六十八" ; 『수서』 卷58, 열전23 許善心. "[大業] 10年[614]. 又從至懷遠鎭 加授朝散大夫"

23) 日野開三郎, 1991 『日野開三郎 東洋史學論集 15권-東北アジア民族史(中)』, 三一書房에서는 다음의 사료를 통해 懷遠縣의 설치 시점을 논의하였다. 『태평환우기』 권71, 河北道 燕州. "煬帝 大業八年[612] 爲置遼西郡 并遼西·懷遠·瀘河三縣以統之 取秦漢遼西郡爲名也" 그러나 懷遠縣은 행정적 통치단위이고 懷遠鎭은 군사적 통치단위이므로 양자는 별개의 것이다(李龍範, 1959

요서에 수의 진·수가 설치된 데는 어떠한 의미가 있을까.

수대의 진은 수와 함께 변경지대 군사기지의 일종이었다. 진의 경우 300~500명 정도의 병력이 배치되었고, 수의 경우 30~50명 내외가 배치되었다.[24] 중·소규모의 군사기지였던 셈이다.[25]

그런데 진·수는 단순히 군사기지만이 아니라 변경지대의 이종족을 관할한 통치단위의 하나였다. 앞의 표를 통해 알 수 있듯이 진·수는 鎭將과 戍主가 관할하였는데, 鎭將은 郡太守과 동일한 위상을 지녔고 戍主는 대체로 縣令보다 조금 낮지만 中戍主 이상은 下縣令 이상의 위상을 지녔다.[26] 진·수는 총관부 예하의 軍政機構로 군·현에 상응하였던 것이다.

이처럼 수의 鎭·戍가 변경의 군정기구였다고 보면, 회원진이 대규모의 군수·보급기지로 운용된 것은 전시의 기능이었고, 평시의 기능은 변경의 통치에 있었다고 생각된다. 그러므로 진·수의 설치는 수의 요서정책이 한층 치밀해진 면모를 보여준다. 또한 수의 진·수가 변경의 군사기지로서 군정기구의 역할을 담당했다고 보면, 이는 고구려의 邏에 비견된다고 이해된다. 수는 요서에 진·수를 설치함으로써 고구려를 압박하지 않았을까 한다. 수의 진·수는 어디에 설치되었을까.

먼저 회원진은 당 전기에도 汝羅·巫間·襄平과 함께 요서의 4守捉城 중 하나로 그 지명이 찾아진다.[27] 당 전기의 수착은 변경지대 군사기지의 일종으로,[28] 수대의

「高句麗의 遼西進出企圖와 突厥」 『史學硏究』 4, 71~72쪽).

24) 누노메 조후·구리하라 마쓰오 외 지음, 임대희 옮김, 2001 앞의 책, 214쪽 ; 喬鳳岐, 2013 『隋唐地方行政與軍防制度硏究』, 人民出版社, 144쪽.

25) 이와 관련하여 다음과 같은 唐 太宗의 언급을 참고할 수 있다. 『자치통감』 권197, 당기13 정관 17년(643) 6월 정해(9일). "太常丞韶素使高麗還, 請於懷遠鎭增戍兵以逼高麗 上曰 遠人不服 則修文德以來之 論語孔子之言 未聞一二百戍兵能威絕域者也"

26) 『수서』 권28, 지23 백관下.

27) 『신당서』 권39, 지29 지리3. "營州 柳城郡 (中略) 〈有平盧軍 開元初置 東有鎭安軍 本燕郡守捉城 貞元 二年[786] 爲軍城 西四百八十里 有渝關守捉城 又有汝羅·懷遠·巫間·襄平 四守捉城〉"

28) 『신당서』 권50, 지40 병. "唐初 兵之戍邊者 大曰軍 小曰守捉" ; 喬鳳岐, 2013 『隋唐地方行政與

그림 12. 요서의 자연환경과 주요 지명

진과 유사한 기능을 수행하였다. 이로 보아 당 전기의 수착은 수대의 진과 무관치 않았다고 생각된다. 이 중에서 여라수착은 여라성과 동일 지명으로 현재의 遼寧省 錦州市 義縣 동쪽 王民屯 일대로 비정된다.[29] 그리고 무려수착은 의무려산 일대로, 양평수착은 현재의 遼陽市 일대로 파악된다. 요서의 수착성은 대체로 의현 동쪽~ 요양시 일대에 위치하였던 것이다. 이로 보아 회원진 역시 그 어느 지점에 위치하

　　軍防制度研究』, 人民出版社, 141~142쪽.

29) 松井等, 1913 「隋唐二朝の高句麗遠征の地理」, 南滿洲鐵道株式會社, 『滿洲歷史地理』上, 丸善
　　株式會社, 381~382쪽 ; 王錦厚, 1986 「唐 "營州至安東" 陸路交通地理考實」 『遼海文物學刊』
　　1986-1, 76~78쪽.

사진 8. 의무려산(ⓒ강인욱)

였다고 짐작할 수 있는데, 645년 당 李世勣의 고구려 공격로를 고려하면, 북진시 남쪽~태안현 일대로 비정된다.[30]

다음으로 노하진은 노하라는 하천의 명칭에서 비롯되었다고 추정되는데, 노하는 小凌河 하류를 의미한다고 한다.[31] 이에 따라 노하진은 현재의 錦州市 내지 錦縣 일대로 비정되고 있다.[32] 이곳은 〈유주-유성-노하진-요수〉의 교통로만 아니라 〈유주-임유관-노하진-요수〉 즉 遼西走廊에 위치한다. 회원진이 유주에서 유성을 경유해 고구려 방면으로 통하는 교통로상에 위치한다면, 노하진은 유주에서

30) 이정빈, 2011 「6세기 후반~7세기 초반 고구려의 서방 변경지대와 그 변화 —요서 고구려의 邏와 수의 鎭·戍를 중심으로—」『역사와 현실』 82, 120쪽 참조.

31) 松井等, 1913 앞의 책, 379~380쪽.

32) 松井等, 1913 앞의 책, 379쪽 ; 王錦厚, 1986 앞의 논문, 79쪽 ; 이정빈, 2011 앞의 논문, 121쪽.

사진 9. 대릉하(ⓒ강인욱)

고구려로 직행할 수 있는 곳이었던 것이다.

이처럼 회원진과 노하진이 현재의 북진시 남쪽~태안현 일대와 금주시~금현 일대로 비정된다. 6세기 후반 요서는 고구려와 수의 변경으로 양국의 세력범위는 대릉하 하류~의무려산 일대를 경계로 하였다. 그러므로 603~604년 회원진과 노하진을 비롯한 여러 진·수가 설치된 사실을 통해 보건대, 수는 대릉하 하류로부터 요하 하류 방면으로 세력범위를 확장하였다고 할 수 있다. 고구려 방면으로 동진하고 있었던 것이다.

여기서 605년 수가 전국의 총관부를 폐지한 사실이 참고된다.[33] 수의 583년 州-郡-縣의 三級制를 주-현의 二級制로 전환하여 중앙의 직접적인 지배력을 강화하

---

33) 『수서』 권3, 제기3 대업 원년(605) 정월. "廢諸州總管府"

고자 하였다.[34] 다만 변경지대에는 주·현의 상위에 총관부를 두고 있었는데, 양제의 즉위과정에서 총관부가 문제시되었다. 양량이 并州總管으로서 예하의 군사를 동원해 반란을 시도하였기 때문이다.[35] 이에 양제는 전국의 총관부를 폐지함으로써 중앙의 집권적인 지배력을 변경까지 관철시키고자 하였다.[36] 따라서 605년 이후 요서의 진·수에도 중앙의 지배력이 보다 강화되었다고 추정되는데, 이는 그만큼의 조직 정비를 수반하였다고 짐작된다. 즉 여러 진·수가 설치에 이어 그 정비가 이루어졌다고 여겨지는 것이다.

이처럼 603~604년 이후 수는 요서에 진·수를 설치·정비하며 동진하고 있었다. 그렇다고 하면 598~607년 고구려와 수의 우호관계는 표면적인 현상에 불과하지 않았을까 한다. 수의 동진은 고구려의 세력범위를 잠식해 감으로써 가능했을 것으로, 고구려의 위기의식은 차츰 고조되고 있었고, 이로 인한 양국의 갈등은 심화되었다고 생각되기 때문이다. 더욱이 605년 수 양제가 즉위하면서 양국 간에 전쟁이 발생할 가능성은 한층 높아지고 있었다.

---

34) 李成珪, 1992 「中國諸國의 分裂과 統一 一後漢解體 이후 隋·唐의 形成過程을 중심으로一」, 閔賢九 外, 『歷史上의 分裂과 再統一』, 一潮閣, 195쪽 ; 누노메 조후·구리하라 마쓰오 외 지음, 임대희 옮김, 2001 『중국의 역사 一수당오대一』, 혜안, 29~30쪽.

35) 并州總管 楊諒의 권한은 다음과 같았다고 한다. 『수서』 권45, 열전10 楊諒. "[大業] 七年[597] 出爲并州總管 上幸溫湯 而送之 自山以東 至于滄海 南拒黃河 五十二州盡隸焉 特許以便宜 不拘律令"

36) 김선민, 2003 「隋 煬帝의 軍制改革과 高句麗遠征」 『東方學志』 119, 153~154쪽.

제 3 장

고구려 동돌궐 교섭과 그 배경

607년 8월 고구려는 동돌궐의 啓民可汗(재위: ?~609)에게 사신을 보냈다. 동돌궐 교섭을 시도하였던 것이다. 일찍부터 607년 고구려의 동돌궐 교섭은 612년 고구려-수 전쟁의 직접적인 계기 중 하나로 주목되었고, 이에 많은 연구가 이어졌다.[1] 이를 통해 607년 고구려의 동돌궐 교섭이 수 중심의 조공책봉질서 혹은 동아시아 여러 나라의 복잡한 이해관계를 단적으로 보여주는 사건이었다고 이해할 수 있었다.

그럼에도 불구하고 아직까지 그와 관련한 사료가 면밀히 검토되지 못하였다고

---

1) 申采浩, 1931 「朝鮮史(72): 高句麗의 對唐戰役」『朝鮮日報』3836號 ; 2007 『朝鮮上古史(丹齋申采浩前集 3)』, 독립기념관 한국독립운동사연구소, 774쪽 ; 末松保和, 1931 「高句麗攻守の形勢」『靑丘學叢』5, 137~139쪽 ; 李丙燾·金載元, 1959 『韓國史-古代篇-(震檀學會)』, 乙酉文化社, 468쪽 ; 丁仲煥, 1968 「古代史上의 大陸關係-高句麗를 중심으로-」『白山學報』4, 157~158쪽 ; 李丙燾, 1976 『韓國古代史硏究』, 博英社, 428쪽 ; 西嶋定生, 1983 『中國古代國家と東アジア世界』, 東京大學出版會, 431~432쪽 ; David A. Graff, 2002 *Medieval Chinese Warfare, 300–900*, Routledge, 146쪽. 이외의 자세한 연구사는 임기환, 2014 「7세기 동북아 전쟁에 대한 연구동향과 과제 -고구려와 수, 당의 전쟁을 중심으로-」『역사문화논총』8 참조.

생각한다. 그런 만큼 이 교섭을 전쟁의 직접적인 계기로 보아온 그동안의 통설적인 이해는 재고의 여지가 없지 않다. 교섭을 둘러싼 동아시아 국제정세에 대한 이해에도 보완이 요구된다. 지금까지의 연구는 대부분 고구려 또는 수의 관점에서 이 교섭을 바라보았다. 이에 반해 동돌궐의 입장은 충분히 고려되지 못하였다. 최근의 연구[2]에서 지적하였듯 동돌궐의 동향이 파악되어야 교섭의 배경과 목적이 한층 분명히 드러날 것이며, 국제관계의 실상도 좀 더 구체적으로 이해할 수 있다고 생각한다.

1. 동돌궐 교섭과 동돌궐–수 관계

612년 고구려–수 전쟁의 발단은 다음의 사건에서 비롯되었다고 알려져 있다.

A-1. ㉠ [裴矩는] 황제가 塞北에 巡幸한 것을 쫓았다. [황제가] 啓民의 廬帳에 行幸하였는데, 이때 고구려가 사신을 보내 [황제가 行幸하기에] 앞서 돌궐과 通交하고 있었다. ㉡ 계민은 감히 [고구려의 사신을] 숨기지 못하고 그를 데려가 황제를 알현하도록 하였다. ㉢ 배구가 이로 인해 奏狀하였다. "고구려의 지역은 본래 孤竹國입니다. 周代에 그 지역을 箕子에게 封하였는데, 漢代에 나누어 3郡으로 삼았고, 晉氏 또한 요동을 통괄하였습니다. [그러나] 지금 [고구려는] 신하로서의 도리를 지키지 않는 데 이르러 별도로 外域이 되었습니다. 그러므로 先帝[文帝]께서 우려하시고 그를 정벌하고자 한 것이 오래되었습니다. 다만 楊諒이 불초하여 군사를 내었지만, 공이 없었습니다. [이제] 폐하(煬帝)의 지세

---

2) 李成制, 2015 「高句麗와 투르크계 北方勢力의 관계 –이해의 방향과 연구방법에 대한 모색–」 『고구려발해연구』 52, 150~151쪽.

를 맞았으니, 어찌 [고구려를] 다스리지 않겠으며, 이 冠帶의 境으로 하여금 그대로 蠻貊의 鄕이 되도록 하시겠습니까? 지금 그[고구려] 사자는 돌궐에서 [황제를] 조회하고 계민이 合國從化하는 것을 친견하였으니, 반드시 皇靈이 멀리 통하는 것을 두려워하고, 후에 복종하면 먼저 망할까 우려하고 있을 것입니다. 입조하도록 위협하면 마땅히 올 것입니다." 황제가 말하였다. "어떻게 그렇게 하는가?" 배구가 말하였다. "청컨대 그 사신을 대면하고 조서를 내려, 본국으로 방환하도록 하고, 그 왕에게 가서 말하도록 하기를, '지금 속히 朝覲하라 그렇지 않으면 마땅히 돌궐을 이끌고, 卽日에 주살할 것이다'고 하십시오." 황제가 [배구의 말을] 받아들였다. ㉣ 高元[영양왕]이 명을 따르지 않자 비로소 征遼의 계책을 세웠다.[3] (『수서』권67, 열전32 裴矩)

A-2. ㉠ 이보다 먼저 고구려가 私通하여 계민의 처소에 사신을 보냈다. ㉡ 계민은 誠心으로 [수]나라를 받들어 감히 境外의 교섭을 숨기지 못하였다. 이날에 [계민은] 고구려의 使人을 데리고 [황제를] 알현하였다. ㉢ [황제는] 牛弘에게 敕令을 宣旨하여 다음과 같이 말하였다. "짐은 계민이 성심으로 나라를 받든다고 여겼기 때문에 친히 그 처소에 이르렀다. 내년에는 涿郡에 갈 것이다. 네가 돌아가는 날 고구려왕에게 말해 다음을 알도록 하라. 마땅히 일찍 와서 조현하되 스스로 의심하여 두려워하지 말 것이며 存育의 예는 마땅히 계민과 같이 할 것인데, 만약 조회하

---

3) "從帝巡于塞北 幸啓民帳 時高麗遣使先通于突厥 啓民不敢隱 引之見帝 矩因奏狀曰 高麗之地 本孤竹國也 周代以之封於箕子 漢世分爲三郡 晉氏亦統遼東 今乃不臣 別爲外域 故先帝疾焉 欲 征之久矣 但以楊諒不肖 師出無功 當陛下之時 安得不事 使此冠帶之境 仍爲蠻貊之鄕乎 今其使 者朝於突厥 親見啓民 合國從化 必懼皇靈之遠暢 慮後伏之先亡 脅令入朝 當可致也 帝曰 如何 矩曰 請面詔其使 放還本國 遣語其王 今速朝覲 不然者 當率突厥 卽日誅之 帝納焉 高元不用命 始建征遼之策"

지 않는다면 반드시 계민을 데리고 그 땅에 순행할 것이다.” [고구려의]

사인이 매우 두려워하였다.[4] (『수서』 권84, 열전49 북적 돌궐)

위 사료는 『수서』 裴矩傳과 돌궐전의 일부로, 607년 8월 9일 고구려의 사신이 수 양제와 대면한 사실을 전하고 있다.[5] 607년 4월부터 9월까지 양제는 대규모의 병력을 이끌고 북방 변경지대를 巡幸하였다.[6] 이러한 가운데 8월 6일에는 楡林郡(內蒙古自治區 托克托縣)에서부터 金河(南黑河) 방면으로 이동하면서 계민가한의 영접을 받고 있었다.[7] 고구려의 사신은 이때 계민가한을 방문하였던 것이다. 위 사료에서처럼 계민가한은 고구려 사신의 방문을 양제에게 알렸다. 그리고 고구려의 사신을 양제에게 데려가 대면이 이루어졌다.

사료 B-1-ⓡ에서 '征遼의 계책' 즉 수가 고구려 공격계획을 수립하였다고 한 사실이 주목된다. 이제까지 다수의 연구에서는 이를 중시해 수의 고구려 공격계획이 607년에 수립되었고, 그것이 고구려의 동돌궐 교섭에서 비롯되었다고 해석하였다. 교섭의 장면을 목격한 수는 고구려를 잠재적 위협세력으로 판단하고 공격계획을 수립하였다고 이해한 것이다. 그런 만큼 607년부터 양국은 전쟁국면으로 돌입하였다고 설명하는 것이 일반적이다.[8]

---

4) "先是 高麗私通使啓民所 啓民推誠奉國 不敢隱境外之交 是日 將高麗使人見 勅令牛弘宣旨謂之曰 朕以啓民誠心奉國 故親至其所 明年當往涿郡 爾還日 語高麗王知 宜早來朝 勿自疑懼 存育之禮 當同於啓民 如或不朝 必將啓民巡行彼土 使人甚懼"

5) 대면의 시점은 다음의 사료를 통해 확인할 수 있다. 『수서』 권3, 제기3 양제上 대업 3년(607) 8월 을유(9일).

6) 煬帝의 이동경로는 『자치통감』 권180, 수기4 대업 3년(607)조에 상세히 나오는데, 대략 다음과 같다. 赤岸澤(陝西省 大荔縣)-鴈門(山西省 代縣)-馬邑(山西省 朔州市)-楡林郡-涿郡-楡林郡-金河-樓煩關(山西省 寧武懸)-太原-河內(河南省 沁陽市)-濟源-東都(河南省 陽洛市). 이에 대한 보다 구체적인 분석은 菊池英夫, 1992 앞의 논문 참조.

7) 『수서』 권3, 제기3 양제上 대업 3년(607) 8월 임오(6일). "車駕發楡林"

8) 여호규, 2002 「6세기말~7세기초 동아시아 국제질서와 고구려 대외정책의 변화 -對隋關係를 중심으로-」 『역사와 현실』 46, 7~8쪽 ; 임기환, 2006 「7세기 동북아시아 국제질서의 변동과 전쟁」, 역사학회 편, 『전쟁과 동북아의 국제질서』, 일조각, 64쪽.

고구려의 동돌궐 교섭이 수를 자극한 것은 분명해 보인다. 사료 A-2-㉠과 ㉡에서 고구려와 동돌궐의 교섭을 '私通·境外의 교섭'으로 표현한 점이 흥미롭다. 수는 고구려와 동돌궐의 교섭을 공적 조공책봉질서의 외부에서 진행된 사적 외교행위로 간주하였던 것이다. 만약 이와 같은 사적 외교행위를 묵인한다면 수 중심의 조공책봉질서는 앞으로도 계속 도전받을 수 있었다.

후술하겠지만 고구려의 동돌궐 교섭이 무모한 것만도 아니었다. 그러므로 양제는 배구(548~627)의 건의를 수용해 고구려의 嬰陽王(재위: 590~618)에게 朝見을 요구했다고 생각된다. 국왕의 입조란 외교적 압박을 가함으로써 고구려에 조공책봉질서를 관철하고자 한 것이다. 나아가 영양왕의 입조 여부가 양제의 巡幸, 즉 군사적 공격으로 이어질 수 있다고 경고하였다.

양제의 요구와 경고는 칙명의 형식으로, 牛弘(546~611)으로 하여금 널리 선포[宣旨]하도록 하였다. 비단 고구려만 아니라 수의 朝野와 동아시아 여러 나라를 향해 공언한 셈이다. 그러므로 영양왕의 입조 여부는 국제적으로 중요한 문제였고, 수로 하여금 공격의 빌미를 제공할 수 있었다. 실제 611년 수 양제의 조서를 보면 전쟁의 명분은 고구려의 영양왕이 "藩禮를 虧失"한 데 있었다고 하고,[9] 『수서』고려전에서는 그것이 구체적으로 영양왕의 입조 거부였다고 지적하였다.[10] 612년 전쟁에서 乙支文德이 宇文述에게 거짓으로 항복하면서 내세운 회군의 반대급부도 영양왕의 입조였다.[11]

이처럼 607년 고구려의 동돌궐 교섭은 수를 자극했고, 영양왕의 입조란 수의 외

---

9) 『수서』권3, 제기3 양제上 대업 7년(611) 2월 임오(26일). "詔曰 武有七德 先之以安民 政有六本 興之以教義 高麗 高元 虧失藩禮 將欲問罪遼左 恢宣勝略 雖懷伐國 仍事省方 今往涿郡 巡撫民 俗 其河北諸郡及山西·山東年九十已上者 版授太守 八十者 授縣令"

10) 『수서』권81, 열전46 동이 고려. "煬帝嗣位 天下全盛 高昌王·突厥 啓人可汗並親詣闕貢獻 於是 徵元入朝 元懼 藩禮頗闕"

11) 『수서』권61, 열전26 宇文述. "文德復遣使僞降 請述曰 若旋師者 當奉高元朝行在所 述見士卒疲 敝 不可復戰 又平壤嶮固 卒難致力 遂因其詐而還"

교적 압박으로 이어졌으며, 고구려의 입조 불이행은 수의 전쟁 명분으로 표방되었다. 따라서 이른바 책봉체제론에서는 이를 중시해 조공책봉질서의 자기운동을 증명하고 612년 전쟁의 필연성을 강조하기도 하였다.[12] 최근 중국의 '藩屬理論'에서도 그와 같이 설명한다.[13]

607년 고구려의 동돌궐 교섭이 전쟁 발단의 중요한 사건 중 하나였음은 부정할 수 없다. 그런데 영양왕 입조 문제는 어디까지나 수의 일방적인 전쟁 명분이었다. 607년 고구려의 '私通' 내지 '境外之交' 즉 동돌궐 교섭도 수 중심의 조공책봉질서 속에서 전쟁의 명분을 찾고자 할 때에나 그 발단으로 주목된다. 이 점에서 사료 A-1-ㄹ은 612년 전쟁의 책임을 고구려의 조공책봉질서 위반에 두고자 한 『수서』 찬자의 의도가 내재된 것으로, 비판적 접근이 필요하다고 생각한다.

여기서 사료 A-1-ㄹ의 시점이 주의된다. 여기서 배구는 "지금 속히" 친조를 요구하자고 건의했다. 그런데 고구려에 전달한 양제의 칙명은 그와 차이가 있었다. 사료 A-2-ㄷ을 보면, 양제는 영양왕에게 내년 즉 608년에 탁군을 방문한다고 예고하였고,[14] 이때까지를 시한으로 삼았다. 그러므로 '征遼의 계책' 즉 수의 고구려 공격계획이 수립된 시점은 일단 608년 이후로 파악된다.

더욱이 608~609년 수의 대외적 당면과제는 鐵勒·吐谷渾·伊悟와 같은 북방 세력을 제압하는 데 있었다.[15] 수의 고구려 공격은 토욕혼과의 전쟁을 마치고 난 610년 이후부터 본격적으로 추진되었다.[16] 고구려의 동돌궐 교섭에서부터 수의 전쟁

---

12) 西嶋定生, 1983 앞의 책, 431~432쪽.

13) 정병준, 2007 「중화인민공화국의 藩屬理論과 고구려 귀속문제」 『고구려발해연구』 29 ; 조인성, 2010 「'고대중국고구려역사속론'에 대한 비판적 검토」, 조인성 외, 『중국 동북공정 고구려사 연구 논저 분석』, 동북아역사재단.

14) 양제의 탁군 방문 사실은 찾아볼 수 없다. 다만 『수서』 권3, 제기3 양제上 대업 4년(608) 춘정월 을사(1일). "詔發河北諸郡男女百餘萬開永濟渠 引沁水南達于河 北通涿郡"이라고 한 사실로 보면, 양제는 608년 涿郡 순행을 예정하고 있었을 가능성이 있다.

15) 丁載勳, 2004 「隋煬帝의 對外政策과 天下巡行」 『中國史硏究』 30, 58쪽.

16) 『수서』 권24, 지19 식화. "[대업] 六年[610] 將征高麗 有司奏兵馬已多損耗 詔又課天下富人 量其貲産 出錢市武馬 塡元數 限令取足 復點兵具器仗 皆令精新 濫惡則 使人便斬 於是馬匹至十

결정까지는 시차가 있었던 것이다. 그렇다고 한다면 고구려의 동돌궐 교섭은 전쟁이 일어나기까지 여러 중요한 국면 중 하나였다고 할 수 있지만, 이것이 곧 직접적인 계기였다고 단정하기는 어렵다. 과연 그때 수가 고구려의 동돌궐 교섭을 목격하고 위기의식을 가졌을지도 의문이다. 이와 관련하여 동돌궐의 동향이 참고된다.[17]

동돌궐의 계민가한은 597년 수와 혼인동맹을 맺고 도람가한과 대립함으로써 동돌궐의 패권을 장악하고자 하였다. 이에 동돌궐의 도람가한은 서돌궐의 달두가한과 연합했다. 598년 서돌궐의 달두가한은 동돌궐의 도람가한과 함께 계민가한과 수를 공격하였고, 수는 계민가한을 지원하며 반격에 나섰다. 이 전쟁의 과정에서 599년 도람가한이 몰락하였고, 계민가한은 수의 임명을 받아 동돌궐의 가한으로 자리했다. 이후 이 전쟁은 서돌궐의 달두가한이 주도하였는데, 603년 그의 세력은 鐵勒 諸部의 이반으로 쇠퇴하였고 계민가한에게 투항하였다. 이로써 계민가한은 동돌궐의 대부분을 장악할 수 있었다.

이처럼 계민가한은 돌궐의 내분과 분열 속에서 수와 연합해 성장했다. 따라서 그의 성장에 주목해 본다면 607년 수 양제의 순행은 동돌궐에 대한 통제 내지 견제의 의미를 담고 있었다고 생각된다.[18] 그럼에도 607년 동돌궐의 계민가한은 여전히 수를 필요로 하였다. 과거 돌궐제국의 판도에 비추어 계민가한의 세력은 미약했기 때문이다. 서돌궐 지역의 대부분에는 세력이 미치지 못하였다. 서돌궐 지역은 처라가한(서부)과 철륵(동부)이 양분하고 있었다. 처라가한과 철륵은 서로 대립적이었

萬";『자치통감』권181, 수기5 대업 7년(611). "帝自去歲謀討高麗 詔山東置府 令養馬以供軍役"

17) 이하 突厥의 動向은 突厥의 動向은『수서』권84, 열전49 북적 돌궐 및 護雅夫, 1967『古代トルコ民族史硏究』1, 東京山川出版社, 168~175쪽 ; 르네 그루쎄 지음, 김호동·유원수·정재훈 옮김, 1998『유라시아 유목제국사』, 사계절출판사, 150~151쪽 ; 丁載勳, 2001「隋 文帝(581~604)의 統一指向과 對外政策 −西北民族에 대한 對應을 중심으로−」『中國史硏究』13, 100~101쪽 ; 고마츠 하사오 외 씀, 이평래 옮김, 2005『중앙유라시아의 역사』, 소나무, 81~82쪽 ; 토마스 바필드 지음, 윤영인 옮김, 2009『위태로운 변경− 기원전 221년에서 기원후 1757년까지의 유목제국과 중원−』, 동북아역사재단, 282~291쪽 ; 정재훈, 2016『돌궐 유목제국사(552~745)』, 사계절출판사, 228~271쪽 참조.

18) 이성제, 2015 앞의 논문, 155~156쪽.

지만, 모두 수와 대립하였다. 특히 철륵이 수에 적대적이었다. 이에 계민가한은 동·서돌궐의 통일을 도모하기 위해 수와의 우호관계를 유지하고자 했다.

수에 대한 동돌궐의 태도는 양제의 순행 과정에 잘 나타난다. 순행이 시작되자 계민가한은 곧 아들과 조카를 연달아 보내 조회하였고,[19] 다시 사신을 파견해 奉迎을 자청했다.[20] 또한 양제와 수의 군대를 동돌궐의 영역 안으로 맞아 영접하였다. 계민가한은 奴僕을 자처하면서 楡林의 북쪽 경계에서부터 탁군의 치소인 薊까지 御道를 개통하기도 했다.[21] 뿐만 아니라 표문을 통해 變服하여 冠帶로 갈아입기를 요청하였는데, 이러한 계민가한의 행동은 오히려 수 조정에서 부담스러워할 정도였다.[22] 607년 동돌궐의 계민가한은 수의 조공책봉질서에 철저히 순응하면서 우호관계 유지에 노력하였던 것이다.

B. [大業 3年(607)] 啓民이 廬帳을 받들어 車駕를 기다렸다. 乙酉(9日)에 황제가 그 여장에 행행하였다. 계민이 술잔을 받들어 [황제의] 장수를 축원하였는데 꿇어 엎드린 공손함이 대단하였다. 王侯 이하는 帳前에서 옷소매를 걷고 감히 우러러 쳐다보지 못하였다. 황제가 매우 기뻐하면서 다음과 같은 시를 지었다. "呼韓[邪單于]가 머리를 조아리니 屠耆[흉노의 左賢王]가 발꿈치를 쫓아오는 데에 이르렀구나. 어찌 漢의 天子가 헛되이 單于臺에 올랐다고 생각할 수 있겠는가?"[23] (『자치통감』 권180, 隋紀4 煬帝)

19) 『수서』 권3, 제기3 대업 3년(607) 5월 정사(9일). "突厥啓民可汗遣子拓特勤來朝"; 『수서』 권3, 제기3 대업 3년(607) 5월 병인(18일). "啓民可汗其子毗黎伽特勤來朝"
20) 『수서』 권3, 제기3 대업 3년(607) 5월 신미(23일). "啓民可汗遣使 請自入塞 奉迎輿駕 上不許"
21) 『수서』 권51, 열전16 長孫晟.
22) 『수서』 권3, 제기3 대업 3년(607) 7월 신해(4일). 그 내용은 『수서』 권84, 열전49 北狄 西突厥와 『자치통감』 권180, 수기4 대업 3년(607) 6월 갑진(27일)에 보다 자세히 나온다.
23) "啓民奉廬帳 以俟車駕 乙酉 帝幸其帳 啓民奉觴上壽 跪伏恭甚 王侯以下袒割於帳前 莫敢仰視 帝大悅 賦詩曰 呼韓頓顙 至屠耆接踵來 何如漢天子 空上單于臺"

위 사료는 607년 8월 9일 즉 고구려의 사신을 양제에게 데리고 간 날 계민가한과 양제의 모습을 전하고 있다. 계민가한은 양제를 맞이하여 순종적인 태도를 보였고, 이에 양제는 매우 만족하였다고 한다. 영양왕의 입조 요구는 바로 이와 같은 분위기 속에서 이루어진 것이었다. 그러므로 배구는 고구려의 사신이 수와 동돌궐의 우호관계를 확인했으므로 "후에 복종하면 먼저 망할까 우려하고 있을 것"이라고 분석했고, 입조 요구가 쉽게 수용되리라 전망했다고 생각된다. 고구려에 대한 수의 친조 요구는 동돌궐과의 우호관계를 바탕으로 한 자신감의 표현이었던 것이다.

그러면 고구려는 왜 동돌궐과 교섭하고자 했을까. 교섭에서 무엇을 얻고자 하였을까. 교섭의 목적이 궁금하다.

2. 동돌궐 교섭의 배경과 목적

607년 고구려 동돌궐 교섭의 목적과 관련하여 고구려-수 관계가 주의된다. 598년 전쟁위기를 넘기며 양국은 우호관계를 회복했지만, 이는 표면적인 것에 불과하였다. 수는 요서의 동부에 鎭·戍를 설치하면서 동진했고, 그에 따라 양국의 갈등과 군사적 긴장은 증폭되고 있었다. 이와 관련하여 주목되는 것이 『구당서』(권46, 志26 經籍上)에 기술된 배구의 『高麗風俗』이다.

현재 『고려풍속』은 전하지 않는다. 저술 내용과 시점도 찾아볼 수 없다. 그럼에도 불구하고 다음의 사료를 참고해 보면 어느 정도의 짐작은 가능하다.

C. [배구는] 吏部侍郎으로 관직을 옮겨 직무를 잘 수행한다고 이름이 알려졌다. 양제가 즉위하고 東都[陽洛]를 營建하였는데 배구는 府省의 修築을 맡아 九旬(90일)만에 끝마쳤다. 이때 西域의 諸蕃으로 張掖에 이르러 중국과 더불어 交市하는 자가 많았다. 황제가 배구에게 명하여 그 일을 관장하도록 하였다. 배구는 황제가 바야흐로 먼 나라를 경략[遠略]하는

사진 10. 『한원』 번이부 고려(京都帝國大學文學部景印唐本)

데 힘쓰고 있는 것을 알았다. [이에] 諸商으로 胡에서 온 자를 배구가 꾀어 [그로] 하여금 그 나라의 풍속과 山川의 險易를 말하도록 하여 『西域圖記』 3권을 찬술하였다. 입조하여 이를 上奏하였다. (중략) 황제가 크게 기뻐하며 物 500段을 사여하였다. 매일 배구를 인견하여 御坐에 이르도록 하고 친히 西方의 일을 물었다. 배구는 胡中에 여러 보물이 많은데 吐谷渾은 쉽게 幷呑할 수 있다고 盛言하였다. 황제가 이로 말미암아 [서역과의 교역에] 甘心을 가지고, 장차 西域과 통하고 四夷를 경략하는 일을 모두 그[배구]에게 위임하였다. 관직을 民部侍郎으로 옮겼는데, 일을 맡아보기 전에 黃門侍郎으로 옮겼다.[24] (『수서』 권67, 열전32 배구)

---

24) "轉吏部侍郎 名爲稱職 煬帝卽位 營建東都 矩職修府省 九旬而就 時西域諸蕃 多至張掖 與中國交市 帝令矩掌其事 矩知帝方勤遠略 諸商胡至者 矩誘令言其國俗山川險易 撰西域圖記三卷 入朝奏之 (中略) 帝大悅 賜物五百段 每日引矩至御坐 親問西方之事 矩盛言胡中多諸寶物 吐谷渾易可幷呑 帝由是甘心 將通西域 四夷經略 咸以委之 轉民部侍郎 未視事 遷黃門侍郎"

위 사료는 배구의『西域圖記』저술에 대한 내용을 담고 있다. 배구는 張掖(지금의 감숙성 張掖)에서 서역과의 교역을 관장하며『서역도기』를 저술했는데, 그 목적은 먼 나라를 경략(遠略)하고자 한 양제의 관심에 부응하기 위해서였다고 한다. 가령 배구는『서역도기』를 저술한 다음 양제에게 "胡中에 여러 寶物이 많은데 吐谷渾은 쉽게 并吞할 수 있다"고 역설하였다. 전쟁계획안을 보고하고 그 타당성을 강조한 것이다. 이러한 배구의 주장은『서역도기』를 바탕으로 하였을 것이다. 이 점에서『서역도기』는 단순히 교역만 아니라 전쟁을 위한 기초자료를 담고 있었다고 추정된다.

배구가『서역도기』저술을 위해 수집한 정보가 '서역의 풍속과 산천의 험이'란 점도 이를 뒷받침한다. '산천의 험이'란 지도 작성을 위한 것으로, 이는 교역로를 파악하기 위한 것이기도 하지만, 전쟁을 위한 군사정보로 활용될 수 있었다. 실제 배구는『서역도기』저술에 이어 별도로 지도를 제작하고 그 要害를 연구하였고,[25] 이를 바탕으로 608년 토욕혼 공격을 주도하였다.[26]

이처럼『서역도기』는 전쟁을 위한 기초자료를 포함했다고 이해된다. 唐代의 저술이지만 陳大德이 저술한『高麗記』도 참고된다. 현전『翰苑』「蕃夷部」에 인용된『고려기』가 그 일문으로 파악되고 있는데,[27] 이를 보면 상세한 지리정보를 담고 있어서 전쟁을 위한 기초자료로서 기능하였다고 이해된다.[28]『고려풍속』도 이와 유사한 저술이었다고 판단된다. 제목으로 보아서는 역사와 풍속을 위주로 하였을 것으로 추측되지만, 그만 아니라 지리를 서술하였고, 그 안에는 전쟁을 위한 군사정보가 담겨져 있었다고 여겨지는 것이다.

『고려풍속』는『서역도기』이후 저술되었다고 보인다. 배구는『서역도기』를 저술

---

25)『수서』권67, 열전32 裴矩. "仍別造地圖 窮其要害"

26)『자치통감』권181, 수기5 대업 4년(608) 추7월.

27) 吉田光男, 1977「『翰苑』註所引『高麗記』について −特に筆者と作成年次−」『朝鮮學報』85.

28) 方香淑, 2008「7세기 중엽 唐 太宗의 對高句麗戰 전략 수립과정」『中國古中世史研究』19, 314∼317쪽.

한 이후 四夷經略의 책임을 맡았다고 하였기 때문이다. 그러면 『서역도기』는 언제 저술되었을까. 『자치통감』에서 『서역도기』 저술과 관련한 위 사료의 내용은 607년 조에 수록되어 있다.[29] 이에 대부분은 『서역도기』가 그때 혹은 그 이후에 저술되었다고 보고 있다.[30] 배구의 활동과 官歷을 보면 조금 구체적인 추정이 가능하다.

배구는 90여 일간 東都(陽洛)를 조영하는 데 투입되었고, 이후 『서역도기』를 저술하였다고 하는데, 동도는 605년 3월에 착공되어[31] 606년 정월에 완공되었다.[32] 또한 배구가 『서역도기』를 저술하였을 때 그는 이부시랑이었다고 하였다. 이후 그는 민부시랑-황문시랑으로 관직을 옮겼는데, 607년 7월에는 황문시랑으로 재직 중이었다.[33] 따라서 『서역도기』의 저술 시점은 606년 정월에서 607년 6월 어간으로 좁혀볼 수 있다. 그리고 607년 4월~9월까지 양제의 북방 순행이 있었고, 배구가 그에 동참했다고 보면 『서역도기』의 저술 시점은 606년에서 607년 상반기로 추정할 수 있다.

이와 같이 볼 때 607년 8월 양제의 동돌궐 순행에서 배구는 사이경략의 책임자로 활동하고 있었다고 파악된다. 고구려의 동돌궐 교섭 문제를 두고 나름의 견해를 피력하였던 것도 사이경략의 책임자로서 그 역할을 수행한 것으로 해석된다. 그렇다고 할 때 사료 A-1-ⓒ 즉 배구의 奏狀이 주의된다. 배구는 고구려 지역이 商王朝의 孤竹國에서 출발해 줄곧 중원 여러 왕조의 제후국 내지 郡縣이었다고 하였다. 하지만 晉이 멸망한 다음부터 外域이 되었고, 이로부터 정벌의 필요성이 제기되어 왔다고 설명하였다. 고구려와 그 지역의 역사를 통해 신속의 당위성과 공격의 필요

---

29) 『자치통감』 권180, 수기4 대업 3년(607).

30) 가령 楊憲光, 2002 「裴矩與『西域圖記』」 『三晋測繪』 1, 山西省 測繪資料檔案館, 78쪽 ; 丁載勳, 2004 앞의 논문, 52쪽에서는 607년으로 보았고, 呂育良, 1998 「『西域圖記』管窺」 『新疆地方志』 3, 51쪽에서는 608~609년에 완성되었다고 보았다.

31) 『수서』 권3, 제기3 양제上 인수 4년(604) 11월 계축(21일) ; 『수서』 권3, 제기3 양제上 대업 원년 (605) 3월 정미(17일).

32) 『수서』 권3, 제기3 양제上 대업 2년(606) 정월 신유(6일).

33) 『자치통감』 권180, 수기4 대업 2년(606) 추7월 경신(8일).

성을 강조한 것이다.[34]

이와 같은 배구의 발언은 고구려의 역사를 어느 정도 파악한 이후였어야 가능했을 것이다. 그러므로 배구는 이때 이미 『고려풍속』을 저술하였거나 저술을 준비하고 있었다고 생각할 수 있다.[35] 수에서는 607년 8월 고구려의 동돌궐 교섭이 추진되기에 앞서 공격계획을 구상하고 있었던 것이다. 비록 단편적이지만 양제가 즉위 초부터 고구려 공격계획을 구상했음을 암시하는 사료도 있다.[36]

앞서 서술하였듯이 수의 고구려 공격이 본격적으로 추진된 것은 610년 이후였다. 또한 607년 수는 고구려 국왕의 입조와 이를 통한 조공책봉관계의 수립을 전망했다고 하였다. 그러므로 사이경략의 일환으로 『고려풍속』을 저술하고 고구려 공격계획을 구상하였다고 하지만, 이때 구체적인 전쟁준비가 이루어졌다고 할 수는 없다. 다만 고구려는 580년대 중반부터 수와 각축하였고, 598년에는 전쟁위기까지 경험하였다. 그렇기 때문에 수에서 공격계획을 구상하고 있었다는 현실은 고구려에 외면할 수 없는 국가적 위기로 인식되었을 것이다. 다음의 사료가 참고된다.

D. 대업 3년(607)에 璋[武王]이 使者 燕文進을 보내 조공하였다. 그 해에 다시 사자 王孝鄰을 보내 入獻하였다. [왕효린이] 고구려 토벌을 청하니 양제가 이를 허락하고 고구려의 동정을 살펴보도록 하였다. 그러나 璋은 안으로 고구려와 더불어 通和하면서 간사한 생각을 가지고서 중국을 엿

---

34) 구체적인 내용은 검토는 李成珪, 1992「中國諸國의 分裂과 統一 −後漢解體 이후 隋·唐의 形成 過程을 중심으로−」, 閔賢九 外, 『歷史上의 分裂과 再統 一(上)』, 一潮閣, 200∼201쪽 ; 윤용구, 2005「隋唐의 對外政策과 高句麗 遠征 −裵矩의 '郡縣回復論'을 중심으로−」『북방사논총』 5, 2005, 52∼53쪽 ; 김수진, 2008「隋 唐의 高句麗 失地論과 그 배경 −對高句麗戰 명분의 한 측면−」『韓國史論』 54, 서울대학교 국사학과, 84∼86쪽 참조.

35) 李康來, 1998「7세기 이후 중국 사서에 나타난 韓國古代史像 −통일기 신라를 중심으로−」『韓國古代史研究』 14, 218∼219쪽에서는 612∼614년 고구려−수 전쟁의 종군경험을 바탕으로 저술되었다고 추정하였다. 다만 배구의 奏狀이 저술의 중요한 계기가 되었다고 하였다.

36) 『수서』 권74, 열전39 元弘嗣. "大業初 煬帝潛有取遼東之意 遣弘嗣往東萊海口監造船"

보았다.[37] (『수서』 권81, 열전46 동이 백제)

위 사료는 607년 백제와 수의 교섭을 전하고 있다. 607년 백제는 수에 조공하면서 고구려 공격을 제의했다고 하는데, 다른 한편으로 고구려와 通和하고 있었다고 한다. 그러므로 수가 백제의 고구려 공격 요청을 수용한 사실이나, 고구려의 동정을 파악하고자 한 사실은 고구려에도 전달되었을 것이다.[38]

이와 관련하여 이 무렵 고구려와 백제 그리고 왜의 군사동맹을 상정한 견해가 상기되는데,[39] 최근 자세히 연구된 것처럼 고구려와 백제 그리고 왜의 대외정책은 상호의 이해관계에 입각해 추진되었다.[40] 예컨대 백제는 612년 고구려–수 전쟁에서 兩端策을 구사하였다고 하는데,[41] 이 점은 고구려와 백제의 군사동맹이 공고하지 못하였음을 시사한다. 고구려와 왜의 관계도 마찬가지였다고 보인다. 다만 607년을 전후해 고구려가 수의 대외정책에 위기의식을 갖고 여러 주변국과의 교섭에 노력했던 점만은 인정할 수 있다.

고구려의 동돌궐 교섭도 바로 이러한 때 이루어졌다. 고구려는 수와의 갈등과 군사적 긴장이 고조되면서 주변의 여러 나라와 교섭을 추진하였는데, 동돌궐도 그의 한 나라였던 것이다. 따라서 607년 고구려 동돌궐 교섭은 수의 대외정책에 의기

---

37) "大業三年 璋遣使者燕文進朝貢 其年 又遣使者王孝鄰入獻 請討高麗 煬帝許之 令覘高麗動靜 然璋內與高麗通和 挾詐以窺中國"

38) 608년 신라와 수의 교섭("王患高句麗屢侵封場 欲請隋兵以征高句麗 命圓光修乞師表 光曰 求自存而滅他 非沙門之行也 貧道在大王之土地 食大王之水草 敢不惟命是從 乃述以聞") 및 고구려의 신라 공격("二月 高句麗侵北境 虜獲八千人 四月 高句麗拔牛鳴山城")도 주의된다(『삼국사기』 권4, 신라본기4 진흥왕 30년[608]).

39) 山尾幸久, 1967 「大化前後の東アジア情勢と日本の政局」 『日本歷史』 229 ; 李成市, 1990 「高句麗와 日隋外交 —이른바 國書문제에 관한 一試論—」 『碧史李佑成敎授定年退職紀念論叢 民族史의 展開와 그 文化(上)』, 碧史李佑成敎授定年退職紀念論叢刊行委員會 ; 서영교, 2012 「阿莫城 전투와 倭」 『歷史學報』 216.

40) 李成制, 2012 「高句麗의 對倭外交와 東海交涉路」 『高句麗渤海研究』 43.

41) 『수서』 권81, 열전46 동이 백제. "明年[612] 六軍渡遼 璋亦嚴兵於境 聲言助軍 實持兩端" 백제의 兩端策에 대해서는 노중국, 2012 『백제의 대외 교섭과 교류』, 지식산업사, 367~369쪽 참조.

의식을 갖고 추진된 주변국 교섭의 하나였다고 이해된다.

그런데 이 무렵 동돌궐은 수 중심의 조공책봉질서에 순응하고 있었고, 수와 우호관계를 유지하기 위해 노력하고 있었다. 그런 만큼 고구려의 동돌궐 교섭은 성사 여부가 불투명했다고 할 수 있다. 그러면 고구려의 교섭 시도는 무모한 행위에 불과했을까. 이와 관련하여 다음의 사료가 주목된다.

E. 양제가 司朝謁者 崔君肅을 보내 조서를 가지고 가서 그[서돌궐 處羅可汗]를 위무해 회유하도록 하였다. 처라가한이 매우 거만하여 조서를 받고도 일어서지 않았다. 최군숙이 처라가한한테 말하였다. "돌궐은 본래 一國이지만, 중간에 나뉘어져 둘이 되었소. 스스로 서로 원수로 여기면서 매년 전쟁한 것이 수십 년이 지났지만, 서로를 없애지 못하였고, 계민과 處羅國이 그 세력이 대등함만을 분명히 알 수 있을 뿐이었소. 지금 계민이 그 부락을 일으켰고 군사 또한 백만인데, 입조하여 천자의 신하가 되었고, 참된 정성이 있는 것은 어째서이겠소? 다만 [처라]가한에게 간절한 한이 있지만 홀로 제어할 수 없으므로 낮추어 천자를 섬김으로써 漢兵을 빌리고 두 大國[동돌궐과 철륵]을 연결해서 [처라]가한을 없애고자 할 뿐이오.[42] (『수서』 권84, 열전49 북적 서돌궐)

위 사료는 608년 2월의 일로,[43] 수의 崔君肅(?~?)과 서돌궐 처라가한의 교섭 사실을 전하고 있다. 교섭에서 처음 서돌궐의 처라가한은 수에 고압적인 태도를 보였다고 한다. 일찍부터 수와 대립관계였을 뿐만 아니라 여전히 수 중심의 조공책봉질

---

42) "煬帝遣司朝謁者崔君肅齎書慰諭之 處羅甚踞 受詔不肯起 君肅謂處羅曰 突厥本一國也 中分爲二 自相仇敵 每歲交兵 積數十年 而莫能相滅者 明知啓民與處羅國其勢敵耳 今啓民舉其部落兵且百萬 入臣天子 甚有丹誠者 何也 但以切恨可汗而不能獨制 故卑事天子以借漢兵 連二大國 欲滅可汗耳"

43) 『자치통감』 권181, 수기5 대업 4년(608) 2월 기묘(6일).

서에 불응하고 있었던 것이다. 그러자 최군숙은 동돌궐과 서돌궐의 대치국면 속에서 계민가한이 수에 신속하였고, 그 이유가 서돌궐과의 대립 때문이었다고 설명하였다. 수와 동돌궐 그리고 철륵의 군사 동맹이 추진되고 있음도 밝혔다. 대규모의 공격이 진행될 수 있다고 한 것이다. 이에 따라 서돌궐의 처라가한은 태도를 바꿔 수에 신속의 의사를 내비쳤다고 한다.

위 사료는 수가 돌궐 제세력의 분열과 대립관계를 활용해 조공책봉질서를 구현해 간 일면을 보여준다. 그런데 한편으로 위 사료는 동돌궐과 수의 우호관계가 서로 다른 목적에서 추구되었음을 말해준다. 동돌궐은 동·서돌궐의 통일을 지향한 반면, 수는 분열과 대립 상황을 교섭에 적극적으로 활용하고 있었던 것이다. 그런 만큼 수는 돌궐의 통일의 바라지 않았다고 할 수 있다. 동돌궐에서도 이러한 사정을 몰랐을 리 없다. 그런 만큼 동돌궐과 수의 우호관계는 상호 이해관계에 따라 얼마든지 변화할 수 있었다. 다음의 사료가 주목된다.

> F. 1년 남짓 지나서 薛世雄을 玉門道行軍大將으로 삼아 돌궐의 계민가한과 連兵하여 伊吾를 공격하도록 하였다. 군대가 玉門에 도착하였는데, 계민가한은 약속을 배반하니 군대가 도착하지 않았다.[44] (『수서』 권65 열전30 설세웅)

위 사료는 608년 수와 동돌궐의 伊吾 공격계획과 그 실행 여부를 전한다.[45] 이때 동돌궐은 수와 함께 伊吾를 공격하고자 약속하였는데, 막상 군사행동이 시작되자 약속을 어기고 병력을 보내지 않았다고 한다. 동돌궐은 수에 철저히 신속된 것처럼 보였지만, 수의 의지대로만 움직이지는 않았던 것이다.[46] 수와 동돌궐은 조공책봉

---

44) "歲餘 以世雄爲玉門道行軍大將 與突厥啓民可汗連兵擊伊吾 師次玉門 啓民可汗背約 兵不至"
45) 사료의 시점은 『자치통감』 권181, 수기5 대업 4년(608) 동10월조에서 확인할 수 있다.
46) 始畢可汗(609~619)의 즉위 이후 동돌궐과 수의 동맹관계를 깨졌다고 이해된다. 이와 관련한 보

관계를 바탕으로 우호관계를 유지하였지만, 그 외형과 실상이 일치하지는 않았던 것이다.

이와 같은 실상은 고구려도 헤아리고 있었다고 생각된다. 더욱이 동돌궐은 고구려의 주요 교역 상대 중 하나였다. 예컨대 605년 동돌궐이 수와 함께 거란을 공격할 때, 그들은 고구려와의 교역상단으로 위장했다고 하는데, 거란은 이를 의심하지 않았다고 한다.[47] 이는 고구려와 동돌궐의 교역이 지속적이었음을 시사한다.[48] 이러한 사례를 보면 고구려와 동돌궐의 정치적 교섭은 607년을 비롯해 한정된 사료에만 나타나지만, 그 외에도 여러 차례 추진되었음직하다.

가령 사료 A에서 계민가한은 고구려의 사신을 숨기지 못해 양제에게 보였다고 한다. 하지만 이를 그대로 믿기는 어렵다. 그보다 계민가한은 양제가 방문할 때까지 고구려의 사신과 교섭하고 있었을 가능성이 높다.[49] 다만 그는 수와 우호관계를 유지하는 편이 낫다고 판단했고, 마침내 고구려의 사신을 공개하였던 것으로 생각된다. 이렇듯 결과적으로는 실패하였지만 고구려의 동돌궐 교섭이 일말의 가능성도 없는 것은 아니었다. 그러면 고구려는 동돌궐 교섭에서 무엇을 얻고자 했을까. 수의 위협을 막기 위해 동돌궐에 어떠한 요청을 하였을지 궁금하다. 보다 구체적인 교섭의 목적과 관련하여 다음의 사료가 주목된다.

G. 대업 3년(607) 양제가 榆林에 行幸하였다. [양제는] 塞外로 나가 군대를 사열하고 武威를 빛내고자 하였다. 돌궐의 가운데를 지나 涿郡으로 향하였는데, 이로 인해 染干[계민가한]이 놀라고 두려워할까 염려되어 먼저

다 자세한 논의는 金知英, 2014 『7세기 고구려의 대외관계 연구』, 숙명여자대학교 박사학위논문, 43~44쪽 참조.

47) 『수서』 권4, 고조上 대업 원년(605)8월 을사(18일) ; 『구당서』 권75, 열전25 韋雲起.

48) 노태돈, 1999 앞의 책, 428~429쪽 ; 2015 「고구려의 대외관계와 북아시아 유목민 국가」 『東洋學』 58, 檀國大學校 東洋學硏究院, 199쪽.

49) 李成制, 2015 앞의 논문, 154~155쪽.

156   고구려-수 전쟁

長孫晟을 보내 [돌궐로] 가서 황제의 뜻을 보이고 알리도록 하였다. 染干
이 그를 듣고, 소속된 部와 諸國, 奚·霫·室韋 등의 종족과 부락 수십 酋
長을 불러 모두 모이도록 하였다.[50] (『수서』권51, 열전16 長孫晟)

위 사료는 607년 6월 수 양제가 북방 변경지대를 순행하며 계민가한을 방문할
때의 사정을 전하고 있다.[51] 양제는 동돌궐 순행을 계획하고, 계민가한에게 長孫晟
(552~609)을 보냈다고 한다. 장손성을 통해 자신의 뜻을 전달하도록 한 것이다. 이
에 계민가한은 제세력을 소집했다고 한다. 이로 보아 제세력의 소집은 양제의 뜻이
었다고 생각된다. 위 사료에 보이듯 양제의 순행은 수의 군대를 사열하고 武威 즉
군사력을 과시하기 위한 것이었다.[52] 그러므로 제세력을 소집하도록 한 것은 계민
가한만 아니라 그 휘하의 諸部와 諸種族까지 접촉의 면을 넓힘으로써 수의 영향력
을 확대하고자 한 것으로 생각된다.

여기서 계민가한 소집한 제세력에 奚·霫·室韋가 포함된 사실이 주목된다. 해·
습·실위는 동돌궐의 세력범위 안에 있었지만, 그 거주지 내지 활동지역은 고구려
와 수 양국의 변경지대에 인접했다. 이들은 동돌궐·수·고구려, 세 나라와 모두 관
련되어 있었던 것이다. 따라서 양제의 동돌궐 순행과 제종족의 소집은 고구려로서
서방 변경지대의 안정을 위협할 수 있었다. 동돌궐과 제종족이 수의 영향권 하에
들어간다면, 고구려는 서방의 제세력으로부터 고립된 처지에 놓일 수 있었던 것이
다.

607년 고구려 동돌궐 교섭의 구체적인 목적은 이로부터 헤아려볼 수 있다. 현재
로서 고구려가 동돌궐과 교섭하면서 무엇을 내주고자 하였는지는 분명치 않지만,

---

50) "大業三年 煬帝幸榆林 欲出塞外 陳兵耀武 經突厥中 指于涿郡 仍恐染干驚懼 先遣晟往喻旨
    稱述帝意 染干聽之 因召所部諸國 奚·霫·室韋等種落數十酋長咸萃"
51) 『자치통감』권180, 수기4 대업 3년(607) 6월 정해(10일).
52) 堀敏一, 1979 앞의 논문, 123쪽.

서방 변경지대의 안정을 확보하기 위한 방안이 주요 의제로 논의되었을 것으로 추정된다. 해·습·실위 등의 제종족과 충돌을 방지하기 위한 방안도 그중의 하나였을 것이다. 고구려는 동돌궐을 통해 변경지대의 제종족과 불필요한 갈등은 없애길 바랐을 텐데, 그래야 서방 변경지대에서 진행되고 있던 수의 동진에 효과적으로 대응할 수 있었기 때문이다. 비록 동돌궐과의 확고한 동맹관계를 기대하기는 어려웠지만, 적어도 대립은 피하고자 했던 것이다.

제 4 장

요서정책의 충돌, 전쟁 결정과 개시

고구려와 수의 갈등은 요서에서 발단하였다. 612년 고구려-수 전쟁 역시 양국의 요서정책과 무관치 않았다고 예상된다. 이와 관련하여 교역의 중심지로서 요서를 주목하고 전쟁의 배경 중 하나를 교역권 문제에서 찾고자 한 연구가 주목된다.[1]

본서 2장에서 살펴본 것처럼 요서는 유라시아대륙 농목 전이지대의 동단으로, 동북아시아 농목교역의 중심지였고, 5~6세기를 통해 동아시아 교역의 중심지 중한 곳으로 성장하고 있었다. 그리고 보면 양국의 요서정책은 요서의 교역권 문제만아니라 농목 전이지대 전반의 교역, 나아가 그와 연관된 동아시아 제세력과 밀접했다고 생각된다.

본 장에서는 이를 염두에 두고, 수의 요서정책을 북방정책 속에서 살펴보고, 이를 어떠한 정치세력이 주도하였는지 생각해 보고자 한다. 이어 고구려의 요서정책 대외정책을 주도한 정치세력을 생각해 보고, 그와 같은 정책의 함의를 고찰해 보고

---

1) 김창석, 2013 『한국 고대 대외교역의 형성과 전개』, 서울대학교 출판부, 153~158쪽.

자 한다. 이를 통해 양국이 전쟁을 결정한 정치경제적 배경과 과정을 한층 세밀히 이해할 수 있기를 기대한다.

1. 수의 요서정책과 전쟁결정

수의 요서정책과 관련하여 먼저 다음의 표와 같은 長城의 수축이 참고다.[2]

표 3. 隋代의 長城 수축

구분	수축 시점/기간	수축 구간	인력 동원
1	581.4/2旬	汾州(山西省 隰縣)	稽胡 3만
2	581	黃河―朔方·靈武(寧夏回族自治區)―綏州(陝西省 綏德縣), 700리	정남 3만
3	581	臨渝鎭―幽州 北境	
4	582	朔方 동쪽 緣邊險要	정남 15만
5	587.2/2旬		정남 10만
6	607.7/1旬	榆林―紫河, 1000리	정남 100만
7	608.7	榆林谷(榆林 서쪽) 동쪽	정남 20만

〈표 3-1·2·4〉를 통해 보이듯 580년대 전반 수는 지금의 산서성과 섬서성 지역을 중심으로 서북 변경에 장성을 수축하였다. 그리고 〈표 3-3〉에 보이듯 581년 幽

---

2) 『수서』 권1, 제기1 고조上 개황 원년(581) 하4월. "是月 發稽胡修築長城 二旬而罷"; 『수서』 권60, 열전25 崔仲方. "及禪讓 (中略) 令發丁三萬 於朔方·靈武築長城 東至黃河 西拒綏州 南至勃出 嶺 綿亘七百里 明年[582] 上復令仲方發丁十五萬 於朔方已東緣邊險要築數十城 以遏胡寇"; 『수서』 권51, 열전15 長孫晟. "至開皇元年[581] 攝圖曰 我周家親也 今隋公自立而不能制 復何面 目見可賀敦乎 因與高寶寧攻陷臨渝鎭 約諸面部落謀共南侵 高祖新立 由是大懼 修築長城 發兵 屯北境 命陰壽鎭幽州 虞慶則鎭并州 屯兵數萬人以爲之備"; 『자치통감』 권176, 진기10 禎明 원 년(587) 2월. "隋發丁男十萬餘人 修長城二旬而罷"; 『수서』 권3, 煬帝上 大業 3年(607) 7月 辛亥 (4日). "發丁男百餘萬 築長城 西距榆林 東至紫河 一旬而罷"; 『수서』 권3, 煬帝上 大業 4년(608) 秋7月 辛巳(10日). "發丁男二十餘萬 築長城自榆林谷而東"; 『자치통감』 권181, 隋紀5 大業 4년 (608) 秋7月 辛巳(10日). "發丁男二十餘萬 築長城自榆谷而東〈此榆谷 當在榆林西〉"

州의 북방 변경에 장성을 수축하였다. 그러나 그로부터 한동안 수의 장성 수축 기사는 찾아볼 수 없다. 장성 수축이 재개된 것은 607년이었다.

〈표 3-6〉처럼 607년 榆林(내몽골 托克托縣)부터 紫河(내몽골 和林格尔縣)에 이르는 구간에 장성을 수축하였다. 주로 지금의 내몽골지역이었다. 『수서』 식화지에 따르면 천여 리에 이르렀다고 한다.[3] 이를 580년대 전반 장성 수축과 연관해 보면, 지금의 산서성·섬서성 일대에서부터 동쪽으로 장성을 연장해 나갔다고 볼 수 있다.

또한 〈표 3-7〉에 보이듯 수는 608년에도 이십여 만의 정남을 징발해 장성을 수축하였는데, 그 구간은 榆林谷부터 동쪽으로 이어졌다고 한다.[4] 지금의 내몽골 동쪽으로 장성을 확장하였던 것이다. 이와 관련하여 『수서』 오행지에서는 607~608년 장성의 수축과 관련한 민의 고충이 燕·代의 緣邊諸郡에 집중되었다고 한 사실이 참고된다.[5] 이를 보면 607~608년의 장성은 연·대의 변경 즉 화북평원의 동북 방면까지 이어졌다고 생각할 수 있다.[6] 이로써 수는 북방 변경의 전역에 걸쳐 장성을 연결하였다고 보이는데, 그 결과 秦·漢代 장성의 재현을 추구했다고 이해된다.

이처럼 수대의 장성은 크게 580년대 전반과 607~608년, 각각 서북 방면과 내몽골·동북 방면에 수축되었다. 이 중에서 서북 방면의 장성은 토욕혼과 돌궐을 방비

---

3) 『수서』 권24, 食貨. "明年(607) 帝北巡狩 又興衆百萬 北築長城 西距榆林 東至紫河 綿亘千餘里 死者大半"

4) 榆林谷은 다음의 사료처럼 榆谷으로도 나오는데, 榆林의 서쪽에 있었다고 한다. 『자치통감』 권181, 隋紀5 大業 4년(608) 秋7月 辛巳(10日). "發丁男二十餘萬 築長城自榆谷而東〈此榆谷 當在榆林西〉"

5) 『수서』 권22, 志17 五行上. "大業四年(608) 燕·代緣邊諸郡旱 時發卒百餘萬築長城 帝親巡塞表 百姓失業 道殣相望"

6) 608년 長城의 수축과 관련하여 다음의 사료도 참고된다. 『수서』 권21, 志16 天文下. "(大業) 三年 (607) 三月辛亥(8日) 長星見西方 竟天 干歷奎·婁 角亢而沒 至九月辛未(1日) 轉見南方 亦竟天 又干角亢 頻掃太微帝座 干犯列宿 唯不及參·井 經歲乃滅 占曰 去穢布新 天所以去無道 建有德 見久者災深 星大者事大 行遲者期遠 兵大起 國大亂而亡 餘殃爲水旱饑饉 土功疾疫 其後 築長城 討吐谷渾及高麗 兵戎歲駕 略無寧息 水旱饑饉疾疫 土功相仍 而有群盜並起 邑落空虛"

사진 11. 내몽골자치구 적봉(ⓒ한진성)

하기 위한 것으로, 특히 關中地域의 방어체계를 구축하는 데 그 목적이 있었다.[7] 이와 비교해 내몽골·동북 방면의 장성은 주로 동돌궐을 염두에 두었다고 생각된다.

다만 내몽골·동북 방면의 장성은 서북 방면의 장성과 수축의 목적에서 차이가 있었다고 보인다. 580년대 전반 수는 토욕혼과 돌궐에 수세적인 입장이었던 것과 비교해 607~608년 수는 동돌궐을 자국 중심의 국제질서 속에 두고 공세적인 입장을 취하고 있었기 때문이다. 예컨대 608년 수는 동돌궐의 계민가한을 萬壽戍(내몽골 탁극탄현 북쪽)에 거주하도록 하였고,[8] 그런 다음 장성을 수축하였다.

이와 관련하어 중원왕조의 장성이 북방 변경을 방어하기 위해서만 아니라 오히

---

7) 丁載勳, 2001 「隋 文帝(581~604)의 統一指向과 對外政策」 『中國史硏究』 13, 81~82쪽.

8) 『자치통감』 권181, 隋紀5 大業 5년(608) 4월. "乙卯(13日)詔以突厥啓民可汗 遵奉朝化 思改戎俗 宜於萬壽戍 置城造屋 其帷帳牀褥以上 務從優厚"

려 통제하기 위해 수축되었다고 한 지적이 주목된다.[9] 이를 참고해 보면 607~608년의 장성은 동돌궐을 방비하기보다 오히려 그를 비롯해 동북 방면에 대한 통제력을 강화하기 위해 수축하였다고 생각할 수 있다. 이와 관련하여 다음의 사료가 주목된다.

> A. 諸蕃에서 찾아오는 자는 예로써 대접하고 물건을 내려주기를 후하게 하였고, 命을 공손히 받들지 않는 자가 있으면 병력으로 그를 공격하였으며, 玉門·柳城의 밖에서 屯田을 크게 일으켰다.[10] (『수서』 권4, 양제下)

위 사료는 隋煬帝(재위: 604~618)에 대한 『수서』 찬자의 총평 중 일부로 대외정책의 성과를 요약하고 있다. 이 중에서 "玉門·柳城의 밖에서 屯田을 크게 일으켰다"고 한 사실이 주목된다. 옥문은 현재의 감숙성 酒泉으로 수대 장성 방어체계의 西端이었고,[11] 유성은 현재의 요령성 조양시로 장성 방어체계의 東端과 인접했다. 그러므로 '옥문과 유성의 밖'이란 장성의 외곽으로, 위 사료는 양제대 장성의 이북에서 屯田을 경영한 사실을 말해준다.

수에서는 왕조의 수립 직후부터 장성 이북 지역에 둔전을 경영하였다. 예컨대 583년 돌궐과 토욕혼이 변경을 침범하자 문제는 朔州總管 趙仲卿으로 하여금 장성 이북에서 둔전을 크게 일으켜서 변경지대를 안정시키도록 하였다.[12] 이러한 장성

---

9) 니콜라 디코스모 지음, 이재정 역, 2005 『오랑캐의 탄생』, 황금가지, 190~191쪽 ; 줄리아 로벨 지음, 김병화 옮김, 2007 『장성, 중국사를 말하다 ─문명과 야만으로 본 중국사 3천 년』, 웅진지식하우스, 64~66쪽.

10) "諸蕃至者 厚加禮賜 有不恭命 以兵擊之 盛興屯田於玉門·柳城之外"

11) 미야자키 이치사다 지음, 전혜선 옮김, 2015 『수양제 ─전쟁과 대운하에 미친 중국 최악의 폭군─』, 역사비평사, 120쪽. 漢代에도 長城의 西端은 玉門이었다(醒吾, 1993 「甘肅境內的漢長城」 『西北師範大學報』 1993-3, 100~101쪽).

12) 『수서』 권24, 志19 食貨. "是時突厥犯塞 吐谷渾寇邊 軍旅數起 轉輸勞敝 帝乃令朔州總管趙仲卿 於長城以北 大興屯田 以實塞下" ; 『수서』 권74, 열전39 趙仲卿.

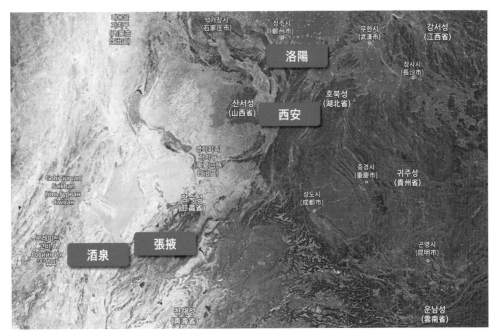

지도 3. 구글어스에서 본 西安–張掖–酒泉

이북은 농경민만 아니라 유목민이 공존하였고, 따라서 농경지대의 통치방식이 적용되기 어려웠다. 그래서 대안으로 제시된 것이 군사기지를 중심으로 한 軍政으로, 진·수는 이를 위한 군정기구였다.[13] 변경지대의 둔전은 주로 진·수와 같은 군사기지를 유지하기 위한 수단이었던 것이다.

이러한 수대의 북방정책은 양제대 더욱 적극적으로 추진되었다. 609년 토욕혼을 제압하고 지금의 청해성·신장위구르 지역에 군·현과 함께 진·수를 설치하고

---

13) 다음과 같은 賀婁子幹의 上書가 참고된다. 『수서』 권53, 열전18 賀婁子幹. "高祖以隴西頻被寇掠 甚患之 彼俗不設村塢 勅子幹勒民爲堡 營田積穀 以備不虞 子幹上書曰 比者兇寇侵擾 蕩滅之期 匪朝伊夕 伏願聖慮 勿以爲懷 今臣在此 觀機而作 不得準詔行事 且隴西·河右 土曠民希 邊境未寧 不可廣爲田種 比見屯田之所 獲小費多 虛役人功 卒逢踐暴 屯田疏遠者 請皆廢省 但隴右之民 以畜牧爲事 若更屯聚 彌不獲安 只可嚴謹斥候 豈容集人聚畜 請要路之所 加其防守 但使鎭戍連接 烽候相望 民雖散居 必謂無慮 高祖從之"

둔전을 개척하도록 한 것이 대표적인 성과였다.[14] 여기서 수가 요서에 진·수를 설치한 사실이 상기된다. 요서의 진·수는 사료 G에서 '유성 밖의 둔전'에 포함된다고 볼 수 있다. 그러하다고 할 때 진·수의 설치와 같은 수의 요서정책은 북방정책의 일환이었다고 이해된다. 그 목표는 동북 방면에 대한 통제력의 강화였을 것이다.

양제의 북방정책은 멸망의 원인으로 지목될 만큼 국가운영에 큰 부담이었다. 예컨대 청해성·신강성 지역의 진·수는 둔전만으로 유지가 어려웠고, 이에 서북의 郡縣으로부터 물자를 공급받아야 했다. 그러나 그에는 막대한 비용이 소모되었고, 그 결과 서북 郡縣의 농업생산마저 곤란해졌다고 한다.[15] 이러한 문제점은 동북 변경에서도 마찬가지였다.

B. 대업 7년(611) 12월. 황제는 지난해부터 고구려를 공격할 것을 도모하였는데, [이에] 조서를 내려 山東에 관부를 설치하고 말을 길러서 軍役에 공급하도록 하였다. 또한 民夫를 징발해 미곡을 운송하도록 하여 瀘河·懷遠의 두 鎭에 축적하도록 하였는데, 수레와 소가 가면 모두 돌아오지 못하였고, 士卒로 죽은 자가 반을 넘었으며, 농사짓는 시기를 놓쳐서 밭이 황폐해진 것이 많았다. 그에 더하여 기근이 들어 곡식의 가격이 앙등하였는데, 동북 변경이 더욱 심하여 米 한 斗의 가격이 수백 전이었다. 운반된 미곡 중에 혹여 조악한 것이 있으면 백성으로 하여금 사들여 이를 배상하도록 하였다. 또한 鹿車夫 60여 만을 징발하였는데, 두 사람이 함께 米 3石을 밀도록 하였다. 도로가 멀고 험하여 餱糧에도 충분치 못하였으니, 鎭에 도착하면 나를 것이 없었다. 모두 죄를 받을까 두려워하여 도망하였다. 뿐만 아니라 관리는 탐욕스럽고 잔인하여 약탈의 기회로 삼으

---

14) 『수서』 권83, 열전48 西域 土谷渾 ; 『자치통감』 권181, 隋紀5 大業 5年(609) 6月 癸丑(18日).

15) 『자치통감』 권181, 隋紀5 大業 5年(609) 6月. "自西京諸縣及西北諸郡 皆轉輸塞外 每歲鉅億萬計 經途險遠 及遇寇鈔 人畜死亡不達者 郡縣皆徵破其家 由是百姓失業 西方先困矣"

니, 백성은 곤궁해지고 재력은 모두 고갈되어 갔다. 安居하려고 하면 추위와 기근을 당할 수 없었으니, 죽을 날이 한꺼번에 다가왔고, 약탈하려고 하면 오히려 생명을 연장할 수 있었으니, 이에 비로소 서로 모여서 도적떼가 되었다.[16] (『자치통감』 권181, 수기5)

위 사료는 610년 이후 수의 고구려 공격 준비과정을 담고 있는데, 그에 따른 『자치통감』 찬자의 비판을 덧붙이고 있다. 고구려 공격을 위한 수의 거점은 노하진·회원진 등으로 주로 요서에 설치되었다. 그런데 요서는 서역과 마찬가지로 도로가 멀고 험하였다고 한다. 따라서 막대한 유지비용을 감당해야 했다. 미곡을 운송하는 데 餱糧에도 충분치 못하였다고 한 지적이 이를 잘 보여준다. 이렇듯 막대한 비용이 소요됨에도 불구하고 양제가 북방정책을 추진한 이유는 무엇이었을까.

양제대 북방정책의 목표를 이해하는 데에는 장성 이북 수의 군사기지가 설치·운용된 지역의 지리적 위치가 주목된다. 일찍이 지적된 것처럼 장성은 농경지대와 유목지대의 경계선에 자리했다. 그리고 진·수와 같은 수대의 군사기지는 이른바 농목 전이지대에 분포했다. 이와 같이 보면 농목 전이지대의 주요 지점이 군사적 요충지만 아니라 교역의 중심지였다는 사실이 상기된다. 동서 양단의 옥문과 유성이 그러하였다.

옥문은 漢 武帝代(재위: 기원전 141~87)부터 이른바 河西四郡의 일부로 개척되었는데,[17] 수·당대에도 실크로드의 주요 관문의 하나였다. 유성 역시 5세기 이후 동북아시아 교역의 중심지로 성장하고 있었다. 그러하다고 하면 양제대의 북방정

---

16) "帝自去歲謀討高麗 詔山東置府 令養馬以供軍役 又發民夫運米 積於瀘河·懷遠二鎭 車牛往者 皆不返 士卒死亡過半 耕稼失時 田疇多荒 加之饑饉 穀價踊貴 東北邊尤甚 斗米直數百錢 所運米或粗惡 令民糴而償之 又發鹿車夫六十餘萬 二人共推米三石 道途險遠 不足充餱糧 至鎭 無可輸 皆懼罪亡命 重以官吏貪殘 因緣侵漁 百姓困窮 財力俱竭 安居則不勝凍餒 死期交急 剽掠則猶得延生 於是始相聚爲羣盜"

17) 潘策, 1981「秦漢時期的月氏吳孫和匈奴及河西四郡的設置」『甘肅師大學報』1981-3, 50~54쪽.

사진 12. 구글어스에서 본 옥문관

책은 변경지대의 정치·군사적 안정만 아니라 교역로를 확보하기 위한 목적을 가지고 있었다고 추측해 볼 수 있다. 즉 서북방으로는 토욕혼을 공격함으로써 서역과의 교역로를 개척하고자 하였다면, 동북방으로는 고구려를 공격함으로써 서역부터 동북아시아에 이르는 교역로, 다시 말해 실크로드—오아시스로를 장악하고자 하였던 것이다.

　이와 관련하여 양제대 대운하를 비롯한 교통로의 정비가 주목된다.[18] 수 양제는 낙양을 陪都로 삼고,[19] 운하를 개통함으로써 江南의 물자를 이곳에 집적하도록 하

---

18) 이하의 내용은 胡戟, 1995 『隋煬帝新傳』, 上海人民出版社, 156~162쪽 ; 누노메 조후·구리하라 마쓰오 외 지음, 임대희 옮김, 2001 『중국의 역사 —수당오대』, 혜안, 35~36쪽 ; Victor Cunrui Xiong, 2006, *Emperor Yang of The Sui Dynasty—His Life, Times, and Legacy—*, State University of New york Press, 86~93쪽 ; 김창석, 2007 「고구려·수 전쟁의 배경과 전개 —경제적 요인을 중심으로—」 『東北亞歷史論叢』 15, 111~113쪽 참조.

였다.[20] 이를 통해 수는 강남지역의
풍부한 물자를 수취할 수 있었는데,
이러한 강남지역의 물자는 서역과의
교역에 활용되었을 것이다. 또한 수
는 608년 永濟渠를 개통하였다.[21] 영
제거는 陽洛과 涿郡을 연결한 운하
로, 흔히 영제거의 개통은 고구려를
공격하기 위한 것이었다.[22]

그림 13. 양제대의 운하, 영제거의 개통

607~608년 수는 내몽골·동북 방
면에 장성을 축조하였고, 진·수와 같
은 군사기지를 운용함으로써 북방 변
경의 항구적인 안정을 도모하였다고
하였다. 이로 보아 608년 영제거의 개
통은 고구려 공격만 아니라 내몽골·동북 방면 변경의 군사력을 유지하기 위한 군
수·보급로의 정비를 목표로 하였다고 짐작할 수 있다.

여기서 유성과 같은 북방 변경의 주요 지점이 농목교역의 중심지였다고 보면,
영제거의 개통은 교역로의 확대라는 관점에서 그 의미를 부여할 수 있다. 영제거를
개통함으로써 더욱 효율적인 유통이 가능해졌다고 이해되는 것이다.[23] 4세기부터

---

19) 陪都의 의미에 관해서는 朴漢濟, 2009 「隋唐代 陽洛의 都城構造와 그 性格」『중국고중세사연
　구』22, 362~363쪽 참조.

20) 丁載勳, 2004 앞의 논문, 36~44쪽.

21) 『수서』권3, 제기3 煬帝 上 大業 4年(608) 春 正月 乙巳(1일). "詔發河北諸郡男女百餘萬 開永濟
　渠 引沁水南達於河北 通涿郡"

22) 누노메 조후·구리하라 마쓰오 외 지음, 임대희 옮김, 2001 앞의 책, 36쪽 ; Victor Cunrui Xiong,
　2006 앞의 논문, 92쪽 ; 朴漢濟, 2009 앞의 논문, 372쪽. 이는 다음의 사료를 통해 보다 직접 언
　급되고 있다. 『수서』권68, 열전33 閻毗. "將興遼東之役 自洛口開渠 達於涿郡 以通運漕"

23) 존 맥닐·윌리엄 맥닐 지음, 유정희·김우영 옮김, 2007 『휴먼웹 —세계화의 세계사—』, 이산, 126쪽.

6세기 후반까지 서역·내륙아시아로부터 요서까지 동—서의 교역로가 확대되었다면, 이제 남방의 강남지역부터 북방의 초원지대까지 남—북의 교역로가 확대되었던 것이다. 이와 관련하여 다음의 사료가 참고된다.

> C. 대업 8년(612) 춘정월 임오(2일)에 다음과 같이 조서를 내렸다. "(중략) 또한 靑丘의 바깥에서는 모두 職貢을 닦고, 碧海의 끝에서는 함께 정삭을 받들어 왔는데, [고구려는] 드디어 다시 보물을 약탈하고 왕래하는 길을 막았으니, 포학함이 무고한 [나라]까지 미쳤고, 진실로 재앙을 맞았다. 사신의 수레가 사행의 명을 받아 수레를 탄 사신이 海東에 이르고 旌節이 이어지며 藩境을 지나가는 데, 도로를 막고 왕의 사신을 거절하니, 임금을 섬길 마음이 없는 것이다. 어찌 신하의 예라고 할 수 있겠는가! 이를 참는다면 무엇을 용납하지 못할까! (중략)"[24] (『수서』 권4, 제기4 양제下)

위 사료는 612년 수 양제의 고구려 공격 조서의 일부이다. 위 사료는 양제가 고구려 공격를 공격한 명분의 하나로, 수 측의 입장을 반영하고 있다. 위 사료에서 양제는 고구려가 靑丘 또는 碧海라고 한 동북아시아 諸國과 수의 통교를 막았다는 사실을 문제 삼고 있다.

후술하겠지만, 4~5세기 이후 고구려는 동북아시아 諸國을 신속 대상으로 인식하고, 교역권을 독점하고자 하였다. 이로 보아 위 사료에 나타난 양제의 문제제기는 동북아시아 諸國에 대한 교역권 문제를 포괄한 것으로 생각된다. 이미 590년대 중·후반 수는 동북아시아의 교역권을 장악하기 위해 고구려 공격을 구상·시도하였는데, 7세기 전반 교역로가 확대되면서 동북아시아 교역권의 경제적 가치는 더

---

24) "下詔曰 (中略) 又靑丘之表 咸修職貢 碧海之濱 同稟正朔 遂復奪攘琛賮 遏絕往來 虐及弗辜 誠而遇禍 輶軒奉使 爰暨海東 旌節所次 途經藩境 而擁塞道路 拒絕王人 無事君之心 豈爲臣之禮 此而可忍 孰不可容 (中略)"

욱 높아졌다. 이 점에서 양제대의 고구려 공격계획 수립은 동북아시아의 교역권 문제가 중요한 배경 중 하나로 작용하고 있었다고 이해된다. 그러면 612년 공격의 계획은 언제 수립되었을까.

수의 고구려 공격조서는 611년 2월에 반포되었다.[25] 그러나 고구려–수 전쟁은 그보다 먼저 준비되고 있었다. 다음의 사료가 주목된다.

D-1. ㉠ [대업] 6년(610)에 [양제가] 장차 고구려를 정벌하고자 하였는데, 有司에서 兵馬로 손실된 것이 이미 많다고 上奏하였다. 조서를 내려 다시 천하의 富人에게 그 貲産을 헤아려 市武馬를 [구입하기 위한] 돈을 내도록 부과하여 [兵馬]의 元數를 메우도록 하였는데, 기한을 정해 충족하도록 하였다. ㉡ 거듭 [조서를 내려] 병장기를 검열해 모두 정밀하고 새롭게 하도록 하였으며, 함부로 제작한 것이 있으면 사람을 시켜 곧 죽였다. 이때에 말이 한 필에 10만 [錢]까지 이르렀다.[26] (『수서』 권24, 志19 食貨.)

D-2. 대업 7년(611). 양제는 지난해부터 고구려 토벌을 논의하고, 조서를 내려 山東에 관부를 설치하고 말을 길러서 軍役에 공급하도록 하였다.[27] (『자치통감』 권181, 수기5)

---

25) 『수서』 권3, 제기3 양제上 대업 7년(611) 2월 임오(26일). "詔曰 武有七德 先之以安民 政有六本 興之以教義 高麗 高元 虧失藩禮 將欲問罪遼左 恢宣勝略 雖懷伐國 仍事省方 今往涿郡 巡撫民俗 其河北諸郡及山西·山東年九十已上者 版授太守 八十者 授縣令"; 『자치통감』 권181, 수기5 대업 7년(611) 2월 임오(26일). "下詔討高麗"

26) "[大業] 六年[610] 將征高麗 有司奏兵馬已多損耗 詔又課天下富人 量其貲産 出錢市武馬 填元數 限令取足 復黜兵具器仗 皆令精新 濫惡則 使人便斬 於是馬匹至十萬"

27) "帝自去歲謀討高麗 詔山東置府 令養馬以供軍役"

위 사료는 610년 수에서 고구려 공격을 위한 군마의 확보와 병장기 검열이 이루어진 사실을 전하고 있다. 그러므로 위 사료를 보면 수 양제는 610년에 고구려 공격을 결정하고, 이를 위한 준비를 시작하였다고 할 수 있다.

이와 관련하여 사료 D-1-㉠에서 有司의 보고와 양제의 대책 지시가 주목된다. 유사에서는 군마의 손실이 이미 많다고 하였고, 이에 양제는 군마의 확보를 위한 조세부과를 다시금 명하였다고 하였다. 이는 사료 D-2를 통해서도 살펴볼 수 있다. 610년 수 양제는 고구려 공격을 논의하고, 산동지역에 관부를 설치하고 군마를 기르도록 하였다고 한 것이다.

이렇듯 610년 수에서는 고구려를 공격하기 위해 군마를 확보하고자 하였는데, 이러한 조치는 607~609년 수가 내륙아시아의 제세력과 전쟁한 사실과 무관치 않다고 생각된다. 수는 607년 鐵勒으로부터 복속을 받았고,[28] 608년 철륵을 동원해 吐谷渾을 격파하였다.[29] 또한 608년에 서돌궐로 하여금 양제의 조서를 받도록 하였다고 한다.[30] 뿐만 아니라 608년 伊吾(신강성 哈密市, Hami)를 공격해 항복을 받았고,[31] 609년에는 토욕혼에 대한 공세를 이어갔다.[32] 그리하여 마침내 토욕혼을 제압하였고 서역 諸國의 복속을 받았으며, 서역과의 교역로를 확보하였다.[33] 이로써 수는 배구가 제안하였던 서역 경략을 성취하였다고 할 수 있는데, 이 과정에서 군마의 손실이 많았다고 이해된다.

이처럼 610년 수에서 고구려 공격을 위해 군마를 확보하고자 한 것은 607~609년 내륙아시아의 제세력과의 전쟁 때문이었다. 그렇다고 할 때 수에서 고구려 공격

---

28) 『수서』 권84, 열전49 북적 철륵. "大業 三年[607] 遣使貢方物 自是不絶云" ; 『자치통감』 권180, 수기4 대업 3년(607).

29) 『수서』 권83, 열전48 서역 토곡혼 ; 『자치통감』 권181, 수기5 대업 4년(608) 7월.

30) 『수서』 권83, 열전48 서역 서돌궐 ; 『자치통감』 권181, 수기5 대업 4년(608) 2월 기묘(6일).

31) 『자치통감』 권181, 수기5 대업 4년(608).

32) 『수서』 권83, 열전48 서역 토곡혼 ; 『자치통감』 권181, 수기5 대업 5년(609) 5월.

33) 『수서』 권83, 열전48 서역 토곡혼 ; 『자치통감』 권181, 수기5 대업 5년(609) 6월 병오(11일) 및 계축(18일).

을 결정한 것은 609년 토욕혼과의 전쟁을 마치고 난 이후였다고 할 수 있다.

사료 D-1-ⓛ에서 병장기의 검열이 이루어진 사실도 관심을 끈다. 양제는 609년에도 토욕혼을 공격하기에 앞서 군대의 실상을 대대적으로 검열하였는데, 이와 함께 병장기를 검열하였다고 보인다.[34] 이러한 사실을 염두에 두면, 610년의 병장기 검열은 토욕혼과의 전쟁에서 파손·결실된 병장기를 수리·보완하는 한편, 고구려 공격을 위한 준비과정의 일환이었다고 이해된다.

이상과 같이 수에서는 607~609년 내륙아시아의 제세력과 전쟁하였고 이를 제압한 다음, 곧 고구려 공격을 결정하고 준비를 시작하였다. 비록 수 양제의 고구려 공격 조서는 611년에 반포되었지만 이미 609년부터 수의 고구려 공격은 기정사실로 굳어졌던 것이다. 이를 전후한 수의 고구려 공격 준비과정은 〈표 4〉와 같이 정리할 수 있다.[35]

표 4. 수의 전쟁 준비과정(610~611)

연번	연월	내용	징발 지역	이동·공급 지역
1	610.	군마 양육	山東	
2	610.	양곡 비축		瀘河鎭·懷遠鎭
3	611. 4. 이전	병사 징발	天下	涿郡
4	611. 4. 이전	水手·弩手 징발	江·淮以南	涿郡
5	611. 4. 이전	排鑹手 징발	嶺南	涿郡
6	611. 5	戎車 제작	河南·淮南·江南	高陽
7	611. 5	衣甲幔幕 수송	河南·淮南·江南	高陽
8	611. 5	民夫 징발	河南·河北	
9	611. 7	民夫 징발	江南·淮南	黎陽倉·洛口倉 → 涿郡
10	611. 7	船舶 징발	江南·淮南	黎陽倉·洛口倉 → 涿郡
11	611. 7	米穀 운송	江南·淮南	黎陽倉·洛口倉 → 涿郡

---

34) 『수서』 권61, 열전26 雲定興. "[대업] 五年[609] 大閱軍實 帝稱甲仗爲佳 述奏曰 並雲定興之功 也 擢授少府丞"

수의 고구려 공격계획은 누가 주도했을까. 배구의 『고려풍속』을 통해 살펴본 것
처럼 양제는 즉위 직후부터 사이 경략을 구상하였고, 사이 경략은 동아시아 교역권
의 장악과 밀접하였다. 그런데 수에서 교역과 대외전쟁에 적극적이었던 것이 양제
만은 아니었다. 예컨대 598년 고구려에 대한 반격시도나 605년 임읍 공격은 관롱집
단이 주도하였다.

하지만 양제의 즉위 이후 대외전쟁은 대부분 그가 주도하였다. 이를 통해 양제
는 관롱집단을 비롯한 주요 정치세력을 통제하고 집권력을 장악하고자 하였던 것이
이다.[36] 더욱이 양제는 제위계승 분쟁을 통해 즉위하였고, 이에 정통성에 한계를
가지고 있었다. 유목사회 계통의 군주는 이러한 불안정한 제위 계승의 한계를 대외
적인 성과를 통해 극복하고자 하였는데, 양제의 고구려 공격 역시 그러한 목적을
가지고 있었다.[37] 수의 고구려 공격계획은 관롱집단에 의해 시작되었지만, 이제 양
제의 정치적 목적을 위한 것으로 전유되고 있었던 것이다.

이처럼 수 양제의 고구려 공격은 동북아시아 교역권의 장악을 목적으로 구상되
었고, 그 안에는 황제권의 강화란 양제의 정치적인 목적이 담겨져 있었다. 그러므
로 양제는 612~614년 고구려 공격이 실패하고, 신료의 대부분이 고구려와 전쟁을
반대했음에도 불구하고 이를 용납지 못하고 지속적인 공격에 나설 수밖에 없었다
고 해석된다.[38] 황제권과 직결된 문제였기 때문이다.

---

35) 『자치통감』 권181, 수기5 대업 7년(611) 하4월. "先是詔總徵天下兵 無間遠近俱會於涿 又發江·
淮以南水手一萬人·弩手三萬人·嶺南排鑹手三萬人 於是四遠奔赴如流"; 『자치통감』 권181, 수
기5 대업 7년(611) 5월. "敕河南·淮南·江南 造戎車五萬乘 送高陽 供載衣甲幔幕 令兵士自挽之
發河南·北民夫 以供軍須"; 『자치통감』 권181, 수기5 대업 7년(611) 7월. "發江·淮以南民夫及船
運黎陽及洛口諸倉米至涿郡 舳艫相次千餘裏 載兵甲及攻取之具 往還在道常數十萬人 塡咽於
道 晝夜不絕 死者相枕 臭穢盈路 天下騷動"; 『자치통감』 권181, 수기5 대업 7년(611). "帝自去歲
謀討高麗 詔山東置府 令養馬以供軍役 又發民夫運米 積於瀘河·懷遠二鎭"

36) 김선민, 2003 앞의 논문, 189~190쪽 ; 丁載勳, 2004 앞의 논문, 33~34쪽.

37) 朴漢濟, 1988 『中國中世胡漢體制硏究』, 一潮閣, 150~151쪽 ; 1993 「七世紀 隋唐 兩朝의 韓半島
進出 經緯에 대한 一考 −隋唐初 皇帝의 正統性問題와 關聯하여−」 『東洋史學硏究』 43, 4~17쪽
및 40~52쪽.

2. 고구려의 정국동향과 전쟁결정

607년을 전후하여 고구려는 수의 위협을 막기 위해 다방면으로 노력하였다. 607
년 동돌궐 교섭이 그러한 노력을 단적으로 보여준다고 할 수 있다. 이러한 사실은
당시 고구려에서 수 양제의 전쟁구상을 감지하고 있었음을 시사한다.

그런데 고구려는 이와 같은 수의 공세에 유연한 태도를 취하기보다 적극적으로
맞섰다. 607년의 입조 요구에도 별다른 반응을 보이지 않았다. 만약 고구려가 수와
의 전쟁을 막고자 하였다면, 이러한 대외정책은 추진되기 어려웠을 것이다. 이와
같은 대외정책은 누가 주도하였을까. 이와 관련하여 다음의 사료가 참고된다.

> E. 영양왕 11년(600) 춘정월에 조서를 내려 大學博士 李文眞으로 하여금 古
> 史를 묶어 『新集』 5권을 만들도록 하였다. 國初에 처음으로 文字를 사용
> 할 때 어떤 사람이 事實을 100권으로 기술하였는데, 이름하여 『留記』라
> 고 하였다. 이때에 이르러 [『유기』를] 刪修한 것이다.[39] (『삼국사기』 권20,
> 고구려본기8)

위 사료는 『新集』을 편찬한 사실을 전하고 있다. 『신집』은 어떠한 내용을 담고 있
었고, 어떠한 목적에서 편찬되었을까.[40]

---

38) 예컨대 다음의 사료가 주목된다. 『자치통감』 권182, 수기6 대업 11년(615) 8월 무진(8일). "民部尙
書樊子蓋曰 陛下乘危徼幸 一朝狼狽 悔之何及 不若據堅城以挫其銳 坐徵四方兵使入援 陛下親
撫循士卒 諭以不復征遼 厚爲勳格 必人人自奮 何憂不濟 內史侍郎蕭瑀以爲 突厥之俗 可賀敦
預知軍謀 且義成公主以帝女嫁外夷 必恃大國之援 若使一介告之 借使無益 庸有何損 又將士之
意 恐陛下旣免突厥之患 還事高麗 若發明詔 諭以赦高麗 專討突厥 則衆心皆安 人自爲戰矣 瑀
皇后之弟也 虞世基亦勸帝重爲賞格 下詔停遼東之役 帝從之"
39) "詔大學博士李文眞 約古史爲新集五권 國初始用文字時 有人記事一百권 名曰留記 至是刪修"
40) 이와 관련한 여러 논의는 趙仁成, 1985 「三國 및 統一新羅의 歷史敍述」, 韓國史硏究會 編, 『韓
國史學史의 硏究』, 乙酉文化社, 14~15쪽 ; 朴成熙, 1999 「古代 三國의 史書 편찬에 대한 재검
토」 『震檀學報』 88, 29~31쪽 참조.

먼저『신집』의 편찬자가 주목된다.『신집』은 영양왕의 명으로 大學博士 李文眞이 편찬하였다고 한다. 大學은 國立의 유교 교육기관으로 대학박사는 그 교수였다.[41] 왕명으로 대학박사가 편찬하도록 했다고 보면『신집』편찬은 국왕이 주도한 국책사업이었다고 할 수 있다. 또 대학이 유교 교육이었다는 점을 고려해 보면『신집』은 忠과 같은 유교의 정치사상을 통해 국왕 중심의 정치를 강조하기 위한 목적을 담고 있었다고 짐작할 수 있다.[42]

다음으로『신집』이 편찬된 시점이 주목된다.『신집』은 600년에 편찬되었다고 하였다. 598년 수와의 전쟁위기를 넘긴 직후에 편찬이 이루어진 것이다. 이때 고구려는 수와 화평 관계를 맺었다고 하지만, 양국의 갈등은 잠재되어 있었다. 뿐만 아니라 이 무렵 고구려는 한강 유역을 회복하기 위해 남방의 백제·신라와 경쟁하고 있었다. 서방의 긴장이 온전히 해소되지 않은 가운데 남방의 안정이 요구되는 상황이었던 것이다.

이와 같이 보면『신집』의 편찬을 통해 국왕 중심의 정치를 강조하고자 한 것은 왕권 강화의 결과였다기보다 오히려 그 필요성이 요구되었던 사정을 반영한다고 생각한다. 그러면 그 성과는 어떠하였을까. 이와 관련하여 고구려-수 전쟁의 주요 지휘관으로 王弟 建武와 大臣 乙支文德이 활약한 사실이 참고된다.

먼저 건무는 평양성 공방전에서 來護兒의 공격에 맞서 결사대를 이끌었고, 마침내 이 전투의 승리를 주도하였다.[43] 그는 영양왕의 異母弟로, 618년 영양왕의 사후 왕위를 계승했다(榮留王).[44] 그런데 영양왕은 565년에 太子가 되었고,[45] 590년에 즉

41) 盧重國, 1979「高句麗律令에 關한 一試論」『東方學志』21, 110쪽.
42) 李基白, 2011『韓國史學史論』, 一潮閣, 18~19쪽.
43)『북사』권76, 열전64 來護兒. "高元弟建驍勇絶倫 率敢死數百人來致師";『수서』권64, 열전29 來護兒. "於是縱軍大掠 稍失部伍 高元弟建武募敢死士五百人邀擊之"
44)『삼국사기』권20, 고구려본기8 영류왕 원년(618). "榮留王 諱建武〈一云成〉 嬰陽王異母弟也 嬰陽王在位二十年薨 卽位"
45)『삼국사기』권19, 고구려본기7 평원왕 7년(565) 춘정월. "立王子元爲太子"

위하였다.[46] 이로 보아 612년 고구려-수 전쟁에서 영양왕은 老年期였다고 짐작된다. 그러므로 이모제 건무가 왕위를 계승했다고 보면, 이 무렵 건무는 왕위계승 후계자 내지 유력한 후보자가 아니었을까 한다.[47] 즉 건무는 왕실의 일원이자 대표자였다고 생각된다.

다음으로 을지문덕은 우중문·우문술이 지휘한 30만 군의 평양성 직공을 방어하였고, 그를 추격해 살수전투를 승리로 이끌었다. 을지문덕은 大臣이었다고 하는데, 수에서 그를 국왕에 버금가는 인물로 인식하고 있었다.[48] 이에 따라 『通典』과 같은 후대의 문헌기록에서는 國相으로 표현하였다고 보인다.[49] 이로 미루어 보아 을지문덕은 大對盧로서 영양왕대 귀족회의[50]의 수장이었을 가능성이 높다. 그런데 을지문덕은 世系를 알 수 없다고 하였다.[51] 이로 보아 그는 전통적인 귀족과 거리

---

46) 『삼국사기』 권20, 고구려본기8 영양왕 원년(590). "嬰陽王〈一云平陽〉 諱元〈一云大元〉 平原王長子也 風神俊爽 以濟世安民自任 平原王 在位七年立爲太子三十二年王薨太子即位"

47) 이와 관련하여 다음의 사료가 주의된다. 『구당서』 권3, 본기3 태종下 정관 16년(642). "是歲 高麗大臣蓋蘇文弑其君高武 而立武兄子藏爲王" 이 사료는 淵蓋蘇文의 정변을 전하고 있는데, 寶藏王을 嬰留王의 兄子라고 하여 寶藏王이 嬰陽王의 王子일 가능성을 제기하고 있기 때문이다. 이와 같이 보면 嬰陽王의 異母弟인 嬰留王이 즉위한 데에는 복잡한 정치적 문제가 있었다고 짐작할 수 있다(임기환, 2004 『고구려 정치사 연구』, 한나래, 300~301쪽 ; 田美嬉, 1994 「淵蓋蘇文의 執權과 그 政權의 性格」, 李基白先生古稀紀念 韓國史學論叢刊行委員會, 『李基白先生古稀紀念 韓國史學論叢(上)』, 一潮閣, 278쪽 및 주22). 그런데 대부분의 자료에서 寶藏王은 王弟의 子로 나온다. 『자치통감』 권196, 당기12 정관 16년(642) 11월 정사(5일)에서 "立王弟子藏爲王"라고 한 것이 대표적으로 『삼국사기』에는 보다 구체적으로 建武의 王弟 太陽王의 子로 하였다[권21, 고구려본기9 보장왕 원년(642) 동11월]. 그러므로 寶藏王이 嬰陽王의 王子일 가능성은 쉽게 단정하기 어렵다. 이에 본서에서는 嬰陽王代 王弟 建武(嬰留王)를 왕위계승 후계자 내지 그의 유력한 후보자였다고 생각한다.

48) 『수서』 권60, 열전25 于仲文. "仲文先奉密旨 若遇高元及文德者 必擒之"；『수서』 권61, 열전26 宇文述. "會乙支文德來詣其營 述先與于仲文俱奉密旨 令誘執文德"；『자치통감』 권181, 수기5 대업 8년(612) 6월 기미(11일). "高麗遣大臣乙支文德詣其營詐降 實欲觀虛實 于仲文先奉密旨 若愚高元及文德來者 必擒之"

49) 『통전』 권155, 병8 敵饑以持久弊之. "會高麗國相乙支文德來詣"

50) 고구려 후기 귀족회의의 운영에 관해서는 尹成龍, 1997 「高句麗 貴族會議의 成立過程과 그 性格」, 『韓國古代史硏究』 11, 354~362쪽 참조.

51) 『삼국사기』 권44, 열전4 을지문덕. "未詳世系"

가 있어 보인다. 신진 귀족이었다고 생각된다.[52]

이처럼 건무와 을지문덕을 통해 볼 때 고구려-수 전쟁은 왕실과 신진 귀족세력을 중심으로 수행되었다고 이해된다. 앞서 살펴본 것처럼 평원왕·영양왕과 신진 귀족세력은 대외정책과 전쟁에 적극적인 면모를 보였고, 598년 요서 공격 역시 그들이 주도하였다. 그러므로 598년 요서 공격과 612년 고구려-수 전쟁을 왕실과 신진 귀족세력이 주도한 것은 영양왕의 기대처럼 왕권이 비교적 안정된 사실을 반영한다고 생각된다. 이 점에서 607년을 전후한 대외정책도 국왕과 신진 귀족세력이 주도하였다고 이해된다.

이와 같은 왕권의 안정은 국왕 중심의 집권적 국가체제의 정비를 목표로 하였는데, 이는 고구려-수 전쟁과 무관치 않았다고 보인다. 여기서 집권적 국가체제의 정비란 귀족세력의 입장에서 인력과 물자의 부담을 의미했을 것이다.

6세기 중반 이후 고구려의 정치체제는 이른바 귀족연립체제로 설명된다.[53] 주요 귀족의 합의를 통해 주요 국정이 논의되고 결정되었던 것이다. 이로 보아 영양왕대 국왕 중심의 집권적 국가체제의 정비와 대외정책은 신진 귀족세력만 아니라 전통적인 귀족세력을 포함한 지배층 전반의 동의가 수반되었다고 생각된다. 고구려의 지배층은 어째서 전쟁을 감수하였을까.

이와 관련하여 6~7세기 고구려의 사회경제적 기반과 정치체제의 변화가 고려된다. 4~5세기 고구려는 중앙집권적 국가체제를 정비하고 대외적인 영역확장을 이루었으며, 이를 통해 6세기 중반까지 太王으로 상징되는 국왕 중심의 정치체제를 운영하였다. 이와 같은 국가·정치체제의 변동은 3세기 이후 철기가 보급되고 농업생산력이 증대되며, 토지와 인민의 확보가 중시된 결과였다. 토지와 인민의 확보가 중시되며 국왕과 귀족을 비롯한 지배층은 중앙집권적 국가체제의 정비를 통

---

52) 임기환, 2004 앞의 책, 277쪽 및 補註 참조.
53) 노태돈, 1999 『고구려사 연구』, 사계절 ; 임기환, 2004 앞의 책, 282~286쪽.

해 대외적인 정복전쟁을 추진하였고,[54] 정복전쟁에서 획득한 토지와 인민에 대한 분배권을 국왕이 행사함으로써 국왕 중심의 정치체제가 마련되었다.

그런데 6세기 이후 고구려의 정복전쟁과 영역확장이 지속되지 못하였다. 오히려 6세기 중반에는 백제·신라의 연합군으로부터 한강유역을 상실했다. 농기구나 농법의 개량을 통한 농업생산력 역시 비약적인 발전을 기대하기 어려웠다. 하지만 이와 비교해 주요 귀족을 위시한 지배층의 사회경제적 요구는 축소·중단되기는커녕 오히려 가중되고 있었다고 보인다.

427년 평양천도 이후 고구려에서는 국내성 도읍기부터의 전통적인 귀족세력이 존재했을 뿐만 아니라 그와 대비되는 신진 귀족세력이 형성되고 있었다.[55] 3세기 이후 농업생산력의 발전과 사회변동 속에서 촌락의 호민층 중 일부가 성장하였고, 4세기 이후에는 낙랑·대방계 豪族과 중국계 망명인이 고구려의 귀족관료로 흡수되었다.[56] 그러므로 한정된 자원의 분배문제를 둘러싸고 갈등의 소지가 높았다. 6세기 중반 왕위계승을 둘러싼 귀족세력 간의 분쟁이 그와 같은 갈등의 결과였다고 해석된다.[57]

그럼에도 불구하고 6세기 중반부터 7세기 중반까지 고구려의 정치체제가 급속히 동요하지는 않았다. 비교적 안정적인 정치체제를 유지해 나갔는데, 이를 흔히 귀족연립체제 혹은 귀족연립정권이라고 부른다.[58] 이러한 귀족연립정권 성립과 관련하여 주목되는 것이 교역이다.[59]

---

54) 여호규, 1995 「3세기 고구려의 사회변동과 통치체제의 변화」 『역사와 현실』 15, 159∼160쪽.

55) 임기환, 2004 앞의 책, 269∼281쪽.

56) 공석구, 2003 「4∼5세기 고구려에 유입된 중국계 인물의 동향 ―문헌자료를 중심으로―」 『韓國古代史研究』 23 참조.

57) 임기환, 1996 「후기의 정세변동」, 노태돈 외, 『한국사』 5, 국사편찬위원회, 98쪽.

58) 노태돈, 1999 앞의 책, 437∼456쪽 ; 임기환, 2004 앞의 책, 282∼286쪽.

59) 이하 교역과 관련된 용어와 개념은 김창석, 2004 『삼국과 통일신라의 유통체계 연구』, 일조각, 20∼25쪽 ; 콜린 렌프류·폴 반 지음, 이희준 옮김, 2006 『현대 고고학의 이해』, 사회평론, 357∼392쪽 참조.

고구려는 일찍부터 5나부 교역의 창구를 일원화하고 국가 주도의 교역체계를 마련하였다.[60] 이로써 고구려의 국왕은 대외전쟁은 물론이고 교역을 통해 획득한 경제적 이득의 재분배를 담당하며 중앙집권적 국가체제를 정비해 나갈 수 있었다. 물론 3세기 중반까지 고구려의 대외적인 교역은 위신재의 획득처럼 정치적인 목적의 호혜적 교환에서 크게 벗어나지 않았다고 생각된다. 그럼에도 불구하고 4세기 이후 사치품을 중심으로 상업적 교환, 구체적으로 시장교환이 시작되었다고 이해된다.[61]

이와 같은 변화 속에서 4~5세기 이후 고구려는 동북아시아의 諸國의 교역권을 장악하였고, 요서정책을 통해 중원왕조 및 내륙아시아의 유목세력과 농목교역을 전개하였다. 그런 만큼 6세기 이후 고구려의 국왕과 귀족세력은 교역에 적지 않은 관심을 기울였다고 짐작된다. 국왕은 조공과 같은 국가 주도의 교역에서 얻어진 경제적 이익을 재분배함으로써 왕권의 안정을 도모하고자 하였고, 귀족세력 역시 그에 동참해 경제적 이익을 분배받고자 하였다고 생각되기 때문이다.

이때 주요 귀족세력은 나름의 상단을 조직해 교역에 나섰을 수 있다. 예컨대 605년 동돌궐의 계민가한이 고구려와의 교역을 위한 대규모 상단으로 위장한 사실은 평소 고구려에서도 대규모 상단이 조직되어 동돌궐 등과 교역하였음을 말해준다. 그런데 어떠한 형태의 교역이든 국가·정치체제의 안정이 요구되었을 것이다. 이 점에서 6세기 중반 귀족연립정권이 성립한 배경의 하나로 교역이 주목된다. 더욱이 5세기 이후 요서는 동북아시아 농목교역의 중심지로 부상하고 있었다. 이로 보아 요서에 대한 고구려의 관심은 더욱 높아졌다고 생각된다.

위와 같은 사회경제적 배경 속에서 고구려의 지배층은 수의 북방정책과 요서정

---

60) 金基興, 1987「고구려의 성장과 대외교역」『韓國史論』 16, 서울대학교 국사학과 ; 노태돈, 1999 앞의 책, 120~121쪽 ; 金昌錫, 2004 앞의 논문, 13쪽 ; 윤용구, 2006「高句麗의 흥기와 幘溝漊」, 신종원 외, 『고구려의 역사와 대외관계』, 서경문화사, 15~23쪽.
61) 김창석, 2013 앞의 책, 134~141쪽.

책에 적극적으로 대응하고자 하였다고 이해된다. 그리고 수의 공격이 예상되는 가운데 국왕 중심의 집권적 국가체제 정비에 동의하고, 고구려—수 전쟁을 수행하였다고 판단된다. 수의 고구려 공격에서 비롯되었지만, 한편으로 고구려 지배층의 정치적 선택이 작용하고 있었던 것이다.

3. 변경의 국지전과 전쟁의 개시

양국의 전쟁은 612년에 시작되었다. 하지만 그보다 먼저 양국은 요서에서 국지적인 전투를 전개하고 있었다.

> F. 대업 8년(612) 춘정월 임오(2일). ㉠ [고구려는] 亡叛者를 꾀어 받아들이기가 끝이 없었고, 변방에 가득하여 烽候를 매우 수고롭게 하였으니, 변방의 경계가 이로 인하여 조용하지 못하였고, 生人은 이로 말미암아 業을 폐하게 되었다. ㉡ 이전의 薄伐에서 天網을 벗어났으니, 이미 이전에 사로잡혀 誅戮될 것이 늦추어졌고, 곧바로 후에 항복한 것을 誅殺하지 아니하였다. ㉢ [그러나] 거듭하여 은혜를 생각하지 않고 도리어 惡을 길렀다. 契丹의 무리를 아울러 海戍를 죽였고[虔劉海戍], 靺鞨의 일을 익혀서 遼西를 침범하였다[侵軼遼西].[62] (『수서』 권4, 제기4 양제下)

위 사료는 612년 수 煬帝(재위: 604~618)가 반포한 고구려 정벌 조서의 일부로 수 측의 전쟁 명분을 담고 있다. 그러므로 위 사료의 내용을 그대로 믿기는 어려운 점이 있다. 그럼에도 불구하고 아래와 같은 정황으로 보아 위 사료는 일정한 역사

---

62) "誘納亡叛 不知紀極 充斥邊垂 亟勞烽候 關柝以之不靜 生人爲之廢業 在昔薄伐 已漏天網 旣緩前擒之戮 未卽後服之誅 曾不懷恩 翻爲長惡 乃兼契丹之黨 虔劉海戍 習靺鞨之服 侵軼遼西"

적 사실을 반영하고 있다고 생각한다. 그 내용상 ㉠~㉢으로 구분해 볼 수 있다.

먼저 위 사료의 사료 F-㉠에서 亡叛者의 존재가 주목된다. 수로부터 이탈해 고구려로 넘어간 자가 있었다는 것이다. 그중에는 수 내부의 반란세력도 있었을 수 있다. 그런데 고구려와 수의 변경지대를 고려해 보면, 망반자란 수 내부의 반란세력만 아니라 거란·말갈을 비롯한 요서의 제종족을 포함한다고 생각할 수 있다. 583년 수의 요서진출 이후 요서 제종족의 상당수가 수의 세력범위에 포섭되었다고 하였다. 이에 대해 고구려 역시 요서 제종족에 대한 회유책을 전개하였다고 예상할 수 있는데, 수에서는 이를 불만으로 생각하고 사료 F-㉠과 같이 지적하였다고 이해된다.

또한 F-㉠에서 고구려가 "변방에 가득하여 烽候를 매우 수고롭게 하였으니, 변방의 경계가 이로 인하여 조용하지 못하였"다고 한 사실도 관심을 끈다. 물론 '변방에 가득하여'라는 표현은 수 측의 과장일 수 있다. 다만 이러한 표현은 요서에서 고구려의 군사활동이 있었고, 그러한 활동이 일회적이지 않았음을 시사한다. 이와 같은 사료 F-㉠의 내용은 고구려에 대한 일반적인 평가라고 할 수 있다. 그러므로 수 왕조의 수립 이후 요서에서 발생한 고구려-수의 갈등을 반영한다고 이해된다.

고구려와 수의 갈등은 먼저 598년 전쟁위기로 표출되었는데, 이와 관련하여 사료 F-㉡에서 '薄伐'이란 표현이 주의된다. 박벌은 정벌을 의미한다. 박벌은 598년 수의 고구려 공격을 가리킨다고 생각된다. 박벌에서 "天網을 벗어났다"고 한 점으로 보아도 그러한데, 598년 수의 고구려 공격은 실행되지 못하였기 때문이다.

이와 같이 볼 때 사료 F-㉢이 주목된다. 이를 보면 고구려는 거란과 말갈을 통해 海戍를 죽이고[虔劉海戍], 遼西를 침범하였다[侵軼遼西]고 하였다. 흔히 이와 같은 고구려의 군사활동은 598년 고구려의 요서 공격과 동일한 사건으로 간주되고 있다.[63] 그리고 598년 이후 고구려가 영주를 중심으로 요서를 장악하였다고 파악한

---

63) 윤명철, 2003 『고구려 해양사 연구』, 사계절, 315쪽 ; 이성제, 2005 앞의 책, 146쪽.

견해가 있었다.[64]

사료 F-ⓒ에서 고구려가 "거듭하여 은혜를 생각하지 않고 도리어 惡을 길렀다"라고 한 사실이 주목된다. 이는 박벌 이후 고구려의 태도를 문제 삼은 것이다. 그러므로 사료 F-ⓒ의 시점은 598년 이후로 파악된다. 하지만 그 내용이 영주 지역을 중심으로 한 고구려의 요서지배를 의미한다고 생각하기는 어렵다. 598년 이후 수는 요서에 진·수를 설치하며 東進하고 있었기 때문이다. 그러면 '건류해수'와 '침질요서'의 의미는 무엇일까.

일단 '해수'라고 하면 요서의 해안 지역에 설치된 수의 진·수를 떠올려 볼 수 있다. 그리고 '요서'란 비교적 넓은 지역을 의미하지만, 이 무렵 요서의 주요 교통로에 회원진과 같은 진·수가 설치되고 있었음을 고려하면, 요서란 이를 가리킨다고 생각할 수 있다. 즉 '건류해수'와 '침질요서'란 고구려가 요서에 설치된 수의 진·수를 공격한 사실을 가리킨다고 이해된다.

이처럼 위 사료는 598년 이후 요서 고구려의 군사활동, 구체적으로 수의 진·수를 공격한 사실을 반영하고 있다. 그러므로 위 사료를 통해 수의 요서정책과 동진에 대한 고구려의 견제를 확인할 수 있다. 다만 적어도 607년까지 양국은 표면적이나 우호적 관계를 유지하였다고 하였다. 그러므로 고구려가 수의 진·수에 대한 본격적인 공격을 시도한 것은, 수의 고구려 공격계획이 구상된 607년 무렵이었다고 생각된다.

후술하겠지만, 수는 고구려를 공격하기 위해 전국의 인력과 물자를 징발하였는데, 이는 요서의 노하진과 회원진에 집적되었다. 이러한 수의 동향은 고구려에서도 충분히 주시하였을 것이다. 598년의 전쟁위기에서 드러난 것처럼 수의 군사적 약점이 군수보급에 있었던 만큼 고구려는 이를 공략하고자 하였을 것이기 때문이다. 이와 같이 볼 때 고구려가 요서 수의 진·수를 공격한 것은 수의 군수보급체계를 약

---

64) 尹秉模, 2011 『高句麗의 遼西進出 研究』, 景仁文化社, 139~140쪽.

화시키고자 한 목적을 가지고 있었다고 생각된다.

이와 같은 고구려의 진·수 공격을 수에서 방관하지만은 않았을 것이다. 다음의 사료가 참고된다.

> G. 양제 초에 고구려와 싸워 자주 그 무리를 패퇴시켰으니, [말갈의] 渠帥
> 度地稽[돌지계]가 그 部를 거느리고 來降하였다. [돌지계에게] 벼슬을 내
> 려 右光祿大夫로 삼고, 그를 柳城에 거처하도록 하였고, 邊人과 더불어
> 왕래하도록 하였다. [돌지계] 중국의 風俗을 기쁘게 따르며 의복과 冠帶
> 를 요청하니 황제가 이를 아름답게 생각하고, 비단을 사여하고 그를 칭
> 찬·총애하였다. 요동의 戰役에서 돌지계는 그 무리를 이끌고 종군하여
> 매번 전공이 있었으니, 매우 후한 상을 내렸다.[65] (『수서』 권81, 열전46 東
> 夷 靺鞨)

위 사료는 속말말갈의 度地稽集團이 수 양제에게 내부한 사실을 전하고 있다. 度地稽는 突地稽와 동일인으로 파악된다.

위 사료를 보면 돌지계 집단은 양제대 처음 내부한 것처럼 이해된다. 하지만 『태평환우기』를 통해 보건대 돌지계 집단이 수로 귀부한 시점은 580년대 전·중반이었다고 이해된다. 위 사료는 돌지계와 수 양제의 관계를 강조하기 위해 양제대를 중심으로 서술하였다고 해석된다.

위 사료에서 양제 초에 '고구려와 싸워 자주 그 무리를 패퇴시켰다'고 한 사실이 주목된다. 비록 '양제 초'의 시점이 모호하지만, 돌지계가 수에 귀부한 이후 고구려-수 전쟁에 참전하였다고 한 점으로 미루어 보면, '양제 초'란 전쟁이 시작되기

---

65) "煬帝初與高麗戰 頻敗其衆 渠帥度地稽率其部來降 拜爲右光祿大夫 居之柳城 與邊人來往 悅中國風俗 請被冠帶 帝嘉之 賜以錦綺而褒寵之 及遼東之役 度地稽率其徒以從 每有戰功 賞賜優厚"

이전의 사실로 파악된다. 그렇다고 한다면 위 사료는 변경에서 발생한 고구려와 수의 국지전을 말해준다고 할 수 있다. 가령 고구려가 수의 진·수를 공격하였다면, 수 또한 邏와 같은 요서 고구려의 군사기지를 공격하였다고 짐작해 볼 수 있다.

이상과 같이 607년을 전후하여 고구려는 수의 요서정책에 대응하고자 다방면의 외교적 노력을 기울였고, 요서에서 수와 각축하며 대립하였다. 이로 보아 고구려는 수의 공격계획을 인지하고 그에 대비하고 있었던 것으로 해석된다. 그렇지만 609년 이후 수의 고구려 공격이 결정되고 수의 대군이 요서에 집결하면서 고구려의 대응은 수세적일 수밖에 없었다고 여겨진다. 611년 무려라 함락이 그 대표적인 사례이다.[66]

무려라는 요하 서안에 설치된 다수의 라 중 하나였다고 하였다. 다만 중국 측의 사서에서 무려라의 함락만 기록된 것은 그의 대표성을 말해준다. 그러므로 무려라의 함락은 여타의 라 역시 함락되었을 것임을 시사한다. 그 결과 고구려는 요서의 군사기지를 상실하고, 요하의 동쪽으로 군사력을 이동·배치하였을 것이다. 이러한 가운데 612년 수의 육군이 요하를 건너면서 고구려-수 전쟁은 본격적으로 시작되었다.

---

66) 『수서』 권65, 열전30 李景 "明年[611] 攻高麗武厲城 破之 賜爵苑丘侯 物一千段";『北史』 권76, 열전64 李景. "明年[611] 攻高麗武列城 破之 賜爵苑丘侯";『자치통감』 권181, 수기5 대업 8년 (612) 7월.

별량 신라에서 동아시아 초물· 고구려 수 전쟁

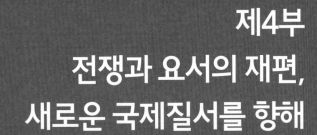

제4부
전쟁과 요서의 재편,
새로운 국제질서를 향해

제 1 장

612년 전쟁과 고구려의 군사운용

고구려—수 전쟁을 주제로 한 개설적인 저술은 일찍부터 꾸준히 축적되었다.[1] 그리하여 이를 바탕으로 전시의 군사체제와 주요 전투의 양상, 그리고 전략·전술을 분석한 연구까지 제출될 수 있었다.[2] 그런데 아직까지 개별 전투의 시점과 내용은 충분히 고증되었다고 보기 어렵다. 각종 사서의 비교·검토가 과제로 남아 있다.

고구려의 군사체제와 전략·전술에 관한 연구도 상대적으로 미진하였다. 다수의 연구에서 주된 분석 대상으로 삼은 것은 수의 군사체제와 전략·전술이었다. 현전 자료가 거의 수 측의 관점에서 서술되었고, 고구려 측의 움직임은 자세히 알 수

---

1) 리성준, 1962 『수나라침략을 반대한 고구려인민들의 투쟁』, 조선로동당출판사 ; 李丙燾, 1976 「高句麗對隋唐抗戰」『韓國古代史硏究』, 博英社 ; 徐仁漢, 1991 『高句麗 對隋·唐戰爭史』, 國防部 戰史編纂委員會 ; 임기환, 2012 「고구려와 수당의 전쟁」, 육군군사연구소 기획·주간, 『한국군사사—고대 II—』, 육군본부, 32~44쪽 ; 임용한, 2001 『전쟁과 역사—삼국편—』, 혜안, 135~176쪽 ; 2012 『한국고대전쟁사2—사상 최대의 전쟁—』, 혜안, 56~115쪽.

2) 최근 정동민, 2017 『高句麗와 隋 전쟁 연구』, 한국외국어대학교 박사학위논문이 그에 관한 종합적인 연구로 주목된다. 연구사는 이 논문의 5~6쪽 참조.

없었기 때문이었다. 그럼에도 불구하고 선행 연구를 바탕으로 개별 전투를 고증해 보면, 비록 전시 군사운용에 한정된다고 하지만, 어느 정도의 설명은 가능하다고 생각한다. 그렇다고 하였을 때 고구려의 전시 군사운용은 차후 전략·전술은 물론이고 6~7세기의 정치권력과 사회구성을 논의하는 데에도 일정한 참고가 될 수 있다고 생각한다.

주지하다시피 고구려-수 전쟁은 612년·613년·614년, 세 차례에 걸쳐서 전개되었다. 그런데 613년 전쟁은 楊玄感의 난으로 단기간에 종결되었다.[3] 비록 613년 4월부터 6월 28일 철군하기까지 요동의 諸城에서 전투가 전개되었지만,[4] 그에 대한 고구려 측의 대응 양상은 구체적으로 나타나지 않는다. 614년 전쟁에서는 수 양제가 회원진에서 회군[5]하여 본격적인 전투가 없다시피 하였다.[6] 이와 같은 이유에서 본 장에서는 약간이나마 고구려의 군사활동이 드러나는 612년 전쟁에 한정하여 논의를 진행하고자 한다.

1. 요하·요동성 전투와 지방 城兵의 운용

612년의 전쟁은 수군의 요하 도하를 저지하면서 시작되었다. 도하를 전후한 요하 유역의 전투를 '요하 전투'라고 부를 수 있을 것이다.[7]

---

3) 『수서』 권81, 열전46 동이 고려. "九年[613] 帝復親征之 乃敕諸軍以便宜從事 諸將分道攻城 賊勢日蹙 會楊玄感作亂 反書至 帝大懼 卽日六軍並還"

4) 徐仁漢, 1991 앞의 책, 100~108쪽 ; 정동민, 2017 앞의 논문, 139~142쪽 참조.

5) 『수서』 권4, 제기4 양제下 대업 10년(614) 8월 기사(4일) ; 『자치통감』 권182, 수기6 대업 10년(614) 8월 기사(4일). "帝自懷遠鎭班師"

6) 『수서』 권81, 열전46 동이 고려. "十年 又發天下兵 會盜賊蜂起 人多流亡 所在阻絶 軍多失期 至遼水 高麗亦困弊 遣使乞降 囚送斛斯政以贖罪 帝許之 頓於懷遠鎭 受其降款" 다만 다음의 사료를 통해 보건대 요동반도에서 전투가 있었음을 알 수 있다. 『수서』 권64, 열전29 來護兒. "十年 [614] 又帥師度海 至卑奢城 高麗擧國來戰 護兒大破之 斬首千餘級 將趣平壤 高元震懼 遣使執叛臣斛斯政 詣遼東城下 上表請降 帝許之 遣人持節詔護兒旋師"

7) 徐仁漢, 1991 앞의 책, 71~75쪽.

A-1. 대업 8년(612) 3월 계사(14일). ㉠ 황상이 비로소 軍師에 臨御하였다. ㉡ 나아가 요수에 도착하니, 諸軍이 모두 [요수에] 모였다. 요수에 임하여 진영을 크게 갖추었다. ㉢ 고구려의 군사가 요수를 막고 지키고 저항하여 수의 군사가 [요수를] 건널 수 없었다. (중략) 황제가 工部尙書 宇文愷에게 명하여 요수의 西岸에 浮橋를 세 방면으로 축조하도록 하였다. 이미 완성되자 부교를 끌고 東岸에 다다르도록 하였는데, 부교가 짧아서 동안까지 1장 가량 미치지 못하였다. 고구려의 군사가 대대적으로 도착하자 수의 군사로서 날쌔고 용감한 자는 다투어 요수에 뛰어들어 접전하였다. 고구려 군사가 높은 곳으로 올라가 수의 군사를 공격하니, 수의 군사는 동안에 오를 수 없었고 죽은 자가 매우 많았다. 麥鐵杖이 동안으로 뛰어 올라 武賁郎將 錢士雄·孟[金]又 등과 함께 모두 전사하였다. 이에 군사를 거두고 부교를 끌어다가 다시 서안으로 옮겼다. (중략) ㉣ 다시 少府監 何稠에게 명하여 부교를 잇도록 하니, 2일이 지나 완성되었다. ㉤ 諸軍이 서로 차례로 이어서 진격하여 [요수의] 동안에서 크게 싸웠다. 고구려의 군사를 대패시키니 [고구려의 군사로] 죽은 자가 매우 많았다. [수의] 諸軍이 이긴 기세를 타고 전진하여 遼東城을 포위하였는데, [요동성은] 바로 漢代의 襄平城이다. 曷薩那可汗과 高昌王 伯雅을 데려다가 전장을 보도록 하니 두려워하였다. 이어 조서를 내려 天下를 사면하도록 하고, 刑部尙書 衛文昇과 尙書右丞 劉士龍에게 명하여 遼左의 民을 위무하도록 하였고, 10년 동안 부세를 면제하도록 하였다. 郡縣을 세워 서로 統攝하도록 하였다.[8] (『자치통

---

8) "上始御師 進至遼水 衆軍總會 臨水爲大陳 高麗兵阻水拒守 隋兵不得濟 (中略) 帝命工部尙書宇文愷造浮橋三道於遼水西岸 旣成 引橋趣東岸 橋短不及岸丈餘 高麗兵大至 隋兵驍勇者爭赴水接戰 高麗兵乘高擊之 隋兵不得登岸 死者甚衆 麥鐵杖躍登岸 與虎賁郎將錢士雄·孟叉等皆戰死 (中略) 更命少府監何稠接橋 二日而成 諸軍相次繼進 大戰于東岸 高麗兵大敗 死者萬計 諸軍乘勝進圍遼東城 卽漢之襄平城也 車駕渡遼 引曷薩那可汗及高昌王伯雅觀戰處以懾憚之 因下詔赦

감』권181, 수기5)

A-2. 대업 8년(612) 3월. ㉠ 계사에 황상이 군사에 臨御하였다. ㉡ 갑오에 遼
水橋의 군영에 친림하였다. ㉢ 무술에 大軍이 적의 항전으로 [요수를]
건너지 못하였다. 右屯衛大將軍 左光祿大夫 맥철장·무분낭장 전사
웅·맹금차 등이 모두 전사하였다. ㉣ 갑오에 거가가 요수를 건넜다.
[요수의] 동안에서 크게 싸워서 적을 격파하고 나아가 요동[성]을 포위
하였다.[9] (『수서』 권4, 제기4)

A-3. 『수서』 제기에서는 '계사(14일)에 황상이 군대에 임어하였고, 갑자에
遼水橋에 임하였으며, 무술에 맥철장이 죽었고, 갑오에 거가가 요수를
건넜으며, 을미에 大頓하였고, 병진에 대사하였다'고 한다. 長曆으로
이 달은 경진이 삭이므로 갑자가 있을 수 없다. 또한 무술 이하의 기사
에서 갑오·을미·병진 역시 있을 수 없다. 이것은 반드시 오류이다. 지
금 모두 이를 삭제한다."[10] (『資治通鑑考異』 권8, 수기)

요하 전투의 과정과 결과는 사료 A-1이 가장 자세하다. 모두 3월 14일의 일로
기록되어 있는데,[11] 사료 A-2 즉『수서』 제기와 비교해 ㉠~㉣과 같이 각각의 시점
을 나누어 볼 수 있다. 여기서 사료 A-3 즉 司馬光(1019~1086)의 『資治通鑑考異』
가 참고된다.

天下 命刑部尙書衛文昇·尙書右丞劉士龍撫遼左之民 給復十年 建置郡縣 以相統攝"
9) "癸巳 上御師 甲午 臨戎于遼水橋 戊戌 大軍爲賊所拒 不果濟 右屯衛大將軍左光祿大夫麥鐵杖·
武賁郞將錢士雄·孟金叉等 皆戰死 甲午 車駕渡遼 大戰于東岸 擊賊破之 進圍遼東"
10) "隋帝紀 癸巳 上御師 甲子 臨遼水橋 戊戌 麥鐵杖死 甲午 車駕渡遼 乙未 大頓 丙申 大赦 按長
曆 是月庚辰朔 不容有甲子 又戊戌之下 不容有甲午·乙未·丙申 此必誤也 今並除之"
11) 『삼국사기』에서는 영양왕 23년 2월조에 기록하였다(권20, 고구려본기).

사마광은 A-1-ⓒ 즉 맥철장 등의 전사를 전하는 기사를 두고 『수서』 제기를 비교하여 日干支의 문제를 지적하였다. 그가 제시한 것처럼 계사일은 사료 A-1-㉠에 해당하는데, 3월 14일이었다. 그러나 ⓒ 이하부터 일간지가 역법과 맞지 않는다고 하였다. 이에 사마광은 『자치통감』에서 일간지를 모두 삭제하였다는 것이다. 그런데 양제가 요하를 도하하였다고 한 갑자일을 갑오일의 오류였다고 보면, ⓒ과 ⓒ은 각각 3월 15일(갑오)과 3월 19일(무술)의 사실이었다고 볼 수 있다. 현전 『수서』 제기에서는 갑오일로 나온다.[12]

그리고 2일이 지나 부교를 다시 제작하였다고 하였으므로 ⓔ은 대략 3월 21일 즈음으로 파악할 수 있다. 하지만 역시 ⓜ 이하의 기사는 3월의 일간지와 맞추어 보기 어렵다. 이와 관련하여 A-1·2의 ⓜ은 4월 갑자일로 15일이었다고 본 견해가 주목된다.[13] 그리고 『책부원귀』에 보이는 수 양제의 '대사면 조서'가 참고된다.[14] 사료 A-1-ⓜ을 통해 알 수 있듯이 이 조서는 요동성을 포위한 이후 반포되었는데, 이때 사면의 기준이 되는 시점이 4월 16일 새벽(大業八年四月十六日昧爽已前)으로 나온다. 이로 보아 A-1·2-ⓜ은 4월 15일부터 며칠간의 일이었다고 파악된다.

이처럼 요하 전투의 과정과 결과를 정리하고 보면, 수의 군대가 요하를 도하하여 요동성을 포위하기까진 대략 1개월이 소요되었다고 할 수 있다. 특히 요하의 서안에서 동안으로 넘어오기가 어려웠다. 예컨대 수에서는 좌둔위대장군 맥철장과 무분랑장 전사웅·맹금차 등 선봉부대의 주요 장수가 전사했다고 하였다.[15] 희생이 상당하였던 것이다. 이는 613년 고구려-수 전쟁이나 645년 고구려-당 전쟁에서

---

12) 南監本·汲古閣本·武英殿本·百衲本

13) 中華書局編輯部 『標點校勘 隋書』(1976, 景仁文化社), 97쪽의 校勘記 5. "按此處甲午 疑應作甲子 屬四月"; 정동민, 2017 앞의 논문, 82쪽.

14) 『책부원귀』 권83, 제왕부83 赦宥2. 이 조서의 반포 시점은 대업 8년(612) 4월 병진일로 나오는데, 이 역시 일간지가 맞지 않는다. 『海東繹史』에서 병오일이라고 하였는데(권55, 藝文志14), 이 또한 마찬가지이다.

15) 『수서』 권64, 열전29 맥철장. "及遼東之役 請爲前鋒 (中略) 及濟 橋未成 去東岸尙數丈 賊大至 鐵杖跳上岸 與賊戰死 武賁郎將錢士雄·孟金叉亦死之 左右更無及者"

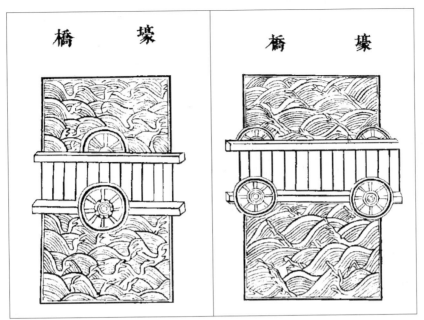

그림 14. 『무경총요』에 보이는 壕橋

수·당의 군대가 요하를 도하하는 데 난관에 처하였다는 기록이 눈에 띄지 않는 것과 비교해 주의된다.

이 점에서 비록 부교가 문제였다고 하지만, 612년 수의 도하를 저지하기 위한 고구려의 노력이 상당하였다고 짐작된다. 그리고 요하 전투에 나선 고구려의 군사는 규모는 물론이고 전투력 또한 갖추었다고 여겨진다. 그들은 대사면 조서에 나타난 요하 동안의 渡遼鎭, 또 주변의 烽·戍·邏와 같은 고구려의 군사기지를 중심으로 전투하였을 것이다.[16] 이들은 어떠한 성격의 군사조직이었을까.

이를 생각해 보기에 앞서 사료 A-1·2-ⓗ에 서술된 것처럼 수가 요하의 동안에서 고구려 군대를 격파하고 요동성으로 진군·포위하였다는 사실부터 검토해 보자.

---

16) 본서 제1부 1장 참조.

B-1. 대업 8년(612) 5월 임오(4일). 요동성에서는 자주 나와서 전투하였으나 패배하자 嬰城固守하였다. 황제가 諸軍에 이[요동성]를 공격하도록 명하였다. 또한 諸將에게 고구려가 만약 항복하려고 하면 마땅히 위무하여 받아들이고 군사를 풀어놓지 못하도록 하였다. 요동성이 장차 함락되고자 할 때마다 城中의 사람들은 번번이 항복을 청한다고 말하였다. 諸將은 聖旨를 받들어 감히 싸우지 못하고 먼저 달려가 보고하도록 하였는데, 比報가 이르면 城中에서는 방어하고 또한 [공격에] 대비하였으며, 나와서 막아 싸웠다. 이와 같이 하기를 두세 차례 하였지만 황제는 깨닫지 못하였다. 이윽고 성은 오래도록 함락되지 않았다.[17] (『자치통감』권181, 수기5)

B-2. 대업 8년(612) 6월 기미(11일)에 황제가 요동성 남쪽에 행차하여 그 성지의 형세를 관찰하고 이어서 諸將을 소집해 그들을 힐책하며 말하였다. (중략) 황제는 이어서 성의 서쪽 몇 리 지점에 머물며 六合城에 나아갔다. 고구려의 諸城에서는 각기 견고하게 수비하여 함락시키지 못하였다.[18] (『자치통감』권181, 수기5)

위 사료는 612년 5~6월 요동성에서의 공방전을 전하고 있다. 이를 '요동성 공방전' 내지 '요동성 전투'라고 부를 수 있을 것이다.[19]

사료 B-1을 보면 요동성에서는 자주 성 밖으로 나와 전투하였지만 성과를 거두

---

17) "遼東數出戰不利 乃嬰城固守 帝命諸軍攻之 帝命諸軍攻之 又敕諸將 高麗若降 卽宜撫納 不得縱兵 遼東城將陷 城中人輒言請降 諸將奉旨不敢赴機 先令馳奏 比報至 城中守禦亦備 隨出拒戰 如此再三 帝終不寤 旣而城久不下"

18) "帝幸遼東城南 觀其城池形勢 因召諸將詰責之曰 (中略) 帝因留城西數里 御六合城 高麗諸城各堅守不下"

19) 徐仁漢, 1991 앞의 책, 75~81쪽.

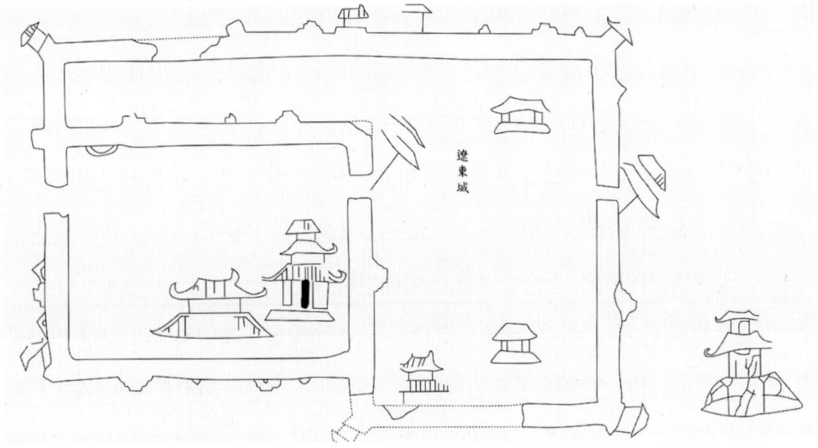

그림 15. 요동성총 성곽 모사도(ⓒ동북아역사재단)

지 못하자 嬰城固守하였다고 한다. 그리고 불리해지면 항복을 청하였는데, 수 양제는 항복 요청이 있으면 이를 보고하도록 하였다고 한다.[20] 그런데 4월 27일부터 수 양제는 柳城縣 臨海頓으로 휴양을 떠나 있었다.[21]

임해돈은 요서의 경계에 설치된 수의 鎭 중 하나로 현재의 요령성 錦州 일대로 비정된다.[22] 따라서 요동성의 항복 요청이 수 양제에게 보고되고 그의 답신이 수의 군영에 도착하기까진 적지 않은 시일이 소요되었을 것이다. 이에 따라 4월 중순부터 시작된 수의 요동성 공격은 사료 B-2처럼 수 양제가 직접 요동성 남쪽으로 행차

20) 이와 관련하여 다음을 참고할 수 있다. 『수서』 권8, 지3 예의3 대업 7년(611). "受降使者一人 給二馬軺車一乘 白獸幡及節各一 騎吏三人 車輻白從十二人 承詔慰撫 不受大將制" 양제는 諸軍마다 受降使者를 두었는데, 大將 즉 行軍總管의 통제를 받지 않도록 하였다고 하였다.

21) 『수서』 권76, 열전41 虞綽. "從征遼東 帝舍臨海頓 見大鳥異之 詔綽爲銘 其辭曰 維大業八年 歲在壬申 夏四月丙子[27일] 皇帝底定遼碣 班師振旅 龍駕南轅 鸞旗西邁 行宮次于柳城縣之臨海頓焉 山川明秀 實仙都也" ; 『수서』 권4 제기4 대업 8년 3월 을미. "大頓 見二大鳥 高丈餘 皜身朱足 遊泳自若 上異之 命工圖寫 并立銘頌" 제기의 3월 을미는 5월 17일이 아닐까 한다.

22) 이정빈, 2011 「6세기 후반~7세기 초반 고구려의 서방 변경지대와 그 변화 -요서 고구려의 邏와 수의 鎭·戍를 중심으로-」 『역사와 현실』 82, 122~123쪽.

한 6월 11일까지, 두 달 가까이 아무런 성과를 내지 못하고 있었다고 생각된다.

물론 수가 요동성만 공격한 것은 아니었다. 예컨대 史祥은 蹋頓道 방면으로 나갔다가 패하여 돌아왔다고 하는데,[23] 613년 설세웅이 답돈도 방면으로 나갔다가 오골성에 이르렀다고 한 사실을 참고해 보면,[24] 사상은 요동성에서 오골성 방면으로 이동하던 중에 패배하였던 것으로 추정된다. 612년 전쟁에서도 수는 요동성을 중심으로 그 주변 지역까지 공격하였다고 이해된다.

이 전쟁에 대한 수 측의 기록이 대부분은 고구려의 유형적인 전투력보다 기만을 강조하고 있고, 이를 패배의 중요한 이유로 강조하고 있다. 그런데 612년 6월 11일부터는 수 양제가 직접 요동성 공격을 독려하였음에도 불구하고 7월 25일 회군[25]하기까지, 고구려의 요동성은 계속 항전하였다. 요동성의 장기항전이 가능했던 까닭이 반드시 기만에만 있다고 보기는 어려운 것이다. 그러므로 요동성의 군사조직은 요하 전투에 참여한 군사조직처럼 그 규모만 아니라 전투력이 상당하였다고 이해된다.[26]

비록 후대의 일이지만 645년 5월 고구려-당 전쟁에서 당 太宗(재위: 626~649)이 요동성을 함락하고 "勝兵 만여 인과 男女 4만 구를 사로잡았다"고 한 사실이 참고된다.[27] 흔히 승병은 精兵과 같은 뜻으로 사용되는데, 남녀와 구분되는 데서도 알 수 있듯이 요동성의 정규군이었다고 생각된다. 그러므로 이를 통해 일정한 전투 능력을 보유한 요동성 城兵의 존재를 확인할 수 있다. 전시의 요동성에서는 만여

---

23) 『수서』 권63, 열전28 史祥. "及遼東之役 出蹋頓道 不利而還 由是除名爲民"

24) 『수서』 권65, 열전30 薛世雄. "明年(613) 帝復征遼東 拜右候衛將軍 兵指蹋頓道 軍至烏骨城"

25) 『수서』 권4 제기4 대업 8년(612) 7월 계묘(25일). "班師"

26) 예컨대 다음의 사실을 참조할 수 있다. 『수서』 권68, 열전33 閻毗 "及征遼東 以本官領武賁郎將 典宿衛 時衆軍圍遼東城 帝令毗詣城下宣諭 賊弓弩亂發 所乘馬中流矢 毗顔色不變 辭氣抑揚 卒事而去 尋拜朝請大夫 遷殿內少監 又領將作少監事"

27) 『자치통감』 권197, 당기13 정관 19년(645) 5월 갑신(17일). "南風急 上遣銳卒登衝竿之末 爇其西南樓 火延燒城中 因麾將士登城 高麗力戰不能敵 遂克之 所殺萬餘人 得勝兵萬餘人 男女四萬口 以其城爲遼州"

명 이상의 정규군이 주둔하고 있었던 것이다.

물론 평시에도 요동성에 그만한 규모의 정규군이 운용되었다고 단언할 수는 없다. 가령 645년 백암성이 함락된 이후 당 태종은 他城의 병사로서 이곳에 있던 자들을 방면해 주었는데,[28] 이로 보건대 전시의 경우 후방의 병력이 일부 이동해 왔을 가능성이 높다.

다만 요동성은 지금의 요령성 遼陽으로, 일찍부터 요동의 거점이자 요하에서 평양으로 통하는 교통의 요지로,[29] 고구려 서방의 대표적인 大城이었다. 그러므로 군사적으로도 중요했다. 요하 동안의 도요진에서부터 요동성까지, 요동성은 봉·수·라 등의 군사기지 및 주변의 諸城을 휘하에 두고,[30] 입체적인 방어체계를 구축·운용하였다. 이는 645년 고구려-당 전쟁에서도 잘 나타난다.[31] 따라서 비록 他城의 병력이 일부 배속되었다고 하지만, 그 중심은 요동성의 성병이었고 요동성에서 지휘권을 행사하였다고 생각된다.

이처럼 요동성이 상당한 규모의 정규군을 운용하였고, 요하 동안에서부터 그 주변의 諸城을 통괄하였다고 보면, 요하 전투에 참전한 고구려의 군사조직 역시 요동성과 주변의 성병이었고, 요동성에서 지휘하였다고 이해된다. 여기서 7세기 고구려의 지방의 성병을 군역의 의미를 지고 內地에서 파견된 방수병과 현지의 토착병으로 구분해 본 견해가 주목된다.[32] 이를 염두에 두고 다음의 사료를 살펴보자.

C-1. 정관 19년(645) 9월. 李世勣이 마침내 안시[성]를 공격하였다. 安市人

---

28) 『자치통감』 권197, 당기13 정관 19년(645) 6월 정유(1일). "他城之兵在白巖者 悉慰諭 給糧仗 任其所之"
29) 김종완, 2011 「위진남북조 시내의 襄平」, 윤재운 외, 『한중관계사상의 교통로와 거점』, 동북아역사재단 참조.
30) 본서 제1부 1장 참조.
31) 余昊奎, 1999 「高句麗 後期의 軍事防禦體系와 軍事作戰」 『韓國軍事史研究』 3, 國防軍史研究所, 59~60쪽.
32) 이문기, 2007 「7세기 高句麗의 軍事編制와 運用」 『高句麗研究』 27, 165~167쪽 및 177~178쪽.

은 황제의 旗蓋를 멀리서 바라보고 갑자기 성에 올라가서 북을 치며 시끄럽게 하였다. 황제가 진노하니, 이세적은 성을 이기는 날 男女를 모두 坑殺하기를 청하였다. 안시인이 이를 듣고 더욱 굳게 수비하니 공격이 오래되었지만, [안시성은] 떨어지지 않았다. 高延壽·高惠眞이 황제에게 청하여 말하였다. "저희는 이미 대국에 몸을 맡겼으니 감히 그 정성을 바치지 않을 수 없으며, 천자께서 일찍이 큰 공을 이루시어 저희도 처자와 서로 만날 수 있기를 바랍니다. 안시인은 그 가족을 돌보고 아끼어 사람마다 스스로 싸우고자 하니, 쉽고 빠르게 공략할 수 없습니다."[33] (『자치통감』 권198, 唐紀14 太宗)

C-2. [645년] 4월 이세적의 군사가 요하를 건너 蓋牟城으로 나아가 공격해 이를 빼앗았다. 生口 2만을 사로잡고 그 성에 蓋州를 설치하였다. (중략) 우리 군사가 요하를 건너자 莫離支는 加尸城의 700人을 보내 개모성을 지키도록 하였다. 이세적이 그들을 모두 사로잡았다. 그들이 모두 [당의] 군사를 수행하여 정성을 다하기를 청하였다. 태종이 말하였다. "누가 너희의 力用을 바라지 않겠느냐만, 너희의 집은 모두 가시[성]에 있으니, 너희가 나를 위해서 싸운다면, 저들은 정차 죽임을 당할 것이다. 一家의 처자를 파산하도록 하고, 일인의 力用을 구하는 것을 내 차마 하지 못하겠다. 모두 방환하도록 하라!"[34] (『구당서』 권199上, 열전 149上 동이 고려)

---

33) "世勣遂攻安市 安市人望見上旗蓋 輒乘城鼓譟 上怒 世勣請克城之日 男女皆阬之 安市人聞之 益堅守 攻久不下 高延壽 高惠眞請於上曰 奴旣委身大國 不敢不獻其誠 欲天子早成大功 奴得 與妻子相見 安市人顧惜其家 人自爲戰 未易猝拔"

34) "夏四月 李勣軍渡遼 進攻蓋牟城 拔之 獲生口二萬 以其城置蓋州 (中略) 我軍之渡遼也 莫離支 遣加尸城七百人戌蓋牟城 李勣盡虜之 其人並請隨軍自効 太宗謂曰 誰不欲爾之力 爾家悉在加 尸 爾爲吾戰 彼將爲戮矣 破一家之妻子 求一人之力用 吾不忍也 悉令放還"

위 사료는 645년 고구려-당 전쟁에서 안시성·개모성 전투와 관련한 것이다. 먼저 C-1에서 安市人이 눈길을 끈다. 안시인은 성의 수비 병력으로 나오는데 당시 안시성은 급박한 위기상황이었다. 이에 따라 안시성의 '남녀' 역시 수성전에 참여하였던 것으로 짐작된다.[35] 이세적이 "성을 이기는 날 남녀를 모두 갱살"하고자 건의하였던 것은 이러한 사정과 무관치 않다고 여겨진다. 즉 안시인은 성의 주민을 포괄하였다고 생각된다. 가령 고연수와 고혜진은 안시인의 전투 의지가 "그 가족을 돌보고 아끼"는 데서 나왔다고 분석하였는데, 이 또한 안시인의 중심이 주민이었음을 말해준다.

그런데 고연수와 고혜진이 안시성을 공략하기 어렵다고 조언했고, 전투가 시작되기 전부터 안시성의 병력은 정예하다고 인식되고 있었다.[36] 이로 보아 안시인의 중심이 주민이었다고 하지만, 그들이 모두 일반민은 아니었다고 보인다. 주민 중 다수가 상당한 수준의 전투 능력을 보유했다고 판단된다. 그들을 토착병이라고 부를 수 있을 것이다.[37]

이와 관련하여 사료 C-2에 보이는 가시성 출신의 700인이 주목된다. 이들은 가시성에서 개모성으로 파견되어 성병으로 활동하다 당의 포로가 되었다고 하였다. 그들은 다른 지역에서 파견되었다는 점에서 방수병으로 파악되기도 하였다.[38] 그런데 이들이 개모성으로 보내진 시점은 당군이 요하를 건넌 이후였고 그 가족은 가시성에 있었다고 하였다. 이로 미루어 보아 가시성 출신의 700인은 본래 가시성의

---

35) 『구당서』(권199上, 열전149上 동이 고려)와 『신당서』(권220, 열전145 동이 고려)에서는 이세적이 죽이고자 한 안시인은 '남녀'가 아니라 '남자'로 나온다. 그런데 주지하듯이 수성전의 경우 남녀 노소가 총동원되었다. 예컨대 661년 고구려가 신라의 北漢山城을 공격하였을 때, 신라에서는 '男女·少弱'까지 守城에 참여하였다고 하였다(『삼국사기』 권5, 신라본기5 태종무열왕 8년[661] 5월 9일).

36) 『신당서』 권220, 열전145 동이 고려. "帝與勣議所攻 帝曰 吾聞安市地險而衆悍 莫離支擊不能下"; 『자치통감』 권198, 당기14 정관 19년(645) 9월. "上之克白巖也 謂李世勣曰 吾聞安市城險而兵精 其城主材勇 莫離支之亂 城守不服 莫離支擊之不能下"

37) 이문기, 2007 앞의 논문, 163~164쪽.

38) 이문기, 2007 앞의 논문, 166쪽.

사진 13. 英城子山城 남측 성벽에서 본 전경

주민이자 그 성병이었다고 생각된다. 따라서 토착병으로 파악된다.

　이처럼 645년 고구려–당 전쟁에 보이는 안시성과 가시성의 병사는 그 지역의 주민이자 상당한 전투능력을 보유한 토착병을 포함하였다. 안시성의 경우 그들이 전투의 중심을 형성하였다. 612년 고구려–수 전쟁에서 요동성을 비롯한 諸城의 성병 역시 그러하였다고 생각된다. 토착병은 '가시성 700인'으로 묶이듯 지역단위로 존재했다. 성 단위로, 또 그 내부적으로는 성 안팎의 촌락을 단위로 구성되었다고 추측된다. 이 점에서 토착병은 지방 촌락의 사회질서를 바탕으로 편성되었고, 각 城의 통제를 받았다고 생각된다.

　다만 諸城兵은 大城과 상하 통속관계를 맺고 유기적으로 운영되었다고 하였다. 고구려의 諸城은 중앙의 軍令을 받았다. 사료 C-2에서 가시성 700인을 보낸 것이 막리지였다고 한 사실이 이를 단적으로 보여준다. 그러므로 諸城兵 운용의 정점에는 고구려 중앙의 군사권이 작동하고 있었다고 이해된다. 그러면 다음으로 고구려 중앙의 군사권이 직접 지휘한 군사조직, 즉 5부병에 관하여 살펴보자.

2. 평양성 전투와 5부병의 운용

고구려 중앙의 군사조직은 5부병을 중심으로 하였다.[39] 그의 운용과 관련하여 다음의 사료가 주목된다.

> D. [대업 8년(612) 6월 기미(11일)] ㉠ 右翊衛大將軍 來護兒가 江·淮의 水軍을 이끌었는데 舳艫가 수백 리였다. 바다로 먼저 나아가 浿水로부터 들어갔으니 평양에서 60리 떨어진 곳이었다. ㉡ [내호아는] 고구려 [군사]와 조우하자 진격해 그들을 크게 격파하였다. ㉢ 내호아는 승세를 타고 그 城[평양성]으로 나가고자 하였다. 副總管 周法尙이 그를 제지하며 여러 군사를 기다렸다가 함께 진격하기를 청하였다. 내호아는 [주법상의 청을] 듣지 아니하고 精甲 4만 명을 뽑아 성 아래로 바로 나아갔다. ㉣ 고구려는 羅郭 내부의 비어 있는 사찰 안에다가 복병을 두고, 병사를 내어 내호아와 싸우며 거짓으로 패한 것이었다. 내호아가 드디어 성으로 진입하여 군사를 풀어 약탈하도록 하였으니 다시 部伍를 갖출 수 없었다. [이때 고구려가] 복병을 일으키니 내호아는 대패하고 간신히 화를 면할 수 있었다. 사졸 중에서 돌아온 자가 불과 수천인이었다. ㉤ 고구려가 추격해 선박이 정박한 곳까지 이르렀는데 주법상이 진영을 정돈하고 이를 막으니 이에 고구려가 물러났다. ㉥ 내호아는 병사를 이끌고 海浦로 돌아

---

39) 임기환, 1996 「지방·군사제도」, 노태돈 외, 『한국사』 5 삼국의 정치와 사회 1 −고구려−, 국사편찬위원회, 180~181쪽 ; 이문기, 2007 앞의 논문, 170~175쪽 ; 임기환, 2011 「고구려의 군사제도와 방어체계」, 육군군사연구소 기획·주간, 『한국군사사 −고대Ⅰ−』, 육군본부, 244~245쪽. 일찍이 5部는 部族的 혹은 族制的 단위로 파악되었고 5部兵은 私兵的 族兵으로 설명되었다(山尾幸久, 1974 「朝鮮三國の軍區組織 −コホリのミヤケ研究序說−」『古代日本と朝鮮』, 龍溪書舍, 154~161쪽). 그러나 현재 대부분의 연구자들은 4세기 이후의 5部를 왕도의 행정구역으로 보고 있다(노태돈, 1999 『고구려사 연구』, 사계절, 262~265쪽).

그림 16. 평양성 복원(ⓒ동북아역사재단)

　　와 주둔하고, 감히 다시는 머무르며 [수의] 여러 군사와 應接하지 못하였
　　다.[40] (『자치통감』 권181, 수기5)

　　위 사료는 612년 평양성과 그 일대의 전투의 과정을 전해주고 있는데, 이를 평
양성 전투라고 부를 수 있을 것이다.[41] 내용상 크게 ㉠~㉮으로 나누어 볼 수 있는
데, 이 중에서 평양성 전투는 ㉡~㉱에 전하고 있다. 먼저 주요 전투의 시점이 궁금
하다. 위 사료는 사료 B-2의 다음에 뒤이어 나오지만, 그 사실이 모두 612년 6월

---

40) "右翊衛大將軍來護兒帥江·淮水軍 舳艫數百里 浮海先進 入自浿水 去平壤六十里 與高麗相遇
　　進擊大破之 護兒欲乘勝趣其城 副總管周法尙止之 請俟諸軍至俱進 護兒不聽 簡精甲四萬 直造
　　城下 高麗伏兵於羅郭內空寺中 出兵與護兒戰而僞敗 護兒逐之入城 縱兵俘掠 無復部伍 伏兵發
　　護兒大敗 僅而獲免 士卒還者不過數千人 高麗追至船所 周法尙整陳待之 高麗乃退 護兒引兵還
　　屯海浦 不敢復留應接諸軍"
41) 徐仁漢, 1991 앞의 책, 81~86쪽에서는 '평양 부근 전투'로 명명하였다.

11일의 일로 보이진 않기 때문이다. 이와 관련하여 다음의 사료가 관심을 끈다.

E. 대업 7년(611) 겨울에 涿郡에서 크게 모였다. 江·淮 이남의 군사를 나누어 驍衛大將軍 내호아에게 배속하고, 별도로 舟師를 거느리고 滄海를 건너도록 하였는데 선박의 고물과 이물이 이어진 것이 수백 리였다. 이와 아울러 [내호아로 하여금] [군선에] 군량를 적재하여 大兵과 평양에서 만나기로 기약하였다.[42] (『수서』 권24, 志19 食貨)

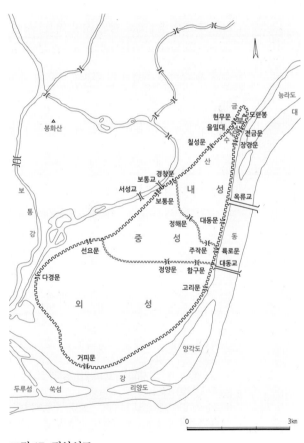

그림 17. 평양성도

위 사료에서 수 양제가 내호아를 平壤道 行軍總管으로 임명하여 평양을 공격하도록 한 것이 611년 겨울이었다는 사실이 주목된다. 『수서』 제기와 『자치통감』에서 수 양제가 대군을 탁군에 집결하고 정벌

---

42) "大業七年 冬 大會涿郡 分江·淮南兵 配驍衛大將軍來護兒 別以舟師濟滄海 舳艫數百里 並載軍糧 期與大兵會平壤"

조서를 내린 것은 612년 정월로 나오는데, 이때 양제는 전쟁의 행군편제를 발표하였다.[43] 그런데 기록에 따라 수의 행군편제가 발표된 시점은 611년으로도 나온다.[44] 짐작컨대 실제적인 행군편성은 611년 겨울에 이루어졌고, 그것이 612년 정월의 조서를 통해 반포되지 않았을까 한다. 그렇다고 한다면 내호아가 평양도 행군총관으로 임명된 시점은 611년 겨울이 옳다고 생각한다.

내호아가 평양으로 향한 시점 역시 612년 6월 이전이었을 것이다. 이와 관련하여 내호아 부대의 이동경로가 참고된다. 612년 전쟁에서 수의 水軍 선박은 東萊(산동성 烟台)의 海口에서 건조되었다.[45] 이로 미루어 보아 내호아는 동래에서 패수로 향하였다고 여겨진다. 598년 수의 고구려 공격 및 613년의 전쟁에서도 수의 수군은 동래에서 출발하였다.[46] 이와 같이 본다면 내호아의 부대는 고대의 일반적인 해상교통로인 〈동래-廟島群島-요동반도〉를 경유했고,[47] 그런 다음 황해안 연안을 따라 항해하였을 가능성이 높다.[48]

그런데 7세기 고구려에서는 요동반도~황해안의 海上에 邏兵을 두고 다른 나라의 항해를 감시·통제하고 있었다.[49] 고구려는 늦어도 4세기 전반부터 황해를 무대

---

43) 『수서』 권4, 제기4 양제下 대업 8년 신사(1일) 및 임오(2일) ; 『자치통감』 권181, 수기5 대업 8년 (612) 정월 및 임오(2일).
44) 『수서』 권8, 지3 예의3 대업 7년(611) ; 『전당문』 권249, 李嶠 攀龍臺碑. "大業七年[611] 煬帝徵天下精兵 會於涿鹿 將親授節鉞 以伐遼東 旌旗亘於千里 轉運盈於萬軸"
45) 『수서』 권74, 열전39 元弘嗣. "大業初 煬帝潛有取遼東之意 遣弘嗣往東萊海口監造船" ; 『자치통감』 권181, 수기5 대업 7년(611) 2월 임오(26일). "下詔討高麗 勅幽州總管元弘嗣 往東萊海口 造船三百艘 官吏督役"
46) 『수서』 권65, 열전30 周羅睺. "[開皇] 十八年(598) 起遼東之役 徵爲水軍總管 自東萊汎海 趣平壤城 遭風 船多飄沒 無功而還" ; 『수서』 권64, 열전29 來護兒. "明年[613] 又出滄海道 師次東萊 會楊玄感作逆黎陽 進逼鞏·洛 護兒勒兵與宇文述等擊破之"
47) 구체적인 해상교통로는 정진술, 2009 『한국의 고대 해상교통로』, 韓國海洋戰略硏究所, 240~251쪽 참조.
48) 서인한, 1991 앞의 책, 82~83쪽.
49) 예컨대 다음의 사료를 주목할 수 있다. 『삼국사기』 권5, 신라본기5 진덕왕 2년(648). "春秋 還至海上 遇高句麗邏兵 春秋從者溫君解 高冠大衣坐於船上 邏兵見以爲春秋 捉殺之" ; 『삼국유사』 권4, 의해5 義湘傳敎. "遂與元曉 道出遼東 邊戍邏之爲諜者 囚閇者累旬 僅免而還"

로 활동하였고,[50] 이때부터 요동반도~황해도 일대에는 다수의 수군 거점을 운용했다고 추정된다.[51] 따라서 내호아는 그의 임무를 달성하기 위해 먼저 해상교통로상에 위치한 고구려의 주요 수군 거점부터 제압해야 했을 것이다. 내호아는 612년 3월 양제가 요하 서안에 도착하기 전부터 요동

그림 18. 등주-고려·발해도

반도~황해안 연안의 고구려 수군 거점을 공략하였을 가능성이 생각된다. 李景이 611년에 요하 서안의 무려라를 공취하여 도하의 발판을 마련하였듯,[52] 612년 대군의 출진에 앞서 국지전을 전개하였을 수 있다는 것이다.

이처럼 내호아의 부대는 육상교통로를 통해 이동한 여타의 부대보다 먼저 움직였다고 파악된다. 더욱이 사료 E에 나오듯 내호아의 중요한 임무 중 하나는 군량의 운송이었다. 大兵의 군량은 육상교통로만으로 감당할 수 없었으므로 해상교통로를 통한 군량 운송이 반드시 요구되었고,[53] 따라서 그는 여타의 부대 즉 大兵보다

---

50) 이정빈, 2016 「4세기 전반 고구려의 해양활동과 황해 –고구려와 후조·모용선비의 관계를 중심으로–」 『역사와 실학』 59.

51) 윤명철, 2003 『고구려 해양사 연구』, 사계절, 316~324쪽.

52) 『수서』 권65, 열전30 李景. "明年[611] 攻高麗武厲城 破之 賜爵苑丘侯 物一千段"; 『북사』 권76, 열전4 이경. "明年[611] 攻高麗武列城 破之 賜爵苑丘侯"

53) 다음에 보이는 或者의 생각이 참고된다. 『자치통감』 권199, 당기15 정관 22년(648) 6월 계유(24일). "上以高麗困弊 議以明年發三十萬衆 一擧滅之 或以爲大軍東征 須備經歲之糧 非畜乘所能載 宜具舟艦爲水運"

먼저 도착해 군량의 보급체계를 구축해야 했다고 이해된다. 다만 그가 패수로 들어
간 시점이 양제가 요수를 도하한 612년 4월 중순보다 크게 앞서진 않을 것이다.

사료 D-ⓒ에서 행군부총관 주법상이 大兵과의 합류를 청하며 평양성 공격을
제지하였다고 한 사실이 주목된다. 이러한 주법상의 언급은 내호아의 평양성 공격
이 우중문·우문술의 육군이 압록강을 도하하기 이전이었음을 시사한다. 후술하겠
지만 우중문·우문술의 육군이 압록강을 도하한 시점은 612년 6월 이후였다고 판
단된다. 이와 같은 생각에서 사료 D-ⓛ부터 ⓜ까지, 즉 평양성 전투의 시점은 612
년 4월 중순에서 6월 어간으로 추측한다.

사료 D-ⓛ을 보면 내호아의 수군은 패수를 통해 평양성 60리 지점에 상륙하였
다고 한다. 그리고 이때 고구려와 전투하였다고 하는데, 그 사실은 다음에 자세하
다.

F. ㉠ 요동의 戰役에서 내호아는 평양도 행군총관 겸 檢校東萊郡太守가 되
어 樓船을 이끌고 滄海로 나아가 패수로부터 들어갔으니 평양에서 60리
떨어진 곳이었다. ㉡ 고구려의 군주 高元[영양왕]은 境內의 병사를 쓸어
서 그에 맞섰으니 군진을 벌인 것이 수십 리였다. [수의] 諸將이 모두 두
려워하였지만 내호아는 웃으며 부장 주법상과 軍吏에게 말하였다. "내
본시 그들이 堅城淸野로써 王師를 기다릴 것으로 생각하였는데 지금 [이
처럼 성 밖으로] 오니 스스로 죽을 길을 택한 것이다. 그들을 죽이고 朝食
을 먹자!" ㉢ 고원의 동생 高建는 驍勇이 매우 뛰어나 결사대 수백 인을
이끌고 와서 도전해 왔다. 내호아가 무분낭장 費靑奴와 그의 6번째 아들
左千牛 整에게 명하여 달려가 그 머리를 참수하도록 하였다. 이에 병사
를 풀어 도망치는 [고구려의] 병사를 추격하여 성 아래에 이르렀는데 포
로로 잡고 참수한 자가 헤아릴 수 없었다. ㉣ 이로 인해 그 성곽을 격파하
고 성 밖에 주둔하며 諸軍을 기다렸다. 고구려는 낮에는 성문을 닫고 감

히 나오지 못하였다. 이때 우문술 등의 여러 군대가 모두 패배하였으니,
이에 [내호아는] 군사를 돌렸다.[54] (『북사』 권76, 열전64 내호아)

위 사료는 『북사』 내호아전에 보이는 평양성 전투 관련 기록이다. 고구려-수 전
쟁과 관련한 『북사』 열전의 기록은 대부분은 『수서』 열전을 전재 또는 축약한 것이
다. 그런데 사료 F의 경우 『수서』를 비롯한 다른 사서에 보이지 않는 사실이 적지
않다. 특히 F-ㄹ은 평양성 전투의 결과를 전해주는데, 다른 사서의 기록과 다르
다. 사료 D-ㄹ 이하의 내용처럼 내호아의 패전이 기록되어 있지 않다. 오히려 수
의 군대가 평양성의 외곽에 주둔하며 육군을 기다렸으며 그동안 고구려는 쉽게 저
항하지 못하였다고 하였다.[55]

위와 같은 『북사』의 기록은 이미 지적된 것처럼 내호아의 家傳에서 비롯되었고,
그렇기 때문에 내호아의 패전을 은폐하였을 가능성이 높다.[56] 그럼에도 불구하고
사료 F-ㄱ~ㄷ의 내용은 『수서』를 비롯한 다른 사서의 것과 크게 어긋나지 않을 뿐
만 아니라 그 정황이 자세하다. 그러므로 사료 D-ㄱ~ㄷ의 사료적 가치는 충분히
인정할 수 있다고 생각한다.

이처럼 이해하고 보면, 이 전투에서 고구려의 군사조직 운용과 관련하여 사료
F-ㄴ이 주목된다. 이를 보면 고구려의 영양왕은 "境內의 병사를 쓸어서 그에 맞섰

---

54) "遼東之役 以護兒爲平壤道行軍總管 兼檢校東萊郡太守 率樓船指滄海 入自浿水 去平壤六十里
高麗主高元掃境內兵以拒之 列陣數十里 諸將咸懼 護兒笑謂副將周法尙及軍吏曰 吾本謂其堅
城淸野以待王師 今來送死 當殄之而朝食 高元弟建驍勇絶倫 率敢死數百人來致師 護兒命武賁
郞將費靑奴及第六子左千牛整馳斬其首 乃縱兵追奔 直至城下 俘斬不可勝計 因破其郛 營於城
外 以待諸軍 高麗晝閉城門 不敢出 會宇文述等衆軍皆敗 乃旋軍"

55) 『북사』 권76, 열전64 내호아. "因破其郛 營於城外 以待諸軍 高麗晝閉城門 不敢出 會宇文述等
衆軍皆敗 乃旋軍."

56) 中華書局編輯部 『標點校勘 北史』(1977, 景仁文化社), 2609쪽의 교감기 7. "高元弟建驍勇至閉城
門不敢出〈隋書敍此戰役 言來護兒先破高麗軍 嗣以軍紀不整 因而敗退 北史諱敗爲勝 當是探自
來氏家傳 又高建 隋書作建武 至唐初爲高麗王 未嘗被殺〉"

으니 군진을 벌인 것이 수십 리였다."고 하였다.[57] 비록 수사적인 표현이지만, 고구려에서 동원 가능한 군사력은 모두 동원했다고 한 것이다. 이로 보아 평양성 전투에 참가한 고구려의 군사조직은 중앙의 5부병만 아니라 여러 지방의 諸城兵 그리고 임시적인 징발병을 포함하였다고 이해된다. 그런데 사료 F-ⓒ에서 왕제 건무가 결사대를 이끌고 전투하였다고 하였듯 그 중심에는 정예의 군사조직이 자리하였다.

이와 같은 정예의 군사조직과 관련하여 사료 D-ⓒ에 보이는 복병을 주목할 수 있는데, 그 내용은 다음에 보다 자세하다.

> G. [내호아는] 고구려 [군사]와 서로 만나 진격해 그들을 크게 격파하였다.
> 승리를 타서 바로 성 아래로 나아가 그 부곽을 격파하였다. 이에 군사를
> 풀어 크게 약탈하니 차츰 部伍를 잃었다. 고원[양양왕]의 아우 고건무가
> 결사대 500인을 모집해 이들을 요격하니 내호아가 이로 인해 퇴각하였
> 다.[58] (『수서』권64, 열전29 來護兒)

위 사료를 보면, 사료 D-ⓒ의 복병은 건무가 이끈 결사대 500인이었다고 볼 수 있다. 이들이 내호아를 평양성까지 유인한 사료 F-ⓒ의 결사대 수백 명과 동일한 군사력이었을 것이다. 즉 건무가 이끈 결사대가 유인과 매복 작전을 수행하였다고 생각된다. 그렇다고 한다면 건무가 이끌 결사대가 평양성 전투의 주역이었다고 이해할 수 있다. 그들이 수행한 군사작전은 엄정한 군기와 조직력이 뒷받침되지 않았

---

57) 이와 관련하여 다음의 사료가 참고된다. 『전당문』권7, 太宗破高麗賜酺詔. "高麗僞主 掃其境內 罄玆驍銳 咸發從軍 爰自平壤 長驅影援 有徒十五萬 連旗三十里"

58) "遼東之役 護兒率樓船 指滄海 入自浿水 去平壤六十里 與高麗相遇 進擊 大破之 乘勝直造城下 破其郛郭 於是縱軍大掠 稍失部伍 高元弟建武募敢死士五百人邀擊之 護兒因却 屯營海浦 以待 期會 後知宇文述等敗 遂班師"

다면 성공하기 어려웠을 것이다. 그러므로 건무가 이끈 결사대는 평소부터 군사 업무에 종사한 전문적인 군인 중에서 선발하였을 가능성이 높다. 이로 미루어 보아 그 대다수는 전문적인 군인으로 구성된 중앙의 5부병이었다고 생각된다.[59]

이처럼 평양성 전투에서 고구려는 전국의 여러 군사조직을 동원하였지만, 그의 핵심적인 군사력은 중앙의 5부병이었다. 즉 5부병을 중심으로 전국의 여러 군사조직을 전시편제의 형태로 운용하였다고 이해된다. 그 지휘관은 왕제 건무였다. 이 점에서 군사권의 일부는 왕실에서 행사했다고 파악할 수 있다. 그런데 압록강·살수 전투를 보면, 건무가 중앙의 군사권을 장악하였다고 보이진 않는다. 압록강·살수 전투를 살펴보면서 고구려의 군사권에 관하여 보다 자세히 생각해 보자.

3. 압록강·살수 전투와 군사권

612년 전쟁에서 가장 대표적인 전투는 살수 전투였다. 그런 만큼 이 전투를 보면, 군사권의 향방을 가늠할 수 있다고 생각한다.

『자치통감』에서 살수 전투와 관련한 내용은 6월 11일의 일로 나온다.[60] 하지만

---

59) 6~7세기 고구려의 5부병과 관련하여 다음의 사료가 주목된다. 『삼국사기』 권45, 열전5 온달. "高句麗常以春三月三日 會獵樂浪之丘 以所獲猪鹿 祭天及山川神 至其日 王出獵 羣臣及五部 兵士皆從 於是溫達以所養之馬隨行 其馳騁常在前 所獲亦多 他無若者 王召來 問姓名 驚且異 之 時後周武帝出師伐遼東 王領軍逆戰於肄山之野 溫達爲先鋒 疾鬪斬數十餘級 諸軍乘勝奮擊 大克 及論功 無不以溫達爲第一 王嘉歎之曰 是吾女壻也 備禮迎之 賜爵爲大兄 由此寵榮尤渥 威權日盛" 온달은 낙랑언덕의 會獵 실적을 통해 전투에 나갔고 차후 무관으로 출세하였다. 5部 兵士가 함께한 會獵이 출세의 중요한 통로였던 것이다. 이때 온달은 '所養之馬' 즉 구입한 國馬 를 갖고 隨行하였다. 온달은 말을 소유하고서야 5부병사와 함께 會獵할 수 있었던 것이다. 이로 보아 5부병의 무장과 군사적 능력의 함양에는 적지 않은 비용이 소요되었다고 짐작된다. 그리고 5부병의 구성원은 적어도 상층민 이상이었다고 판단된다. 대체로 상위 관등 획득이 어려운 하급 귀족으로부터 상층민이 5부병의 병사집단을 구성하였다고 추정된다. 그렇다고 한다면 5부병의 구성원은 군사를 전업으로 한 전문적 군인이었다고 이해할 수 있다.

60) 『자치통감』 권181, 수기5 대업 8년 6월 기미(11일).

사료 D 즉 평양성 전투와 마찬가지로 모두 6월 11일의 일이었다고 보기는 어렵다. 살수 전투는 을지문덕이 우중문·우문술의 9군을 격파한 전투로 9군은 흔히 별동대로 칭하는데, 최근 연구된 것처럼 처음부터 평양 직공을 목표로 편성된 부대는 아니었다.[61] 처음 그의 집결지는 압록강 서쪽이었다.[62]

우중문·우문술의 9군은 노하진과 회원진에서 출발했는데, 人馬 모두 100일 분의 양식을 지급했다고 하였다.[63] 이를 보면 우중문·우문술의 9군은 대략 3개월을 기한으로 출진하였다고 생각된다. 3개월 동안 압록강 서쪽, 즉 서안으로 집결해서 도하의 여건을 마련한 다음, 양제가 이끄는 大兵 즉 주력 부대와 합류하여 평양으로 진군하고자 하였다고 생각된다. 그들의 출진 명령은 양제가 요하를 도하한 다음에 내려졌을 것이다. 따라서 대략 612년 4월 중순에 노하진과 회원진을 출발했다고 추정된다.

노하진·회원진에서 압록강 서안까지의 이동 경로와 관련하여 다음의 사료가 주목된다.

H. 요동의 전역에서 우중문은 군사를 이끌고 樂浪道로 나아갔다. 군대가 烏骨城에 이르자 우중문은 파리한 말을 추려 군대의 후미에 두었다. 이미 군대를 이끌고 [오골성] 동쪽을 통과하자 고구려가 군사를 내어 輜重을

---

61) 정동민, 2017 앞의 논문, 109~111쪽.

62) 『자치통감』 권181, 수기5 대업 8년 6월 기미(11일). "左翊衛大將軍宇文述出扶餘道 右翊衛大將軍于仲文出樂浪道 (中略) 皆會於鴨綠水西"

63) 『자치통감』 권181, 수기5 대업 8년 6월 기미(11일). "述等兵自瀘河·懷遠二鎭 人馬皆給百日糧 又給排甲·槍矟矟 并衣資·戎具·火·幕 人別三石已上" 물론 우중문을 비롯한 9군이 전투 병력만으로 편제된 것은 아니었다. 수·당대의 행군편제에서 치중병은 상당한 비중을 지니고 있었다(孫繼民, 1994 『唐代行軍制度研究』, 文津出版社, 237~254쪽). 우중문의 부대 역시 치중병이 편제되어 있었다(사료 H 참조). 비단 우중문의 부대만 아니라 평양성 공격에 나선 9군이 모두 그러하였을 것이다. 그러므로 전투 병력이 직접 휴대한 식량 이외에도 치중병의 보급 물자가 별도로 있었다고 할 수 있다. 다만 우중문을 비롯한 9군은 보급로를 확보하고 평양성 공격에 나선 것이 아니었다는 점에서 전투 병력 또한 보급 물자를 휴대하도록 하였다고 생각된다.

사진 14. 鳳凰山城에서 본 압록강(ⓒ권순홍)

엄습하였는데, 우중문이 군대를 돌려 맞서 그들을 대파하였다.[64] (『수서』
권60, 열전25 우중문)

  우중문은 烏骨城(요령성 丹東)에서 고구려의 기습을 막아냈다고 전하고 있다.
이로 보건대 우중문은 〈노하진·회원진－요하－靉河〉 교통로를 따라서 압록강 하구
방면으로 이동해 갔다고 이해된다. 9군의 이동 경로는 저마다 달랐다고 보기도 한
다.[65] 그런데 그들의 집결지는 압록강 서안이었다. 집결지 집결이 우선이었던 것이
다.

---

64) "遼東之役 仲文率軍指樂浪道 軍次烏骨城 仲文簡贏馬驢數千 置於軍後 旣而率衆東過 高麗出
    兵掩襲輜重 仲文迴擊 大破之"
65) 정동민, 2017 앞의 논문, 109∼111쪽.

가령 우중문의 부대는 오골성을 직접 공략하기보다 行軍의 편제를 유지한 채 통과했다고 하는데, 이 역시 그의 부대가 압록강 서안으로 향하는 데 주안점을 두었음을 말해준다. 그렇다고 보면 9군은 출발지는 달리했을지언정, 요하에서부터 압록강 서안까지는 최단경로를 택해서 이동하였다고 생각된다.[66] 적어도 오골성이 위치한 애하부터 압록강 하구까지는 동일한 경로로 이동했다고 판단된다.

이동의 과정에서 9군의 군사는 모두 장막 아래에 군량을 버렸다고 하였다.[67] 그 결과 겨우 中路에 이르렀을 때 양식이 거의 떨어질 지경이었다는 것이다. 그리고 이 무렵 고구려의 을지문덕이 압록강을 건너와 거짓으로 항복하며 虛實을 살폈다고 한다. 그러므로 식량이 거의 바닥났다고 한 중로란 압록강 서안으로 파악된다. 그렇다고 한다면 우중문·우문술의 9군은 집결지인 압록강 서안에 모여서 최종 목적지를 평양으로 변경한 것이 아닌가 한다.

612년 4월 하순부터 6월 11일까지 양제가 임해돈으로 휴양을 떠난 데서 짐작할 수 있듯이 그는 요동성 함락을 확신하고 있었다. 이로 미루어 보아 우중문·우문술의 9군이 평양으로 최종 목적지를 변경한 것은 6월 11일 이후였다고 짐작된다. 즉 노하진·회원진에서 출발한 때로부터 2개월 가까이 지나서야 양제의 주력 부대를 기다리지 않고 평양으로 직공하기로 계획을 바꾸었다고 이해된다. 그렇기 때문에 우중문·우문술의 9군은 군량이 부족할 수밖에 없었다고 풀이된다. 이때 우중문·우문술의 9군을 상대한 것이 고구려의 을지문덕이었다.

I. 대업 8년(612) 6월 기미(11일). ㉠ 고구려에서 대신 을지문덕을 파견하여
    그 군영에 가서 거짓으로 항복하였는데, 실제로는 허실을 보고자 한 것

---

66) 余昊奎, 1999 앞의 논문, 55쪽에서는 遼陽에서 本溪~鳳城路를 통해 이동하였을 것으로 추정하였다.

67) 『자치통감』 권181, 수기5 대업 8년 6월 기미(11일). "下令軍中 士卒有 遺棄米粟者斬 軍士皆於幕下掘坑埋之 纔行及中路 糧已將盡"

이다. 우중문은 그보다 먼저 密旨를 받았는데, 만약 '高元[영양왕]과 을지 문덕이 오면 반드시 그를 사로잡으라'고 하였다. (중략) ⓛ 이로 말미암아 [우문]술 등은 마지못해 그를 좇으며 諸將과 함께 강을 건너 을지문덕을 추격하였다. 을지문덕은 우문술의 군사에게 굶주린 기색이 있음을 보고 그들을 피곤케 하고자 매번 싸우면서 번번이 도주하였다. 우문술은 하루 중에 일곱 번 싸워서 모두 이겼으니 이미 여러 번 승리한 것을 믿고, 또한 여러 사람의 의견에 압박을 받아 이에 드디어 전진하였다. ⓒ 동쪽으로 薩水[薩水]를 건너 평양성에서 30리 떨어진 곳에 산을 의지하여 진영을 만들었다. ⓔ 을지문덕이 다시 사신을 파견하여 거짓으로 항복한다고 하 고 우문술에게 요청하였다. "만약 군사를 되돌리신다면 마땅히 고원을 받들어 行在所에서 조현하겠습니다." ⓜ 대업 8년(612) 7월 임인(24일)에 살수에 도착하였다. 군사가 [살수를] 반 정도 건너자 고구려가 뒤에서부 터 그 後軍을 공격해 右屯衛將軍 辛世雄이 전사하였다. 이에 諸軍이 모 두 궤멸되어 제지할 수 없었고, 장수와 사졸이 도망하여 돌아오는데 一 日一夜에 압록수에 도착하니, 간 것이 450리였다.[68] (『자치통감』 권181, 수기5)

위 사료는 을지문덕의 활약을 전해주고 있는데, 구체적으로 ⓐ~ⓜ으로 나누어 볼 수 있다. 그 내용은 지리적 공간에 따라 압록강 서안(ⓐ), 압록강~살수(ⓛ~ⓜ), 살수~평양성 30리 지점(ⓒ~ⓔ)으로 구분해 볼 수 있는데, 을지문덕이 전투를 주 도한 공간은 ⓛ 이하 즉 압록강 이남이었다. 먼저 ⓛ이 주목된다. 이와 관련한 전투

---

68) "高麗遣大臣乙支文德詣其營詐降 實欲觀虛實 于仲文先奉密旨 若愚高元及文德來者 必擒之 (中略) 由是述等不得已而從之 與諸將渡水追文德 文德見述軍士有飢色 故欲疲之 每戰輒走 述 一日之中 七戰皆捷 旣恃驟勝 又逼羣議 於是遂進 東濟薩水 去平壤城三十里 因山爲營 文德復 遣使詐降 請於述曰 若旋師者 當奉高元朝行在所 至薩水 軍半濟 高麗自後擊其後軍 右屯衛將 軍辛世雄戰死 於是諸軍俱潰 不可禁止 將士奔還 一日一夜至鴨綠水 行四百五十里"

사진 15. 청천강(ⓒ하일식)

에 관해서는 다음의 사료에 자세하다.

    J. 우중문은 騎兵을 뽑아 압록수를 건너 그를 추격하도록 하였다. 매번 싸
        울 때마다 적을 대파하니, 을지문덕이 시를 보내 말하였다. "神策究天文,
        妙算窮地理. 戰勝功旣高, 知足願云止" 우중문이 답서로써 그를 회유하
        고자 하였지만, 을지문덕은 목책을 불사르고 달아났다. 이때 우문술은
        양식이 다하였으므로 돌아가고자 하였는데, 우중문이 의견을 내기를 정
        예병으로 을지문덕을 추격하면 공을 세울 수 있을 것이라고 하였다. 우
        문술이 그를 굳게 제지하자 우중문이 화를 내며 말하였다. "장차 군사 10
        만으로도 작은 적을 격파하지 못하면 무슨 낯으로 황제를 알현할 수 있
        겠습니까? 또한 우중문이 이번 행군에서 진실로 공이 없을 수 있겠습니

까!" 우문술이 언성을 높여 화를 내며 말하였다. "어찌하여 공이 없다고 할 수 있겠습니까?" 우중문이 말하였다. "옛적 周亞夫가 장군이 되었을 때, 천자를 알현하였지만 군대의 위용은 변하지 않도록 하였습니다. 이는 결정권이 1인에게 있어야 공을 이루고 명성을 크게 떨칠 수 있기 때문입니다. 지금 사람들은 각기 그 마음이 다르니 어찌 적과 상대해 싸울 수 있겠습니까?" 처음 황제가 우중문에게 계획이 있다고 생각하여 諸軍의 의논과 지시·일과 행동을 명하였으니, 그러한 까닭에 이와 같은 말이 있었던 것이다. 이로 인해 우문술 등은 부득이 우중문의 말을 따를 수밖에 없었다. 마침내 행군하여 동쪽으로 살수에 이르니 우문술은 군사가 굶주리므로 퇴각해 돌아가고자 하였다. 군사가 마침내 패전하였다.[69] (『수서』 권60, 열전25 우중문)

위 사료는 사료 I와 대체로 동일하다고 할 수 있지만 몇 가지 사실을 더 말해주고 있다. 먼저 사료 I-ⓒ에서 "하루 일곱 번 싸워 일곱 번 이겼다."고 한 것은 사료 J에서 [우중문이] 매번 싸울 때마다 적을 대파"했다고 한 사실과 통한다고 할 수 있는데, 사료 J를 보면 이후 을지문덕은 "목책을 불사르고 달아났다"고 하였다. 이로 미루어 보아 을지문덕은 압록강 동안에서부터 그 남쪽의 일정 지점에다가 목책 등의 군영을 갖추고, 수의 9군을 방어하고 있었다고 생각된다. 그 전후의 전투를 '압록강 전투'라고 부를 수 있을 것이다.[70]

---

69) "至鴨綠水 高麗將乙支文德詐降 來入其營 仲文先奉密旨 若遇高元及文德者 必擒之 至是 文德來 仲文將執之 時尙書右丞劉士龍爲慰撫使 固止之 仲文遂捨文德 尋悔 遣人紿文德曰 更有言議, 可復來也 文德不從 遂濟 仲文選騎渡水追之 每戰破賊 文德遺仲文詩曰 神策究天文 妙算窮地理 戰勝功旣高 知足願云止 仲文答書諭之 文德燒柵而遁 時宇文述以糧盡欲還 仲文議以精銳追文德 可以有功 述固止之 仲文怒曰 將軍仗十萬之衆 不能破小賊 何顔以見帝 且仲文此行也固無功矣 述因厲聲曰 何以知無功 仲文曰 昔周亞夫之爲將也 見天子 軍容不變 此決在一人 所以功成名遂 今者人各其心 何以赴敵 初 帝以仲文有計畫 令諸軍諮稟節度 故有此言 由是述等不得已而從之 遂行 東至薩水 宇文述以兵餒退歸 師遂敗績"

압록강 전투에서 을지문덕의 병력이 대규모는 아니었다고 보인다. 사료 J에서 우중문이 기병을 뽑아 압록강 남쪽에서 을지문덕을 추격하도록 하였다. 우중문은 선발한 기병으로 을지문덕을 추격했고, 고구려의 군대와 전투하였던 것이다. 이에 우중문은 을지문덕이 소규모의 군대를 지휘하고 있다고 여기고, 우문술과 토론하면서 "정예병으로 을지문덕을 추격하면 공을 세울 수 있을 것"이라고 의견을 내는 등 평양을 직접 공격할 수 있다고 판단했고, 결국 최초의 계획을 변경하는 데 주도적인 역할을 맡았다고 해석된다.

실제 이 무렵 고구려 군사력의 대부분은 평양에 집결되어 있었다고 하였다. 이와 비교해 을지문덕은 중앙의 5부병과 같은 정예의 군사조직을 중심으로 우중문·우문술의 남진을 막고 있었다고 생각된다. 그런데 우중문·우문술의 9군이 압록강 서안에 집결한 시점을 전후하여 평양에서는 내호아의 부대(평양도 행군)를 격파했고, 그들을 海浦에 묶어두었다. 이에 을지문덕은 평양으로 우중문과 우문술의 9군을 유인할 계획을 수립할 수 있었다고 여겨진다.

사료 I-ⓒ에 나오듯 우중문·우문술의 9군은 평양성 30리 지점까지 이르러 군영을 갖추었다고 한다. 그들은 본래 내호아의 부대와 합류하고자 하였고, 평양성 30리 지점에서도 그를 시도하였을 것으로 추측된다. 그러나 결국 우중문·우문술의 9군과 내호아의 부대는 합류하지 못하였다. 그 이유는 고구려의 군사적 대응에서 찾아야 할 것으로 생각한다. 이와 관련하여 다음의 사료가 참고된다.

K. 『革命記』에 다음과 같이 전한다. "許公이 나아가 平壤에 이르니 城頭가 즉시 降幡를 세우고 5일 동안 錄簿籍圖書를 검토한 다음 성문을 열고 待命하겠다고 약속하였다. 기약한 5일이 지났지만 한마디의 말도 없었다.

---

70) 楊義臣은 그 참전자의 하나로서 참고된다. 『수서』 권63, 열전28 楊義臣. "其後復征遼東 以軍將指肅愼道 至鴨綠水 與乙支文德戰 每爲先鋒 一日七捷"

허공이 자주 재촉하였지만 끝내 답변이 없었다. 다시 십 수 일이 지나자 이에 말하기를 '船糧이 패배해 돌아갔는데, 公은 지금 다시 무엇을 기다리려고 하는가?'라고 하고, 군사를 나누어 險要를 차지했다. 허공은 저들에게 속은 것을 알고 즉시 전쟁을 멈추고 돌아갔다. 매일 언제나 方陳을 설치하고 행군하였는데, 사면에서 동시에 적을 맞았으니 살상된 자가 이미 많았고, 또한 군량이 다하였다. 요수를 건너온 자가 열에 둘 셋도 안 되었다." 양제의 교만하고 포악함을 생각건대 고구려가 만약 항복하지 않겠다고 분명히 말하였다면, 우문술 등은 감히 돌아갈 수 없었을 것이다. 지금 『수서』를 따른다.[71] (『자치통감고이』 권8, 수기)

위 사료는 사마광의 『자치통감고이』 중에서 사료 I-ⓔ 즉 을지문덕이 평양성 30리 지점에서 재차 거짓 항복한 사실과 관련한 것이다. 『革命記』를 인용하고 있는데, 이는 杜儒童의 『隋季革命記』를 가리킨다.[72] 두유동은 則天武后代(690~705)의 인물로, 현재 『혁명기』는 전하지 않지만 『자치통감고이』에 인용된 逸文을 통해 보건대 그 사료적 가치가 높은 것으로 평가된다.[73]

실제 『혁명기』에서 허공은 우중문 내지 우문술을 가리킨다고 볼 수 있으며 船糧은 내호아의 부대를 가리킨다고 파악된다. 그리고 보면 『혁명기』의 서술이 『수서』 등 여타의 사서와 차이가 있다고 하지만, 그와 상치된다고 볼 수 없다. 오히려 종합적인 이해에 도움이 된다고 생각한다. 이와 같은 관점에서 고구려가 거짓 항복을 철회하고 항전의 의지를 밝히면서 "군사를 나누어 險要를 차지했다."고 한 사실이

---

71) "革命記云 許公卽坌半壤 城頭卽樹降幡 約至五日 檢錄簿籍圖書 開門待命 期過五日 無一言 許公頻催 竟無報答 又十數日 乃云 船糧敗卻迴 公今更欲何待 然始抗旌拒守 分兵以捉險要 許公知被欺 卽卷甲歸 每日常設方陳而行 四面俱時受敵 傷殺旣衆 糧食又盡 過遼水者什無二三 按 煬帝驕暴 高麗若明言不降 述等必不敢還 今從隋書"

72) 『신당서』 권58, 지48 예문2. "杜儒童隋季革命記五卷〈武后時人〉"

73) 胡耀飛・射宇榮, 2014 「杜儒童及其 『隋季革命記』輯考 —兼論隋末唐初王統三分問—」 『唐史論叢』 1.

주목된다.

이때의 험요란 우선 우중문·우문술 9군의 진영에서부터 평양성까지 양군이 대치한 중간의 군사적 요지를 가리킨다고 생각할 수 있다. 그런데 고구려가 험요를 차지할 때 군사를 나누어 보냈다고 한 사실을 감안하면, 험요가 양군이 대치한 30리의 직선로에 한정된다고 보기는 어렵다. 몇 갈래의 교통로를 포함했다고 생각된다. 우중문·우문술 9군의 진영에서부터 내호아의 水軍이 주둔한 해포까지의 교통로와 그 주변의 군사적 요지 역시 그에 포함되었을 것이다.

이처럼 고구려군은 평양 일대에서 우중문·우문술의 9군과 내호아의 부대가 합류하지 못하도록 조직적으로 행동하였다. 그 총지휘는 을지문덕이 맡았다고 보인다. 사료 I-ⓔ에 보이듯 평양 일대에서 우중문·우문술의 9군에 사신을 보낸 것이 을지문덕이었다는 점에서 그러하다. 살수전투 역시 을지문덕이 지휘하였을 것이다.

사료 I-ⓙ처럼 수 양제가 우중문·우문술에게 密旨[74]를 보내 "왕이나 을지문덕이 오면 반드시 사로잡으라"고 한 데서 짐작할 수 있듯이 수 조정에서는 을지문덕을 국왕에 버금가는 인물로 인식하였다. 이에 을지문덕을 大臣으로 적었고,[75] 『통전』과 같은 후대의 문헌기록에서는 國相으로 표현하였다고 보인다.[76] 이와 관련하여 다음의 사료를 주목할 수 있다.

> L. 『高麗記』에 다음과 같이 전한다. "그 나라에서는 官을 세우는 데 9등이 있었다. (중략) 이상 5개의 관등이 機密을 관장하고 政事를 도모하며 병력을 徵發하고 官爵을 제수한다.[77] (『한원』 권30, 번이부 고려)

---

74) 『수서』 권61, 열전26 우문술. "會乙支文德來詣其營 述先與于仲文俱奉密旨 令誘執文德"
75) 『자치통감』 권181, 수기5 대업 8년(612) 6월 기미(11일). "高麗遣大臣乙支文德詣其營詐降 實欲觀虛實 于仲文先奉密旨 若遇高元及文德來者 必擒之"
76) 『통전』 권155, 병8 敵饑以持久弊之. "會高麗國相乙支文德來詣"
77) "高麗記曰 其國建官有九等 (中略) 以前五官 掌機密謀改[政]事 徵發兵 選授官爵"

위 사료는 7세기 중반 고구려의 관등체계와 정치운영을 보여주고 있는데, 일찍부터 상위 5개의 관등이 국정을 총괄했다고 한 사실이 주목되었다. 병력의 징발을 책임진 것도 상위 5개 관등이었으며 관작의 임명 또한 여기서 이루어졌다고 한다. 이로 보건대 軍政權은 물론이고 軍令權 역시 상위 5개 관등이 장악하고 있었고, 그의 대표자인 大對盧가 이를 책임지고 있었다고 이해된다. 그렇다고 보면 을지문덕은 대대로였을 가능성이 높다. 즉 을지문덕은 상위 5관등을 차지한 고구려 귀족세력의 대표자로서 실질적인 최고의 군사권자였다고 생각된다.

그런데 을지문덕은 世系가 자세하지 않다. 이로 미루어 보아 그는 전통적인 귀족과 거리가 있었다고 생각된다. 그래서 그를 신진 귀족으로 추측하였는데, 그가 신진 귀족임에도 대대로를 맡고 최고의 군사권을 맡을 수 있었던 배후에는 영양왕과 왕실이 있었다고 보인다. 가령 『삼국사기』를 보면 을지문덕이 수의 진영에 거짓으로 항복한 것이 王命을 받아서였다고 했고,[78] 평양성 전투는 왕제 건무가 주도했다는 하였는데, 이는 612년 전쟁에서 을지문덕이 영양왕과 밀접한 관계에 있었음을 시사한다.

이처럼 612년 전쟁에서 고구려의 최고 군사권은 을지문덕이 행사하고 있었는데, 그 배후에는 영양왕이 있었다. 다만 영양왕이 신진 귀족 을지문덕을 지원해 대대로에 취임하도록 하고 군사권을 맡긴 데는 귀족세력 전반의 동의가 수반되었다고 생각된다. 즉 612년 전쟁에서 영양왕―을지문덕이 군사권을 행사했지만, 이는 지배층 전반의 합의를 통해 위임된 권력이었다고 이해된다.

---

78) 『삼국사기』 권20, 고구려본기8 영양왕 23년(612) 6월. "文德受王命 詣其營詐降 實欲觀其虛實";
  『삼국사기』 권44, 열전4 을지문덕.

요서의 재편과 고구려-당 관계

    고구려-수 전쟁은 614년 8월 4일 수 양제가 회군하고,[1] 10월 25일 장안으로 복귀함으로써 종결되었다고 할 수 있다.[2] 그러나 614년 전쟁이 끝난 이후에도 수 양제는 계속해서 고구려를 공격하고자 하였다.[3] 가령 615년 8월 양제가 鴈門(산서성 대현)에서 동돌궐의 始畢可汗에게 포위되어 위기에 처했을 때 수의 주요 관료(民部尙書 樊子蓋·內史侍郎 蕭瑀·虞世基)는 고구려 공격을 중단해야 한다고 건의하였고 그도 일단 건의를 수용하였지만,[4] 東都에 복귀하자 곧 고구려 공격을 재론하였

---

1) 『수서』 권4, 제기4 양제下 대업 10년(614) 8월 기사(4일) ; 『자치통감』 권182, 수기6 대업 10년(614) 8월 기사(4일). "帝自懷遠鎭班師"

2) 『자치통감』 권182, 수기6 대업 10년(614) 동10월 정묘(3일). "上至東都 己丑[25일] 還西京 以高麗使者及斛斯政告太廟"

3) 『자치통감』 권182, 수기6 대업 10년(614) 동10월 정묘(3일). "仍徵高麗王元入朝 元竟不至 勅將帥嚴裝 更圖後擧 竟不果行"

4) 『자치통감』 권182, 수기6 대업 11년(615) 8월 무진(8일). "民部尙書樊子蓋曰 陛下乘危徼幸 一朝狼狽 悔之何及 不若據堅城以挫其銳 坐徵四方兵使入援 陛下親撫循士卒 諭以不復征遼 厚爲勳格 必人人自奮 何憂不濟 內史侍郎蕭瑀以爲 突厥之俗 可賀敦預知軍謀 且義成公主以帝女嫁外夷 必恃大國之援 若使一介告之 借使無益 庸有何損 又將士之意 恐陛下旣免突厥之患 還事高麗 若

다.[5] 또한 616년 5월에는 고구려 공격에 비판적이었던 納言 蘇威를 숙청하였다.[6] 따라서 전쟁 직후 요서에서 양국의 군사적 긴장은 여전하였을 것이다. 고구려는 수의 재침에 대비하면서 전후수습에 주력하였을 것으로 짐작된다. 이 점에서 전쟁 직후 고구려의 요서정책은 적극적이지 못하였다고 생각된다.

이러한 가운데 618년 당 왕조가 수립되었다. 고구려는 이때부터 당과 교섭하였다. 하지만 고구려가 당으로부터 책봉호를 수여받은 것은 624년이었다. 618~624년 양국은 책봉호의 수수를 동반하지 않은 채 교섭하였던 것이다. 이를 전형적인 조공책봉관계의 과도기였다고 보기도 한다.[7] 하지만 이는 결과론적 해석이 아닐까 한다. 책봉이 부재한 조공관계 또한 국제정세의 현실을 반영한다고 생각한다.[8]

이와 같이 볼 때 고구려와 당 관계는 이 시기의 동아시아 국제정세 속에서 실상에 접근할 필요가 있다. 본 장에서는 특히 요서지역의 정세를 염두에 두고, 양국 관계의 형식과 내용을 검토해 보고자 한다. 그러하다고 할 때 이는 고구려-수 전쟁 이후 요서의 정세가 고구려-당 관계와 어떠한 의미가 있었는지, 전후의 연속성을 생각해 보는 데 도움을 줄 것으로 기대한다.

發明詔 諭以赦高麗·專討突厥 則衆心皆安 人自爲戰矣 珝皇后之弟也 虞世基亦勸帝重爲賞格 下詔停遼東之役 帝從之"

5) 『자치통감』 권182, 수기6 대업 11년(615) 10월 임술(3일). "帝至東都 (中略) 仍議伐高麗 由是將士無不忿怨"

6) 『자치통감』 권183, 수기7 대업 12年(616) 5월 임오. "納言蘇威 引身隱柱 帝呼前問之對曰 (中略) 又昔在鴈門 許罷征遼 今復徵發 何由息 帝不悅而罷尋屬 五月五日 百僚多饋珍玩 威獨獻尚書 或譖之 (中略) 頃之 帝問威以伐高麗事 威欲帝知天下多盜 對曰 今兹之役 願不發兵 但赦羣盜 自可得數十萬 遣之東征 彼喜於免罪 爭務立功 高麗可滅 帝不懌 (中略) 帝憫而釋之 曰未忍即殺 并其子孫三世皆除名"

7) 니시지마 사다오 지음, 이성시 엮음, 송완범 옮김, 2008 『일본의 고대사 인식 -'동아시아세계론'과 일본-』, 역사비평사, 95~99쪽. 책봉-조공 관계에 관한 일반적인 이해는 임기환, 2007 「국제관계」, 한국사연구회 편, 『새로운 한국사 길잡이(상)』, 지식산업사, 155~158쪽 참조.

8) 栗原益男, 1979 「七·八世紀の東アジア世界」, 東洋史硏究會 編, 『隋唐帝國と東アジア世界』, 汲古書院, 140~141쪽.

1. 고구려-당 교섭과 동돌궐

고구려-당 관계의 성립과 관련하여 먼저 다음의 사료가 주목된다.

A-1. 무덕 2년(619)에 사신을 보내 來朝하였다.[9] (『구당서』 권199, 동이149 고구려)

A-2. 영류왕 2년(619) 봄 2월에 사신을 보내 당에 가서 조공하였다.[10] (『삼국사기』 권20, 고구려본기8)

A-3. [당 고조 무덕 2년(619) 윤2월] ㉠ 강역을 나누어 다스림에 산천으로 그 내외를 경계 지우며, 遐荒·絶域은 중국과 刑政을 다르게 한다. 이 때문에 옛날의 왕은 세상을 다스림에 먼 곳에서 온 사람을 회유하였고, 義는 羈縻에 두었으며 취하여 신속하도록 하지 않았다. [서방의] 渠搜는 귀순하여 夏의 성공을 나타냈고, [남방의] 越裳은 重譯해 조공하여 周의 장구함을 기렸다. (중략) ㉡ 수 말엽의 정벌은 무력을 남용하고 군사력을 과시하였다. [그러므로] 천자의 나라가 河源[중원]에서 피폐해졌고, 3년 동안 遼外[고구려]에서 정벌하였다. [이에] 원망이 쌓이고 재앙이 이어져 힘이 꺾이고 재화가 소진되었다. (중략) ㉢ 짐은 삼가 황위를 받아 사방을 다스렸으니, 원근이 귀순하였다. (중략) 이전의 폐단을 혁파하였으며, 要服·藩服과 마땅히 더불어 화친하였다. 그 吐谷渾은 이미 직공을 닦았고, 고구려는 멀리서 정성을 보내왔으며, 거란·말갈

---

9) "武德二年 遣使來朝"
10) "春二月 遣使如唐朝貢"

이 모두 內附하였다. 이에 안무하였으니, 진실로 사리에 합당하였다. 사자를 나누어 보내고[分命行人] 나아가 우호를 베풀도록 하였으며, 변란을 진정시켜 민으로 하여금 쉴 수 있도록 한 것이 그것이다. 천하에 포고하여 짐의 뜻을 밝게 알도록 하라.[11] (『문관사림』 권664 「武德年中鎭撫四夷詔一首」)

위 사료는 고구려와 당의 교섭을 전해주는데, 618년 5월 당 왕조가 수립된 이후 최초의 것이다. 지금까지는 주로 사료 A-1·2를 주목하였다. 특히 사료 A-2『삼국사기』고구려본기를 중시하였다. 『구당서』와 비교하여 보다 구체적인 정보, 즉 사신 파견의 월까지 보이기 때문이었다. 이와 비교해 사료 A-3은 간과하는 경우가 많았다.[12] 사료 A-3은 당 고조(재위: 618~626)의 조서로, 619년 양국 교섭의 배경이 보다 자세히 서술되어 있다.

사료 A-3은 크게 ㉠~㉢의 세 단락으로 구분해 볼 수 있다. ㉠은 중국과 이적[遐荒·絶域]의 세계를 구분하고, 이적에 대한 덕치의 전통과 역사적 정당성을 강조한 대목이다. ㉡은 수말의 폐단을 지적한 것이다. 수 왕조는 이적에 대한 덕치를 구현하지 않고 무력을 남용해 쇠퇴하였다고 비판하였다. 그러므로 ㉢에서 당 고조 자신은 폐단을 혁파하고 덕치를 재현한다고 하였다. 그 결과 여러 이적이 귀순·화친하

---

11) "畫野分疆 山川限其內外 遐荒絶域 刑政殊於函夏 是以昔王御俗 懷柔遠人 義在羈縻 無取臣屬 渠搜卽叙 表夏后之成功 越裳重譯 美周邦之長筭 (中略) 有隋季伐 黷武耀兵 萬乘疲於河源 三年伐於遼外 構怨連禍 力屈貨殫 (中略) 朕祗膺寶圖 撫臨四極 悅近來遠 (中略) 追革前弊 要荒藩服 宜與和親 其吐谷渾已修職貢 高句驪遠送誠欵 契丹·靺鞨咸求內附 因而鎭撫 允合機宜 分命行人 就申好睦 靜亂息甿 於此乎在 布告天下 明知朕意" 조서의 반포 시점은 『책부원귀』 참조 ("唐高祖 武德二年 閏二月 詔曰").

12) 이 조서는 다음의 사료에도 수록되어 있다. 『책부원귀』 권170, 제왕부 來遠 ;『唐大詔令集』 권128, 번이 綏附「撫鎭夷狄詔」;『전당문』 권1, 고조황제「命行人鎭撫外藩詔」. 이 조서는 김수진, 2008「隋·唐의 高句麗 失地論과 그 배경 -對高句麗戰 명분의 한 측면-」『韓國史論』 54, 서울대 국사학과, 87쪽 ; 김진한, 2009「榮留王代 高句麗의 對唐關係와 西北方情勢」『정신문화연구』 32-4, 319쪽을 통해 파악하였다.

여 우호관계를 맺을 수 있었고, 향후에도 덕치에 기초한 유화적 대외정책의 기조를 유지하겠다고 천명하였다. 화이사상에 입각해 중화와 이적을 구분하되, 두 세계의 차이를 인정하고 포용하겠다는 뜻으로 풀이된다.

이때 당과 우호관계를 맺은 여러 이적의 하나로 제시된 것이 고구려였다. 사료 A-3에서 조서 반포의 시점은 윤2월이었다. 따라서 고구려와 당은 619년 윤2월 이전에 이미 교섭하였던 것으로 파악된다. 사료 A-2처럼 619년 평달 2월이 최초의 교섭이었을 수 있고, 그보다 먼저였을 수 있다.[13] 고구려는 당 왕조가 수립된 직후나 다름없는 시기에 교섭을 시도하였던 것이다.

사료 A-3은 황제의 조서이다. 그런 만큼 당 왕조의 일방적인 입장을 담고 있다. 그러므로 조서의 표현은 물론이고 내용도 비판적인 이해가 필요하다. 다만 사료 A-3을 보면 고구려의 사신 파견에 당 또한 사자를 보내 우호관계의 수립을 도모하였다고 하였다.[14] 양국의 사신이 왕래하였다는 것이다. 따라서 사료 A-3은 양국의 공식적인 국교가 체결되고 우호관계가 수립된 사실을 말해준다고 할 수 있다.

사료 A-3에서 제시된 유화적 대외정책의 기조도 단순한 외교적 수사는 아니었다고 보인다. 이 조서에서는 수대 裵矩가 내세운 郡縣回復論[15]과 달리 고구려와 같은 이적의 세계를 중화 세계와 다르다고 인정하고 신속을 강요치 않았다. 無取臣屬의 羈縻를 이상적인 대외관계였다고 하였다. 오히려 수대 무력의 남용한 것이 폐단

---

13) 사료 A-2의 2월은 윤2월의 단순한 오류일 수 있다. 그런데 『삼국사기』 고구려본기 찬자가 중국 측의 사서를 참조해 조공기사를 작성할 때 윤달을 평달로 서술하는 것이 상례는 아니었다. 가령 다음의 사료가 참고된다. 『삼국사기』 권19, 고구려본기7 문자명왕 19년(510), "夏閏六月 遣使入魏朝貢"; 『위서』 권8, 세종기8 영평 3년(510), "六月閏月 己亥[29일] 吐谷渾·高麗·契丹諸國各遣使朝貢" 이 점에서 사료 A-2의 서술에 고유의 전거자료가 있었을 가능성은 충분하다. 이 경우 사료 A-2의 2월은 사신을 보낸 시점으로 그 나름의 사료적 가치를 지니며 사료 A-3의 이해에도 보완이 된다고 할 수 있다.

14) 分命은 단순히 命으로 해석할 수도 있지만, 分派와 같은 뜻으로 '나누어 보내다'란 뜻도 있다. 문맥으로 보아 후자의 의미로 풀이된다.

15) 윤용구, 2005 「隋唐의 對外政策과 高句麗 遠征 —裵矩의 '郡縣回復論'을 중심으로—」 『북방사논총』 5, 52~55쪽 참조.

이었고, 그 대표적인 사례가 3년간의 遼外 정벌 즉 612~614년 고구려-수 전쟁이었다고 하였다.

수말의 반란 중 상당수는 고구려-수 전쟁에서 비롯되었다. 전쟁을 추진하기 위해 인력과 물자를 수탈한 데 대한 민의 불만이 높았다. 조정의 주요 관인도 고구려와의 연이은 전쟁에 반발하였다.[16] 당 고조 이연도 613년 전쟁에 동원된 경험이 있었다. 그는 요서의 회원진에서 물자 운송을 감독하였다.[17] 이때부터 당 고조는 反戰 분위기를 충분히 감지하였다고 생각된다. 그러므로 민심을 수습하고 지배층의 지지를 얻기 위해라도 고구려와의 우호관계가 필요하다고 판단하였을 것이다.

국제정세의 현실도 고려되었다고 보인다. 이때까지 당은 중원지역을 장악하지 못한 데다 다수의 유력한 적대세력이 상존하였다. 따라서 우호세력의 확대가 요청되었다. 예컨대 당은 토욕혼과 우호관계를 수립하였다고 하였는데, 이는 토욕혼의 군사적 지원을 받아 大凉 황제를 자칭한 李軌를 제압하기 위한 것이었다.

물론 토욕혼 또한 당에 바라는 바가 있었다. 토욕혼의 가한 慕容伏允(585~635)은 아들 慕容順이 장안에 머물고 있었으므로 그의 귀환을 요청하였다. 당-토욕혼의 通和는 이렇듯 이해관계가 합치됨으로써 체결된 것이다.[18] 그러면 고구려-당의 우호관계는 어떠한 배경 속에서 수립된 것일까. 다음의 사료가 참고된다.

B. 수 대업(605~618) 연간의 난에 [동돌궐의] 始畢可汗 咄吉이 君位를 계승하였는데, 華人으로 그에게 가서 의탁한 자가 많았고, 거란·실위·토곡

---

16) 예컨대 『자치통감』 권182, 수기6 대업 11년(615) 8월 무진(8일). 특히 民部尚書 樊子蓋·内史侍郎 蕭瑀·虞世基의 발언이 주목된다. 보다 구체적인 검토는 姜性文, 2005 『韓國 軍事史의 再照明』, 황남알, 34~38쪽 참조.

17) 『구당서』 권1, 본기1 고조. "[대업] 九年[613] 遷衛尉少卿 遼東之役 督運於懷遠鎭"

18) 『구당서』 권198, 열전148 서융 토욕혼, "高祖受禪 順自江都來歸長安 時李軌猶據涼州 高祖遣使 與伏允通和 令擊軌以自效 當放順返國 伏允大悅 興兵擊之 戰于庫門 交綏而退頻 遣使朝貢 以 順爲請 高祖廼遣之"; 『신당서』 권221상, 열전146상 서역 토욕혼; 『자치통감』 권187, 당기3 무덕 2년(619) 2월 무술(28일).

혼·고창이 모두 役屬되었고, 竇建德·薛擧·劉武周·梁師都·李軌·王世充 등이 굴기하여 위엄을 갖추었지만, 모두 그의 신하를 칭하며 공경하였다. [동돌궐은] 궁수가 또 100만이었으니, 戎狄이 [이처럼]강성한 것이 옛적에는 없었다. 고조가 太原에서 일어나면서 府司馬 劉文静을 보내 [동돌궐에] 가서 안부를 묻고, 더불어 連和하였다. 始畢은 特勒 康稍利로 하여금 2,000필의 말과 500명의 군사를 헌상하도록 하니, [고조에게] 와 회합하였다. 황제가 京師를 평정하니, 마침내 공로를 믿고 使者가 매번 오면서 방자하고 교만함이 많았다.[19] (『신당서』 권215상, 열전140상 돌궐)

위 사료는 610년대 중·후반 동돌궐의 전성과 당과의 관계를 전해주고 있다.[20] 동돌궐은 597년부터 수에 신속되었고, 수 중심의 국제질서에 순응하였다. 하지만 수가 쇠퇴하자 곧 자립을 모색하였고, 중원지역 방면으로 세력을 확장하였다. 가령 615년 8월 雁門(산서성 右玉)에서 수 양제를 포위·공격하였고,[21] 이해에 봉기한 王須拔·魏刁兒 세력과 연합하여 중원지역 북부를 위협하였다.[22] 그리고 610년대 후반 위 사료에 서술된 것처럼 강력한 군사력을 보유한 동아시아 최강자로 부상하였다.

위 사료에서는 거란·실위·토곡혼·고창이 동돌궐에 役屬되었고 하였다. 역속

---

19) "隋大業之亂 始畢可汗咄吉嗣立 華人多往依之 契丹·室韋·吐谷渾·高昌皆役屬 竇建德·薛擧·劉武周·梁師都·李軌·王世充等倔起虎視 悉臣尊之 控弦且百萬 戎狄熾彊 古未有也 高祖起太原 遣府司馬劉文静往聘 與連和 始畢使特勒康稍利獻馬二千·兵五百 來會 帝平京師 遂恃功 使者每來多橫驕"

20) 유사한 내용이 『구당서』 권194상, 열전144상 돌궐에도 보인다. 다만 『신당서』가 보다 자세하므로 이를 인용하였다.

21) 『수서』 권84, 열전40 돌궐, "[대업 11년(615)] 八月 始畢率其種部落入寇 圍帝於雁門" ; 『자치통감』 권182, 수기6 대업 11년(615) 8월 무진(8일).

22) 『수서』 권4, 제기4 양제하 대업 11년(615) 2월 병자(13일). "上谷人王須拔反 自稱漫天王國 號燕 賊帥魏刁兒自稱歷山飛 衆各十餘萬 北連突厥 南冠趙"

즉 신속되어 부림을 받다라는 표현에서 짐작할 수 있듯이 동돌궐은 동아시아 각지에 상당한 영향력을 행사하였던 것이다. 당이 長安을 차지한 데에도 동돌궐과의 連和가 뒷받침되었다. 당은 동돌궐의 군사적 지원도 받았다. 610년대 후반 동돌궐은 동아시아의 최강자로서 국제정세를 주도하였던 것이다. 심지어 이 무렵의 당은 동돌궐에 칭신하였다고 한다.[23] 그런데 동돌궐과 당의 連和가 오래가진 못하였다.

위 사료에 서술된 것처럼 당과 중원지역을 두고 경쟁하던 주요 적대세력(두건덕·설거·유무주·양사도·이궤·왕세충)도 동돌궐에 칭신하였는데, 동돌궐은 그들 간의 경쟁을 조정하면서 자국의 영향력을 확보하고자 하였다. 나아가 당 왕조의 중심부 방면으로 세력확장을 도모하였다. 특히 619년 2월 동돌궐은 夏州(섬서성 靜邊)의 양사도, 馬邑(섬서성 朔州)의 유무주와 함께 당을 공격하고자 하였다.[24] 619년 2월 동돌궐의 당 공격계획은 시필가한(재위: 608~619)이 사망하면서 무산되었다. 그리고 처라가한(재위: 619~620)이 즉위하면서 양국의 교섭이 재개되었다. 하지만 동돌궐은 꾸준히 중원지역으로 세력확장을 도모하였다. 이제 당의 입장에서 동돌궐은 적대세력이나 다를 바 없었다.

이와 같이 볼 때 당의 입장에서 고구려와의 우호관계 수립은 국내정치의 측면에서만 아니라 국제정세의 현실에서도 유용하였다고 이해된다. 고구려를 통해 동돌궐을 견제할 방안을 모색할 수 있었기 때문이다. 그러면 고구려는 왜 당에 사신을 파견해 교섭하였을까.

먼저 국내정치, 즉 國內系 귀족세력이 정권을 장악해 유화적인 대당정책을 추구하였다고 본 견해가 있었다.[25] 6~7세기 고구려의 귀족세력은 크게 국내계 구세력

---

23) 『구당서』 권67, 열전17 이정. "謂侍臣曰 (中略) 國家草創 太上皇以百姓之故 稱臣於突厥"

24) 『구당서』 권194상, 열전144상 돌궐. "二年[619] 二月 始畢帥兵 渡河至夏州 賊帥梁師都出兵會之 謀入抄掠 授馬邑賊帥劉武周兵五百餘騎 遣入句注 又追兵大集 欲侵太原 是月始畢卒"

25) 임기환, 2004 『고구려 정치사 연구』, 한나래, 299~301쪽 ; 김영하, 2007 『新羅中代社會研究』, 일지사, 91쪽. 한편 拜根興, 2002 「激動의 50年 -高句麗와 唐의 關係 研究」『고구려발해연구』 14, 418~419쪽 ; 방용철, 2011 「고구려 營留王代의 정치 동향과 對唐 관계」『대구사학』 102,

과 평양계 신진세력으로 구분해 볼 수 있는데, 대당정책의 대략적인 방향을 보아 전자가 온건노선이었고 후자가 강경노선이었다고 파악된다. 영류왕은 즉위한 이듬해에 졸본에 행사하여 시조묘 제사를 지냈는데,[26] 이는 국내계 귀족세력을 염두에 둔 행동으로 그는 국내계 귀족세력과 긴밀하였다고 해석된다.[27] 이로 보아 영류왕대 대당정책에 대한 구체적인 이해를 얻기는 어려운 사정이지만, 대략적인 기조는 유화적이었을 것으로 추측된다.

다음으로 국제정치, 국제정세의 안정을 도모하였다고 본 견해가 있었다. 이는 다시 두 가지 견해로 구분된다. 첫째 당 중심의 국제질서에 편입되어 국제정세의 안정을 도모하였다고 본 견해가 있었고,[28] 둘째 당을 통해 동돌궐을 견제하고 요서의 안정을 추구하였다고 본 견해가 있었다.[29] 이와 같은 견해의 차이는 국제정세에 대한 이해의 차이에서 비롯되었다. 첫째 견해에서는 당이 곧 국제정세를 주도하리란 전망이 유력하였다고 본 데 반해, 둘째 견해에서는 아직까지 동아시아의 국제정세는 예측하기 어려웠다고 본다.

첫째 견해에서 지적한 것처럼 619년 당은 장안을 비롯하여 중원지역의 요지를 차지하였다. 그런 만큼 중원지역 안의 여러 세력과 비교해 상대적인 우위에 있었다. 하지만 사료 B를 통해 살펴본 것처럼 그 시점에서 동아시아 최강자는 당이 아닌 동돌궐이었다.

사실 수 전성기에 해당하는 십여 년을 제외하면, 6세기 중반 이후 동아시아의 국제정세는 중원왕조가 아니라 돌궐이 주도할 때가 많았다. 따라서 당이 동아시아

4~5쪽에서는 전후수습이 중요했다고 파악하였다.

26) 『삼국사기』 권20, 고구려본기8 영류왕 2년(619). "夏四月 王幸卒本 祀始祖廟"

27) 임기환, 2004, 앞의 책, 300~301쪽.

28) 김진한, 2009 앞의 논문, 319쪽.

29) 정원주, 2011 「榮留王의 對外政策과 政局運營」『고구려발해연구』 40, 19~20쪽. 윤성환, 2013 「고구려 영류왕의 對唐 조공책봉관계 수립 정책의 의미」『동북아역사논총』 39, 115~116쪽에서는 요서의 안정을 추구하였다는 데 초점을 맞추어 논의를 전개하였다.

의 국제정세를 주도하리란 전망이 확고하였다고 보기는 어렵다. 고구려는 동돌궐을 중심으로 한 일원적 국제질서가 확립되는 데에도 경계심을 가졌을 가능성이 높다. 둘째의 견해에 무게가 실린다. 다시 말해 고구려와 당의 우호관계는 동돌궐 견제란 공동의 목적 속에서 수립되었다고 생각된다.

이상을 통해 고구려와 당이 619년 윤2월 이전에 우호관계를 수립하였다고 하였다. 또 양국은 동돌궐이란 동아시아 최강자를 견제하는 데 이해관계가 일치하였다고 하였다. 624년까지 고구려와 당 그리고 동돌궐은 요서를 사이에 두었다. 그러므로 이상의 논의를 보다 구체적으로 진행하기 위해서는 요서의 정세를 살펴볼 필요가 있다.

2. 요서의 정세와 양국의 '通和'

618~624년 요서의 동향과 관련하여 우선 다음의 사료가 주목된다.

C. 무덕 원년(618) 11월 정유(7일)에 수의 양평태수 鄧暠가 유성군·북평군
두 군을 가지고 와서 항복하였다[來降]. 등고를 영주총관으로 삼았다.[30]
(『자치통감』 권186, 당기2)

위 사료는 양평태수 등고가 유성군(요령성 朝陽)과 북평군(하북성 盧龍), 두 군을 가지고 당에 귀순한 사실을 전한다. 이에 이 사료를 통해 618년 11월 요서가 당에 귀속되었다고 본 견해도 있었다.[31] 나아가 이 견해에서는 619년 2월 고구려가 당에 사신을 보낸 것이 요서의 안정을 보장받기 위한 것이었다고 해석하였다. 후술

---

30) "隋襄平太守鄧暠以柳城·北平二郡來降 以暠爲營州總管

31) 윤성환, 2013 앞의 논문, 116쪽.

하겠지만 고구려가 요서의 안정에 관심을 두었을 것이란 지적에는 동의한다. 하지만 위 사료를 통해 요서가 당의 영역이 된 것처럼 이해하기는 어렵다. 다음과 같은 사료를 추가해 보면서 요서 정세에 대한 이해의 폭을 넓힐 필요가 있다.

D-1. 高開道는 滄州 陽信人이다. (중략) 무덕 원년(618)에 수의 장수 李景이 北平郡을 지키고 있었는데, 고개도가 군사를 이끌고 그를 포위하였지만, 여러 해 동안 이기지 못하였다. 이경은 스스로 유지할 수 없다고 헤아리고, 성을 버리고 떠났다. 고개도는 다시 그 지역을 취하고, 진격하여 漁陽郡을 함락켰는데, [어양군은] 말이 수천 필, 백성이 또한 만 명이 있었다. [고개도는] 스스로 즉위하여 燕王이 되었고, 漁陽에 도읍하였다.[32] (『구당서』 권55, 열전5 고개도)

D-2. 수 대업(605~617) 말엽에 河間賊 格謙에게 의탁하였다. (중략) 격겸이 멸망하자 그 무리 백여 인과 함께 海曲으로 도망쳤다. 이후 瓢滄州(하북성 창주)에서 나와 무리가 차츰 붙었다. 이에 북쪽으로 戍保를 약탈하고, 臨渝에서부터 懷遠까지 모두 격파하고 차지하였다. 다시 군사를 이끌고 북평을 포위하였지만, 함락시키지 못하였다. 수의 守將 이경이 스스로 지탱할 수 없다고 헤아리고, 성을 버리고 퇴각하니, 고개도는 그 지역에 웅거하였다.[33] (『신당서』 권86, 열전11 고개도)

D-3. 요동(고구려) 戰役에서 답돈도로 나가 패하고 귀환하였다. 이 때문에

---

32) "高開道 滄州陽信人也 (中略) 武德元年 隋將李景守北平郡 開道引兵圍之 連年不能克 景自度不能支 拔城而去 開道又取其地 進陷漁陽郡 有馬數千匹 衆且萬人 自立爲燕王 都于漁陽"

33) "隋大業[605~617]末 依河間賊格謙 (中略) 謙滅 與其黨百餘人亡海曲 後出瓢滄州 衆稍附 因北掠戍保 自臨渝至懷遠 皆破有之 復引兵圍北平 未下 隋守將李景自度不能支 拔城去 開道據其地"

제명되어 민이 되었다. 곧 연군태수에 제수되었다. 적 고개도에게 포위되었는데, 史祥은 병이 있다고 하고 일을 맡아보지 않았다. 성이 함락되자 고개도가 그를 매우 예우하였다. 이때 고개도가 나예와 더불어 通和하고자 하였다. 사상을 탁군에 보냈는데, 가는 길에 죽었다.[34] (『수서』권63, 열전28 사상)

D-4. 이후 고개도에 의해 포위되어 고립된 채 성을 수비하였지만, 외부의 성원조차 없는 채 1년 남짓 보냈다. (중략) 황제[양제]가 江都에서 붕어함에 이르러 요서태수 등고가 군사를 이끌고 와 그를 구원해 마침내 유성으로 돌아왔다. 이후 유주로 귀환하고자 하였는데, 길에 도적을 만나 피살되었다. 거란·말갈은 본시 그의 은혜에 감읍하여 소식을 듣고 울지 않는 자가 없었고, 幽·燕의 인사는 지금도 그를 애석하게 생각한다.[35] (『수서』권65, 열전30 이경)

위 사료는 610년대 후반 고개도의 활동과 세력확장을 전하고 있다. 사료 D-2에 보이는 것처럼 고개도는 표창주에서 세력을 형성해 북진하였다. 임투(임유)에서부터 회원까지 모두 차지하였다고 한다. 이른바 遼西走廊을 거쳐 요서의 동부까지 진출한 것이다. 또 사료 D-1·2·4를 통해 알 수 있듯이 그는 여러 해 동안 북평(하북성 盧龍)의 李景을 포위·공격하였고, 618년 3월 이후 마침내 이 지역을 차지하였다.[36] 뿐만 아니라 사료 D-3에 보이는 것처럼 연군(요령성 義縣)을 차지하였다. 이

---

34) "及遼東之役 出踰頓道不利而還 由是除名爲民 俄拜燕郡人守 被賊高開道所圍 祥稱疾不視事 及城陷 開道甚禮之 會開道與羅藝通和 送祥於涿郡 卒於塗"

35) "後爲高開道所圍 獨守孤城 外無聲援 歲餘 (中略) 及帝崩於江都 遼西太守鄧暠率兵救之 遂歸柳城 後將還幽州 在道遇賊 見害. 契丹·靺鞨素感其恩 聞之莫不流涕 幽·燕人士于今傷惜之"

36) 사료 D-1을 보면 618년부터 고개도의 포위·공격이 시작된 것처럼 생각할 수 있다. 그런데 사료 D-2에 보이듯 이경이 북평을 떠난 것은 양제가 사망한 618년 3월로부터 머지않은 시점이었다.

에 사료 D-1에 기술된 것처럼 漁陽(북경시 密云)에 도읍하고 燕王을 자칭하였다고 한다.

위와 같이 볼 때 일단 사료 C에서 적어도 북평군은 당에 귀속되었다고 볼 수 없다. 하북성 북부—북평은 고개도의 세력범위에 있었던 것이다. 618년 등고의 세력범위는 유성을 중심으로 한 요서의 서부에 한정되었다고 이해된다. 그러면 요서의 서부는 당의 귀속된 것일까. 여기서 사료 C에 대한 사료비판이 요구된다. 이와 관련하여 탁군 일대 나예 세력의 동향이 참고된다.

수말 나예는 탁군의 유수관이었는데, 617년 하반기 탁군을 점거하고 유주총관을 자칭하고 있었다.[37] 이러한 가운데 618년 11월에 등고가 당에 귀순하였고, 불과 며칠의 시차를 두고 나예 또한 당으로부터 유주총관을 수여받았다.[38] 그는 619년 10월 연군왕으로 책봉받았고, 이씨 성을 하사받았다[李藝].[39] 그런 한편 두건덕·고개도와 대립하였다.[40] 당의 총관으로 당의 적대세력과 대립하였던 것이다.

───────────────

그러므로 고개도의 공격은 617년 이전에 시작되었고, 618년 3월 이후 북평을 차지하였다고 이해된다.

37) 『구당서』 권56, 열전6 나예. 나예의 탁군 점거는 『자치통감』 권183, 수기7 대업 13년(616) 10월조에도 보인다. 그런데 이 기사는 수대 전국각지 반란세력의 동향을 나열하는 가운데 나온다. 따라서 그 시점을 그대로 따를 수 없다. 614년 이후 탁군 태수는 薛世雄이었다(『수서』 권65, 열전30 설세웅. "十年[614] 復從帝至遼東 遷左禦衛大將軍 仍領涿郡留守" ; 『신당서』 권94 열전19 설만균, "父世雄 大業末爲涿郡太守"). 그는 반란세력을 진압하기 위해 출전하였다가 패하고 탁군으로 귀환하여 617년 7월에 사망하였다(『수서』 권65, 열전30 설세웅, "未幾 李密逼東都 中原騷動 詔世雄率幽·薊精兵將擊之 軍次河間營於郡城南 (中略) 於是大敗 世雄與左右數十騎遁入河間城 慙恚發病 歸於涿郡 未幾而卒 時年六十三" ; 『자치통감』 권184, 수기8 의령 원년[617] 7월 병진[8일]). 탁군 通守는 郭絢이었는데, 그 또한 이 무렵 전사하였다(『수서』 권73, 열전 곽현, "煬帝將有事於遼東 以涿郡爲衝要 訪可任者 聞絢有幹局 拜涿郡丞 吏人悅服 數載遷爲通守 兼領留守 及山東盜賊起 絢逐捕之 多所剋獲 時諸郡無復完者 唯涿郡獨全 後將兵擊竇建德 於河間戰死 人吏哭之 數月不息"). 617년 하반기 이후 탁군은 태수와 통수가 모두 부재하였던 것이다. 사정이 이러하므로 사료 D-1처럼 탁군은 군승이 태수를 대리하고 있었고, 나예는 군승을 사로잡음으로써 점거에 성공하였다고 이해된다. 따라서 나예의 탁군 점거는 617년 하반기 이후였다고 생각된다.

38) 『자치통감』 권186, 당기7 무덕 원년(618) 11월 계미(13일). "詔以藝爲幽州總管"

39) 『구당서』 권1, 본기1 고조 무덕 2년(619) 10월. "封幽州總管羅藝爲燕郡王 賜姓李氏"

40) 『자치통감』 권188, 당기4 무덕 3년(620) 12월 임진(4일). "燕郡王李藝又擊竇建德軍於籠火城 破

그럼에도 불구하고 620년 나예가 두건덕에게 포위되었을 때 구원을 요청한 것은 당이 아닌 고개도였다.[41] 그는 고개도의 군사적 원조에 힘입어 두건덕의 포위에서 벗어날 수 있었다. 621년 기근이 발생하였을 때도 고개도로부터 식량을 지원받았다.[42] 고개도와 대립관계였지만, 한편으로 우호관계를 모색하였던 것이다. 사실일찍부터 나예는 고개도를 비롯한 제세력, 가령 두건덕·우문화급과 사신을 왕래하였으며, 官屬을 두었다. 人臣이 아닌 主君의 자격으로 外交하였던 것이다.[43] 이로 보아 618년 11월 나예가 당의 총관 관직을 수여받은 것도 일종의 외교 활동이었다고 생각된다.

이와 같은 모습은 고개도도 마찬가지였다. 그 역시 620년 10월 당으로부터 울주총관을 수여받았다.[44] 하지만 재차 세력을 확장하자 620년 다시 연왕을 자칭하였으며 연호를 세우고 관서에 백관까지 두었다.[45] 燕國이란 독립적인 왕조국가를 지향한 것이다. 나아가 621년 동돌궐-유흑달과 연합해 당에 대항하였다.[46] 이러한 고개도의 행적을 보아도, 적어도 620년까지 당으로부터 받은 총관 관직은 실질적인의미를 지니지 못하였음을 알 수 있다.

이는 등고도 예외는 아니었다고 보인다. 등고는 나예의 탁군 점검 이후 부상한인물이었다. 나예는 탁군을 점거하고 그 일대에 강한 영향력을 행사하였다.[47] 유성

之”;『구당서』 권55, 열전5 고개도 ;『구당서』 권56, 열전6 나예.

41) 『구당서』 권55, 열전5 고개도. "羅藝在幽州 爲寶建德所圍 告急於開道 乃率二千騎援之 建德懼其驍銳 於是引去"

42) 『구당서』 권55, 열전5 고개도. "[무덕] 五年[622] 幽州饑 開道許輸以粟 藝遣老弱湊食 皆厚遇之"

43) 『구당서』 권56, 열전6 나예. "宇文及至山東 遣使召藝 藝曰 (中略) 寶建德·高開道亦遣使於藝 藝謂官屬曰 (中略) 會我使人張道源綏輯山東 遣人諭意 藝大悅"

44) 『구당서』 권55, 열전5 고개도. "開道因藝遣使來降 詔封北平郡王 賜姓李氏 授蔚州總管";『자치통감』 권188, 무덕 3년(620) 10월 무신(19일). "以開道爲蔚州總管"

45) 『구당서』 권55, 열전5 고개도. "三年[620] 復稱燕王 建元署置百官"

46) 『구당서』 권55, 열전5 고개도. "北連突厥 告絕於藝 復稱燕國 是歲 劉黑闥入冠山東 開道與之連和 引兵攻易州不克而退 (中略) 開道又引突厥頻來爲寇恒·定·幽·易等州 皆罹其患"

47) 『구당서』 권56, 열전6 나예. "既而旋師 郡丞出城候藝 藝因執之 陳兵而入 什住等懼 皆來聽命於是發庫物以賜戰士 開倉以賑窮乏 境内咸悅 殺渤海太守唐禕等不同己者數人 威振邊朔 柳

과 회원이 그에 귀부하였다고 한다. 이때 나예는 유성태수였던 楊林甫를 축출하고 유성군을 영주로 개편하였으며, 양평태수였던 등고를 영주총관으로 삼았다. 이로 보아 등고는 나예 세력의 일원이었다고 할 수 있다.

그런데 사료 D-4에 서술된 것처럼 등고는 618년 3월 수 양제가 사망한 이후 북평의 이경을 구출하였다. 나예는 이경의 부하로서 일찍부터 그와 반목하였다고 하는데,[48] 그의 탁군 점거는 상급자인 이경에 대한 하극상이나 다름이 없었다. 따라서 등고의 이경 구출은 그가 나예 세력으로부터 탈피한 사실을 시사한다. 이로 보아 등고와 나예도 대립관계였다고 생각된다.

한편 등고의 이경 구출은 고개도를 상대로 한 군사행동이었다. 619년 3월에도 등고는 고개도를 공격하였다.[49] 618년 11월 등고는 남부의 나예, 동부의 고개도와 대립관계였던 것이다. 이와 같이 볼 때 등고가 당에 귀순의 의사를 밝히고[來降], 관직을 수여받은 것은 고립된 정세를 탈피하기 위한 방책의 하나였다고 생각된다. 나예·고개도와 마찬가지로 일종의 외교 활동이었다고 이해되는 것이다. 사료 C는 당 왕조가 안정된 이후 후대인의 관점에서 서술된 것으로, 이를 통해 요서가 당의 영역이 되었다고 이해할 수는 없다. 그러면 요서와 고구려의 관계는 어떠하였을까.

이 무렵 고구려-당은 동돌궐 견제란 공동의 목적 하에 우호관계를 수립하였다고 하였다. 이 점에서 621년 고개도와 동돌궐이 연합한 사실이 주목된다. 특히 다음의 사료가 눈길을 끈다.

E-1. 무덕 6년(623) 5월 계묘(28일)에 고개도가 奚의 기병을 이끌고 유주를 노략질하였다. 장사 王詵이 이를 격파하였다. 유흑달이 모반하였을 때

城·懷遠並歸附之 藝黜柳城太守楊林甫 改郡爲營州 以襄平太守鄧暠爲總管 藝自稱幽州總管"
48) 『수서』 권65, 열전30 이경 ; 『구당서』 권56, 열전6 나예.
49) 『자치통감』 권187, 당기3 무덕 2년(619) 3월 임진(23일). "營州總管鄧暠擊高開道 敗之"

돌지계가 군사를 이끌고 당을 도왔고, 그 부락을 유주의 昌平城(북경 창평)에 옮기었다. 고개도가 돌궐을 이끌고 유주를 노략질하자 돌지계가 군사를 거느리고 그들을 맞아 격파하였다.[50] (『자치통감』 권190, 당기6)

E-2. 무덕 6년(623) 8월 계유(30일)에 고개도가 해를 이끌고 유주를 침략하였다. 유주의 군사가 그를 공격해 퇴각시켰다.[51] (『자치통감』 권190, 당기6)

사료는 623년을 전후한 고개도의 유주 공격을 전하고 있다.[52] 위 사료에서 고개도가 유주 공격에 해의 군사를 동원한 사실이 주목된다. 해는 요서 서북부의 유목·수렵종족이었다.[53] 3만의 정병을 보유하였는데, 5부로 나누어 각 부마다 俟斤을 설치하였다고 한다.[54] 역시 요서 서북부의 유목·수렵종족인 거란이 비교된다. 4만의 정병을 보유하였는데, 8부로 나누어 각 부마다 사근을 두었다고 한다.[55] 해와 거란은 군사편성이 유사하였고, 사근이란 지배자의 호칭이 동일하였던 것이다.

사근은 돌궐어 irkin의 한자 차자표기로, 돌궐의 관명이자 그 지배를 받는 각 부락의 수령을 의미하였다.[56] 사료 B를 통해 살펴본 것처럼 이때 거란의 주요 부락은 동돌궐에 신속되었다. 이로 미루어 보아 거란의 사근 호칭은 동돌궐의 영향을 받은

50) "高開道引奚騎寇幽州 長史王詵擊破之 劉黑闥之叛也 突地稽引兵助唐 徙其部落於幽州之昌平城 高開道引突厥寇幽州 突地稽將兵 邀擊破之"
51) "開道以奚侵幽州 州兵擊却之"
52) 『신당서』 권219, 열전144 북적 해. "武德[618~626]中 高開道借其兵再寇幽州 長史王詵擊破之"
53) 『구당서』 권199상, 열전149상 북적 해. "東接契丹 西至突厥 南去白狼河 北至霤國 (中略) 風俗并於突厥 每隨逐水草 以牧畜爲業"
54) 『구당서』 권199상, 열전149상 북적 해. "勝兵三萬餘人 分爲五部 每部置俟斤一人"
55) 『신당서』 권219 열전144 북적 거란. "有勝兵四萬 折八部 臣于突厥 以爲俟斤"
56) 護雅夫, 1967 『古代トルコ民族史研究』, 山川出版社 참조.

것으로 생각된다. 해의 사근 호칭 또한 마찬가지였다고 보인다. 그리고 보면 해도 거란처럼 동돌궐에 신속되어 있던 것이 아닐까 한다. 더욱이 해는 동돌궐과 거란의 중간에 거주하였는데,[57] 해와 거란은 요서의 서북부를 두고 대립·경쟁하였다.[58] 그러므로 해의 입장에서 동돌궐의 영향력은 상당하였으며, 그의 의지에 순응하지 않을 수 없었다고 생각된다.

이와 같이 볼 때 사료 E에서 고개도가 해의 군사를 동원한 배후에는 동돌궐이 있었다고 짐작된다. 동돌궐의 지원 내지 승인이 있었다고 여겨지는 것이다. 실제 사료 E-1에 보이듯 고개도는 동돌궐의 군사를 지원받았다. 2만의 동돌궐 군사를 이끌고 유주 공격에 나섰던 것이다.[59] 이 무렵 거란도 중원지역의 북부를 자주 공격하였다고 하는데,[60] 이와 같은 군사행동의 배후에도 동돌궐이 있었다고 추정된다.

이처럼 고개도는 동돌궐을 통해 해·거란과 연합하였고, 그의 지원을 받았다. 그렇다고 할 때 이들 연합 세력은 남방의 당만 아니라 동방의 고구려로서도 크나큰 위협이었을 것이다. 특히 해·거란은 요서의 정세를 좌우할 수 있었으므로, 그에 대한 고구려의 관심은 지대하였을 것이다. 그러므로 고구려는 당과 더불어 고개도-해·거란-동돌궐의 연합 세력에 위기의식을 공유하였고, 그들을 견제하는 데 협조하기로 합의하였을 것으로 짐작된다. 즉 당-토욕혼처럼 이해관계를 바탕으로 우호관계를 맺었다고 생각된다. 이와 같은 양국 관계의 실상은 어떠하였을까. 다음의 사료가 주목된다.

---

57) 『구당서』 권199상, 열전149상 북적 거란. "東與高麗隣 西與奚國接 南至營州 北至室韋"; 『구당서』 권199상, 열전149상 북적 해.

58) 『구당서』 권199상, 열전149상 북적 거란. "本臣突厥 好與奚鬪"; 『구당서』 권199상, 열전149상 북적 해. "其人善射獵 好與契丹戰爭"

59) 『구당서』 권55, 열전5 고개도 ; 『자치통감』 권190, 당기6 무덕 6년(623) 9월 임인(29일). "高開道 引突厥二萬騎寇幽州"

60) 『구당서』 권199하, 열전149하 북적 거란. "武德[618~626]初 數抄邊境 二年[619] 入寇平州"

F. 고조는 수나라 말기에 戰士로서 그 지역(고구려)에서 죽은 자가 많음을 한스럽게 여겼다. [무덕] 5년(622)에 건무에게 서신을 주어 다음과 같이 말하였다. "짐은 삼가 寶命을 받아 率土에 군림하면서, 三靈[天·地·人 혹은 日·月·星]을 공손히 따르고, 萬國을 편히 어루만졌소. 널리 천하에 정을 고루 나누어 어루만지고 양육하였으니, 해와 달이 비추는 [세상 모든] 곳에 모두로 하여금 평안토록 하였소. 왕은 이전부터 遼左를 도맡아 다스리고, 대대로 藩服에 살면서, 정삭을 받들기를 생각하였고, 멀리서 직공을 좇았소. 그러므로 사자를 보내어, 산천을 넘어와, 정성을 펼쳐 보였으니, 짐은 매우 훌륭하게 생각하오. 바야흐로 지금 天地四方이 편안해졌고, 사해가 태평해졌으며, 玉帛이 이미 통하였고, 도로에 막힘이 없어졌소. 장차 화목함을 펼쳐, 길이 빙호를 돈독히 하고 각자 강역을 지킨다면, 어찌 크게 아름답지 않겠소. 다만 수 왕조의 말엽에 전쟁이 연이었고, 공격해 싸우는 곳마다, 각자 그 민을 잃었으며, 마침내 골육으로 하여금 이별하도록 하였고, 가족이 나뉘어졌는데. 여러 해가 지나면서 홀어미와 홀아비의 한이 풀어지지 못하였소. 지금 두 나라가 서로 화친하였고[二國通和], 義에 불화가 없어졌으니, 이곳[此]에 있는 고구려인 등은 이미 찾아 모으도록 하였고, 곧 돌려보낼 것이오. 그곳[彼]에도 우리의 국인이 있으니, 왕은 놓아 보내어 백성을 어루만지고 기르는 방책에 힘을 다하면서 仁恕의 도리를 함께 넓히면 좋겠소." 이에 건무는 모든 華人을 찾아 모아 예로써 대접해 보내니, 전후로 온 자가 만 명을 헤아렸다. 고조가 크게 기뻐하였다.[61] (『구당서』권199上, 列傳149上 동이 고려)

---

61) "高祖 感隋末戰士多陷其地 五年[622] 賜建武書曰 朕恭膺寶命 君臨率土 祗順三靈 綏柔萬國 普天之下 情均撫字 日月所照 咸使乂安 王旣統攝遼左 世居藩服 思循正朔 遠遣職貢 故遣使者 跋涉山川 申布誠懇 朕甚嘉焉 方今六合寧晏 四海淸平 玉帛旣通 道路無壅 方申輯睦 永敦聘好 各保疆場 豈非盛美 但隋氏季年 連兵構難 攻戰之所 各失其民 遂使骨肉乖離 室家分析 多歷年歲 怨曠不申 今二國通和 義無阻異 在此所有高麗人等 已令追括 尋卽遣送 彼處有此國人者 王

위 사료는 622년 당과 고구려의 교섭, 보다 구체적으로 고조가 고구려의 영류왕에게 보낸 國書를 담고 있다.[62] 위 사료에 서술된 것처럼 당 고조는 고구려-수 전쟁에서 발생한 양국 포로의 송환을 제의하였고, 고구려가 그에 호응하였다고 한다. 고구려는 만여 명의 중국인을 송환하였다는 것이다. 이와 같은 양국의 포로 송환은 당 고조의 제의로 성사되었는데, 이는 전후수습책의 일환이자,[63] 당이 수를 계승한 중원지역의 정통왕조임을 강조하기 위한 것으로 해석된다.[64] 이때 양국 관계의 형식과 내용은 어떠하였을까.

국서에서 고조는 자신을 솔토·만국·천하의 황제로, 고구려의 영류왕을 요좌·번복의 국왕으로 구분하였고, 고구려가 당에 조공해 왔다고 하였다. 당은 황제국-조공국이란 조공관계 속에서 양국의 차등을 분명히 하였던 것이다. 그런데 한편으로 이제 '두 나라가 서로 화친[二國通和]'하였다. 그리고 양국 관계의 이상적인 모습이 '오래도록 빙호를 돈독히 하고 각자 강역을 지키는 것[永敦聘好 各保疆場]'이라고 하였는데, 여기서 당과 고구려의 영역은 각각 이곳[此]과 그곳[彼]으로 표현되었다.[65] 이로 보아 양국은 천자국-조공국이란 형식적 차등을 설정했을지언정 그 내용은 二國의 대등한 관계였다고 생각된다.[66]

여기서 당과 토욕혼·동돌궐의 '통화·연화'가 참고된다. 당 측의 사료에서 당과 토욕혼·동돌궐도 조공관계의 형식으로 서술되어 있지만, 실제 당-토욕혼은 대등한 관계였다. 특히 당은 동돌궐을 敵國禮로 대우하였다고 하는데, 이는 형식적으로

可放還 務盡撫育之方 共弘仁恕之道 於是建武悉搜括華人 以禮賓送 前後至者萬數 高祖大喜"

62) 『신당서』 권220, 열전145 고려 ; 『자치통감』 권190, 당기6 무덕 5년(622) 12월 ; 『전당문』 권3, 고조황제 「賜高麗王建武書」에도 이와 관련한 사실이 전한다.
63) 김진한, 2009 앞의 논문, 320~322쪽 ; 방용철, 2011 앞의 논문, 5쪽.
64) 김진한, 2009 앞의 논문, 322쪽.
65) 남북조시기 국서에서도 此와 彼는 대등한 관계를 나타내는 표현이었다(金鍾完, 1995 『中國南北朝史研究 -朝貢·交聘關係를 중심으로-』, 一潮閣, 98~108쪽 참조).
66) 다음의 연구에서도 '郡縣回復論'과 차이가 있다는 점에 주목하였다. 여호규, 2006 「책봉호 授受를 통해 본 수당의 동방정책과 삼국의 대응」 『역사와 현실』 61, 47~48쪽 ; 김수진, 2008 앞의 논문, 87쪽 ; 윤성환, 2013 앞의 논문, 122쪽.

도 대등한 관계였음을 말해준다.[67] 오히려 당은 동돌궐에 칭신하기도 하였다. 이와 관련하여 당 고조대에 동돌궐에 보낸 외교문서가 書의 형식이었다는 점이 흥미롭다.[68] 당 태종대에는 동돌궐과의 우호관계를 중단하고 書를 詔와 勅의 형식으로 수정하는데, 이는 書가 대등한 국가 관계에서 보내진 외교문서임을 시사한다. 위 사료에 보이듯 당이 고구려에 보낸 외교문서는 書의 형식이었다.

이처럼 고구려-당은 대등한 우호관계를 맺고 있었는데, 이는 앞서 살펴본 것처럼 고개도-해·거란-동돌궐이란 거대한 적대세력 내지 위협세력이 존재한 데서 비롯되었다. 특히 당은 그와 적대관계였으므로, 고구려의 지원 내지 우호관계가 절실하였을 것이다. 이에 따라 천자국-조공국이란 형식적인 차등을 표방하였을지언정 양국이 대등한 관계였음을 인정하지 않을 수 없었다고 이해된다. 그러면 이때 양국의 세력범위는 어떠하였을까. 요서의 형국이 궁금하다.

3. 양국의 변경 요서, 갈등의 素地

620년대 전반까지 고구려-당은 탁군-요서의 나예·등고·고개도 세력을 사이에 두고 있었는데, 당에 우호적인 나예·등고는 요서의 서부에 그 세력범위가 한정되었다고 하였다. 이와 관련하여 먼저 다음이 참고된다.

　　G-1. ㉠ 무덕 2년(619)에 그 부의 추장 突地稽가 사신을 보내 조공하였다. 그 부에 연주를 설치하였다. 처음 돌지계는 강도에서 양제에게 조회하고 무리가 교화되었는데, 난을 만나자 샛길을 통해 유성으로 귀환하였

---

67) 김성한, 2010 「당대 세계 인식과 번속제도」, 이석현 외 『중국 번속이론과 허상』, 동북아역사재단, 142~145쪽.

68) 『구당서』 권205상, 열전140상 돌궐. "初帝待突厥用敵國禮 及是怒曰 往吾以天下未定 厚於虜 以紓吾邊 今卒敗約 朕將擊滅之 毋須姑息 命有司 更所與書 爲詔若勅"

제2장 요서의 재편과 고구려-당 관계　　239

다. ⓛ 이때에 이르러 사신을 보냈으니, 돌지계에게 벼슬을 내려 총관으로 삼았다.[69] (『당회요』 권96, 말갈)

G-2. 또한 거란에 별부 추수 孫敖曹가 있었는데, 처음 수에서 벼슬하여 금자광록대부가 되었다. 무덕 4년(621)에 [손오조가] 말갈 추장 돌지계와 함께 [당에] 사신을 보내 내부하였다. 조서를 내려 영주성방에 안치하도록 하고, 운휘장군[종3품: 蕃官]을 제수하였으며 요주총관[하도독: 종3품]을 行職하도록 하였다.[70] (『구당서』 권199하, 열전149 북적 거란)

G-3. 무덕 4년(621) 3월 경신(2일)에 말갈의 거수 돌지계를 연주총관으로 삼았다.[71] (『자치통감』 권189 당기5)

G-4. 무덕 4년(621) 6월 경자(14일)에 영주인 石世則가 총관 진문연을 붙잡고 주를 들어 이반하였다. 말갈 돌지계를 받들어 주군으로 하였다.[72] (『자치통감』 권189, 당기5)

G-5. 무덕 5年(622)에 거장 阿固郎이 처음으로 내조하였다. ⓛ 태종 정관 2년(628)에 곧 신속하여 귀부하였고, 공물을 바치는 것이 일정하였다. 그 지역을 연주로 하였다.[73] (『신당서』 권290, 열전144 북적 흑수말갈)

---

69) "武德二年[619] 其部酋長突地稽遣使朝貢 以其部置燕州. 初突地稽朝煬帝於江都屬化 及之亂間行歸柳城 至是通使 拜突地稽爲總管"
70) "又契丹有別部酋帥孫敖曹 初仕隋爲金紫光禄大夫 武德四年 與靺鞨酋長突地稽俱遣使內附 詔令於營州城傍安置 授雲麾將軍 行遼州總管"
71) "三月 庚申 以靺鞨渠帥突地稽爲燕州總管"
72) "營州人石世則執總管晉文衍 擧州叛 奉靺鞨突地稽爲主"
73) "武德五年 渠長阿固郎始來 太宗貞觀二年 乃臣附 所獻有常 以其地爲燕州"

위 사료는 620년대 전반까지 요서의 서부에서 활동한 거란·말갈의 동향을 전하고 있다. 먼저 돌지계가 주목된다. 주지하다시피 돌지계는 속말말갈 출신으로 고구려의 압박으로 수에 귀순해 유성 일대에 거주하였다.[74] 이후 고구려–수 전쟁에 참전하였고, 사료 G–㉠처럼 양제를 따라 강도까지 갔다가 우여곡절 끝에 유성으로 귀순하였다. 그리고 사료 G-1-㉠처럼 619년에 당에 조공하였다고 한다.

사료 G-1-㉠은 사료 G-2에서 돌지계가 사신을 보냈다고 한 시점(621년)과 2년의 시차를 보인다. 여기서 사료 A-3이 상기된다. 이를 보면 619년 윤2월 이전에 거란·말갈이 내부하였다고 하였는데, 이때의 말갈은 사료 G-1-㉠의 돌지계를 가리킨다고 생각된다. 그리고 보면 거란은 사료 G-2의 손오조를 가리킨다고 여길 수 있다.[75] 그렇다고 한다면 돌지계·손오조와 당의 교섭은 619년에 시작되었다고 파악된다. 사료 G-2는 사료 G-3와 함께 621년 손오조·돌지계가 당의 총관 관직을 수여받은 사실을 중시한 기록으로 이해된다.

이처럼 손오조·돌지계의 거란·말갈은 619년부터 당과 접촉하였다. 그런데 619년 유성을 중심으로 한 영주 지역은 등고의 세력범위였다고 하였다. 그러므로 619년 손오조·돌지계 조공은 등고와 무관할 수 없었다고 생각된다. 그런데 620년 이후 등고는 사료에 보이지 않는다. 여기서 사료 G-4가 주목된다. 621년 6월 영주인 석세칙이 이반하였고, 그는 돌지계를 군주로 추대하였다고 하였다.[76]

이때 석세칙은 영주총관 진문연을 붙잡았다고 한다. 진문연은 본래 탁군의 유수관이었는데, 나예의 탁군 점거 이후 그에 복종하였다.[77] 이로 미루어 보아 진문연

---

74) 수대의 구체적인 행적은 日野開三郎, 1991 『東洋史學論集 15 –東北アジア民族史(中)』, 三一書局, 295~300쪽에 자세하다.

75) 이와 관련하여 619년 요주에 안치된 내계부락이 손오조의 부락을 가리킨다고 본 견해(李永哲, 2010 「唐 前期 營州城傍 契丹羈縻州의 技能」 『大邱史學』 100, 7~8쪽)가 주목된다.

76) 『신당서』 권1, 본기1에도 이 사실("庚子 營州人石世則執其總管晉文衍叛 附於靺鞨")이 전한다.

77) 『구당서』 권56, 열전6 나예. "後遇天下大亂 涿郡物殷阜 加有伐遼器仗 倉粟盈積 又臨朔宮中多珍產 屯兵數萬 而諸賊競來侵掠 留守官虎賁郎將趙什住·賀蘭誼·晉文衍等皆不能拒 唯藝獨出戰 前後破賊不可勝計 威勢日重 什住等頗忌藝 藝陰知之 將圖爲亂 (中略) 旣而旋師 郡丞出城

은 617년 하반기 이후 나예의 휘하에서 활동하였다고 짐작된다. 그렇다고 한다면 진문연이 621년 영주총관으로 등장한 것은 나예와 무관치 않다고 생각된다. 나예의 세력확장과 등고의 몰락이 상정된다. 석세칙은 그에 반발해 이반한 것이 아닐까 한다. 석세칙의 군주 추대에 대해 돌지계는 어떠한 입장을 취하였을까.

사료 E-1이 상기된다. 이를 보면 623년 돌지계는 당에 조력해 동돌궐-유흑달과 전투하였다고 한다. 당의 유흑달 공격은 622년 1월부터 개시되었는데, 이때 적극적으로 호응한 것이 나예였다.[78] 그는 휘하의 군사 수만을 이끌고 이세민과 합세해 623년까지 동돌궐-유흑달과 전투하였고, 마침내 당의 중앙 관인으로 편입되었다. 이로 보아 돌지계는 석세칙에 의해 군주로 추대되었다고 하지만, 머지않아 나예의 휘하에 합류하였고 그를 통해 당에 조력하였던 것으로 짐작된다. 손오조도 돌지계와 함께 움직였다고 추측된다. 그리하여 621년 돌지계와 손오조는 함께 당의 총관 관직을 받았다고 해석된다.

사료 G-2·3에 보이듯 돌지계는 연주총관을, 손오조는 요주총관을 제수받았다. 이로부터 당은 나예-손오조·돌지계를 통해 간접적이나마 요서의 서부까지 영향력을 행사하였고, 623년 나예가 당의 관인으로 편입되면서 한층 영향력을 높아갔다고 생각된다. 사료 E-1에 보이듯 당은 돌지계를 유주지역으로 이치시킬 정도의 영향력을 행사하였다.

당이 요서에 보다 세력을 확대한 것은 624년이었다. 624년 2월 고개도가 몰락한 것이다.[79] 당이 중원지역을 장악해 대세가 기울자 고개도의 휘하 장수였던 張金樹가 그를 죽이고 당에 귀순하였다. 이와 같은 대세에 힘입어 당은 新律令을 반포하고 천하평정을 公布하였다.[80] 지방제도도 정비하였다. 요서의 영주총관부도 영주

候藝 藝因執之 陳兵而入 什住等懼 皆來聽命"

78) 『구당서』 권56, 열전6 나예. "太宗之擊劉黑闥也 藝領本兵數萬 破黑闥弟什善於徐河 俘斬八千人 (中略) 明年[623] 黑闥引突厥俱入寇 藝復將兵與隱太子建成會於洺州 因請入朝 高祖遇之甚厚 俄拜左翊衛大將軍"

79) 『구당서』 권55, 열전5 고개도 ; 『자치통감』 권190, 당기6 무덕 7년(624) 2월 기미(19일).

도독부로 재편되었다.[81] 이로 미루어 보아 624년 이후 당은 영주도독부를 중심으로 어느 정도의 세력을 확장하였다고 짐작된다. 이른바 기미주 체제를 정비해 나갔다고 생각된다. 그러면 영주도독부의 공간적 범위를 보다 구체적으로 살펴보자.

『구당서』 지리지에 따르면 당은 618년 영주총관부를 설치하였는데, 영주총관부는 遼州·燕州와, 유성 1현을 통솔하였다고 한다.[82] 이 중에서 요주는 619년 燕支城에서 영주성(유성) 안으로 기치되었다고 한다.[83] 사료 G-2에서 손오조가 영주성방에 안치되었다고 한 것이 이를 말해준다고 생각된다. 연주는 612년에 수 양제가 설치하였던 요서군을 재편한 것으로,[84] 수대 요서군의 태수는 돌지계였다.[85] 이때 요서태수의 관할범위는 영주—汝羅故城이었는데, 615년 유성 안으로 기치되었다. 이러한 사정은 618년에도 마찬가지였다고 생각된다.[86]

이처럼 요주총관부와 연주총관부는 서류상의 통치단위에 불과하였고, 돌지계·손오조는 영주의 치소인 유성 일대에 거주하였다. 수대 영주의 경계는 여라고성이

---

80) 『구당서』 권1, 본기1 고조 무덕 7년(624) 4월 경자(1일). "大赦天下 頒行新律令 以天下大定 詔遭父母喪者聽終制"

81) 『구당서』 권39, 지19 지리2 하북도. "七年[624] 改爲都督府 管營·遼二州"

82) 『구당서』 권39, 지19 지리2 하북도. "營州上都督府 隋柳城郡 武德元年[618] 改爲營州總管府 領遼·燕二州 領柳城一縣"

83) 『구당서』 권39, 지19 지리2 하북도. "威州 武德二年[619] 置遼州總管 自燕支城徙 寄治營州城內";『신당서』 권43하, 지리지 기미주. "威州 本遼州 武德二年[619] 以內稽部落置 初治燕支城 後僑治營州城中"

84) 『태평환우기』 권71, 하북도20 연주. "大業八年[612] 爲置遼西郡 并遼西·懷遠·瀘河三縣以統之 取秦·漢遼西郡爲名也 唐武德元 年改爲燕州總管府 領遼西·瀘河·懷遠三縣 其年廢瀘河縣";『자치통감』 권181, 수기5 양황제 대업 8년(612) 3월 계사(14일). "命刑部尙書衛文昇·尙書右丞劉士龍撫遼左之民 給復十年 建置郡縣 以相統攝";『책부원귀』 권8, 赦宥2. "八年[612] 4月 丙申 詔曰 (中略) 遣刑部尙書正議大夫衛文昇·守尙書左丞劉士龍等巡撫存問 仍給復十年 卽置郡縣 以相統攝"

85) 『태평환우기』 권60, 하북도 유주. "煬帝八年(612) 爲置遼西郡 以突地稽爲太守 理營州東二百里 汝羅故城 後遭邊寇侵掠 又寄理於營州城內";『태평환우기』 권60 하북도 연주. "隋大業八年[612] 屬遼西郡 與郡同在汝羅故城之"

86) 『구당서』 권39, 지19 지리2 하북도. "燕州 隋遼西郡 寄治於營州 武德元年[618] 改爲燕州總管府 領遼西·瀘河·懷遠三縣 其年廢瀘河縣" 세 현의 치소는 모두 유성 일대—여라고성 서쪽으로 비정된다(日野開三郎, 1991 앞의 책, 334~350쪽). 더욱이 수대 요서군 소속 노하현이 폐지되었다.

었는데,[87] 이는 지금의 요령성 금주시 義縣 동쪽으로 비정된다.[88] 620년대 전반 당이 요서 서부를 기미주화하였다고 해도, 그 세력범위는 의현 일대를 넘어서지 못하였다고 보인다. 즉 당의 동방 경계는 의무려산·대릉하를 상한으로 하였다고 생각된다. 그러면 이 무렵 고구려의 서방 경계는 어떠하였을까. 이와 관련하여 다음의 사료가 주목된다.

H-1. ㉠ [정관] 5년(631)에 조서를 내려 광주도독부 사마 長孫師를 보내어 가서 수대의 전사자 해골을 수습하고, 고구려가 세운 京觀을 철거하도록 하였다. ㉡ 건무는 [당이] 그 나라를 정벌할까 두려워하였다. 이에 長城을 축조하였는데, 동북쪽으로 扶餘城에서부터 서쪽으로 바다에 이르렀으니, 천리가 넘었다.[89] (『구당서』 권199상, 열전149상 동이 고려)

H-2. [정관] 5년(631) 2월에 조서를 내렸다. "군대를 설치하는 것은 사정이 부득이 하여서이고, 義는 전쟁을 멈추고 사형이 필요 없을 만큼 백성을 잘 교화하는 데 있다. [수대의] 말엽에는 명예와 이익을 쫓아서 힘을 믿고 위세를 과시하였다. 칼날 아래에 마구 베어버렸으니, 피가 강을 이루어야 만족하였고, 시체가 어지러이 쌓여야 스스로 용맹하다고 생각하였으며, 길가의 해골을 쌓아올리어 京觀을 숭상함이 많았다. 단지 차마 어쩌지 못하는 마음을 보였지만, 시신수습의 예를 널리 펴지는 못하였다. 조용히 이처럼 말하고 생각해 보니, 가엾고 한탄스러움이 참으

---

87) 『신당서』 권39, 지29 지리3 유주범양군. "隋於營州之境汝羅故城置遼西郡"

88) 王錦厚·李健才, 1990 『東北古代交通』, 沈陽出版社, 96~97쪽 ; 日野開三郎, 1991 앞의 책, 339 쪽 ; 松井等, 심호섭 외 번역, 2013 「수·당 두 왕조의 고구려 원정의 지리」 『한국고대사탐구』 14, 310~311쪽.

89) "五年[631] 詔遣廣州都督府司馬長孫師往 收瘞隋時戰亡骸骨 毁高麗所立京觀 建武懼伐其國 乃築長城 東北自扶餘城 西南至海 千有餘里"

로 깊다. 이제 諸州의 京觀이 있는 곳은 新·舊[의 경관]을 가리지 않고 마땅히 모두 깎아버리고 흙을 덮어 무덤을 만들되, 마르고 썩은 것으로 가리어 비바람에 노출되지 않도록 하라. 또 술과 포육으로 제사를 지내 도록 하라.'[90] (『책부원귀』 권42, 제왕부 仁慈)

H-3. [정관 5년(631)] 7월 갑진에 광주도독부 사마 장손사를 보내어 가서 수 대의 전사자 해골을 수습하고, 고구려가 세운 경관을 철거하도록 하였 다. 8월 고구려에 사신을 보내어 수대의 전사자 해골을 수습하고 제사 하고 그를 장례지내도록 하였다.[91] (『책부원귀』 권42, 제왕부 仁慈)

H-4. [정관 19년(645) 5월 황제가] 요택에 도착하여 조서를 내렸다. "근자에 수나라의 군대가 요수를 건넜는데, 마침 하늘의 도움이 없었다. 종군한 사졸은 해골이 되어 서로 바라보았고, 들판에 가득하였으니, 참으로 슬 프다. 해골을 가리는 것이 義요, 진실로 모범으로 삼아야 할 것이다. 모 두 거두어 장례를 지내도록 하라."[92] (『구당서』 권199상 열전149 동이 고려)

위 사료는 당 전기의 收瘞 정책과 관련한 것이다. 먼저 사료 H-1-㉠은 631년 당 태종의 명으로 수대 전사자의 유해를 수습하고 고구려의 京觀을 철거하도록 한

---

90) "甲兵之設 事不獲已 義在止戈 期於去殺 季葉馳競 恃力肆威 鋒刃之下 恣情剪翦 血流漂杵 方 稱快意 屍若亂麻 自以爲武 露骸封土 多崇京觀 徒見安忍之心 未弘掩骼之禮 靜言念此 憫歎良 深 但是諸州有京觀處 無問新舊 宜悉剗削 加土爲墳 掩蔽枯朽 勿令暴露 仍以酒脯 致祭奠焉"

91) "七月 甲辰 遣廣州都督府司馬長孫師往 收瘞隋日戰亡骸骨 毀高麗所立京觀 八月遣使於高麗 收隋戰亡骸骨 設祭而葬之"

92) "帝次遼澤 詔曰 頃者隋師渡遼 時非天贊 從軍士卒 骸骨相望 徧於原野 良可哀歎 掩骼之義 誠 爲先典 其令並收瘞之"

사실을 전한다.[93] 경관은 전후 적국의 전사자 骸骨을 쌓아 만든 무덤을 의미하였다. 따라서 경관 철거는 전사자 유해수습의 일환이었다고 할 수 있다.

당은 왕조의 수립 직후부터 수예 정책을 실시하였는데,[94] 사료 H-2에 보이는 것처럼 631년 2월에는 전국각지(諸州)의 모든 경관을 철거하도록 하였다.[95] 특히 수말~당초 전란에서 발생한 死者의 유해를 수습함으로써 仁政을 표방하고자 하였다. 사료 H-1-㉠의 고구려 경관 철거도 그와 같은 수예 정책의 일환이었다고 파악된다.

그런데 사료 H-1-㉠의 경관은 사료 H-2에 보이는 諸州의 것이 아니라 고구려의 것이었다.[96] 따라서 당은 해당 주의 담당 관료에게 맡긴 것이 아니라 광주도독부 사마 長孫師를 파견하였다. 여기서 사료 H-1-㉠에 이어 ㉡이 나온다는 사실이 주목된다. 사료 H-1-㉡을 보면 고구려는 당에 위기의식을 느끼고 천리장성을 축조하였다고 한다. 그러므로 일찍부터 대부분의 연구에서는 두 사료가 연결해 경관 철거가 고구려를 자극하였다고 이해하였다.[97] 특히 경관이 고구려의 영역 안에 소재하였다고 생각하고,[98] 그 의미를 중시하였다.

경관 철거가 양국 관계의 변화를 보여준다는 데에는 동의한다. 당이 중원지역을 장악한 것은 624년이었다. 바로 이해 2월 당은 고구려를 비롯해 백제·신라에 책봉

---

93) 『구당서』 권3, 본기3 태종下 정관 5년(631) 가을 8월 갑진(17일). "遣使毀高麗所立京觀 收隋人骸骨 祭而葬之"

94) 『당대조령집』 권114, 政事 收瘞 참조.

95) 『자치통감』 권193, 당기9 정관 5년(631) 2월 갑진(14일) 참조. 『당대조령집』 권114, 政事 收瘞 「劃削京觀詔」에도 동일한 조서가 전한다.

96) 다음의 조치도 참고된다. 『책부원귀』 권42, 제왕부 仁慈. "[정관 5년(631)] 五月 有司言贖得男女 八萬口 初隋末大亂 中國人多 沒於北夷 至是突厥來降 帝遣使 以金帛贖購之"

97) 李丙燾, 1976 『韓國古代史研究』, 博英社, 439~440쪽; 盧重國, 1981 「高句麗百濟新羅 사이의 力關係變化에 대한 一考察」 『東方學志』 28, 93~94쪽.

98) 특히 다음의 연구에서 그 위치를 조금 더 자세히 언급하였다. 尹秉模, 2011 『高句麗의 遼西進出 研究』, 景仁文化社, 158~159쪽; 정원주, 2014 「7세기 고구려의 西界 변화」 『영토해양연구』 8, 동북아역사재단, 23쪽.

사진 16. 의무려산(ⓒ강인욱)

호를 수여하였다.[99] 이로 보아 책봉호의 수여는 국제정세의 변화에 조응한 것으로, 이제 당은 명실상부한 책봉—조공관계를 요구하였다고 생각된다. 이 무렵 고구려가 당에 책력을 요청한 사실은 그와 같은 대외정책의 변화에 호응한 것으로,[100] 이로써 양국 관계는 점차 변화하였다고 파악된다. 특히 620년대 후반 이후 당이 동돌궐을 제압하고 동아시아 최강자로 떠오르자 고구려는 한층 순응적인 모습을 보였다.[101] 경관의 철거는 그 연장선상에서 양국 관계의 변화를 보여주는 한 사례로 판단된다.

---

99) 『구당서』 권1, 본기1 무덕 7년(624) 2월 정미(7일). "封高麗王高武爲遼東郡王 百濟王扶餘璋爲帶方郡王 新羅王金眞平爲樂浪郡王"

100) 최근 윤성환, 2013 앞의 논문에서 이를 자세히 연구하였다.

101) 『구당서』 권199상, 열전149상 동이 고려. "貞觀二年[628] 破突厥頡利可汗 建武遣使奉賀 并上封域圖"

다만 경관이 고구려의 영역 안에 소재하였다고 단정하기는 어렵다. 사료 H-3이 참고된다. 이를 보면 631년 당은 두 차례에 걸쳐 고구려-수 전쟁의 전사자를 수습하였다. 7월에 경관을 철거하였고, 8월에는 고구려에 사신을 보내 전사자를 수습하였던 것이다.[102] 이를 보면 7월의 경관 철거는 고구려와 교섭하지 않은 채 추진되었을 가능성이 떠오른다.

경관이 고구려의 서방 경계에 소재하였다고 본 견해가 주목된다.[103] 이 견해에서는 경관의 주술적·종교적 의미에 착안하여 그것이 전통적인 경계 지점의 상징적 조형물이었다고 이해하였다. 여기서 사료 H-4가 참고된다. 사료 H-4는 645년 고구려-당 전쟁 때의 것이다.[104] 이때 당 태종은 遼澤에서 수대 전사자의 해골을 수습하였다고 한다. 비록 631년에도 수대 전사자의 유해를 수습하였지만, 여전히 요택에는 해골이 가득하였다고 하였다.

요택은 요하 하류-대릉하에 위치한 광대한 습지였다. 그러므로 사료 H-4는 요서의 동남부에 수대의 전사자 해골이 많았음을 말해준다.[105] 이로 미루어 보아 요서의 동남부는 645년 고구려-당 전쟁 때까지 당의 세력이 제대로 미치지 못하던 공간이었다고 생각된다. 요서에서 중원왕조의 세력은 동남부에서 동북부 방면으로 확대되는 것이 일반적이었다. 따라서 645년까지 당의 세력이 요서의 동남부에도 미치지 못하였다면, 동북부에도 미치지 못하였다고 보는 것이 순조롭다.

고대의 경관은 적(鯨鯢: 악인)을 警戒하기 위해 건립되었다고 하였다. 그러므로 경관은 영역 안이 아닌 밖에 건립될 때 더욱 큰 효과를 낼 수 있었다. 실제 남북조-당대의 경관은 외국에 건립되기도 하였다. 고구려의 경관도 자국민보다 주변국에

---

102) 『삼국사기』 권20, 고구려본기8 영류왕 14년(631)에는 2월 기사 앞에 두었다.

103) 金昌錫, 2005 「古代 領域 관념의 형성과 王土意識」 『韓國史研究』 129, 16~17쪽.

104) 다음의 사료에도 당 태종의 조서가 전한다. 『당대조령집』 권114, 收瘞. 「收葬隋朝征遼軍士骸骨勅」; 『전당문』 권7, 태종황제 「收瘞征遼士卒詔」.

105) 신채호 『조선상고사』, 단재신채호전집편찬위원회, 2007 『단재신채호전집』 1, 독립기념관 한국독립운동사연구소, 779~780쪽.

사진 17. 대릉하(ⓒ강인욱)

과시하기 위해 건립되었을 것이다. 따라서 영역 안쪽보다 바깥쪽, 대체로 경계 지점에 두어졌을 가능성이 높다고 생각한다. 물론 요하 하류–대릉하의 요서의 동남부만 아니라 요하 중·상류–의무려산의 요서 동북부도 후보지가 될 수 있다. 하나가 아닌 여럿일 수도 있다. 다만 어느 쪽으로 보아도 경관은 요서 동부에 건립되었을 가능성이 높다.

현재로서 고구려의 경관이 언제 건립되었는지 분명히 알기는 어렵다. 그런데 사료 H-2에 보이듯 경관은 수말~당초에 유행하였다. 고구려의 경관도 전쟁 이후인 수말~당초 즉 610년대 중반 이후부터 620년대 전반에 건립되었을 것이다. 다만 경관이 설립된 요서의 동부까지 고구려의 직접적인 지배 영역에 속하였다고 단정하기는 어렵다. 고구려–수 전쟁 이전까지 고구려는 요하 서안에 邏와 같은 군사지를 다수 설치·운용하였는데, 이를 통해 요서의 동부에서 세력범위를 형성하였다. 610

년대 중반 이후에도 마찬가지의 방식으로 요서의 동부에 세력범위를 형성하지 않았을까 한다. 경관은 이와 같은 세력범위 안에 건립되었다고 보인다.

이상을 통해 618~624년 당은 유성을 중심으로 세력을 확장하였지만, 624년까지 동방의 경계는 유성-대릉하·의무려산을 넘지 못하였다고 하였다. 또 고구려의 서방 경계는 요하-대릉하·의무려산 일대에서 찾을 수 있다고 하였다. 그러므로 대릉하·의무려산이 양국의 경계였다고 생각된다.

그런데 이 무렵 대릉하·의무려산 일대가 양국의 직접적인 지배 영역은 아니었다. 당은 기미주인 영주도독부를 통해 세력을 행사하였고, 고구려 또한 라와 같은 군사기지를 통해 세력범위를 유지했다. 그러므로 그 일대는 양국의 직접적인 지배 영역이 아닌 변경이었다고 생각된다. 580년대 전·중반 고구려와 수가 처음 마주하였을 때의 상황과 유사했던 것이다.

다만 645년 고구려-당 전쟁이 발발하기까지 당의 동진은 급진적이지 않았다. 고구려 역시 무리한 세력확장을 피했다고 보인다. 양국은 변경 요서를 사이에 둠으로써 갈등을 완화하고자 하였던 것이다.

맺음말

　　5~6세기 고구려의 세력범위 안에는 요서 동부가 포함되어 있었다. 요하 서안의 邏를 비롯하여 鎭·烽·戍 등 다양한 형태의 군사기지가 요서 동부의 軍政機構로 기능했는데, 이는 요서의 동부에서부터 요동의 大城까지 이어져 있었고, 諸城은 요동의 大城과 상하 통속관계를 맺고 유기적으로 운용되었다.

　　요서 동부 고구려의 세력범위는 북부와 남부로 구분되었다. 북부의 요하 상류·시라무렌 유역에서는 유연과 동서로 세력범위를 형성하였고, 남부에서는 醫巫閭山~大凌河 하류를 경계로 북위와 동서로 세력범위를 형성하였다. 요서 동부의 주된 주민은 거란·말갈 등 제종족이었다. 고구려와 요서 제종족은 정치적 주종관계를 맺었지만, 쌍무적이었다.

　　더욱이 5~6세기 중반 요서에서는 고구려와 북조의 諸國, 그리고 유연·돌궐과 같은 주요 강국의 세력이 교차했다. 요서를 둘러싸고 동아시아의 주요 세력이 삼각관계를 형성했던 것이다. 이 삼각관계는 대체로 세력균형을 유지하지만 가변적이고 유동적이었다. 요서 제종족 역시 당시의 국제정세만큼 가변적이었고 유동적이었다. 따라서 고구려의 세력범위는 고정적일 수 없었다. 동아시아 국제정세의 변화에 따라 신축을 거듭하였다. 요서는 고구려의 변경이자 동아시아의 변경이었다.

교역은 고구려와 요서 제종족이 정치적 주종관계를 형성하는 데 중요한 매개수단 중 하나였다. 고구려는 농업사회로서 주변의 유목·수렵사회와 農牧交易을 전개하였는데, 그 주요 통로가 요서였다. 요서는 유라시아대륙의 농목 轉移地帶의 東端으로, 화북평원 및 몽골고원으로 이어졌다. 특히 5세기 이후 요서는 고구려와 중원지역의 여러 왕조, 그리고 내륙아시아의 유목세력의 교역장이었고, 그 교역로는 실크로드·오아시스로를 통해 서역으로까지 확장되고 있었다. 5~6세기 요서를 통한 고구려의 농목교역은 점차 성장하였다.

고구려는 요서의 농목교역을 통해 중원왕조와 내륙아시아 초원의 유목세력을 중개하였다. 농목교역은 중개교역이란 경제적 행위로서만 아니라 요서정책의 일환이자 국제정치의 수단으로 기능하였다. 고구려는 농목교역을 통해 중개교역의 이득을 챙길 수 있었을 뿐만 아니라 양측의 이해관계를 조정하면서 나름의 국제적 위상을 확보할 수 있었다.

5세기부터 6세기 중반까지 이어져 온 동아시아 주요 세력의 세력균형은 6세기 후반부터 동요하였다. 수의 등장이 그러한 변화의 중요한 계기였다. 그러나 수의 등장이 처음부터 그러한 변화를 예고하진 않았다. 583년 돌궐 공격에 관한 수 문제의 조서를 통해 보건대 570년대 후반~580년대 전반 고구려와 돌궐은 대립관계였다. 고구려는 돌궐의 지원을 받았던 요서 서부의 高寶寧 세력과 대립하였다.

또한 고보령은 요서의 제종족을 포섭하면서 세력을 확장했는데, 이 때문에 고구려와 경쟁·대립했다. 반면 고구려는 고보령·돌궐과 대립관계였던 북주와 우호관계를 맺었다. 또한 고구려는 북주를 이어 수립된 수 왕조와도 우호관계를 이어갔다. 고구려와 북주·수는 요서의 고보령 세력과 그 배후의 돌궐에 대하여 서로의 이해관계가 일치하였던 것이다.

그런데 580년대 중반 고보령 세력이 몰락하고 돌궐이 쇠퇴하며 요서 서부에서는 힘의 공백이 발생하였다. 이와 같은 정세 변화 속에서 고구려는 자국에 적대적인 서부 속말말갈을 공략했다. 서부 속말말갈은 요서 동북부에 거주하였는데, 고구려의 공략으로 突地稽集團 등 일부의 서부 속말말갈이 남하해 고구려의 세력범위에서 이탈했다. 그리고 여타의 서부 속말말갈은 고구려와 정치적 주종관계를 맺었다. 이로써 고구려는 요서 동북부를 장악하고, 서북부의 거란 諸部까지 시야에 두었다.

고보령 세력의 자리는 수가 대신했다. 583년 수는 柳城을 차지함으로써 요서 서남부에 진출했다. 580년대 중반 수의 세력범위는 요서 서남부 의무려산~대릉하하류를 東界로 하였다. 그리고 요서 서북부의 거란 諸部의 일부까지 포섭했다. 그러나 거란 諸部를 모두 포섭하지는 못하였고, 포섭한 諸部마저 강고히 통제하지 못했다. 이러한 가운데 요서 서북부의 거란 諸部를 둘러싸고 고구려와 수가 경쟁하였다. 그럼에도 요서 제종족에 대한 수의 영향력은 차츰 증가했다. 양국의 우호관계역시 지속되기 힘들었다.

580년대 후반 고구려는 요서에서 수의 세력확장을 경계했다. 수의 세력범위에 속한 제종족에 대한 군사행동까지 취했다. 그러나 수가 진까지 병합하고 동아시아 최고의 강국으로 부상한 589년 이후 고구려의 요서정책이 팽창 위주의 것이었다고 보이진 않는다. 고구려는 수의 우위를 인정하고 양국관계의 안정을 도모함으로써 기존의 세력범위를 보장받고자 했다.

그러나 598년 고구려는 요서를 공격했다. 수의 영주총관부 치소인 유성 내지 그로부터 머지않은 지점이었다. 595년 영주총관에 부임한 위충은 회유책과 강경책을 함께 구사하며, 영주총관부의 세력범위를 요서의 제종족만 아니라 주변의 해·습까지 확대했다. 이에 고구려는 요서 공격을 통해 일시적이나마 수의 세력확장을 저지하고, 요서에서 세력균형을 유지하고자 하였다.

요서 공격은 영양왕이 친솔했다고 하는데, 영양왕은 말갈병을 동원했다. 백산부를 비롯한 말갈의 諸部兵이 동원되었다. 말갈은 요서에서 거란과 경쟁하면서 세력확장을 시도하고 있었고, 부족한 물자를 보충하고자 했다. 영양왕은 말갈의 요구를 수용하면서 그 군사를 동원할 수 있었다. 말갈병 동원에는 영양왕의 정치적 판단이 내재되어 있었다. 영양왕은 신진 귀족세력과 함께 적극적인 대외정책과 전쟁을 추진하고 있었는데, 이를 반대한 귀족세력도 존재했다. 따라서 말갈병을 동원함으로써 여타 귀족세력의 정치적 압력에서 조금은 자유로울 수 있었고, 말갈을 내세워 수와의 전면전을 회피할 구실도 마련하고자 했다.

고구려의 요서 공격에 수는 곧장 대대전인 반격을 준비했다. 전면전의 국면으로 돌입한 것이다. 하지만 반격은 시도 단계에서 좌초되었다. 요서까지 군수보급체계가 마련되지 않아 전면전 수행이 어려웠기 때문이다. 이와 같은 사정은 수 측의 일부 지배층도 인지하고 있었다. 그러나 수의 핵심 지배층이었던 이른바 關隴集團이 전쟁을 추진했다. 그들은 요서와 그 너머 동북아시아의 교역권을 탐냈다.

이처럼 598년 수의 반격 시도가 실패한 직후, 양국은 곧 화평을 맺었다. 양국의 화평 관계는 607년까지 지속되는데, 그 배경에는 598~603년 수—돌궐 전쟁이 있었다. 수는 돌궐과 전쟁하기 위해 고구려와 관계를 회복하기를 원했고, 고구려 또한 전쟁의 추이를 관망하면서 그에 개입하지 않고자 했다. 고구려와 수의 이해관계가 일치하면서 갈등이 미봉된 것이다. 대체로 이와 같은 양국의 화평은 607년까지 유지되었다.

그런데 603~604년부터 수는 요서의 동부에 瀘河鎭·懷遠鎭 등의 鎭·戌를 설치·정비하며 동진했다. 수의 동진은 고구려의 세력범위 잠식을 의미했다. 그러므로 수의 동진에 고구려의 위기의식은 차츰 고조되었다. 이 점에서 598년부터 607년까지 고구려와 수의 화평은 표면적인 현상에 불과하였고, 그 이면에서 양국의 갈등은 심화되었다고 이해된다.

이러한 가운데 607년 고구려는 동돌궐과 교섭했다. 이는 수 중심의 조공책봉질서를 위반한 사건으로, 향후 수의 전쟁의 명분으로 제시되었다. 하지만 수의 전쟁 명분이 곧 전쟁의 직접적인 계기는 아니었다. 수는 고구려의 동돌궐 교섭에 위기의식을 갖지 않았다. 오히려 자신감을 내비치면서 고구려 국왕의 입조를 요구했다. 위기의식을 가진 쪽은 고구려였다.

양제는 605년 즉위한 직후부터 四夷經略을 구상하였다. 그리고 배구로 하여금 『高麗風俗』을 저술하도록 했다. 『고려풍속』은 『西域圖記』처럼 군사정보를 포함한 저술이었다. 전쟁계획이 수립되고 있었던 것이다. 이에 고구려는 주변 여러 나라와 교섭하면서 수의 공격에 대비하고자 했다. 동돌궐은 이를 위한 교섭 상대의 하나였다.

607년 수 양제는 북방 변경지대를 순행하면서 동돌궐을 통해 고구려 서방의 제 종족까지 포섭하고자 했다. 607년 고구려 동돌궐 교섭의 구체적인 목적은 그와 관련되었다. 비록 동돌궐과의 확고한 동맹관계를 기대하기는 어려웠지만, 적어도 대립은 피하고자 했다.

고구려의 서방을 향한 수의 동진, 즉 수의 요서정책은 북방정책의 일환이었다. 이는 長城과 鎭·戍의 설치 범위를 통해 알 수 있는데, 수의 북방정책은 농목 전이지대 장악을 목표로 하였다. 수는 농목 전이지대를 온전히 차지함으로써 정치·군사적 안정을 도모하고, 교역권을 장악하고자 했다. 이 중에서 요서정책은 동북아시아의 교역권과 밀접하였다. 수는 609년에 이미 고구려 공격을 결정하고 전쟁을 준비하였다. 그 주도자는 양제였다. 이미 590년대부터 관롱집단이 고구려 공격을 구상하였지만, 이제는 양제가 황제권 확립까지 목표에 두고 전쟁을 주도하였던 것이다.

수의 공격 결정과 준비에 대하여 고구려의 국왕과 귀족세력 역시 대적의 채비를 갖추었다. 고구려의 여러 귀족세력은 전쟁에 동의하고 그에 따른 인력과 물자의 부담하였는데, 이는 요서정책을 포기할 수 없었기 때문이었다. 6세기 이후 영역확장과 농업생산력의 발전이 한계를 보이며, 요서정책과 요서를 통한 교역의 중요성이 한층 높아진 까닭에 전쟁을 감수하자는 쪽으로 의견이 모아진 것이다. 고구려-수 전쟁은 수의 고구려 공격에서 비롯되었지만, 한편으로 고구려 지배층의 정치적 선택이 작용하고 있었던 셈이다.

607년을 전후하여 고구려는 수의 요서정책에 대응하고자 다방면의 외교적 노력을 기울였다. 그리고 변경 요서에서 수와 국지전을 전개하면서 그의 공격에 대비하고자 하였다. 그렇지만 609년 이후 수의 고구려 공격이 결정되고 수의 대군이 요서에 집결하면서 고구려의 대응은 수세적일 수밖에 없었다. 611년 무려라 함락이 그 대표적인 사건이었다. 이에 고구려는 요하 동안에서부터 방어체계를 구축하고 전쟁에 대비했다.

612년 고구려-수 전쟁은 요하 전투에서 시작되었는데, 이는 요동성 전투로 이어졌다. 두 전투는 諸城의 城兵이 주축을 구성하였는데, 그 중심 구성원은 토착병이었다. 토착병은 성의 주민이자 군인으로 각 城의 통제를 받았다. 다만 諸城은 요동의 주요 大城과 상하 통속관계를 맺고 유기적으로 운영되었고, 大城과 주요 城은 중앙의 軍令을 받았다.

중앙의 핵심적인 군사력은 5部兵이었다. 고구려는 5부병을 중심으로 전국의 여러 군사조직을 전시편제의 형태로 운용하면서 평양성 전투를 수행하였다. 그 지휘관은 왕제 건무였다. 왕실에서 군사권의 일부를 행사한 것이다. 압록강·살수 전투를 통해 보건대, 612년 전쟁의 최고 군사권자는 을지문덕이었다. 다만 그 배후에는 영양왕이 있었고, 영양왕은 귀족세력의 동의를 얻어 을지문덕에게 군사권을 위임한 것이었다.

고구려-수 전쟁으로 수 왕조는 몰락했고, 당 왕조가 새로이 수립되었다. 고구려는 당 왕조의 수립 직후부터 국교를 맺고 우호관계를 형성했다. 양국의 우호관계는 요서에서 비롯되었다. 618년부터 620년대 전반까지 요서의 유력자 중 하나가 高開道였는데, 그는 동돌궐·해·거란과 연합 세력을 형성해 당을 위협했다. 고구려 또한 고개도와 동돌궐의 연합세력에 위기의식을 가졌다. 고구려와 당은 고개도·동돌궐을 견제하는데 이해관계가 일치하였던 것이다. 이렇듯 양국은 이해관계가 부합해 우호관계를 맺은 까닭에 비록 형식적으로는 양국관계에 차등이 있을지언정, 내용적으로는 대등하였다.

620년대 전반 당은 羅藝·孫敖曹·돌지계 등 현지의 세력가를 통해 요서에 세력을 미치기 시작했다. 그 세력범위는 요서의 서부였고 고구려와 당은 대략 대릉하·의무려산을 경계로 하였다. 580년대 전·중반 고구려와 수가 처음 마주하였을 때의 상황과 유사했다.

다만 645년 고구려–당 전쟁이 발발하기까지 당의 동진은 급진적이지 않았다. 고구려 역시 무리한 세력확장은 피했다. 변경 요서를 사이에 둠으로써 갈등을 완화하고자 하였던 것이다. 그러나 요서를 둘러싸고 고구려와 당 또한 경쟁했고, 이는 또 다른 전쟁을 예고하고 있었다.

6~7세기 고구려의 쇠뇌 운용과 군사적 변화

머리말

쇠뇌(弩)는 기계장치를 활용한 원사무기의 하나이다. 대체로 쇠뇌는 활보다 사정거리가 길었고 파괴력이 강해 화약무기가 등장하기 이전까지 기술적으로 가장 발전된 형태의 원사무기의 하나였다. 따라서 쇠뇌의 보급과 운용은 무기발달사에서 중요한 의미를 지닌다. 쇠뇌의 기원은 분명하지 않지만, 중국에서는 늦어도 기원전 7~4세기 무렵부터는 그 존재를 확인할 수 있으며, 漢代를 통하여 군사적으로 중시되었다.[1]

---

1) 徐中舒, 1934 「戈射與弩之溯原及關于此類名物之考」 『歷史言語硏究所集刊』 4-4, 國立中央硏究院, 429~433쪽 ; 中國軍事史編寫組, 1983 『中國軍事史』 1 兵器, 解放軍出版社, 36~37쪽 ; 楊泓, 1983 『中國古兵器論叢』, 文物出版社, 186~192쪽 및 280~316쪽 ; 金性泰, 1993 「漢代 武器에 대한 一硏究」 『五松李公範敎授停年退任紀念 東洋史學論叢』, 刊行委員會 ; 于兆春, 1998 「中國科學技術史」 軍事技術卷, 北京: 科學出版社, 29~30쪽 ; 周緯, 2005 『中國兵器史稿』, 白花文藝出版社, 117~119쪽. 유럽에서는 石弓이라고 하였는데, 석궁이 군사적으로 중시된 것은 11~13

6~7세기 고구려에서도 쇠뇌는 군사편제의 주요 무기였다. 고구려의 쇠뇌는 주로 무기체계 전반에 관한 연구를 통하여 이해되었는데,[2] 이로써 고구려가 쇠뇌를 도입하고 운용한 사실을 확인할 수 있었다.[3] 그러나 아직까지 쇠뇌의 보급 배경과 기능이 명확히 밝혀지지 못하였고, 이에 따라 쇠뇌 운용이 갖는 군사사적 의미도 자세히 논의되지 못하였다. 고구려의 쇠뇌와 관련한 자료가 충분하지는 못하였기 때문이다.

그럼에도 쇠뇌의 보급은 고구려만 아니라 주변 여러 나라의 무기 및 무기체계와 무관치 않았고, 그 운용은 무기체계의 측면에서만 아니라 군사의 여러 부문과 밀접하였다고 보면, 자료의 폭은 더욱 넓어질 것이며 한층 다양한 시각의 접근도 가능하다. 이에 본고에서는 동아시아 여러 나라의 쇠뇌 보급과 운용의 사례를 염두에 두고 군사사 전반의 차원에서 고구려의 쇠뇌를 검토해 보고자 한다. 이를 통하여 고구려의 쇠뇌 운용을 무기발달사의 측면에서만 아니라 6~7세기의 군사적 변화라는 관점에서도 이해할 수 있기를 기대한다.

우선 고구려 쇠뇌 보급의 시점을 밝히고 그 전술적 배경을 동아시아 여러 나라의 쇠뇌 보급 및 운용과 관련하여 설명해 보고자 한다. 그리고 문헌·고고 자료에

세기 이후였다고 한다. Trevor N. Dupuy, 1980 *The Evolution of Weapins and Warfare*, NY: The Bobbs-Merrill Co, 63~65쪽 ; 金舜圭, 1991 「弩」『學藝志』 2, 陸軍士官學校 陸軍博物館, 42쪽 ; Andrew Ayton, 1999 "Arms, Armour, and Horses", *Medieval Warfare: A History*, Oxford University Press, 204~206쪽.

2) 고구려 무기 및 무기체계에 관한 연구사 검토 및 주요 연구 성과의 정리로는 각각 다음의 논고를 참고할 수 있다. 余昊奎, 1999(a) 「高句麗 中期의 武器體系와 兵種構成」『韓國軍事史研究』 2, 國防軍史研究所, 4~5쪽 및 김길식, 2005 「고구려의 무기체계 변화」『한국 고대의 Global Pride - 고구려-』, 고려대학교 박물관.

3) 특히 金性泰의 다음과 같은 연구 성과가 주목된다. 이를 통하여 고구려 쇠뇌에 관한 문헌 자료와 고고 자료가 종합석으로 검토되었고, 기본적인 이해를 얻을 수 있었다. 金性泰, 1994 「高句麗의 武器(2) -鐵矛, 戟, 弩, 도끼-」『文化財』 27, 文化財管理局 ; 1995(a) 「高句麗 武器(3)」『文化財』 28 文化財管理局 ; 1995(b) 「韓國古代의 弩」『石溪 黃龍渾 敎授 定年紀念論叢 亞細亞 古文化』, 紀念論叢 刊行委員會 ; 2001 「高句麗 兵器에 대한 研究」『高句麗研究』 12. 또한 한국사 속의 쇠뇌 전반을 다룬 다음의 연구도 중요한 참고가 된다. 劉世鉉, 1995 「韓國의 쇠뇌 -그 형태와 제작을 중심으로-」『學藝誌』 4, 陸軍士官學校 陸軍博物館.

나타난 쇠뇌의 종류를 염두에 두고, 고구려가 전쟁에서 쇠뇌를 운용한 사례를 검토하여 그 군사적 기능에 관하여 살펴볼 것이다. 그리하여 마지막으로는 이상의 논의를 바탕으로 쇠뇌 운용의 군사적 기반과 변화 그리고 그 역사적 의미에 관하여 생각해 보고자 한다.

1. 쇠뇌의 보급과 그 전술적 배경

6세기 후반 고구려에서는 쇠뇌에 대하여 깊은 관심을 기울이고 있었다. 다음의 사료가 주목된다.

> A. 개황 초에 자주 사신을 보내 入朝하였는데, 陳을 평정(589)한 후에 이르러 湯[平原王, 재위: 559~590]이 크게 두려워하며 병기를 수리하고 곡식을 쌓아서 守拒의 대책을 삼았다. [開皇] 17년(597-필자: 590) 上[高祖]이 湯에게 璽書를 내려 말하였다. "(중략) 太府의 工人은 그 수가 적지 않으니 王이 그를 필요로 한다면, 스스로 聞奏하면 될 것인데, 몇 해 전[昔年]에는 潛行하여 財貨로 小人을 이익으로써 움직여 사사로이 弩手를 데리고 그대의 나라로 달아났소. 兵器를 修理하는 의도가 착하지 못하므로 바깥소문을 두려워하여 도둑질한 것이 아니겠소? (중략)"[4] (『수서』 권81, 동이46 고려)

위 사료는 590년 隋의 文帝가 고구려의 平原王에게 보낸 璽書의 일부이다. 새서의 내용 중에서 고구려가 수로 첩자를 파견해 쇠뇌 기술자를 誘致하였다는 대목이

---

4) "開皇初 頻有使入朝 及平陳之後 湯大懼 治兵積穀 爲守拒之策 十七年 上賜湯璽書曰 (中略) 太府工人 其數不少 王必須之 自可聞奏 昔年潛行財貨 利動小人 私將弩手逃竄下國 豈非修理兵器 意欲不臧 恐有外聞 故爲盜竊 (中略)"

주목된다.

위 사료에 나오듯 수에서 쇠뇌의 제작은 太府寺 소관이었다.[5] 태부시는 9寺의 하나로 조정의 각종 재화를 보관하고 보급하는 관청이었는데, 軍器를 비롯한 각종 기술자 또한 여기에 소속되었다. 쇠뇌 기술자는 태부시 예하의 弓弩署에 배치되었다.

이처럼 수에서는 쇠뇌의 제작을 국가에서 관리하였는데, 그 통제는 엄격하였다.[6] 그런데 고구려는 이러한 수의 엄격한 통제에도 불구하고 쇠뇌 기술자를 유치하였다. 위 사료에 기술된 것처럼 이 사건은 수가 고구려를 압박하는 하나의 빌미가 되었다. 이 점은 애초 고구려에서도 고심하였을 것이다. 그럼에도 고구려가 수의 쇠뇌 제작 기술을 확보한 사실을 보면, 이는 고구려에 상당히 중요한 국가적 과제였다고 생각할 수 있다.

쇠뇌의 도입이 시급하였을까. 쇠뇌는 크게 자루[弩臂]와 활[弩弓] 그리고 방아쇠장치[弩機]로 구성되는데, 이 중에서 다른 종류의 활과 구분되는 쇠뇌의 고유한 특징은 방아쇠장치에 있었다. 방아쇠장치는 시위를 당기고 발사하기까지 강한 압박을 견딜 수 있을 만큼 견고하고 정교해야 했기 때문이다. 따라서 그 제작에는 전문적인 기술자가 필요하였다.[7] 이 점에서 6세기 후반까지 고

사진 18. 쇠뇌(弩)의 발사장치인 노기(弩機)
(ⓒ국립중앙박물관)

---

5) 太府寺의 구성과 기능에 관해서는 『수서』 권28, 지23 백관下 ; 『당육전』 권20, 太府寺 참조.

6) 비록 조금 뒤의 일이고 예외 지역도 있었지만, 隋에서는 兵器의 私造를 엄격히 금지하였다. 『수서』 권2, 제기2 고조下 15년(595) 2월 병진(27日). "收天下兵器 敢有私造者 坐之 關中緣邊不在其例" 唐의 사례에서 보듯 쇠뇌는 그와 같은 통제의 대상이었다고 여겨진다. 『당률소의』 243조 擅興20. "諸私有禁兵器者 徒一年半 謂非弓·箭·刀·楯·短矛者〈議曰 私有禁兵器 謂甲·弩·矛·具裝等〉"

구려에서는 쇠뇌의 제작 기술이 부재하였고, 이에 기술자를 유치하여 쇠뇌를 도입하고자 하였다고 여겨질 수도 있다.

그러나 이미 지적되었듯, 고구려 쇠뇌 도입의 시점은 6세기 이전이었다고 이해된다.[8] 초기 철기시기의 쇠뇌 유물을 보건대,[9] 이미 고구려 초기 쇠뇌가 입수되었을 가능성이 있으며,[10] 덕흥리고분의 "蓟懸鈴□軒弩"라는 묵서를 보더라도, 4~5세기에는 쇠뇌의 도입이 고려되었다고 생각된다.[11] 그러므로 6세기 후반 고구려가 수로 첩자를 파견한 일차적인 목적이 쇠뇌의 도입에 있었다고 이해되지는 않는다. 고구려 쇠뇌의 도입과 보급의 시점을 구분하여 생각해 볼 필요가 있다. 쇠뇌의 보급은 〈표 1〉을 통하여 살펴볼 수 있다.[12]

우선 〈표 1〉의 박스(□)가 주목된다. 이는 『魏略』과 『주서』에 보이는 고구려의

---

7) 이상 쇠뇌의 구조와 방아쇠 장치에 관해서는 徐中舒, 1934 앞의 논문, 425~429쪽 ; 金舜圭, 1991 앞의 논문, 48~49쪽 ; 윌리엄 맥닐 지음, 신미원 옮김, 이내주 감수, 2005 『전쟁의 세계사』, 이산, 61쪽 참조.

8) 余昊奎, 1999(a) 앞의 논문, 12쪽.

9) 文化財管理局 文化財研究所, 1991 『北韓文化遺蹟發掘槪報』 北韓文化財調査書3, 文化財管理局 文化財研究所 ; 高久健二, 1995 『樂浪古墳文化研究』, 學研文化社, 279~299쪽 ; 劉世鉉, 1995 앞의 논문, 413쪽 ; 國立慶州博物館, 2007 『永川 龍田里 遺蹟』, 93쪽.

10) 현재의 서북한 지역에서 출토된 쇠뇌의 유물은 고조선과 고구려의 쇠뇌였다고 이해되기도 하지만(박진욱, 1970 「3국무기의 특성과 그것을 통하여 본 병종 및 전투형식」 『고고민속논집』 2, 50쪽), 대체로는 낙랑의 것이었다고 이해되고 있다(金性泰, 1993, 앞의 논문, 587쪽). 다만 고구려는 건국 초기부터 漢의 군현과 교류 혹은 전쟁을 통해 그 문물을 접하고 있었다는 사실을 고려해 보면, 고구려에 쇠뇌가 입수된 시점은 상당히 이른 시기였다고 짐작할 수 있다(余昊奎, 1999(a) 앞의 논문, 12쪽). 이와 관련하여 최근 영천시 고경면의 용전리 유적에서 나온 초기 철기시대의 弩機가 참고된다(國立慶州博物館, 2007 앞의 글, 50~51쪽). 이는 현재의 평안도 · 황해도 지역에서 출토된 것과 형태상으로 유사하다고 하는데, 이에 낙랑에서 賜與받은 것으로 여겨지고 있다(國立慶州博物館, 2007 앞의 글, 91~92쪽). 이러한 사례를 보면 고구려 역시 漢의 군현을 통하여 쇠뇌를 입수하였을 가능성이 생각된다.

11) 李仁哲, 1996 「4~5세기 高句麗의 南進經營과 重裝騎兵」 『軍史』 33 ; 2000 『고구려의 대외정복 연구』, 백산자료원, 258~259쪽 ; 余昊奎, 1999(a) 앞의 논문, 12~13쪽.

12) 『太平御覽』 卷783, 四夷部4 東夷4 高句驪 ; 『주서』 권50, 열전42 이역 上의 高麗 · 百濟 및 『주서』 권50, 열전42 이역 下의 突厥 · 吐谷渾 · 高昌 · 鄯善 · 波斯. 표의 구분은 冷兵器의 일반적인 분류방식에 따른 것이다.

표 1. 『위략』과 『주서』에 보이는 고구려의 무기체계(박스) 및 『주서』 이역전에 보이는 주변 여러 나라의 무기체계(전체)

		공격 무기									방어 무기	
		원사무기			근접무기							
					장병기				단병기		개갑	방패
『魏略』	高句麗		弓(貊弓)				矛		刀		鎧	
『周書』	高句麗	弩	弓	箭	戟	削	矛	鋋			甲	
	百濟		弓	箭			矛		刀			
	突厥		弓	矢(鳴鏑)			矛		刀	劍	甲	
	吐谷渾		弓				矛		刀		甲	
	高昌		弓	箭			矛		刀		甲	楯
	鄯善		弓				矛		刀		甲	
	波斯	弩	弓	箭			矛			劍	甲	圓排

무기 관련 기사를 정리한 것이다. 두 사서는 각각 3세기 중반 이전과 6세기 중·후반 이후 고구려의 무기구성을 보여준다고 하는데,[13] 이는 군사편제의 주요 무기를 의미한다고 여겨진다.[14] 그런데 이를 비교해 보면 『위략』에는 쇠뇌가 보이지 않지만 『주서』에서는 보인다. 따라서 이를 통해 보건대 고구려 쇠뇌 보급의 시점은 3세기 중반 이후~6세기 중·후반 이전으로 파악할 수 있다.

이와 관련하여 고구려의 쇠뇌 관련 유물이 참조되는데, 지금까지 보고된 것들은 대부분 6세기 중반 이후로 편년되고 있다.[15] 따라서 고고 자료의 현황으로 보건대, 6세기 중반 이전에 쇠뇌가 본격적으로 운용되었다고 판단하기는 어렵다. 6세기 중

---

13) 두 史書에 대한 자세한 문헌적 검토는 余昊奎, 1999(a) 앞의 논문, 7~16쪽 참조.

14) 비단 『주서』반 아니라 이른바 中國正史의 外國列傳에서는 주변 여러 나라의 무기에 관심을 기울였다. 그리고 여러 나라의 군대 규모와 군사적 장·단점을 기술하였다. 중국과의 전쟁을 염두에 두었기 때문일 것이다. 이 점에서 〈표 1〉을 비롯한 中國正史 外國列傳에 보이는 여러 나라의 무기는 단순히 그 존재를 전한다기보다는 대체로 군사편제의 주요 무기를 의미한다고 생각한다.

15) 金性泰, 1995(b) 앞의 논문, 316쪽 ; 2001 앞의 논문, 818쪽 ; 2005 「최근 보고된 고구려 무기의 검토」 『高句麗研究』 20, 132쪽.

반 이전에는 쇠뇌가 도입되었다고 하지만, 군사편제의 주요 무기로 보급되지는 못하였다고 생각된다. 쇠뇌 보급 시점은 6세기 중반 이후로 파악된다.

이상과 같이 이해하고 보면, 6세기 후반 고구려가 수로 첩자를 파견하여 쇠뇌 기술자를 유치한 것은 쇠뇌의 보급과 관련되지 않을까 한다. 쇠뇌가 고구려 군사편제의 주요 무기로 보급되며, 쇠뇌의 성능 개선이 요구되었고, 이에 따라 사료 A처럼 수의 쇠뇌 기술자를 유치하였다고 생각되는 것이다. 그렇다면 왜 6세기 중반 이후 쇠뇌를 보급하고 개발하고자 하였을까.

이와 관련하여 중국 쇠뇌의 발전 과정이 참고된다. 중국에서는 늦어도 기원전 7세기 이후 쇠뇌가 개발되었고, 기원전 4세기를 전후하여 군사의 주요 무기로 보급되었는데,[16] 漢代를 통해 쇠뇌의 성능이 크게 개선되었다고 한다.[17] 중국의 쇠뇌는 보병의 주력무기로 對기병전에서 장점을 발휘하였는데, 특히 한대에는 북방 흉노의 유목기병을 상대하기 위하여 쇠뇌를 중시하였다.

그러나 魏晉을 비롯하여 五胡十六國과 北朝의 여러 나라에서는 쇠뇌의 발전이 정체되었다. 이전의 형태와 구조를 답습하였던 정도였고, 오히려 그 비중은 낮아졌다.[18] 주지하듯 오호십육국 및 북조의 여러 나라는 유목사회에서 기원하였듯 군사의 중심은 기병이었다. 따라서 오호십육국 및 북조의 여러 나라에서는 쇠뇌와 같은 원사무기에 제압당하지 않고자 하였고, 이에 중장기병이 발전하였다.[19] 쇠뇌의 공격력에 상대한 중장기병의 방호력이 강조되었던 것이다.[20]

그런데 4~5세기 오호십육국 및 북조 중장기병의 발전은 한편으로 쇠뇌의 지속

---

16) 楊泓, 1983 앞의 책, 280쪽 ; 中國軍事史編寫組, 1983 앞의 책, 37~38쪽 ; 王兆春, 1998 앞의 책, 29쪽 및 65쪽.
17) 楊泓, 1983 앞의 책, 287~288쪽 ; 王兆春, 1998 앞의 책, 65쪽 ; 周纬, 2005 앞의 책, 117~119쪽.
18) 楊泓, 1983 앞의 책, 311~312쪽 ; 金性泰, 1995(c)「魏晉南北朝兵器의 研究」『韓國上古史學報』 20, 154~155쪽 ; 王兆春, 1998 앞의 책, 72쪽.
19) 楊泓, 1983 앞의 책, 62~63쪽 및 144~145쪽.
20) 楊泓, 1983 앞의 책, 312~313쪽.

사진 19. 삼실총 공성도(ⓒ이오봉)

적인 개발을 추동하였다. 이미 5세기 초반 晉에서는 神弩라고 하는 대형의 쇠뇌가 개발되었고,[21] 6세기 중반 이후에 이르러서는 쇠뇌의 성능에 주목할 만한 발전이 나타나기 시작했다. 특히 수나 당은 궁노서를 설치한 사실을 통해 드러나듯, 국가적인 차원에서 쇠뇌의 개발에 착수했다. 그리하여 쇠뇌는 주요 병종의 하나로 정착되었고 중장기병은 쇠퇴하였다.[22]

---

21) 中國軍事史編寫組, 1983 앞의 책, 39쪽. 이른바 萬鈞神弩라고도 하는데, 후대의 箱弩의 전신이 었다고 한다(楊泓, 1983 앞의 책, 312쪽).

22) 楊泓, 1983 앞의 책, 146쪽 ; 王援朝, 1996 「唐初甲騎具裝衰落與輕騎兵興起原因」『歷史研究』4 期(http://blog.naver.com/m00n2407/60057791443의 번역 참조). 이와 관련하여 13세기 유럽 지중해에 강력한 쇠뇌가 보급되며, 기사단의 중장기병 전술이 쇠퇴하였다는 사실도 참고할 수 있다. 김순규, 1987 『무기발달사(1)』, 육군사관학교, 161쪽 ; 윌리엄 맥닐 지음, 신미원 옮김, 이내주 감수, 2005 앞의 책, 61쪽.

이처럼 중국 쇠뇌의 발전 과정은 병종 및 전술의 변화와 밀접하였는데, 이 점은 고구려도 마찬가지였다고 생각된다.[23] 주지하듯 고구려 초기의 군사적 장점은 기병에 있었는데,[24] 이는 4~5세기에도 마찬가지였다. 특히 4~5세기 고구려의 핵심적인 병종은 중장기병으로, 이는 오호십육국 및 북조 여러 나라의 영향을 받은 것이었다고 생각된다.[25] 그리고 보면, 6세기 중반 이전까지의 고구려에서는 흉노나 오호십육국 및 북조의 여러 나라처럼 쇠뇌의 공격력보다는 기병의 방호력을 중시하였고, 이에 쇠뇌가 보급되지 않았을까 한다. 그러나 6세기 중반 이후 중국의 쇠뇌 개발로 중장기병이 쇠퇴하며, 고구려 역시 이전까지의 중장기병 중심의 전술을 수정하고,[26] 쇠뇌를 보급하고 개발하지 않을 수 없었다고 이해된다.

이와 같은 고구려 쇠뇌의 보급은 비단 중국만 아니라 동아시아 여러 나라와도 밀접하였다고 생각된다. 〈표 1〉(전체)는 『주서』異域傳에 보이는 北周 주변 여러 나라의 무기구성을 정리한 것이다. 이를 통해 볼 수 있듯이 6세기 중반을 전후한 시점에서 쇠뇌는 아시아 여러 나라의 보편적인 무기가 아니었다. 대부분의 나라에서는 弓·矛·刀·甲을 기본으로 하였고, 쇠뇌를 보유한 나라는 고구려와 波斯, 두 나라 정도였다.

---

23) 고구려의 주요 병종에 관한 기본적인 이해는 임용한, 2001 『전쟁과 역사 −삼국편−』, 혜안, 23~31쪽 참조. 병종에 따른 전술 운용은 같은 책, 31~47쪽 참조.

24) 金哲埈, 1981 「「能步戰」과 「便鞍馬」」『韓㳓劤博士 停年紀念 史學論叢』, 知識産業社, 31쪽.

25) 고구려 중장기병의 등장과 발전 과정에 관해서는 최근의 다음 연구가 자세하다. 정동민, 2008 「高句麗 重裝騎兵의 特徵과 運用形態의 變化 −古墳壁畵資料를 중심으로−」『韓國古代史研究』 52.

26) 이와 관련하여 6세기~7세기 고구려의 말갈 병력 동원을 주목할 수 있다. 말갈의 병력은 주로 경기병이 있었다고 여겨지는데, 그리고 다음의 사례를 통하여 볼 수 있듯이 고구려는 말갈의 경기병을 진영의 전면에 배치하기도 하였다. 『新唐書』 卷220, 列傳145 東夷 高麗. "虜常以靺鞨銳兵 居前 社尒兵接而北" 이는 중장기병을 핵심 병종으로 운용할 때, 중장기병이 진영의 一線에 배치되었다고 이해되는 것(정동민, 2008 앞의 논문, 388쪽 및 393~394쪽 참조)과 차이를 보인다고 할 수 있다. 중장기병 전술의 변화가 짐작되는 것이다. 다만 이로부터 중장기병이 완전히 소멸되었다고 단언할 수는 없다. 가령 『資治通鑑』 卷198, 唐紀14 太宗 貞觀 19年[645] 6月. 己未(23일). "獲馬五萬匹 牛五萬頭 鐵甲萬領 他器械稱是"라고 하였듯, 唐軍이 획득한 고구려군의 物資를 보면, 鐵甲이 살펴지는데 鐵甲 중의 일부는 중장기병의 것으로 볼 여지가 있다.

그런데 6세기 중반~7세기를 지나며 쇠뇌를 운용한 나라는 눈에 띠게 증가한다. 가령 『삼국사기』를 보면, 558년 신라에서는 쇠뇌를 제작하여 성곽 위에다 배치하였다고 하는데,[27] 『隋書』를 통해 보더라도 신라에서는 늦어도 7세기 초반에는 쇠뇌가 군사편제의 주요 무기로 보급되었다고 이해된다.[28] 또한 『수서』에서는 倭에서도 쇠뇌를 보유하고 있었다고 전한다.[29] 백제의 경우, 문헌 기록을 통하여서는 확인하기 어렵지만,[30] 고고 자료의 현황을 보았을 때, 7세기 무렵에는 쇠뇌가 운용되었다고 이해할 수 있다.[31]

이처럼 6세기 중반~7세기 고구려만 아니라 동북아시아의 여러 나라에서는 쇠뇌가 군사편제의 주요 무기로 보급되고 있었는데,[32] 이는 고구려를 매개로 하였다고 여겨진다. 4세기 후반 이후 백제와 신라는 기본적으로 고구려의 무기를 수용하였다고 하는데,[33] 쇠뇌도 마찬가지였을 가능성이 높다. 즉 6세기 중반 이후 고구려가 쇠뇌를 보급하고 운용하자, 이에 대응하기 위하여 백제와 신라 또한 쇠뇌를 도입하고 보급하였다고 생각된다. 이로써 동북아시아의 여러 나라 사이의 전쟁에서는 쇠뇌의 비중이 높아졌으며, 다양한 방식의 전술적 운용이 시도되었다고 예상된

---

27) 『삼국사기』 권4, 신라본기4 진흥왕 19년(558). "奈麻身得作砲弩上之 置之城上"
28) 『수서』 고려전(권81, 열전46 동이)을 보면, "兵器與中國略同"이라고 하였다. 그리고 『수서』 신라전(권81, 열전46 동이)에서도 "甲兵同於中國"이라고 하였다. 고구려와 신라 모두 중원왕조의 무기 구성과 대체로 동일하였다는 것이다. 그런데 고구려의 경우 『주서』를 통하여 쇠뇌의 보유 사실을 확인할 수 있으므로 신라 또한 쇠뇌를 보유하고 있었다고 이해할 수 있다.
29) 『수서』 권81, 열전46 동이 왜. "有弓矢·刀·矟·弩·耮·斧 漆皮爲甲 骨爲矢鏑"
30) 다만 다음을 통하여 5세기 중반 백제에서 쇠뇌의 도입을 시도하였던 사실을 확인할 수 있다. 『송서』 권97, 이만열전57 백제. "(元嘉)二十七年[450] 毗上書獻方物 私假臺使馮野夫 西河太守 表求易林·式占·腰弩 太祖並與之"
31) 金性泰, 1995(b) 앞의 논문, 316~317쪽.
32) 倭의 경우 다음과 같이 비록 隋軍으로부터의 노획물이었지만, 고구려에서 쇠뇌를 전해준 사실이 확인된다. 『일본서기』 권22, 추고천황 26년(618) 추8월 계해삭(1일). "高麗遣使貢方物 因以言 隋煬帝興三十萬衆攻我 返之爲我所破 故貢獻俘虜貞公·普通二人 及鼓·吹·弩·拋石之類十物 幷土物駱駝一匹" 倭는 비단 고구려만 아니라 백제나 신라 혹은 중원왕조를 통하여 쇠뇌를 받아들였을 수 있다.
33) 金性泰, 2001 앞의 논문, 827~829쪽.

다. 쇠뇌는 어떻게 운용되었고 어떠한 기능을 하였을까.

2. 쇠뇌의 군사적 운용과 기능

고구려 쇠뇌의 군사적 운용과 기능을 이해하기 위해서는 먼저 어떠한 종류의 쇠
뇌가 사용되었는지 살펴볼 필요가 있다. 이와 관련하여 쇠뇌의 명칭과 종류 그리고
그 기능이 비교적 자세히 전하고 있는 당의 사례가 참조된다.[34] 이를 다음의 표로
정리하였다.[35]

〈표 2〉를 통해 볼 수 있듯이, 쇠뇌는 다양한 방식으로 구분되는데, 크기와 무게
를 기준으로 소노와 강노로 양분할 수 있다.[36]

소노와 관련하여하여서는 우선 『삼국유사』에 인용된 『高麗古記』를 주목할 수 있
다.[37] 이를 보면 품에 숨길 수 있을 정도로 작은 초소형의 소노가 사용되었다고 나
온다.[38] 이와 같은 초소형의 소노는 〈표 2〉에서는 찾아볼 수 없는 것이다. 이는 대

---

34) 『당육전』 권16, 衛尉宗正侍 武庫令. "弩之制有七 一曰擘張弩 二曰角弓弩 三曰木單弩 四日大木
單弩 五曰竹竿弩 六曰大竹竿弩 七曰伏遠弩 (中略) 今擘張弩 · 小弩 步兵所用 角弓弩 騎兵所用
木單 · 竹竿 · 伏遠等弩 其力益大 所及漸遠"

35) 쇠뇌의 사정거리에 관해서는 『신당서』 권50, 병40 ; 『통전』 권157, 兵典 ; 邊震英, 1727 『弩解』 用
弩之利2 ; 金基勳 · 姜信曄 譯註, 2008 「노해(弩解)」 『軍史』 66, 국방부 군사편찬연구소, 300～
301쪽을 참고하였고, 그 용도에 관해서는 『주례』 권8, 夏官司馬 司弓矢. "凡弩 夾庾利攻守 唐大
利車戰野戰"에 보이듯 전투의 공간에 따라 크게 平地戰(野戰)과 城郭戰(攻守)으로 나누어진다
는 사실을 고려하였다.

36) 물론 크기와 무게에 따른 구분은 상대적이며 가변적이다. 가령 邊震英, 1727 『弩解』 用弩之利2 ;
金基勳 · 姜信曄 譯註, 2008 앞의 글, 300～301쪽에서는 小弩와 中弩 그리고 强弩로 삼분하기
도 하였다. 다만 본서에서는 후술하듯 小弩와 强弩의 구분이 각각 개인용과 공용으로 이분해 볼
수 있다는 점을 중시하여 이를 기준으로 삼았다.

37) 이는 비록 설화적인 내용을 담고 있지만(李弘稙, 1962 「高句麗秘記考-附 三國末期의 讖緯的
記事의 考察」 『歷史學報』 17 · 18, 342쪽), 고구려 유민의 전승을 바탕으로 하였다고 여겨지며(盧
鏞弼, 1989 「普德의 思想과 活動」 『한국상고사학보』 2, 139쪽 ; 2017 『한국고대인문학발달사연구
(1) -어문학 · 고문서학 · 역사학 권』, 한국사학, 179～185쪽), 따라서 그 안에는 고구려인의 인식이
일정하게 반영되어 있다고 생각한다.

38) 『삼국유사』 권3, 흥법3 寶藏奉老 普德移庵.. "又按高麗古記云 (中略) 十年[645] 甲戌 十月 高麗

표 2. 쇠뇌의 종류와 기능

연번	종류(당의 7종 쇠뇌)		병종	용도	사정거리
1	小弩	角弓弩	기병	平地戰	150~300보
2		擘張弩	보병	平地戰·城郭戰	150~300보
3	强弩	木單弩·大木單弩·竹竿弩·大竹竿弩·伏遠弩	보병	城郭戰	300~1,000보

체로 후대의 袖箭과 유사한 것으로 암살과 같은 특수한 목적에서 운용되었다고 여겨진다.[39] 다만 이를 통하여 소노의 존재를 상정할 수 있다.[40]

〈표 2〉의 1·2를 통하여 볼 수 있듯이 소노는 기병용과 보병용으로 구분되었다. 당의 경우 角弓弩라고 하였는데, 弩弓이 角弓으로 제작되어 크기가 작았으며 휴대가 용이하였다. 고구려의 기병이 이를 운용하였다면, 그와 유사하였을 것이다. 그런데 현재로서 고구려의 기병이 소노를 운용하였다는 자료는 보이지 않거니와, 운용하였다고 하더라도 기병의 주력무기는 아니었다고 생각된다. 馬上에서는 쇠뇌의 장전이 힘들었기 때문이다. 대체로 몇 대의 쇠뇌를 미리 장전한 채로 소지하였다가, 긴박한 상황에서 발사하지 않았을까 한다. 즉 기병의 쇠뇌는 특수한 상황에서 쓰인 보조무기의 하나였다고 생각된다. 따라서 기병의 소노가 고구려 군사편제의 주요 무기는 아니었다고 이해된다.

고구려 군사편제의 주요 무기로 운용된 소노로는 〈표 2-2〉의 擘張弩가 주목된다. 벽장노는 보병 주력무기의 하나였는데, 그 병종을 弩手라고 한다. 이와 관련하여 6~7세기 고구려 유적에서 나온 短頸錐形鏃이 관심을 끈다. 단경추형촉은 크기

王 時第三十六代嬰陽王立二十五年也 上表乞降. 時有一人 密持小弩於懷中 隨持表使到煬帝舡中 帝奉表讀之 弩發中帝胸"

39) 『山西通志』 권11, 守口堡汛. "袖箭長尺 許發以竹筒 剽疾而深入 中人騎皆没"

40) 袖箭은 쇠뇌의 한 종류로 구분되기도 하였다. 『원사』 권39, 본기39 순제2(1336) 11월 신미(29일). "禁彈弓·弩箭·袖箭"; 『江南經畧』 卷8上, 雜著 兵器總論. "弓弩之家凡十有四 曰邊箭 曰兩廣藥箭 曰火箭 曰神機箭 曰楊家箭 曰馬家箭 曰袖箭 曰袖彈 曰手弩 曰諸葛弩 曰連環弩 曰雙弓牀弩 曰三弓牀弩 曰打牪弩"

가 5㎝ 전후로 기본적인 형태로 보아 소노의 철촉으로 추정되며 보병이 운용하였
다고 생각된다.[41] 고구려 보병의 소노 운용은 우선 다음의 사료를 통하여 짐작할
수 있다.

B. 정관 19년(645)에 [阿史那社尒는] 太宗을 따라 고구려를 정벌하였는데,
   駐蹕陣에 이르러 자주 流矢에 당하였지만, 분발하였고 또한 나아갔다.
   그 소속 部의 兵士가 모두 용맹함으로 큰 공훈을 세웠다.[42] (『구당서』 권
   109, 열전59 阿史那社尒)

위 사료에 보이는 전투에서 고구려와 당은 진영을 펼치고 대결하였다고 한다.
평지전을 전개하였던 것이다.[43] 阿史那社尒가 고구려의 '流矢'에 자주 당하였다고
한 사실이 주목된다. 평지전에서 당군은 고구려의 '유시'를 심각한 위협으로 인식하
고 있었던 것이다.[44] 이를 보면 고구려의 '유시'는 전문 병종을 통하여 발사되지 않
았을까 한다. 보병의 弓手 혹은 弩手가 발사하였다고 여겨지는 것이다. 이와 관련
하여 다음의 사료가 참조된다.

C. 고구려를 정벌하게 되자, 閻毗는 本官 領武賁郎將으로서 宿衛에 종사하
   였다. 이때 많은 군사가 遼東城을 포위하였는데, 황제가 閻毗에게 명하
   여 城下에 나아가 宣諭하도록 하였다. 賊[고구려]이 弓弩를 亂發하자 타

---

41) 金性泰, 1995(b) 앞의 논문, 316쪽 ; 金性泰, 2001 앞의 논문, 818쪽.
42) "從太宗征遼 至駐蹕陣 頻遭流矢 拔而又進 其所部兵士 人百其勇 盡獲殊勳"
43) 『신당서』 권220, 열전145 동이 고려 ; 『자치통감』 권198, 당기14 태종 정관 19년(645) 6월 정미(11
    일) 및 무오(12일). 이처럼 고구려 군이 평지전을 계획하자, 唐 太宗은 그 의도를 시험하고자 阿
    史那社尒를 보내 고구려 군사를 유인하도록 한 바 있다.
44) 이러한 면모는 다음의 사료를 통해서도 엿볼 수 있다. 『수서』 권65, 열전30 설세웅. "遼東之役
    以世雄爲沃沮道軍將 與宇文述同敗績於平壤 還次白石山 爲賊所圍百餘重 四面矢下如雨 世雄
    以贏師爲方陣 選勁騎二百先犯之 賊稍卻 因而縱擊 遂破之而還."

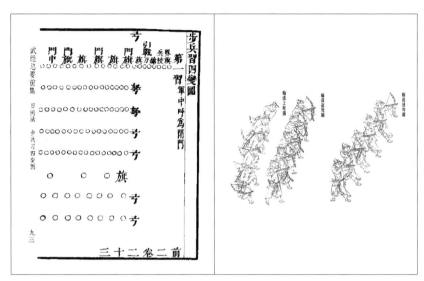

그림 19. 步兵習四變圖(『무경총요』), 輪流發弩圖·輪流進弩圖·輪流上弩圖(『耕餘剩技』)

고 있던 말이 流矢에 맞았다. 閻毗는 顔色을 변하지 않고 辭氣를 抑揚하였으니, 일을 마치고 갔다.[45] (『수서』 권68, 열전33 閻毗)

위 사료는 수의 遼東城 공격에서 閻毗의 용맹을 전하고 있는데, 여기서 고구려는 '弓弩를 亂發'하였다고 하였다. 7세기 초 고구려에서는 활과 쇠뇌를 함께 운용하고 있었던 것이다. 물론 사료 B와 C는 평지전과 성곽전이라는 차이가 있다. 그런데 성곽전에 투입된 병종이 평지전보다 다양했다고 생각되지는 않는다. 더욱이 사료 C는 사료 B보다 이른 시기의 사실이다. 그러므로 사료 B에서도 활과 쇠뇌가 모두 운용하였을 가능성은 충분하다고 생각한다. 즉 사료 B를 통하여 고구려 보병 노수의 평지전 운용을 상정해 볼 수 있다는 것이다. 평지전에서 보병의 소노는 어떠한

---

45) "及征遼東 以本官領武賁郎將 典宿衛 時衆軍圍遼東城 帝令毗詣城下宣諭 賊弓弩亂發 所乘馬中流矢 毗顔色不變 辭氣抑揚 卒事而去"

기능을 갖고 있었을까.

흔히 보병의 소노는 활과 비교되는데, 이와 관련하여 『通典』에 인용된 『李靖兵法』을 참고할 수 있다.[46] 사실 노수는 궁수와 비슷한 의미를 지녔고 긴밀히 협조하는 관계였다고 한다. 모두 원거리의 적을 제압할 수 있었는데, 이에 평지전에서는 빠른 속도 돌진해 오는 기병을 차단하는 데 운용되었다. 고구려의 노수와 궁수도 평지전에서는 기병의 돌진을 저지하는 것이 중요한 임무의 하나였다고 생각된다.[47] 다만 양자는 사정거리에 차이가 있다고 하였다. 노수는 적의 접근으로부터 150보 이내에서, 궁수는 60보 이내에서 矢箭을 발사하였다고 한다.[48] 즉 노수는 궁수보다 원거리에서 적의 접근을 차단할 수 있었다는 데 그 기능이 있었던 것이다.

그러나 쇠뇌는 활과 비교하여 連射가 어려웠다. 한번 발사하고 다시 시위를 당겨 발사하기까지 적지 않은 시간이 소요되었던 것이다. 이러한 쇠뇌의 단점을 극복하기 위한 방법의 하나가 노수를 몇 개의 隊를 나누어 연사하도록 한 것이었는데, 이를 위해서는 陳法을 바탕으로 한 상당한 정도의 군사훈련이 요구되었다.[49] 그러므로 고구려가 평지전에서 노수를 운용하였다면, 이는 주로 체계적인 군사훈련을 거친 상비군에 편성되어 있었다고 여겨진다.[50] 사료 B에 보이는 고구려의 군사 역

---

46) 『이정병법』에 관해서는 許保林, 1989 『中國兵書通覽』, 解放軍出版社, 130~135쪽 참조.
47) 비록 弓이지만, 평지전에서 원사무기로 기병을 대적한 모습으로는 다음이 참고된다. 『구당서』 권83, 열전33 설인귀. "高麗有善射者 於石城下射殺十餘人 仁貴單騎直往衝之 其戟弓矢俱失 手不能舉 便生擒之." 또한 사료 B를 보더라도 아사나사이는 '소속 部의 兵士'를 이끌었다고 하였는데, 이들은 돌궐의 기병이었다. 『구당서』 권109, 열전59 阿史那社尒. "突厥處羅可汗子也"; 『자치통감』 권197, 당기13 태종 정관 19년(645) 6월 정사(21일). "命左衛大將軍阿史那社爾將突厥千騎以誘之"
48) 『통전』, 권157, 兵典. "布陣訖 鼓音發 其弩手去賊一百五十步即發箭 弓手去賊六十步即發箭 若賊至二十步內 即射手·弩手俱捨弓弩 令駐隊人收"
49) 평지전에서 쇠뇌의 군사적 운용과 관련하여서는 다음을 참조할 수 있다. 『太白陰經』 권6, 教弩圖70. "弩張遲 臨敵不過一·二發 所以戰陣不便於弩 非弩不利於戰 而將不明於弩也 夫弩不離於短兵 當別爲隊 攢箭注射 則前無立兵 對無橫陣 復以陣中 張陣外射 番次轉回 張而復出 射而復入 則弩不施 聲敵無薄我" 『太白陰經』에 관해서는 許保林, 1989 앞의 책, 349~353쪽 참조.
50) 隋의 경우도 弩手는 御營에 배치되었다고 보이는데(『수서』 권68, 열전33 何稠. "遼東之役 攝右屯衛將軍 領御營弩手三萬人"), 이미 어느 정도의 숙련된 병력을 징발한 것이었다고 생각된다.

시, 다수의 상비군을 포함하였다고 생각된다.

그런데 6~7세기 고구려의 전쟁을 보면, 평지전 못지않게 성곽전이 높은 비중을 차지하였다.[51] 지금까지 고구려를 비롯한 한국 고대의 쇠뇌 관련 유물도 대체로 성곽 유적에서 출토되었다.[52] 쇠뇌의 운용이 구체적으로 확인되는 사료 C도 성곽전이었다. 그러므로 고구려 쇠뇌의 운용을 입체적으로 이해하기 위해서는 성곽전을 간과할 수 없다.[53] 더욱이 성곽전에서는 원사무기의 비중이 상당히 높았다. 이는 攻城과 守城, 양쪽의 입장에서 모두 마찬가지였는데, 성곽이라는 장애물로 인하여 근접 전투가 용이하지 않았기 때문이다. 이러한 이유에서 6~7세기 삼국은 飛樓·撞車·雲梯·地道와 같은 攻城器械의 제작과 운용에 많은 노력을 기울였는데,[54] 이와 함께 중시된 것이 쇠뇌를 비롯한 원사무기였다.[55]

성곽전에서 쇠뇌를 중시한 것은 수·당의 고구려 공격에서도 나타난다. 예컨대 수의 양제는 요동성 공격에서 공성 목적의 임시성채인 六合城에 거처하였다고 하는데,[56] 그 주요 무기의 하나가 쇠뇌였다.[57] 또한 645년 5월 당의 요동성 공격을 보

『자치통감』 권181, 수기5 양제 대업 7년(611) 4월 경오(15일). "先是詔總徵天下兵 無間遠近俱會 於涿 又發江·淮以南水手一萬人 弩手三萬人·嶺南排鑹手三萬人 於是四遠奔赴如流" 弩手는 天下兵의 徵集과 구분되었는데, 비록 후대의 자료이지만 『송사』 권191, 지144 병5 郷兵2. "荊湖 路义军土丁 弩手 不见创置之始"라고 하였듯, 이는 江·淮 이남 지역의 군사적 장기였다는 것이다(淺見直一郎, 1985「煬帝の第一次高句麗遠征軍 -その規模と兵種-」『東洋史研究』44-1, 京都大學, 33쪽 및 42쪽 주18 참조).

51) 余昊奎, 1999(b)「高句麗 後期의 軍事防禦體系와 軍事作戰」『韓國軍事史研究』3, 國防軍史研究所, 53~57쪽 ; 임용한, 2001 앞의 책, 156~157쪽.

52) 金性泰, 1995(b) 앞의 논문, 321쪽 ; 2001 앞의 논문, 818쪽 ; 2005 앞의 논문, 132쪽.

53) 이 점은 이미 金性泰, 1995(b) 앞의 논문에서 강조되었다.

54) 김대중, 1997「삼국시대의 성곽전투와 雲梯의 運用」『學藝誌』5, 陸軍士官學校 陸軍博物館 참조.

55) 이와 관련하여 신라의 四設幢도 참고할 수 있다. 四設幢의 여러 부대는 그 명칭으로 보아 攻城을 주요 임무로 하였다고 생각되는데, 그의 하나가 弩幢이었던 것이다. 『삼국사기』 권40, 잡지9 직관下. "四設幢 一曰弩幢 二曰雲梯幢 三曰衝幢 四曰石投幢 無衿" 이를 보더라도 攻城戰에서 쇠뇌의 중요성을 짐작할 수 있다.

56) 『수서』 권4, 제기4 양제下 대업 8년(612) 6월 기미(11일). "幸遼東 責怒諸將 止城西數里 御六合城."

57) 六合城의 구조와 기능은 『수서』 권12, 지7 예의7 참조.

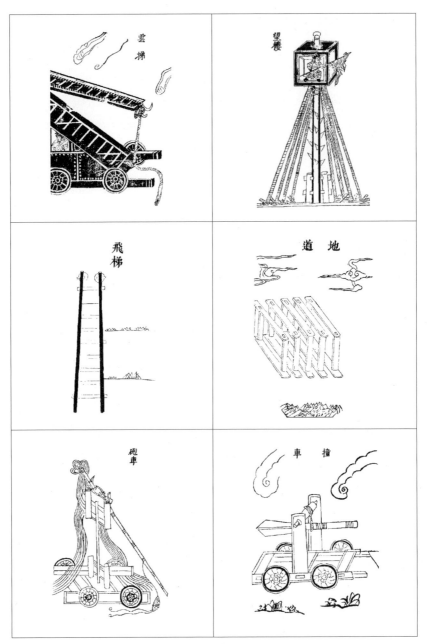

그림 20. 雲梯, 望樓, 飛梯, 地道, 砲車, 撞車(『武經摠要』)

면, 衝竿에 올라가서 火弩를 발사하였다고 하였다.[58] 이처럼 쇠뇌는 공성전의 주요 무기로 수와 당은 고구려와의 전쟁에서 이를 적극적으로 활용하고 있었다.[59] 그러므로 고구려 역시 이와 같은 수·당의 쇠뇌 운용에 대응하기 위하여 원사무기를 중시하지 않을 수 없었을 것이다. 다음의 사료가 관심을 끈다.

D. (645년 5월) 軍師가 白崖城에 이르러 [太宗은] 城을 공격하도록 命하였다. 右衛大將軍 李思摩가 弩矢를 맞자, 太宗이 친히 피를 빨아 주었다. 將士들이 이를 듣고 감동하여 힘을 다하지 않는 자가 없었다. 그 城은 산을 등지고 물가에 바짝 있었고 사면이 험하고 가팔랐다. 李勣이 撞車로 부수니, 飛石과 流矢가 城中에서 비 내리듯 하였다.[60] (『구당서』 권199, 동이149 고려)

위 사료는 당의 백암성 공격을 전하고 있다. 여기서 右衛大將軍 李思摩가 弩矢에 맞았다고 한 사실이 주목된다. 사료 C에서도 그러하였지만, 고구려의 노시는 수·당의 지휘관을 위협하였던 것이다.[61] 물론 고구려의 노시가 적의 지휘관만을

---

58) 『구당서』 권3, 본기3 태종下 정관 19년(645) 5월 갑신(17일). "因烈風發火弩 斯須城上屋及樓皆盡 麾戰士令登 乃拔之"; 『자치통감』 권197, 당기13 태종 정관 19년 5월 갑신(17일). "南風急 上遣銳卒登衝竿之末 爇其西南樓 火延燒城中 因麾將士登城 高麗力戰不能敵 遂克之" 후대의 火弩는 화약무기의 하나였지만(가령 『성호사설』 권5, 萬物門 火具. "盖兵器之利 莫如火具 屠隆云 其屬有十三火箭·火銃·火砲·火櫃·火匣·火牌·火車·火弓·火弩·火彈·火箭·火磚·火鎗也"), 여기서는 그보다는 火攻을 위하여 火箭을 발사한 쇠뇌의 일종이 아니었을까 한다. 火箭에 관해서는 王兆春, 1998 앞의 책, 84쪽 참조.
59) 『이정병법』을 보면, 당은 병력의 10% 정도를 弩手로 구상하고 있었다고 할 수 있는데, 이는 弓手와 동일한 비율이었다(孫繼民, 1995 『唐代行軍制度研究』, 文津出版社, 238쪽).
60) "師次白崖城 命攻之 右衛大將軍李思摩中弩矢 帝親爲吮血 將士聞之 莫不感勵 其城因山臨水 四面險絶 李勣以撞車撞之 飛石流矢 雨集城中"
61) 가령 당의 행군총관 姜行本도 蓋牟城에서 流矢에 맞아 전사하였다고 하였다. 『구당서』 권59, 열전9 姜行本. "十七年[643] 太宗將征高麗 行本諫以爲師未可動 太宗不從 行本從至蓋牟城 中流矢卒" 그가 행군총관이었다는 사실은 『자치통감』 권197, 당기13 태종 정관 18년(644) 11월 경자(30일) 참조.

겨냥하지는 않았을 것이다. 사료 C에서는 고구려가 '弓弩를 亂發'하였다고 하였고, 사료 D에서는 "流矢가 城中에서 비 내리듯 하였다"고 하였다.

이를 보더라도 고구려의 弓弩는 공성전에 투입되었던 수많은 수·당의 병력에 큰 피해를 주었다고 생각할 수 있다.[62] 즉 쇠뇌는 고구려 성곽전의 주요 무기 중 하나였다고 이해되는 것이다. 그렇다면 고구려는 성곽전에서 어떠한 종류의 쇠뇌를 운용하였을까. 중국의 경우 그 목적에 따라서 다양한 종류의 쇠뇌가 운용되었다.[63] 보병의 소노도 배치되었으며, 內弩처럼 성곽의 좁은 장소에서 쓰기 편하도록 제작된 소형의 소노도 있었다.[64] 고구려 역시 보병의 소노를 비롯하여 다양한 종류의 쇠뇌가 사용되었다고 여겨진다.

그런데 무엇보다 성곽전을 목적으로 개발되어 중시된 쇠뇌는 〈표 2-3〉의 强弩였다. 강노는 크고 무거웠다. 가령 연천군 무등리 2보루에서 출토된 弩鏃은 전체 길이가 21㎝(촉신부 15.5㎝)이고 무게는 75g이라고 한다.[65] 이처럼 강노는 크고 무거웠으므로 이동이 어려웠고, 따라서 성곽과 같이 고정된 위치에서 사용할 수밖에 없었다. 하지만 강노는 매우 긴 사정거리와 강한 파괴력을 지녔다. 이와 관련하여 『星湖僿說』에 전하는 '木弩千步' 기사가 관심을 끈다.[66] 이를 보면 고구려는 木弩를 통하여 화살을 千步나 날렸고, 이것이 당 태종의 눈에 적중하였다고 한다. 여기서 목노는 강노의 일종이었다고 이해된다.[67] 물론 이 기사의 내용은 『고려고기』와 마찬가지로 설화적이라고 할 수 있다. 그렇지만 고구려가 강노를 운용하였고 그 성능

---

62) 가령 당의 이세적은 다음과 같이 말하였다. 『자치통감』 권197, 당기13 태종 정관 19년(645) 6월 정유(1일). "李世勣見上將受其降 帥甲士數十人請曰 士卒所以爭冒矢石 不顧其死者 貪虜獲耳 今城垂拔 奈何更受其降 孤戰士之心"

63) 성곽전에 운용된 쇠뇌에 관해서는 『太白陰經』 卷4, 攻城具篇35 및 守城具篇36 참조.

64) 『묵자』 권52, 備城門篇. "適人爲穴而來 我亟使穴师选本 迎而穴之为之具内弩以应之"

65) 金性泰, 2001 앞의 논문, 818쪽.

66) 『성호사설』 권5下, 萬物門. "木弩千步 唐太宗東征爲流矢所中目"

67) 이와 관련하여 다음을 참고할 수 있다. 『太白陰經』 卷4, 戰具類 守城具篇36. "木弩 以黄楊·柘·桑爲弩 可長一丈二尺·徑七尺·兩梢三寸 以絞車張之發 如雷吼以敗隊卒"

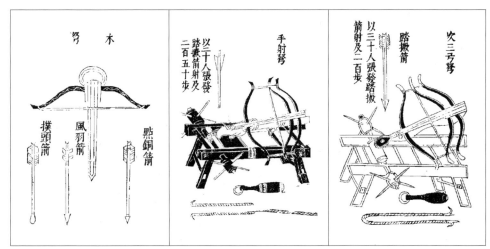

그림 21. 목노, 쌍궁상노, 차삼궁노(『무경총요』)

이 상당하였다는 인식이 반영되어 있다는 사실은 인정할 수 있을 것이다. 강노의 사정거리 확장에는 弩弓의 재질이 중요하였다.[68]

그리고 인력의 축적 방식이 중요하였다. 가령 〈표 2-3〉의 木單·竹竿·伏遠弩 등은 "그 힘이 커질수록 점점 멀리 나간다"고 하였다. 후대의 雙弓弩나 三弓弩도 참고된다. 이는 여러 명이 밧줄을 이용하여 시위를 당겼고, 이렇게 힘을 축적하였다가 발사함으로써 사정거리를 넓힐 수 있었는데, 쌍궁노의 경우 7명이 삼궁노의 경우 70명이 필요했다고 한다. 강노는 개인무기였다기보다는 공용무기였던 셈이다. 그렇다면 성곽전에서 강노를 운용한 병력은 어떠한 자들이었을까.

---

68) 이와 관련하여 신라 仇珍川의 언급을 참고할 수 있다. 『삼국사기』 권6, 신라본기6 문무왕上 9년 (670). "唐使到 傳詔 與弩師仇珍川沙湌廻 命造木弩 放箭三十步 帝問曰 聞在爾國 造弩射一千 步 今纔三十步何也 對曰 材不良也 若取材本國 則可以作之 天子降使求之 卽遣福漢大奈麻 獻 木 乃命改造 射至六十步 問其故 答曰 臣亦不能知其所以然 殆木過海 爲濕氣所侵者歟 天子疑 其故不爲 刱之以重罪而終不盡呈其能" 그는 목재가 중요하다고 하였던 바, 이때의 목재는 弩弓 의 재료를 의미한다고 생각된다. 〈표 2-3〉에 보이는 木·竹 등 강노의 명칭은 이를 의미한다고 할 수 있다.

일단 그 병종은 소노와 마찬가지로 보병이었다고 할 수 있다. 다만 소노처럼 상비군을 중심으로 운용하였다고 보이진 않는다. 왜냐하면 고구려와 수·당의 전쟁에서 성곽전은 주로 요동 지역을 중심으로 전개되었는데, 그 핵심 병력은 城의 병력, 즉 지방군이었다고 여겨지며,[69] 지방군에는 그 지역의 주민으로 편성한 兵農一致의 예비 병력도 적지 않은 비중을 차지하고 있었기 때문이다.[70] 여기서 활과 비교해 쇠뇌가 갖는 장점의 하나, 즉 사용 방법이 간편했다는 사실이 상기된다.[71]

이와 관련하여 661년 5월 고구려의 신라 북한산성 공격을 주목할 수 있다.[72] 여기서 신라는 弩砲를 설치하고 이를 통해 성을 방어하였다고 하였다. 노포는 床子弩와 같은 강노의 한 종류였다고 이해되는데,[73] 당시 신라의 북한산성 안에는 '단지 남녀 2,800명'이 있었다고 하였다. 이에 성주 동타천은 어린이와 약자까지 동원해 고구려의 공격에 맞섰다고 하였다. 그러므로 노포의 발사에는 북한산성의 군사만이 아니라 城民까지 동원되었다고 생각할 수 있다.

이처럼 성곽전에서 쇠뇌의 사용 방법이 간편했다는 사실이나, 그와 관련한 신라

---

69) 이문기, 2007 「7세기 高句麗의 軍事編制와 運用」『高句麗硏究』 27, 163쪽.

70) 이문기, 2007 앞의 논문, 177쪽.

71) 다음의 언급이 참고된다. 邊震英, 1727 『弩解』 用弩之利1 및 運機9. "盖角弓難彎而易傷 故臨敵倉卒之際 雖使習弓者當之 尙不能滿彎發射 況元不習弓者 何不正弓而控弦乎 (中略) 若用設機之法 則雖稚童·弱女有能控弦而發射 況於丁壯之人乎 (中略) 百雉殘堞 禦敵無軍 而若有弩機 老弱男女 皆可以引繩發機 必無虛發之理矣"; 金基勳·姜信曄 譯註, 2008 앞의 글, 299~300쪽 및 308~309쪽.

72) 『삼국사기』 권5, 신라본기5 태종무열왕 8년(661) 5월 9일. "一云十一日 高句麗將軍惱音信與靺鞨將軍生偕合軍 來攻述川城 不克 移攻北漢山城 列抛車飛石 所當陣屋輒壞 城主大舍冬陁川使人擲鐵蒺藜於城外 人馬不能行 又破安養寺廩廥 輸其材 隨城壞處 卽構爲樓櫓 結絅綱 懸牛馬皮綿衣 內設弩砲以守 時 城內只有男女二千八百人 城主冬陁川能激勵少弱以敵强大之賊 凡二十餘日 然糧盡力疲 至誠告天 忽有大星落於賊營 又雷雨以震 賊疑懼 解圍而去 王嘉獎冬陁川 擢位大奈麻 移押督州於大耶 以阿湌宗貞爲都督"

73) 弩砲는 투석기의 일종인 砲弩의 異稱이었다고 이해되고 있다. 國防軍史硏究所, 1994 『韓國武器發達史』, 國防軍史硏究所, 173~174쪽. 그러나 후대의 자료이기는 하지만, 다음을 보면 弩砲는 弩의 일종으로 床子弩였다고 생각된다. 『駢字類編』 권168, 器物門21 弩. "砲弩 宋史兵志 峇嵐軍別置 床子弩砲手"; 『송사』 권187, 兵志104 兵1 "峇嵐軍別置 床子弩砲手"

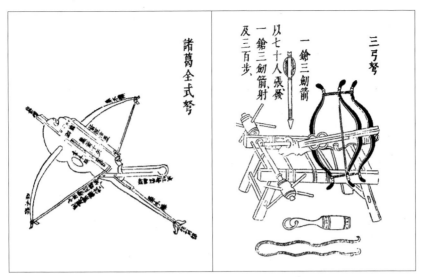

그림 22. 제갈전식노와 삼궁노(『武備志』)

의 사례를 보면, 고구려의 성곽전에서도 강노는 상비군만 아니라 지방의 예비 병력도 운용할 수 있었다고 이해된다.

　이상을 통해 살펴본 것처럼 고구려에서는 크게 보아 소노와 강노가 운용되었다고 할 수 있는데, 소노는 주로 보병 노수의 주력무기로 개인 무기였으며, 강노는 성곽전의 주요 무기로 노수만 아니라 지방의 예비 병력도 운용이 가능한 공용의 무기였다. 그렇다고 한다면 이와 같은 쇠뇌 운용의 군사적 기반은 무엇이었으며, 이는 어떠한 군사적 변화를 반영하고 있을까.

3. 보병의 확대와 쇠뇌 운용의 의미

　고구려 쇠뇌 운용의 병종은 주로 보병이었다. 그러므로 쇠뇌 운용의 군사적 기반을 이해하기 위해서는 우선 고구려 보병의 추이에 관하여 살펴볼 필요가 있다. 주지하듯 보병은 육군의 가장 기본적인 병종이다. 고구려에서도 보병은 매우 이른

시기부터 운용되었다고 보인다. 〈표 1〉의 박스(□)에 보이는 3세기 중반 이전 고구려의 주요 공격무기를 보더라도 弓·矛·刀로 모두 보병이 운용할 수 있는 무기였다. 그런데 3세기 중반 이전까지 고구려의 병력은 지배층을 중심으로 구성되었고,[74] 그 군사적 장점은 騎射에 있었다. 고구려 초기의 병력의 핵심은 지배층을 중심으로 한 기병으로 생각되는 것이다. 이와 관련하여 다음의 표가 참조된다.

표 3. 2~5세기 고구려의 병력규모와 병종구성

연번	연도	병종 및 병력규모	주요 내용	전거
1	121(태조왕 69)	馬韓·鮮卑 1萬騎	玄菟城 공격	『후한서』
2	172(신대왕 8)	數千騎	漢軍 추격(坐原)	『삼국사기』
3	246(동천왕 20)	步騎 2萬(精騎 5千)	魏軍 방어(沸流水)	『삼국지』『삼국사기』
4	259(중천왕 12)	精騎 5千	魏軍 방어(梁貊谷)	『삼국사기』
5	293(봉상왕 2)	騎兵 5百	慕容廆 요격(鵠林)	『삼국사기』
6	393(광개토왕 3)	精騎 5千	백제 방어	『삼국사기』
7	400(광개토왕 10)	步騎 5萬	신라 구원	〈광개토왕비〉
8	407(광개토왕 17)	步騎 5萬	沙溝城 등 격파	〈광개토왕비〉
9	436(장수왕 24)	步騎 2萬	北燕王 구출	『위서』

위 표는 2~5세기 고구려의 전쟁 관련 기사 중에서 병종과 병력규모를 모두 확인할 수 있는 사례만 뽑아 정리한 것이다. 이를 보면 3~4세기까지 고구려의 군사활동에서는 주로 기병이 동원되었다.[75] 이 점에서 비록 고구려가 일찍부터 보병을

---

74) 『삼국지』 권30, 위서30 고구려. "其國中大家不佃作 坐食者萬餘口 下戶遠擔米糧魚鹽供給之" 일찍이 孫晋泰, 1948 『朝鮮民族史槪論』(上), 朝鮮教育研究會, 67쪽에서 여기서의 大家를 武士階級으로 이해하였고, 李基白, 1977 「傳統社會와 兵制」 『韓國學報』 6 ; 1978 『韓國史學의 方向』, 一潮閣, 194쪽 및 余昊奎, 1998 「高句麗 初期 兵力動員體系」 『軍史』 36, 18~24쪽 ; 2014 『고구려 초기 정치사 연구』, 신서원, 335~336쪽 등의 연구에서 이를 수용하였다. 대체로 豪民 이상이 戰士層을 형성하였다고 본다. 지배층을 중심으로 상층의 민까지 포함해 전사층이 구성되었던 것이다.

75) 다만 〈표 3-3〉을 보면 3세기 중반 보병과 기병의 함께 출전하였다고 나오지만, 여기서의 주력은

운용하였다고 하지만, 3세기까지 그 전술적 비중은 높지 않았다고 생각된다.

그럼에도 불구하고 〈표 3-7·8·9〉를 보면, 늦어도 5세기 고구려에서는 步騎戰이 정착되었다고 보인다. 이로써 기병만 아니라 보병도 전술 운용의 주요 병종으로 성장하였다고 이해된다.[76] 이와 관련하여 〈표 3〉에서 2~5세기 병력 규모의 증가 추이가 관심을 끈다. 2세기 고구려의 병력규모는 수천~1만 정도였다. 그런데 3세기 중반 2만을 동원하였고, 5세기에는 5만까지 동원하였다.[77] 2~5세기를 통하여 고구려의 병력 규모는 수 배 이상 증가하였던 것이다.

이와 같은 병력규모의 증가는 병력동원 대상의 확대를 기반으로 하였다.[78] 3세기 중반 이전까지는 지배층을 중심으로 병력을 구성하였다고 한다면, 3세기 후반~4세기 전반 이후 병력동원의 대상을 일반 民으로 확대하였던 것이다.

일반적으로 전통시대의 병종구성은 신분과 무관치 않았다. 대체로 기병은 지배층이 보병은 피지배층으로 구성되었다. 이러한 점에서 보면 4~5세기 새롭게 병력으로 동원된 민은 주로 보병을 구성하였다고 짐작된다. 그렇다고 한다면 3세기 후반~4세기 전반 이후 고구려 병력동원 대상의 확대는 보병의 증원으로 이어졌다고 생각할 수 있다. 이와 같은 추정은 4~5세기 고분벽화에 보이는 보병과 기병의 비율이 3:1이었다는 사실을 통해서도 파악할 수 있다.[79]

이와 관련하여 다시 〈표 1〉의 박스(☐)가 주목된다. 이를 보면 3세기 중반과 비교하여 6세기 중반 이후 고구려에서는 장병기의 분화가 두드러졌다. 이는 〈표 1〉(전체)에서 동시기의 다른 여러 나라와 비교해 보더라도 그러하다. 대부분의 나

精騎 5천이 아니었을까 한다. 〈표 3-5·6〉을 보더라도 3세기 후반까지 기병이 중시되었다고 생각된다.

76) 임용한, 2001 앞의 책, 47~49쪽에서도 고대 그리스사와 비교하여 이와 같은 변화의 추이를 지적하였다.

77) 고구려는 이미 4세기 前燕과의 전쟁에서 5만 이상의 병력을 동원하였다. 『자치통감』 권97, 진기 19 함강 8년(342) 11월 ; 『삼국사기』 권18, 고구려본기6 고국원왕 12년(342) 동11월.

78) 余昊奎, 1998 앞의 논문.

79) 余昊奎, 1999(a) 앞의 논문, 51쪽.

사진 20. 복원된 石臺子山城(2005~2006)(ⓒ동북아역사재단)

라에서는 矛만 보이지만, 고구려의 경우 戟·削·矛로 분화되어 있었던 것이다.

이미 지적되었듯 戟·削·矛 등은 기병의 무기였다. 따라서 장병기의 분화는 4세기 이후 중장기병이 출현한 결과였다고 생각할 수 있다.[80] 그런데 戟·削·矛는 보병의 주력무기이기도 했다.[81] 따라서 장병기의 분화 현상은 중장기병의 출현만 아니라 3세기 중반 이후 보병 증원의 추이를 반영한다고 이해할 수 있다. 다만 4세기~6세기 중반 고구려의 핵심 병종은 중장기병이었다. 그러므로 보병의 수적 증가가 바로 그 전술적 가치의 향상으로 이어졌다고 생각되지는 않는다.

여기서 6세기 중반 이후 쇠뇌가 보급되었다는 사실이 떠오른다. 그리고 이와 함께 고구려 활과 화살촉의 변화양상이 관심을 끈다.[82] 활은 크게 短弓과 長弓으로 구분되는데,[83] 3세기 중반까지 고구려 활의 중심은 단궁이었다. 중원왕조에까지

80) 余昊奎, 1999(a) 앞의 논문.

81) 徐榮敎, 1998 「新羅 長槍幢에 대한 新考察」 『慶州史學』 17 참조.

82) 고구려의 활과 화살촉에 관한 여러 연구 성과는 다음의 논문에 잘 정리되어 있다. 정경일, 2007 「고구려 궁시문화에 대한 일고찰 –고고자료를 중심으로–」, 선문대학교 대학원 석사학위논문, 3~7쪽.

83) 가령 다음과 같은 규정이 참고된다. 『당육전』 권16, 衛尉宗正侍 武庫令. "弓之制有四 一曰長弓

널리 알려진 맥궁[84]이 대표적으로 이는 단궁(각궁)이었다고 이해되는 것이다. 그런데 고구려 화살촉의 출토 현황을 보면, 처음에는 주로 無莖式이 쓰이다가 3세기 후반 이후 長頸式 철촉이 등장하였고, 6세기 중반 이후 超長頸形 철촉이 주류를 이루게 되었다고 한다.[85] 고구려의 화살촉은 후대로 갈수록 크고 무거워진 셈이다.

이처럼 화살촉 질량이 무거워지면 파괴력이 증가하지만,[86] 무게중심이 앞쪽으로 향하여 사정거리가 제한된다고 한다. 이를 해결하기 위해서는 화살대의 길이를 늘려야 하는데,[87] 이 점에서 6세기 중반 이후의 초장경형 철촉(길이 23~25㎝)은 長弓에 적합하였다고 추정된다.[88] 이와 같이 보면 고구려의 활은 3세기 중반까지 단궁을 중심으로 하였지만, 장궁이 등장하며 6세기 중반 이후 이를 중심으로 재편되었다고 추측된다. 6세기 중반 이후 고구려의 활은 파괴력이 증가되었고 사정거

사진 21. 화살촉(ⓒ국립중앙박물관)

二曰角弓 三曰稍弓 四曰格弓 (中略)〈今長弓以桑柘 步兵用之 角弓以筋角 騎兵用之 稍弓短弓也 利於近射 格弓彩飾之弓 羽儀所執〉" 여기서 角弓과 稍弓은 短弓에 속한다고 할 수 있다. 그리고 格弓은 의장용이었으므로 논외로 할 수 있을 것이다.

84) 『삼국지』 권30, 위서30 동이30 고구려. "又有小水貊 句麗作國 依大水而居 西安平縣北有小水南流入海 句麗別種依小水作國 因名之爲小水貊 出好弓 所謂貊弓是也"

85) 김성태, 2000 「삼국시대 궁(弓) 연구」 『학예지』 7, 陸軍士官學校 陸軍博物館, 27~28쪽 ; 2001 앞의 논문, 803~804쪽, 806~809쪽, 812~816쪽, 818~823쪽.

86) 화살은 질량이 클수록 파괴력이 증가한다는 사실은 다음의 실험을 통해 입증되었다고 한다(金斗喆, 2006 「三國時代 鐵鏃의 研究」 『百濟研究』 43, 87쪽 주2).

87) 劉永基(중요 무형문화재 47호 궁시장)·劉世鉉(궁시장 조교) 선생님의 교시.

88) 金性泰, 2001 앞의 논문, 818쪽.

사진 22. 화살
촉(ⓒ국립중
앙박물관)

리가 확장되었으며, 이를 위하여 장궁이 개발되고 보급되었던 것이다.

이와 같은 장궁의 개발은 동시기 쇠뇌의 보급과 무관치 않다고 생각한다. 쇠뇌와 장궁은 모두 파괴력의 증강과 사정거리의 확장이라는 원사 무기 전반의 강화를 목적으로 하였다고 이해되는 것이다. 또한 일반적으로 단궁은 기병의 무기였고 장궁은 보병의 무기였다고 이해되듯, 고구려 활의 중심이 단궁에서 장궁으로 변화하였다는 사실은 그 운용의 주요 병종이 기병에서 보병으로 변화한 사실을 의미할 것이다. 그러므로 6세기 중반 이후 쇠뇌와 아울러 장궁이 보급되고 운용된 것은 보병의 수적 증가만 아니라 그 전술의 비중도 높아진 사실을 반영한다고 생각된다.

실제 6세기 중반 이후 보병의 규모는 더욱 확대되었고 보병전의 비중도 한층 높아졌다고 보인다. 가령 645년 고구려는 당의 안시성 공격에 대하여 15만 이상의 병력을 동원하였다. 그리고 이 전투에서 고구려가 입은 손실이 상당하였다고 함에도 불구하고, 여전히 建安과 新城에는 10만의 병력이 더 남아 있었다고 전한다.[89] 4~5세기와 비교하여 7세기 고구려 병력의 규모는 다시 수 배 이상 증가한 것이다. 이처럼 병력 규모의 확대라는 추이에 비추어 보더라도 보병의 의미와 가치가 높아졌으리라는 것은 충분히 짐작할 수 있는 것이다.

앞서 언급하였듯 병력 규모의 확대를 바탕으로 한 보병의 증가는 병력동원체계의 정비를 바탕으로 하였는데, 이는 중앙집권적 군사조직과 통치체제를 전제로 하였다. 전국적으로 대규모 군사를 동원하고 운용하기 위해서는 중앙의 통제력이 요구되었을 것이기 때문이다. 따라서 6세기 중반 이후 보병의 지속적 증가는 중앙집권적 군사조직 및 통치체제의 단계적 정비를 예상하도록 한다. 고구려의 쇠뇌 운용은 바로 이와 같은 군사적 변화를 기반으로 하였으며, 또한 그러한 변화를 반영

---

89) 『자치통감』 권198, 당기14 태종 정관 19년(645) 9월. "獨長孫無忌以爲 天子親征 異於諸將 不可乘危儌幸 今建安·新城之虜 衆猶十萬 若向烏骨 皆躡吾後 不如先破安市 取建安 然後長驅而進 此萬全之策也 上乃止"

한다고 생각한다.

맺음말

고구려에서는 일찍부터 쇠뇌에 관하여 알고 있었고 그 도입이 고려되었다고 보인다. 그렇지만 쇠뇌가 군사편제의 주요 무기로 보급된 것은 6세기 중반 이후였다. 6세기 중반 이후 중국에서는 쇠뇌가 개발되며 중장기병 전술이 변화하고 있었는데, 이에 고구려 역시 이전까지의 중장기병 전술을 수정하고 쇠뇌를 보급하였던 것이다. 이러한 고구려의 쇠뇌 보급은 백제와 신라를 비롯한 동북아시아 여러 나라의 쇠뇌 보급을 추동하였다. 그리하여 쇠뇌는 7세기 동북아시아 여러 나라 사이의 전쟁에서 주요 무기의 하나로 부각되었다.

고구려에서는 크게 두 종류의 쇠뇌가 운용되었다. 우선 소노가 있었다. 소노는 보병 노수의 주력무기로 궁수의 활보다 원거리에서 적을 제압할 수 있었다. 그런데 쇠뇌는 연사가 어려웠다. 그렇기 때문에 노수의 운용에는 진법에 바탕을 둔 체계적인 군사훈련이 요구되었다. 이 점에서 소노는 주로 상비군에 편제되어 있었다고 생각된다. 다음으로 강노가 있었다. 강노는 크고 무거웠으므로 이동이 어려웠지만, 사정거리와 파괴력이 강했다. 이에 강노는 주로 성곽전에서 중시되었는데, 소노가 개인 무기였다면, 강노는 여러 명이 함께 운용하는 공용의 무기였다. 강노는 소노처럼 체계적인 군사훈련이 요구되지 않았고, 중앙의 상비군만 아니라 지방의 예비병력도 운용할 수 있었는데, 이러한 강노의 운용 병종도 보병으로 분류된다.

쇠뇌는 보병의 무기였다. 그러므로 고구려 쇠뇌 운용의 기반은 보병이었다고 할 수 있는데, 보병이 군사편제의 주요 병종으로 성장한 시점은 3세기 후반~4세기 전반 이후였다. 병력 동원 대상이 民으로 확대되며 보병이 수적으로 증가하였던 것이다. 그리고 6세기 중반 이후 중장기병 전술이 변화하며 보병전의 비중은 한층 높아졌다. 보병의 확대가 지속되었던 것이다. 이와 같은 보병의 확대는 중앙집권적 군사조직의 정비를 전제로 하였다. 전국적으로 대규모 군사를 동원하고 운용하기 위해서는 중앙의 통제력이 요구되었을 것이기 때문이다. 6~7세기 고구려의 쇠뇌 운용은 이와 같은 군사적 변화를 기반으로 하였으며, 또한 그러한 변화를 반영한다.

참고문헌

1. 자료 및 자료집

中華書局編輯部『標點校勘 隋書』(1976, 景仁文化社)

中華書局編輯部『標點校勘 北史』(1977, 景仁文化社)

韓國古代社會研究所 編, 1992『譯註 韓國古代金石文』1, 駕洛國史蹟開發研究院

羅竹風 主編, 1994『漢語大詞典』, 漢語大詞典出版社

鄭求福 外, 1997『譯註 三國史記』, 韓國精神文化研究院

고구려연구재단 편, 2005『중국 소재 고구려 관련 금석문 자료집』, 고구려연구재단

김택민 주편, 2008『譯註 唐六典(下)』, 신서원

사마광 지음·권중달 옮김, 2008『자치통감』18·19, 삼화

조익 지음, 박한제 옮김, 2009『이십이사차기』3, 소명출판

동북아역사재단 편, 2010『譯註 中國 正史 外國傳8 주서·수서 外國傳 譯註』, 동북
　　　아역사재단

동북아역사재단 편, 2010『譯註 中國 正史 外國傳9 北史 外國傳 譯註 上』, 동북아역
　　　사재단

동북아역사재단 편, 2011『신당서 外國傳 譯註(上)』, 동북아역사재단

國立慶州博物館, 2007『永川 龍田里 遺蹟』, 國立慶州博物館

文化財管理局 文化財研究所, 1991『北韓文化遺蹟發掘槪報』北韓文化財調査書3, 文
　　　化財管理局 文化財研究所

국사편찬위원회 한국사데이터베이스 http://db.history.go.kr

동북아역사넷 http://contents.nahf.or.kr

문연각 사고전서: 온라인

漢典 http://www.zdic.net

2. 저서

강성문, 2005『韓國 軍事史의 再照明』, 황금알

高久健二, 1995「樂浪古墳集成」『樂浪古墳文化研究』, 學研文化社

고마츠 하사오 외 씀, 이평래 옮김, 2005『중앙유라시아의 역사』, 소나무

孔錫龜, 1998『高句麗 領域擴張史 研究』, 서경문화사

國防軍史研究所, 1994『韓國武器發達史』, 國防軍史研究所

宮崎市定 著, 林仲赫·朴善姬 譯, 1996『中國中世史』, 신서원

권오중, 2012『요동왕국과 동아시아』, 영남대학교 출판부

金基勳·姜信曄 譯註, 2008「노해(弩解)」『軍史』66, 국방부 군사편찬연구소

김기흥, 1991『삼국 및 통일신라 세제의 연구 —사회변동과 관련하여—』, 역사비평사

김락기, 2013『高句麗의 東北方 境域과 勿吉 靺鞨』, 景仁文化社

김순규, 1987『무기발달사(1)』, 육군사관학교

김영하, 2002『韓國古代社會의 軍事와 政治』, 高麗大學校 民族文化研究院

김영하, 2007『新羅中代社會研究』, 일지사

金鍾完, 1995『中國南北朝史研究 —朝貢·交聘關係를 중심으로—』, 一潮閣

김창석, 2004『삼국과 통일신라의 유통체계 연구』, 일조각

김창석, 2013『한국 고대 대외교역의 형성과 전개』, 서울대학교 출판부

김현숙, 2005『고구려의 영역지배방식 연구』, 모시는 사람들

김현숙 외, 『동북공정 이후 중국의 고구려사 연구 동향 —분석과 비판 2007~2015—』,
    역사공간

김호동, 2010『몽골제국과 세계사의 탄생』, 돌베개

노중국, 2012『백제의 대외 교섭과 교류』, 지식산업사

노태돈, 1999『고구려사 연구』, 사계절

노태돈, 2009『삼국통일전쟁사』, 서울대학교 출판부

노용필, 2017『한국고대인문학발달사연구(1) —어문학·고문서학·역사학 권』, 한국
　　　사학

누노메 조후·구리하라 마쓰오 외 지음, 임대희 옮김, 2001『중국의 역사 —수당오
　　　대—』, 혜안

니시지마 사다오 저·이성시 엮음·송완범 역, 2008『일본의 고대사 인식('동아시아
　　　세계론'과 일본)』, 역사비평사

니콜라 디코스모 지음, 이재정 역, 2005『오랑캐의 탄생』, 황금가지

다카키 아키히코(高木彰彦)·미주우치 도시오(水內俊雄) 편, 심정보 역, 2010『공간
　　　의 정치지리』, 푸른길

르네 그루쎄 지음, 김호동·유원수·정재훈 옮김, 1998『유라시아 유목제국사』, 사
　　　계절출판사

리성준, 1962『수나라침략을 반대한 고구려인민들의 투쟁』, 조선로동당출판사

馬大正 外, 서길수 역, 2006『동북공정 고구려사』, 사계절

미야자키 이치사다 지음, 전혜선 옮김, 2015『수양제 —전쟁과 대운하에 미친 중국
　　　최악의 폭군—』, 역사비평사

민현구 外, 1992『歷史上의 分裂과 再統一』, 一潮閣

박남수, 2011『한국 고대의 동아시아 교역사』, 주류성

박대재 외, 2007『고대 동아시아 세계론과 고구려의 정체성』, 동북아역사재단

박시형, 1966『광개토왕릉비』, 사회과학원출판사

박준형, 2014『고구려사의 전개』, 서경문화사

朴漢濟, 1988『中國中世胡漢體制研究』, 一潮閣

백종오, 2006『고구려 남진정책 연구 −임진강에서 금강까지−』, 서경

徐仁漢, 1991『高句麗 對隋·唐戰爭史』, 國防部 戰史編纂委員會

세오 다쓰히코 지음, 최재영 옮김, 2006『장안은 어떻게 세계의 수도가 되었나』, 황
　　금가지

孫晋泰, 1948『朝鮮民族史槪論』(上), 朝鮮敎育硏究會

스기야마 마사아키 지음, 이경덕 옮김, 2013『유목민의 눈으로 본 세계사』, 가디언

신승하, 1996『중국사학사』, 고려대학교출판부

申采浩, 2007『朝鮮上古史(丹齋申采浩前集 3)』, 독립기념관 한국독립운동사연구소

양시은, 2016『고구려 성 연구』, 진인진

余昊奎, 1999『高句麗 城』2, 國防軍史硏究所

여호규, 2014『고구려 초기 정치사 연구』, 신서원,

王小甫 主編, 김호 역, 2003『성당시대와 동북아정국』, 동북아역사재단

윌리엄 맥닐 지음, 신미원 옮김, 이내주 감수, 2005『전쟁의 세계사』, 이산

유인선, 2002『새로 쓴 베트남의 역사』, 이산

유인선, 2012『베트남과 그 이웃 중국 −양국관계의 어제와 오늘−』, 창비

윤명철, 2003『고구려 해양사 연구』, 사계절

윤병모, 2011『高句麗의 遼西進出 硏究』, 景仁文化社

李基白, 1978『民族과 歷史』, 一潮閣

李基白, 1978『韓國史學의 方向』, 一潮閣

李基白, 1991『韓國史像의 再構成』, 一潮閣

李基白, 1996『韓國古代政治社會史硏究』, 一潮閣

李基白, 2011『韓國史學史論』, 一潮閣

李基白·李基東, 1982『韓國史講座』1−古代篇−, 一潮閣

李仁哲, 2000『고구려의 대외정복 연구』, 백산자료원

李宗侗 저, 조성을 역, 2009『중국사학사』, 혜안

李丙燾, 1976『韓國古代史研究』, 博英社

李丙燾·金載元, 1959『韓國史 -古代篇-(震檀學會)』, 乙酉文化社

이성제, 2005『高句麗의 西方政策 研究 -北朝와의 對立과 共存의 관계를 중심으로
　　　-』, 국학자료원

이성준, 1962『수나라침략을 반대한 고구려인민들의 투쟁』, 조선로동당출판사

李龍範, 1975『古代의 滿洲關係』, 한국일보社

李在成, 1996『古代東蒙古史研究』, 法仁文化社

李鐘旭, 1993『古朝鮮研究』, 一潮閣

李昊榮, 2001『新訂 新羅三國統合과 麗·濟敗亡原因研究』, 서경문화사

임기환, 2004『고구려 정치사 연구』, 한나래

임용한, 2001『전쟁과 역사 -삼국편-』, 혜안

임용한, 2012『한국고대전쟁사2 -사상 최대의 전쟁-』, 혜안

임지현 편, 2004『근대의 국경 역사의 변경』, 휴머니스트

장창은, 2014『고구려 남방 진출사』, 景仁文化社

전준현, 1988『조선인민의 반침략투쟁사(고조선-발해편)』, 과학백과사전출판사

전통예술원 편, 2001『한국고대음악의 전개 양상』, 민속원

정수일, 2001『씰크로드학』, 창작과 비평사

정원철, 2017『고구려 산성 연구』, 동북아역사재단

정재훈, 2016『돌궐 유목제국사(552~745)』, 사계절출판사

정진술, 2009『한국의 고대 해상교통로』, 韓國海洋戰略研究所

정호섭, 2016『고구려사와 역사인식』, 새문사

존 맥닐·윌리엄 맥닐 지음, 유정희·김우영 옮김, 2007『휴먼웹 -세계화의 세계
　　　사-』, 이산

줄리아 로벨 지음, 김병화 옮김, 2007『장성, 중국사를 말하다 -문명과 야만으로
　　　본 중국사 3천 년』, 웅진지식하우스

콜린 렌프류·폴 반 지음, 이희준 옮김, 2006『현대 고고학의 이해』, 사회평론

토마스 바필드 지음, 윤영인 옮김, 2009『위태로운 변경 —기원전 221년에서 기원후 1757년까지의 유목제국과 중원—』, 동북아역사재단

하자노프 著, 김호동 譯, 1990『遊牧社會의 構造』, 知識産業社

한흥섭, 2000『악기로 본 삼국시대 음악 문화』, 책세상

허태용, 2009『조선후기 중화론과 역사인식』, 아카넷

호리 도시카즈(堀敏一) 지음, 정병준·이원석·채지혜 옮김, 2012『중국과 고대 동아시아 세계 —중화적 세계와 여러 민족들—』, 동국대학교 출판부

홍승현, 2002『사대부와 중국 고대 사회』, 혜안

喬鳳岐, 2013『隋唐地方行政與軍防制度研究』, 人民出版社

孫繼民, 1995『唐代行軍制度研究』, 文津出版社

楊秀祖, 2010『高句麗軍隊與戰爭研究』, 吉林大學出版社

楊泓, 1983『中國古兵器論叢』, 文物出版社

王綿厚·李健才, 1990『東北古代交通』, 沈陽出版社

王永興, 2003『唐代前期軍事史略論考』, 崑崙出版社

王兆春, 1998『中國科學技術史』軍事技術卷, 北京: 科學出版社

劉健明, 1999『隋代政治與對外政策』, 文津出版社

周緯, 2005『中國兵器史稿』, 天津: 白花文藝出版社

中國軍事史編寫組, 1983『中國軍事史』1 兵器, 解放軍出版社

許保林, 1989『中國兵書通覽』, 解放軍出版社

宮崎市定, 1987『隋の煬帝』, 中央公論社

鬼頭清明, 1976『日本古代國家の形成と東アジア』, 校倉書房

金子修一, 2001『隋唐の國際秩序と東アジア』, 名著刊行會

那珂通世, 1989『那珂通世遺書』, 大日本圖書

唐代史研究會 編, 1979『隋唐帝國と東アジア世界』, 汲古書院

武田幸男, 1989『高句麗史と東アジア —『廣開土王碑』研究序說—』, 岩波書店

白鳥庫吉, 1970『白鳥庫吉全集 第4권 —塞外民族史(上)—』, 岩波書店

濱口重國, 1966『秦漢隋唐史の研究』下, 東京大學出版會

西嶋定生, 1983『東アジア世界の形成』, 東京大學出版會

小尾孟夫, 2001『六朝都督制研究』, 溪水社

日野開三郎, 1991『東洋史學論集 15권 —東北アジア民族史(中)』, 三一書房

陳寅恪, 1966『唐代政治史術論稿』, 臺灣商務印書館

胡戟, 1995『隋煬帝新傳』, 上海人民出版社

護雅夫, 1967『古代トルコ民族史研究』1, 東京山川出版社

Lattimore Owen, 1940 *Inner Asian Frontiers of China*, American Geographical Society

Trevor N. Dupuy, 1980 *The Evolution of Weapins and Warfare*, The Bobbs—Merrill Co.

David A. Graff, 2002 *Medieval Chinese Warfare*, 300—900, Routledge

Victor Cunrui Xiong, 2006 *Emperor Yang of The Sui Dynasty —His Life, Times, and Legacy—*, State University of New york Press

3. 논문

姜性文, 1996「麗隋・麗唐戰爭 原因考」『國史館論叢』69

姜仁旭, 2011「古朝鮮의 毛皮貿易과 明刀錢」『韓國古代史研究』64

孔錫龜, 2003「4~5세기 고구려에 유입된 중국계 인물의 동향 —문헌자료를 중심으로-」『韓國古代史硏究』23

孔錫龜, 2013 「廣開土王의 遼西地方 進出에 대한 고찰」『한국고대사연구』67

권오중, 2011 「요동 공손씨왕국의 교통로 문제」, 윤재운 외 지음, 『한중관계사상긔 교통로와 거점』, 동북아역사재단

金基興, 1987 「고구려의 성장과 대외교역」『韓國史論』16, 서울대학교 국사학과

김길식, 2005 「고구려의 무기체계 변화」『한국 고대의 Global Pride -고구려-』고려 대학교 박물관

김대중, 1997 「삼국시대의 성곽전투와 雲梯의 運用」『學藝誌』5, 陸軍士官學校 陸軍 博物館

金斗喆, 2006 「三國時代 鐵鏃의 硏究」『百濟硏究』43

김복순, 1986 「고구려의 대수·당 항쟁전략 고찰」『軍史』12, 국방부 전사편찬위원회

김선민, 2003 「隋 煬帝의 軍制改革과 高句麗遠征」『東方學志』119

김선민, 2013 「한중관계사에서 변경사로: 여진-만주족과 조선의 관계」『만주연구』 15

金善昱, 1984 「高句麗의 隋唐關係 硏究 -朝貢記事의 檢討를 中心으로-」『論文集』 11-2, 忠南大 人文科學硏究所

金善昱, 1984 「高句麗의 隋唐關係硏究 -靺鞨을 中心으로-」『百濟硏究』26

金善昱, 1987 「隋代 '遼東之役'의 廷議에 關한 檢討」『論文集』14-1, 忠南大學校 人 文科學硏究所

김성한, 2010 「당대 세계 인식과 번속제도」, 이석현 외, 『중국 번속이론과 허상』, 동 북아역사재단

金性泰, 1993 「漢代 武器에 대한 一硏究」『五松李公範敎授停年退任紀念 東洋史學論 叢』, 刊行委員會

金性泰, 1994 「高句麗의 武器(2) -鐵矛, 戟, 弩, 도끼-」『文化財』27, 文化財管理局

金性泰, 1995(a) 「高句麗 武器(3)」『文化財』28, 文化財管理局

金性泰, 1995(b)「韓國古代의 弩」『石溪 黃龍渾 教授 定年紀念論叢 亞細亞 古文化』,
　　　紀念論叢 刊行委員會

金性泰, 1995(c)「魏晉南北朝兵器의 研究」『韓國上古史學報』20

김성태, 2000「삼국시대 궁(弓) 연구」『학예지』7, 陸軍士官學校 陸軍博物館

金性泰, 2001「高句麗 兵器에 대한 研究」『高句麗研究』12

金性泰, 2005「최근 보고된 고구려 무기의 검토」『高句麗研究』20

김수진, 2008「隋·唐의 高句麗 失地論과 그 배경 −對高句麗戰 명분의 한 측면−」
　　　『韓國史論』54, 서울대학교 국사학과

김순남, 2011「16세기 조선과 野人 사이의 모피 교역의 전개」『韓國史研究』152

金舜圭, 1991「弩」『學藝志』2, 陸軍士官學校 陸軍博物館

金瑛河, 1985「高句麗의 巡狩制」『歷史學報』106

김영하, 1997「高句麗의 發展과 戰爭」『大東文化研究』32

김영하, 1999「新羅 百濟統合戰爭과 體制變化 −7세기 동아시아의 國際戰과 사회변
　　　동의 一環−」『韓國古代史研究』16

김영하, 2011「新羅統一論의 궤적과 함의」『한국사연구』153

金裕哲, 1987「日本學界의 東아시아 世界論에 대한 비판적 검토」『社會科學研究』5,
　　　경상대학교 사회과학연구소

김종복, 2005「高句麗 멸망 전후의 靺鞨 동향」『북방사논총』5

김종완, 2011「위진남북조 시대의 襄平」, 윤재운 외, 『한중관계사상의 교통로와 거
　　　점』, 동북아역사재단

김진한, 2009「榮留王代 高句麗의 對唐關係와 西北方情勢」『정신문화연구』32−4

김주용, 2013「만주의 자연환경」, 동북아역사재단 편, 『만주이야기』, 동북아역사재단

金昌錫, 2004「高句麗 초·중기의 對中 교섭과 교역」『新羅文化』24, 東國大學校 新
　　　羅文化研究所

金昌錫, 2005「古代 領域 관념의 형성과 王土意識」『韓國史研究』129

김창석, 2007 「고구려 · 수 전쟁의 배경과 전개 −경제적 요인을 중심으로−」『東北亞歷史論叢』15

金哲埈, 1981 「「能步戰」과 「便鞍馬」」『韓㳖劤博士 停年紀念 史學論叢』知識産業社

김택민, 2009 「唐代 前期의 盛世와 비단[絹帛](Pax Serica)」『中國學報』60

김택민, 2014 「麗 · 隋 力學關係와 戰爭의 樣相」『東洋史學研究』127

金賢淑, 1997 「高句麗 中 · 後期 中央集權的 地方統治體制의 發展過程」『韓國古代史研究』11

金賢淑, 2002 「6~7세기 高句麗史에서의 靺鞨」『강좌 한국고대사』10, 가락국사적개발연구원

김현숙, 2005 「말갈에 대한 지배방식」『고구려 영역지배방식 연구』, 모시는 사람들

金浩東, 1987 「突厥 · 回鶻史 연구의 제문제」『東洋史學研究』25

金浩東, 1989 「古代遊牧國家의 構造」 서울大學校 東洋史研究室 編, 『講座 中國史 Ⅱ −門閥社會와 胡漢의 世界−』, 知識産業社

金浩東, 1993 「北아시아 遊牧國家의 君主權」 동양사학회 저, 『동아사상의 왕권』, 한울

盧鏞弼, 1989 「普德의 思想과 活動」『한국상고사학보』2

盧重國, 1979 「高句麗律令에 關한 一試論」『東方學志』21

盧重國, 1981 「高句麗百濟新羅 사이의 力關係變化에 대한 一考察」『東方學志』28

盧重國, 1985 「高句麗對外關係史研究의 現況과 課題」『東方學志』49

盧泰敦, 1976 「高句麗의 漢水流域 喪失의 原因에 대하여」『韓國史研究』13

盧泰敦, 1984 「5~6世紀 東아시아의 國際情勢와 高句麗의 對外關係」『東方學志』44

盧泰敦, 1989 「高句麗 · 渤海人과 內陸아시아 住民과의 交涉에 관한 一考察」『大東文化研究』23

盧泰敦, 1989 「夫餘國의 境域과 그 變遷」『國史館論叢』4

노태돈, 2015 「고구려의 대외관계와 북아시아 유목민 국가」『東洋學』58, 檀國大學校 東洋學研究院

朴京哲, 1989「高句麗 軍事戰略 考察을 위한 一試論 -平壤遷都 以後 高句麗 軍事 戰略의 指向點을 中心으로-」『史學研究』40

朴京哲, 2005「高句麗의 東蒙古經略」『白山學報』71

朴京哲, 2006「7세기 동아시아의 국제전쟁」김정배 편저, 『한국고대사입문』2, 신서원

朴京哲, 2012「延邊地域으로의 高句麗 勢力 浸透 및 支配의 實像」『동북아역사논총』38

박성현, 2011「한국 고대의 국경과 변경」『역사와 현실』82

朴成熙, 1999「古代 三國의 史書 편찬에 대한 재검토」『震檀學報』8

박준형, 2006「古朝鮮의 海上交易路와 萊夷」『북방사논총』10

박준형, 2013「고조선~삼국시기 교역사 연구의 검토」『한국고대사연구』73

朴漢濟, 1993「七世紀 隋唐 兩朝의 韓半島進出 經緯에 대한 一考 -隋唐初 皇帝의 正統性問題와 關聯하여-」『東洋史學研究』43

朴漢濟, 1998「東魏·北齊時代의 胡漢體制의 展開 -胡漢葛藤과 二重構造」『分裂과 統合 -中國中世의 諸相-』知識産業社

朴漢濟, 2009「隋唐代 陽洛의 都城構造와 그 性格」『중국고중세사연구』22

방용철, 2011「고구려 營留王代의 정치 동향과 對唐 관계」『대구사학』102

方香淑, 2008「7세기 중엽 唐 太宗의 對高句麗戰 전략 수립과정」『中國古中世史研究』19

拜根興, 2002「激動의 50年 -高句麗와 唐의 關係 研究」『고구려발해연구』14

徐榮敎, 1998「新羅 長槍幢에 대한 新考察」『慶州史學』17

서영교, 2006「羅唐戰爭期 唐邊方軍의 來襲과 李謹行」『東國史學』42

서영교, 2012「阿莫城 전투와 倭」『歷史學報』216

서영일, 2002「京畿北部地域 高句麗 堡壘 考察」『文化史學』17

손영종, 1993「5~7세기 고구려의 서방과 북방 령역에 대하여(1)·(2)」『력사과학』

손영종, 2008「수나라의 침략을 반대한 고구려 인민들의 투쟁」『조선단대사』4, 과

학백과사전출판사

宋基豪, 2008 「5세기 후반 高句麗의 북방 경계선」, 김태식 외, 『한국 고대 사국의 국 경선』, 서경문화사

松井等 著, 심호섭·이남일·이정빈 譯, 2013 「수·당 두 왕조의 고구려 원정의 지 리」『韓國古代史探究』14

송호정, 2011 「고고학으로 본 고조선」『한국사 시민강좌』49, 일조각

쉬웨이웨이(許偉偉), 정병준·조재우 옮김, 2013 「당 전기의 변주 문제」, 연민수 외 지음, 『전통시대 동아시아의 외교와 변경기구』, 동북아역사재단

辛聖坤, 1998 「北周 武帝의 集權的 體制改革과 그 性格」『中國學報』39

申采浩, 1931 「朝鮮史(72): 高句麗의 對唐戰役」『朝鮮日報』3836號, 1931年 9月 2日

余昊奎, 1995 「3세기 고구려의 사회변동과 통치체제의 변화」『역사와 현실』15

余昊奎, 1998 「高句麗 初期 兵力動員體系」『軍史』36

余昊奎, 1999(a) 「高句麗 中期의 武器體系와 兵種構成」『韓國軍事史研究』2, 國防軍 史研究所

余昊奎, 1999(b) 「高句麗 後期의 軍事防禦體系와 軍事作戰」『韓國軍事史研究』3, 國 防軍史研究所

余昊奎, 2002 「고구려 초기의 梁貊과 小水貊」『韓國古代史研究』25

여호규, 2002 「6세기 말~7세기 초 동아시아 국제질서와 고구려 대외정책의 변화 -대수관계를 중심으로-」『역사와 현실』46

여호규, 2006 「책봉호 授受를 통해 본 수·당의 동방정책과 삼국의 대응」『역사와 현 실』61

王小甫, 2003 「隨初와 高句麗 및 東北諸族關係 試探 -高寶寧이 점령한 營州를 중 심으로-」, 王小甫 主編, 김호 역, 『성당시대와 동북아정국』, 동북아역사재 단 내부자료(번역 34)

于賡哲, 2003 「隋唐 兩代 高句麗 征伐 비교연구」, 王小甫 主編, 김호 역, 『성당시대

와 동북아정국』, 동북아역사재단 내부자료(번역 34)

劉世鉉, 1995 「韓國의 쇠뇌 -그 형태와 제작을 중심으로-」『學藝誌』 4, 陸軍士官學
    校 陸軍博物館

柳元迪, 1989 「唐 前期의 支配層」 서울大學校 東洋史研究室 編 『講座 中國史 Ⅱ -
    門閥社會와 胡·漢의 世界-』, 지식산업사

尹秉模, 2009 「高句麗의 對隋戰爭과 遼西攻略」『軍史』 72

尹成龍, 1997 「高句麗 貴族會議의 成立過程과 그 性格」『韓國古代史研究』 11

윤성환, 2013 「고구려 영류왕의 對唐 조공책봉관계 수립 정책의 의미」『동북아역사
    논총』 39

윤용구, 2005 「隋唐의 對外政策과 高句麗 遠征 -裵矩의 郡縣細回復論을 중심으로-」
    『북방사논총』 5

윤용구, 2006 「高句麗의 흥기와 幘溝漊」, 신종원 외, 『고구려의 역사와 대외관계』,
    서경문화사

윤용구, 2007 「삼한·삼국의 교역」, 한국고대사학회 편, 『한국고대사 연구의 새동
    향』, 서경문화사

李康來, 1994 「대 이민족 투쟁과 애국심의 문제 -고구려를 중심으로-」『북한의 고
    대사 연구와 성과: 우리 민족의 기원과 발전』, 대륙研究所

이강래, 1998 「7세기 이후 중국 사서에 나타난 韓國古代史像 -통일기 신라를 중심
    으로-」『韓國古代史研究』 14

李公範, 1979 「南朝貴族의 性格」『東洋史學研究』 14

李基東, 2005 「高句麗의 勢力圈 遼東에 對한 地政學的 考察」『高句麗研究』 21

李基白, 1961 「植民主義的 韓國史觀 批判」『國史新論』

李基白, 1967 「溫達傳의 檢討 -高句麗 貴族社會의 身分秩序에 대한 瞥見-」『白山
    學報』 3

李基白, 1977 「傳統社會와 兵制」『韓國學報』 6

李基白, 1987「半島的 性格論 批判」『韓國史 市民講座』1, 一潮閣

이동준, 2009「隋煬帝의 高句麗 원정과 군사전략」『學林』30

이문기, 2007「7세기 高句麗의 軍事編制와 運用」『高句麗研究』27

李丙燾, 1976「高句麗對隋唐抗戰」『韓國古代史研究』博英社

李成珪, 1992「中國諸國의 分裂과 統一 −後漢解體 이후 隋·唐의 形成過程을 중심
　　　으로−」, 閔賢九 外,『歷史上의 分裂과 再統一(上)』, 一潮閣

李成市, 1990「高句麗와 日隋外交 −이른바 國書문제에 관한 一試論−」『碧史李佑成
　　　敎授定年退職紀念論叢 民族史의 展開와 그 文化(上)』, 碧史李佑成敎授定年
　　　退職紀念論叢刊行委員會

李成市, 2009「동아시아에서 고구려의 문명사적 위상」『사림』34

이성제, 2003「"靺鞨問題"를 통해 본 6世紀末 遼西 정세의 변화」『학예지』10, 육군
　　　사관학교 육군박물관

이성제, 2005「高句麗와 契丹의 關係 −對隋·對唐戰爭期 契丹의 同鄕과 그 意味−」
　　　『북방사논총』5

이성제, 2009「570年代 高句麗의 對倭交涉과 그 意味 −새로운 對外戰略의 추진 배
　　　경과 내용에 대한 재검토−」『韓國古代史探究』2

이성제, 2009「高句麗와 渤海의 城郭 운용방식에 대한 기초적 검토: 延邊地域 분포
　　　의 성곽에 대한 이해를 겸하여」『高句麗渤海研究』34

이성제, 2012「高句麗의 對倭外交와 東海交涉路 −6세기 후반~7세기 초 고구려·
　　　왜·백제 3국의 상호전략에 대한 재검토를 겸하여−」『高句麗渤海研究』43

李成制, 2013「高句麗의 西方 國境線과 武厲邏」『大丘史學』113

李成制, 2015「高句麗와 투르크계 北方勢力의 관계 −이해의 방향과 연구방법에 대
　　　한 모색−」『고구려발해연구』52

이성제, 2016「高句麗와 北朝의 경계 −고구려의 遼西 동부지역 확보와 그 시기」
　　　『高句麗渤海研究』54

李成制, 2017「高句麗와 遼西橫斷路 −遼河 沿岸 交通路와 관리 기구−」『韓國史研究』178

李永哲, 2010「唐 前期 榮州城傍 契丹羈縻州의 技能」『大邱史學』100

이영철, 2011「唐代 邊境地域의 藩鎭과 對外關係」『中國史研究』74

李龍範, 1959「高句麗의 遼西進出企圖와 突厥」『史學研究』4

李龍範, 1966「高句麗의 成長과 鐵」『白山學報』1

李仁哲, 1996「4~5세기 高句麗의 南進經營과 重裝騎兵」『軍史』33

李在成, 1988「初期 庫莫奚의 成長과 周邊諸族」『東洋史學研究』28

李在成, 1996「庫莫奚・契丹의 種族系統과 初期 居住地」『東國史學』30

이재성, 2000「5~6世紀 '勿于集團'의 成立・發展과 解體」『中國學報』42

이재성, 2005「6세기 후반 突厥의 南進과 高句麗와의 衝突」『북방사논총』5

이정빈, 2015「신라 중고기의 赴防과 군역」『역사와 현실』97

이정빈, 2016「4세기 전반 고구려의 해양활동과 황해 −고구려와 후조・모용선비의 관계를 중심으로−」『역사와 실학』59

이청규, 2011「고조선과 요하문명」『한국사 시민강좌』49, 일조각

이현숙, 2013「고구려의 의약 교류」『한국고대사연구』69

李賢惠, 1997「옥저의 사회와 문화」 김정배 외,『한국사』4 −초기국가−고조선・부여・삼한−, 국사편찬위원회

李惠求, 1955「高句麗樂과 西域樂」『서울대학교 논문집』2

李昊榮, 1996「수・당과의 전쟁」 노태돈 외,『한국사』5 −고구려−, 국사편찬위원회

李弘稙, 1962「高句麗秘記考 −附 三國末期의 讖緯的 記事의 考察」『歷史學報』17・18

林起煥, 1987「高句麗 初期의 地方統治體制」『慶熙史學』14

林起煥, 1992「6・7세기 高句麗 政治勢力의 동향」『韓國古代史研究』5

임기환, 1994「고구려와 수・당의 전쟁」 강만길 외,『한국사』2 −원시사회에서 고대

사회로2-, 한길사

임기환, 1996「지방·군사제도」『한국사』5 삼국의 정치와 사회 1 -고구려-, 국사편
　　찬위원회

임기환, 1996「후기의 정세변동」 노태돈 외,『한국사』5, 국사편찬위원회

임기환, 2006「7세기 동북아시아 국제질서의 변동과 전쟁」 역사학회 편,『전쟁과
　　동북아의 국제질서』 일조각

임기환, 2007「국제관계」 한국사연구회 편,『새로운 한국사 길잡이(상)』 지식산업사

임기환, 2011「고구려의 군사제도와 방어체계」 육군군사연구소 기획·주간,『한국
　　군사사 -고대 I -』 육군본부

임기환, 2012「고구려와 수당의 전쟁」 육군군사연구소 기획·주간,『한국군사사 -
　　고대 II -』 육군본부

임기환, 2012「동아시아 국제정세의 변동과 삼국의 대외정책」 육군군사연구소 기
　　획·주간,『한국군사사』 II, 육군본부

임기환, 2012「고구려의 연변 지역 경영 -柵城과 新城을 중심으로-」『동북아역사
　　논총』38

임기환, 2013「고구려의 요동진출과 영역」『高句麗渤海研究』45

임기환, 2014「7세기 동북아 전쟁에 대한 연구동향과 과제 -고구려와 수, 당의 전
　　쟁을 중심으로-」『역사문화논총』8

田美嬉, 1994「淵蓋蘇文의 執權과 그 政權의 性格」 李基白先生古稀紀念 韓國史學
　　論叢刊行委員會,『李基白先生古稀紀念 韓國史學論叢(上)』 一潮閣

전준현, 1988『조선인민의 반침략투쟁사(고조선-발해편)』 과학백과사전출판사

田中俊明, 서길수 옮김, 1996「高句麗의 北方進出과 「廣開土王碑文」 -北方境域形
　　成史에 있어서 廣開土王 時代-」『高句麗研究』2

전호태, 1990「삼국시대에 대한 인식」『북한의 한국사인식(1)』 한길사

전호태, 2012「고분벽화로 본 고구려와 중앙아시아의 교류」『한국고대사연구』68

鄭勉, 2009 「6세기 中國 王朝의 雲南지역 지배와 '西爨'—爨瓚·爨雲 부자의 '竊據'와 남북조시기 '邊州'의 성격—」『歷史學報』202

정동민, 2008 「高句麗 重裝騎兵의 特徵과 運用形態의 變化 —古墳壁畵資料를 중심으로—」『韓國古代史研究』52

정동민, 2017 「고구려 전쟁사」, 김현숙 외, 『동북공정 이후 중국의 고구려사 연구 동향 —분석과 비판 2007~2015—』, 역사공간

정병준, 2005 「'營州城傍高麗人' 王思禮」『高句麗研究』19

정병준, 2007 「중화인민공화국의 藩屬理論과 고구려 귀속문제」『고구려발해연구』29

정원주, 2011 「榮留王의 對外政策과 政局運營」『고구려발해연구』40

정원주, 2014 「7세기 고구려의 西界 변화」『영토해양연구』8, 동북아역사재단

丁載勳, 1999 「西魏, 北周時期(534~581)의 對外政策」『中國學報』42

정재훈, 2001 「隋 文帝(581~604)의 統一指向과 對外政策 —西北民族에 대한 對應을 중심으로—」『中國史研究』13

정재훈, 2004 「隋 煬帝(604~617)의 對外政策과 天下 巡幸」『中國史研究』30

丁仲煥, 1968 「古代史上의 大陸關係 —高句麗를 중심으로—」『白山學報』4

趙仁成, 1985 「三國 및 統一新羅의 歷史敍述」, 韓國史研究會 編, 『韓國史學史의 研究』, 乙酉文化社

조인성, 2010 「'고대중국고구려역사속론'에 대한 비판적 검토」, 조인성 외, 『중국 동북공정 고구려사 연구논저 분석』, 동북아역사재단

주운화, 2005 「樂을 통해 본 신라인의 복속·통합 관념 —가야금과 현금의 정치적 상징—」『韓國古代史研究』38

지상현·콜린 플린트, 2009 「지정학의 재발견과 비판적 재구성 비판지정학」『공간과 사회』31

震檀學會 編, 1991 「斗溪先生 論著目錄」『歷史家의 遺香 —斗溪李丙燾先生追念文

集-』, 一潮閣

채미하, 2008 「신라의 四海와 四瀆」『역사민속학』 26

千寬宇, 1980 「廣開土王의 征服活動에 對하여」『軍史』 창간호, 國防部戰史編纂委員會

崔夢龍, 1985 「古代國家成長과 貿易-衛滿朝鮮의 例」, 역사학회 편, 『韓國古代의 國家와 社會』, 一潮閣

崔鍾澤, 1999 「京畿北部地域의 高句麗 防禦體系」『高句麗研究』 8

콜린 렌프류, 2011 「遠距離 行爲로서의 交易: 통합과 정보 전달의 문제들」, 제레미 사블로프·램버그 칼롭스키 편저, 오영찬 조대연 옮김, 2011 『古代 文明과 交易』, 도서출판 考古

한명기, 2006 「조선시대 韓中 지식인의 高句麗 인식 -고구려의 '强盛'과 조선의 고구려 계승 인식을 중심으로」『한국문화』 38, 서울대 규장각 한국학연구원

金知英, 2014 『7세기 고구려의 대외관계 연구』, 숙명여자대학교 박사학위논문

김진한, 2010 『高句麗 後期 對外關係史 研究』, 韓國學中央研究院 博士學位論文

정경일, 2007 「고구려 궁시문화에 대한 일고찰 -고고자료를 중심으로-」, 선문대학교 대학원 석사학위논문

정동민, 2017 『高句麗와 隋 전쟁 연구』, 한국외국어대학교 박사학위논문

鄭媛朱, 2013 『高句麗 滅亡 研究』, 韓國學中央研究院 博士學位論文

甘懷眞, 1991 「隋文帝時代軍閥與'關隴集團'之關係 -以總管爲例-」『唐代文化研究討論文集』, 臺灣: 文史哲出版社

呂育良, 1998 「『西域圖記』管窺」『新疆地方志』 3

馬衍, 2002 「談論劉敬叔的志怪小說集『異苑』」『徐州教育學院學報』 3

潘策, 1981 「秦漢時期的月氏吳孫和匈奴及河西四郡的設置」『甘肅師大學報』 1981-3

徐中舒, 1934 「戈射與弩之溯原及關于此類名物之考」『歷史言語研究所集刊』4-4, 國立中央研究院

醒吾, 1990 「甘肅境內的漢長城」『西北師範大學報』3

楊憲光, 2002 「裴矩與『西域圖記』」『三晉測繪』2002-1, 山西省 測繪資料檔案館

嚴耕望, 1986 「太原北塞交通諸道」『唐代交通路考』第5卷 -河東河北區-, 中央研究院語言研究所

呂淨植, 2002 「北齊書·高保寧傳另釋」『古籍整理研究學刊』2012-6

王綿厚, 1986 「唐 "營州至安東" 陸路交通地理考實」『遼海文物學刊』1986-1

王綿厚, 1994 「鴨綠江右岸高句麗山城綜合研究」『遼海文物學刊』1994-2

王援朝, 1996 「唐初甲騎具裝衰落與輕騎兵興起原因」『歷史研究』4期

李錦繡, 1998 「"城傍"與大唐帝國」『唐代制度史略論考』, 中國政法大學校出版社

鄭尼娜, 2002 「論唐代中央政權對契丹奚人地區的羈縻統治」『吉林大學社會科學學報』2002-6

趙娟, 2011 「從高寶寧事件看隋初與高句麗的關係」『陝西社會科學論叢』5

趙曉剛·沈丹林, 2000 「遼東郡及通定鎮考略」『東北地區三至十世紀古代文化學術討論會論文』

馮永謙, 2012 「武厲邏新考(上)」『東北史地』1期, 遼寧省文物考古研究所

胡耀飛·射宇榮, 2014 「杜儒童及其『隋季革命記』輯考 -兼論隋末唐初王統三分問-」『唐史論叢』1

菅沼愛語, 2013 「西魏·北周の對外政策と中國再統一へのプロセス」『史窓』70

菊池英夫, 1992 「隋朝の對高句麗戰爭の發端について」『中央大學アジア史研究』16

堀敏一, 1979 「隋代東アジアの國際關係」, 唐代史研究會 編, 『隋唐帝國と東アジア世界』, 汲古書院

吉田光男, 1977 「『翰苑』註所引『高麗記』について -特に筆者と作成年次-」『朝鮮學

報』85

金洸鎭, 1937 「高句麗社會の生産様式 －國家の形成過程を中心として－」 『普專學會論集』 3

那珂通世, 1893 「高句麗古碑考」 『史學雜誌』 47~49

島田好, 1936 「奚·霫·白霫民族考」 『滿洲學報』 4

末松保和, 1931 「高句麗攻守の形勢」 『靑丘學叢』 5

武田幸男, 1979 「廣開土王碑からみた高句麗の領域支配」 『東京大學東洋文化研究所紀要』 78

白鳥庫吉, 1912 「東胡民族考 －地土于及霫考－」 『史學雜誌』 23－2

山崎宏, 1958 「隋代總管考」 『史潮』 64·65

山崎宏, 1965 「隋朝官僚性格」 『東京敎育大學敎育部紀要』 6

山尾幸久, 1967 「大化前後の東アジア情勢と日本の政局」 『日本歷史』 229

山尾幸久, 1974 「朝鮮三國の軍區組織 －コホリのミヤケ研究序説－」 『古代日本と朝鮮』, 龍溪書舍

粟原益男, 1979 「七·八世紀の東アジア世界」, 東洋史研究會 編, 『隋唐帝國と東アジア世界』, 汲古書院

松田壽男, 1962 「東西交涉とシベリアの森林民」 『東西文化の交流』, 至文堂

松井等, 1913 「隋唐二朝の高句麗遠征の地理」, 南滿洲鐵道株式會社, 『滿洲歷史地理』 上, 丸善株式會社

前田正明, 1955 「北魏官營貿易に關する考察 －西域貿易の展開そ中心として－」 『東洋史研究』 13－6

井上直樹, 2003 「『韓曁墓誌』を通してみた高句麗の對北魏外交の一側面 －六世紀前半を中心に－」 『朝鮮學報』 178

淺見直一郎, 1985 「煬帝の第一次高句麗遠征軍 －その規模と兵種－」 『東洋史研究』 44－1, 京都大學

韓昇, 1995 「隋と高句麗の國際政治關係をめぐって」編輯委員會 編, 『堀敏一先生古
　　稀記念中國古代の國家と民衆』, 汲古書院

H. Ecsedy, 1968 "Trade−and−War Relation between the Turks and China in
　　the Second Half of the 6th Century" *Acta Orientalia* 21−2

Andrew Ayton, 1999 "Arms, Armour, and Horses", *Medieval Warfare: A His−*
　　tory, Oxford University Press

Colin Flint·Paul Diehl·Juergen Scheffran·John Vasquez·Sang−hyun Chi,
　　2009 "Conceptualizing ConflictSpace : Toward a Geography of Rela−
　　tional Power and Embeddedness in the Analysis of Interstate Conflict",
　　Annals of the Association of American Geographers, Vol. 99 No. 5

※ 본서 관련 논문

연도	관련 논문	본서
2010	6~7세기 고구려의 쇠뇌 운용과 군사적 변화, 『군사』 77	부록: 전재
2011	6세기 후반~7세기 초반 고구려의 서방 변경지대와 그 변화, 『역사와 현실』 82	제1부 1장: 수정
2014	5~6세기 고구려의 농목교역과 요서정책, 『역사와 현실』 91	제1부 2장: 수정
2014	570년대 후반~580년대 전반 요서지역의 정세와 고구려의 대외관계, 동북아역사논총』 44	제2부 1장: 수정
2015	607년 고구려 동돌궐 교섭의 배경과 목적, 『역사학보』 225	제3부 3장: 전재
2016	고구려-당 관계의 성립과 변경지대, 『高句麗渤海研究』 54	제4부 2장: 전재

※ 그림·사진·지도 목차

구 분	제 목	출 처
그림 1	요서의 자연환경과 주요 지명	
그림 2	요하서안의 邏	
그림 3	5~6세기 요서의 정세	
그림 4	고구려의 농목교역	
그림 5	韋雲起가 이끈 돌궐병의 거란 공격로	
그림 6	570년대 후반~580년대 전반 요서의 동향	

구 분	제 목	출 처
사진 8	의무려산	강인욱
사진 9	대릉하	강인욱
사진 10	『한원』 번이부 고려(京都帝國大學文學部景印唐本)	
사진 11	내몽골자치구 적봉	한진성
사진 12	구글어스에서 본 옥문관	구글어스
사진 13	英城子山城 남측 성벽에서 본 전경	
사진 14	鳳凰山城에서 본 압록강	권순홍
사진 15	청천강	하일식
사진 16	의무려산	강인욱
사진 17	대릉하	강인욱
사진 18	쇠뇌(弩)의 발사장치인 노기(弩機)	국립중앙박물관
사진 19	삼실총 공성도	이오봉
사진 20	복원된 石臺子山城(2005~2006)	동북아역사재단
사진 21	화살촉	국립중앙박물관
사진 22	화살촉	국립중앙박물관
지도 1	구글어스에서 본 新民-瀋陽-撫順	구글어스
지도 2	구글어스에서 본 의무려산과 그 주변	구글어스
지도 3	구글어스에서 본 西安-張掖-酒泉	구글어스

※제공자(가나다 순)

강인욱 : 경희대학교 사학과 교수

권순홍 : 성균관대학교 사학과 박사과정

이오봉 : 전 월간조선 사진부장

하일식 : 연세대학교 사학과 교수

한진성 : 경희대학교 사학과 박사과정

井上直樹 : 日本 京都府立大學 교수

※ 표 목차

玄菟城　19, 27, 28

胡三省　21, 22, 23, 131

和龍城　34, 52, 53, 60

黃龍城　34, 52, 62, 76

懷朔鎭　62

懷遠鎭　19, 127, 130, 131, 132, 133, 134, 135, 136, 137, 167, 183, 189, 173, 210,
　　211, 212, 225, 255

후기 및 감사의 글

　　어린 시절부터 막연히 학자의 삶을 동경했다. 어린 시절 류머티즘을 앓으면서 집에서 독서하는 시간이 많았는데 이때 역사책에 빠졌다. 역사책을 읽으면 지금의 시공간을 뛰어넘어 넓은 세계를 여행할 수 있었고, 여러 위인의 화려하고 다채로운 삶에 나를 투사할 수 있었다. 특히 '위대한 한국고대사'를 강조한 책들에 매료되었다. 민족이란 보다 큰 공동체를 위해서 역사학을, 한국고대사를 공부해야겠다고 다짐했다.

　　중·고등학교 시절 내내 사학과를 지망했고 너무도 당연히 사학과에 진학했다. 그리고 자연스럽게 한국고대사를 전공했다. 대학 진학 이후 '위대한 한국고대사'를 강조한 책들에 어떠한 문제가 있는지는 곧 알 수 있었다. 경희대학교 사학과의 자유로운 학풍 속에서 다양한 생각을 접하면서 역사 공부의 목표와 방향은 조금씩 바뀌었다. 그럴수록 역사 공부는 더욱 매력적이었다. 지금은 민족이 아니라 그를 뛰어넘은 사회를 그리고 있고, 여러 사회 중에서도 구석진, 그래서 역사서술에서 소외된 사회에 관심을 두고 있다. 공부하면 할수록 어려워서 아직은 내 공부의 목표와 방향이 무엇이라고 잘라서 말하기는 어렵다. 다만 여전히 역사 공부가 재밌고, 이 공부가 나만의 재미로 끝나지 않기를 바랄 뿐이다.

이 책은 박사학위논문『고구려-수 전쟁의 배경 연구』(2013.8. 경희대학교)를 바탕으로 장절과 내용을 수정·보완한 것이다. 육군사관학교에 근무하면서 군사사 분야에 대한 관심이 생겨났는데 7세기 고구려 전쟁사의 비교적 풍부한 사료가 눈길을 끌었다. 전쟁을 통해 고대사회를 이해하고 싶었다. 전쟁을 전후한 사회 변화를 읽고자 하였다. 하지만 박사학위논문에서 이를 담아내기에는 시간도 역량도 부족했다. 일단 변경 요서를 중심으로 전쟁의 배경을 설명하는 데서 멈출 수밖에 없었다. 그러나 이마저 성급히 한 데다 이후 수정·보완의 작업도 처음의 마음처럼 충실하지 못하였다. 그럼에도 학위논문 작성 직후 생계가 막막한 가운데 염치 불고하고 한국학진흥사업단의 저술지원을 받았던 까닭에, 마감에 쫓기어 부득이 부족한 대로 상재하였다. 이마저 여러 선생님의 도움이 없었다면 결코 나올 수 없었을 것이다.

먼저 이제껏 저자를 책임지고 돌보아주신 지도교수 조인성 선생님께 고개 숙여 감사의 인사를 올린다. 선생님은 학부 시절부터 공부의 기초부터 세심히 살펴주셨다. 조악한 원고를 보여드려도 항상 꼼꼼히 읽고 잘못을 지적해 주셨다. 완성도를 높일 수 있도록 조언해 주셨다. 마음만 앞서 있는 제자를 독려해 연구자로서 성장할 수 있도록 이끌어 주셨다. 선생님의 자상한 지도만큼 성장하지 못하고 있어서 늘 부끄럽다.

박사학위논문 심사위원으로 지도해 주신 김태영, 임기환, 구만옥, 이성제 선생님께 감사드린다. 심사위원 선생님들은 평소 학문은 물론 인품 또한 존경하는 분들이어서 그 앞에 선다는 것이 떨리고 두려웠다. 여러모로 부족함에도 앞으로 계속 공부하리란 믿음 속에서 학위논문 심사를 통과시켜 주신 것으로 안다. 성실히 보완해서 출판하기로 약속했지만 기대에 못미쳐 송구스럽다. 그동안의 격려와 응원에 부끄럽지 않도록 공부해 조금이나마 선생님들의 기대에 부응하기를 희망한다.

저자는 연구자로서 운이 좋은 편이다. 경희대학교, 육군사관학교, 동북아역사재단, 그리고 지금의 충북대학교. 또 한국역사연구회를 비롯한 여러 학회와 교통로모임·여의도모임·한원강독반 등 공부모임. 그 자리에서 배우고 공부할 수 있어 행운이었다. 미숙한 저자를 이끌어 주신 여러 선생님께 진심으로 감사드린다. 기회가 있을 때마다 인사드리겠다.

박사학위논문을 작성을 전후하여 경희대학교 총민주동문회에서는 3년 넘도록 연구공간을 제공해 주었고, 생활이 어려울 때마다 문동석·채미하·김선호 선생님 등 대학원 선배들의 따뜻한 배려가 있었다. 그 덕에 공부를 이어갈 수 있었다. 마음 깊이 감사드린다.

주류성출판사는 기일에 쫓긴 원고를 너그러이 받아주었고, 경희대학교 한국고대사·고고학연구소는 이를 총서로 묶어주었다. 각종 도판은 강인욱·양시은·한진성 선생님께서 챙겨주셨다. 편소리 선생님은 이 책의 지도를 작성해 주었고, 김소라 선생님은 교정을 맡아주었다. 지면을 통해 다시금 감사의 인사들 드린다. 공부를 핑계로 가족에 소홀했다. 미안한 마음과 함께 사랑한다는 말을 전하고 싶다.

2017년 11월
이 정 빈